中国特色社会主义
法治理论与实践系列研究生教材 | 1

法律硕士专业学位研究生案例研究指导丛书

宪法学案例研究指导

主编 焦洪昌

撰稿人 焦洪昌 姚国建 秦奥蕾
谢立斌 张劲 周青风
李松锋 朱铮 吴良健

中国政法大学出版社

2023·北京

图书在版编目（ＣＩＰ）数据

宪法学案例研究指导/焦洪昌主编. —北京：中国政法大学出版社，2023.3
ISBN 978-7-5764-0734-1

Ⅰ．①宪…　Ⅱ．　①焦…　Ⅲ．　①宪法－案例　Ⅳ.①D911.01

中国版本图书馆CIP数据核字(2022)第231541号

出　版　者　　中国政法大学出版社

地　　　址　　北京市海淀区西土城路 25 号

邮　　　箱　　fadapress@163.com

网　　　址　　http://www.cuplpress.com (网络实名：中国政法大学出版社)

电　　　话　　010-58908435(第一编辑部) 58908334(邮购部)

承　　　印　　北京中科印刷有限公司

开　　　本　　720mm×960mm　1/16

印　　　张　　26.5

字　　　数　　420 千字

版　　　次　　2023 年 3 月第 1 版

印　　　次　　2023 年 3 月第 1 次印刷

印　　　数　　1~5000 册

定　　　价　　79.00 元

作者简介

焦洪昌 男，1961年3月生，北京顺义人。中国政法大学教授，博士生导师。著有《选举权的法律保障》《立法权的科学配置》等作品5部，发表《国家尊重和保障人权的宪法分析》《中国特色社会主义法律体系的鲜明特质》等论文50余篇，主编《宪法学》《港澳基本法》等教材9部。相信宪法是有祖国的，唯有浸润灵魂的文字，可以留存。

负责本书第一章第三节专题一、三、四的写作。

姚国建 男，中国政法大学教授、博士生导师，法学博士，中国宪法学研究会常务理事，全国港澳基本法研究会常务理事。先后在美国加州大学戴维斯分校、加州大学伯克利分校、英国诺丁汉大学、香港城市大学访学。著有《普通法视域下的香港基本法》《违宪责任论》等作品；在《法学研究》《政法论坛》《法学评论》《法商研究》《比较法研究》《国家行政学院学报》等各类杂志上发表论文30多篇，主持全国人大常委会、国家社科基金、教育部、司法部等各项课题20余项。

负责本书第三章第一节专题七以及第三章第二节的写作。

秦奥蕾 女，1977年6月生，山东潍坊人。中国政法大学教授，博士生导师。著有《基本权利体系研究》等作品，代表论文有《婚姻保护的立宪目的——兼回应离婚冷静期》《生育权、计划生育的宪法规定及其合宪性转型》等。

负责本书第一章第一节专题一、二及第三节专题二的写作。

谢立斌 男，中国政法大学教授，德国汉堡大学博士，博士生导师。从事宪法学教学与研究，迄今出版一本德文专著（Chinesisches und deutsches Wirtschaftsverfassungsrecht）、一本中文专著《宪法解释》、两本中文译著，在《中国法学》《清华法学》《政法论坛》《比较法研究》《法学家》，Hong Kong

Law Journal, International Journal of Constitutional Law, Das Jahrbuch desöffentlichen Rechts（JÖR）等中外知名及不知名刊物发表中文、德文、英文论文40余篇。

负责本书第二章第四节、第五节的写作。

张劲 男，中国政法大学副教授、法学博士、硕士生导师。主要从事宪法学、法治思想、党内法规等的教学和研究。发表《团结宪章：宪法的中国意义》《法治的世界结构与中国语境》《"讨论"一词的中国语境和政治意涵》《让宪法回归生活：青少年宪法教育的一个路向》等多篇论文，参与编写《宪法学》《外国宪法》《港澳基本法》《宪法制度与法治政府》等教材，主持或参与《北京市医疗保障立法调研项目》《人权与中国政治发展》《中国地方自治研究》等课题。期待宪法走进生活，成为公民权利的保障，从而让知识转化为意义。

负责本书第三章第一节专题八至十一的写作。

周青风 女，1969年2月生。中国政法大学副教授，硕士生导师。主要论文有《限权宪法下的司法审查权》《印度反就业歧视研究》等，参与《宪法决策的过程》《基督教与法律》等译著的翻译。宪法案例的叙事不仅展示宪法是对人间疾苦怀有最深切同情的法律，同时也让我们深谙唯有公义能使邦国高举，罪恶是人民之羞辱。

负责本书第二章第三节的写作。

李松锋 男，1981年5月生，河南洛阳人，中国政法大学副教授。译有《伟大的篡权》《新英国宪法》等作品6部，发表《"沟通"与"协商"是符合中国国情的备案审查方式》《政教分离的准绳："莱蒙法则"的前世今生》等论文10余篇。

负责本书第二章第一节、第二节、第六节、第七节的写作。

朱铮 男，1984年4月生，湖南常德市人。中国政法大学讲师，硕士生导师。为本科和研究生开设宪法学、英国宪法、港澳台法制等课程。负责本书第三章第一节专题一至六的写作。

吴良健 男，1989年8月生，浙江温岭人。中国政法大学讲师，硕士生导师，法国巴黎政治大学公法学博士。发表《现代国家建设与中国财政预算体制改革》《地方分权与预算自主》等论文若干篇。

负责本书第一章第一节专题三及第二节的写作。

序　言

法学学科是实践性很强的学科。2017年5月3日，习近平总书记考察中国政法大学时对法学教育和法治人才培养提出了明确要求。他指出："法学教育要处理好法学知识教学和实践教学的关系。学生要养成良好的法学素养，首先要打牢法学基础知识，同时要强化法学实践教学。"如何使学生学习法治理论的同时，能够深入了解中国法治实践，拥有解决实际问题的知识和能力，是法学教育必须解决的首要问题。

法律硕士专业学位研究生教育最注重实践教学，日益成为法学教育的主要形式。近十几年来，法律硕士专业学位研究生教育快速发展，无论是举办高校数量还是招生规模都一路高企，呈现出一派繁荣景象。随着应用型硕士与学术型硕士的分野，二者之间在培养模式、培养标准、教学方式、教材体系等方面有何区别等问题亟待研究。可以说，法律硕士与法学硕士最大的区别在于人才培养目标不同，法律硕士培养应当服务、服从于法治实践，为实务部门培养具有法律专业素养和职业精神的优秀人才。有鉴于此，构建有别于学术型硕士的培养模式、制定统一的培养标准、改革教育教学方法、编写高质量教材，成为法律硕士专业学位研究生教育的当务之急。

法律硕士培养规律和实践表明，案例教学是强化实践教学的重要方式，也是增强学生问题意识，提高解决问题能力的有效途径。案例教学不仅能够使学生深入了解法治工作实际，提高他们正确适用法律的能力，而且可以促进理论和实践的有机结合，提升他们的理论素养。

中国政法大学作为全国第一批法律硕士专业学位研究生培养单位和第一所设立法律硕士学院的高校，在法律硕士专业学位研究生培养方面积累了一定经验。为进一步推动法律硕士专业学位研究生教学改革，深化培养模式改革，打通知识教学与实践教学之间的壁垒，强化实践教学和案例教学，学校组织有较高理论素养和实践能力的教师编写了《中国特色社会主义法治理论与实践系列研究生教材之法律硕士专业学位研究生案例研究指导丛书》（以下简称"案例研究指导丛书"），帮助学生从案例研究入手，更好地学习法学知识，掌握专业技巧，提高实践能力，以适应日益增长的社会需求。

案例研究指导丛书坚持以中国特色社会主义法治理论为指导，坚持从中国国情和实际出发，融通世界先进经验与中国智慧，结合中国法治实践，在夯实学生法学专业基础的同时，注重培养学生的理想信念、家国情怀、人文精神和责任担当，提高学生发现问题、分析问题、解决问题的能力，形成运用法律思维和法治方法分析解决问题的自觉意识。

衷心希望这套教材能够在法律硕士专业学位研究生培养中发挥积极作用，成为广大法律硕士专业学位研究生的案头必读书。

是为序！

中国政法大学　马怀德
2019 年 4 月 12 日

序：人世间每一个苦难都关连着你

　　年前小聚，阚明旗副社长说，焦老师，《宪法学案例研究指导》已审、校完毕，就等您的"序"了。

　　除夕夜，虎去兔来，吃完饺子，万籁俱寂。写点什么呢？还是从一次宪法案例研习说起吧。

　　话说2021年4月7日下午，中国政法大学请来北大张翔、首师大杜强强、北航王锴、华中科大秦小建4位教授，共同讨论宪法上通信权诸案。法大宪法学师生线下参与，浙大宪法学师生线上观看。

　　作为主持人，王蔚教授引出了本次研讨的话题：法院调取通话记录和交警检查手机行为的合宪性。掌握分析工具，是法科学生必备的基本手艺。其中德国宪法学上基本权利限制的三阶理论，即保护范围、限制手段、是否合宪，是一种比较成熟的分析框架，得到了四位学者的肯认，张翔教授将之概括为"目光流连于规范之间，笔触行止于教义之内"。

　　通话记录应否纳入我国《宪法》第40条的保护范围，是争议的焦点。虽然有大致相同的专业背景，但四位学者对何为通讯秘密涵摄的对象，理解上却千差万别，分殊集中在解释方法和宪法原理上。文意、逻辑、历史等解释方法，互联网、大数据、人工智能等科技手段，民主、人权、法治等基本原则，幻化出无限的想象空间。但如何将不确定意涵转化为确定性共识，则端赖思想的碰撞。

　　公权力对基本权利限制的合宪性判断，是研讨会的华彩。大家与其说关心结论，毋宁说更关心推理和论证。形式合宪性与实质合宪性之争，法律保留与比例原则的类型化，公共利益与人性尊严的平衡，彰显了学术立场和认知的对峙。条条大路通罗马，但都得在"宪理"的指引下，其背后闪耀着宪法逻辑与精神的光芒。

秦奥蕾教授是位敏锐的学者，她在与谈时说，今天的会议是宪法案例"教与研"的完美结合，四位教授的归纳或演绎，像德国精密仪器一样严谨有序。不过几位学者用德国或美国的分析框架，直接论说中国宪法问题，其嫁接点的适切性何在，值得疑问。

中国有古老的文明，有丰富的宪法实践，却缺少用自主的知识体系，解释本土的宪法现象。现行宪法颁行以来，产生的宪法案件层出不穷，它们植根于中国大地，反映着人民的苦难与诉求，引发了广泛的社会关注。实践宪法学，应对频发的宪法案件做出专业性的回应。

黄茂荣先生说，真正的法律解释，与其说源自法律条文本身，毋宁说是从应去或拟去处理的案件所引发。回望过往，全国人大常委会根据宪法规定、原则和精神，废止收容审查、收容遣送、劳动教养、收容教育和收容教养五大制度，哪一项决定背后没有个案的印痕呢。通过个案推动制度创新，成了中国社会结构变迁的定式。

案例教学是一种方法，也是一种实践，它从个案中提炼原理，又从原理中审视个案，在事实与规范之间，实现自恰与融合。韩大元教授指出，我们通过阅读个案、把握论据、寻求文本、确定焦点、综合判断五步曲，把宪法原则和精神，内化成宪法思维，激活了沉寂的宪法学。

注重宪法案例教学，是中国政法大学的传统。法学院不仅为学生开设了相关课程，还组织教师撰写教材。大家以宪法规范为依据，立足法教义学方法，通过个案分析，形成了学术脉络，繁荣了中国宪法学。

制定和实施宪法，是人类文明和进步的标志，是人类社会走向现代化的支撑。面对百年未有之大变局的中国，宪法解释、合宪性审查、备案审查等制度的创设与完善，"寄寓了某种温和的、可以被接受的实践动机"（林来梵语）。

历史中的宪法，是人权觉醒的记录，人民苦难的记忆，人性尊严的宪章，尊重和保障人权，依然是国家的永恒责任。不要以为别人的苦难与你无关，人世间每一个苦难都关连着你。是为序。

焦洪昌谨识

2023 年 2 月 1 日

目录

| 第一章 |

宪法基本理论

第一节　宪法的效力与适用

专题一　宪法的第三人效力

◈ 知识概要

宪法的第三人效力

　　近现代意义上宪法的主要功能在于规制公共权力，从而保障公民基本权利。因此，传统宪法学理论认为，宪法仅限于调整国家与公民之间的关系，防范国家权力对公民权利的侵犯，宪法的效力不及于私主体之间的法律关系。但随着国家职能的扩张，国家权力积极介入社会经济生活，在这一过程中，国家为有效履行职责，须在一定程度上依靠私主体的力量，导致具有"优势地位"的私主体出现。此时，若秉持宪法效力不及于私主体法律关系的传统理论，显然不利于对公民基本权利的保障。因此需要重新探讨宪法效力是否及于私人行为的问题，由此也形成了否认这种效力和认可这种效力的截然不同的看法。

　　美国的"国家行为理论"认为，只有国家行为才受到宪法规制，国家行为与私人行为应当严格予以区分，宪法的核心功能是防范国家权力，并不在于约束个人。宪法上基本权利的义务主体是指国家，国家不得侵犯公民基本权利，而私主体并非基本权利的义务主体。这种理论否认宪法效力扩及私人行为。

但德国理论界则倾向于认可宪法对私人行为的效力，这种效力可被称为宪法基本权利对第三人效力，第三人是指国家与公民之外的第三方主体，亦即宪法在私人与私人之间的效力。关于基本权利的第三人效力理论，德国学界主要存在"直接效力说"和"间接效力说"两种观点。"直接效力说"认为，基本权利可以直接对私人关系发生效力，当某私主体认为自己的基本权利受到了其他私主体的侵犯之时，可以直接将后者诉至法院，法院可以援引宪法的基本权利条款作为裁判依据作出判决。"间接效力说"则认为基本权利仅能通过间接的方式对私人关系发生效力，即基本权利条款不能作为法官审理案件时的裁判依据，而是需要通过私法规范中的基本原则或者概括性条款发挥效力。

1958 年 1 月 15 日，德国联邦宪法法院在著名的吕特（Lüth）案中采纳了间接效力说，并作了深入阐述。联邦宪法法院对该问题的论证主要基于基本权利的双重性质。一方面，基本权利是主观权利，是公民针对国家的防御权，具有对抗国家侵害的本质属性。另一方面，基本权利还是客观意义上的有效规范，是基本法所确立的一套"客观价值秩序"。这一客观价值秩序以社会团体中的人类尊严和个性发展为核心，应有效适用于所有的法领域，自然也会影响民事法律。基本权利作为客观价值秩序主要是以公共福祉为理由，通过私法中的强制性规定及其作为广义的公共秩序的一部分，从而对私主体之间的法律关系形成有拘束力并禁止私人意志支配的原则。

吕特案还涉及基本权利的限制及其界限问题。由于基本权利是一个相互关联的价值体系，对某项基本权利的行使可能会影响到另一项基本权利的实现；个人生活在共同体中，维护共同生活还需要关注整体利益。在这两方面的意义上，基本权利都需要受到一定的限制。但是，基本权利的限制必须符合一定的条件，一般认为只有宪法和法律才可以限制基本权利。此外，对于基本权利的限制必须遵循一定的原则，否则用于限制基本权利的法律可能会因为超越界限而构成违宪。

在判断"一般法律"是否能够对基本权利加以限制时，往往需要进行利益衡量。与概念法学三段论的判断方式不同，利益衡量侧重于利益在法律适用中的地位，强调法官在司法审判中的作用。利益衡量的过程就是法官对不同的利益进行比较、权衡与取舍的过程。关于利益衡量的基本理论包括以下三点：①利益衡量的前提是不同的利益之间存在冲突。②利益衡量的过程带有明显的价值判断色彩。所谓利益衡量，其实就是根据一定的原则或者标准，对于不同的利益进行价值上的排序。③利益衡量的本质是一种法律的解释方法，而非法的创造。可以说，基本权利与私法益的平衡问题是基本权利的效力扩及私法领域之后必然出现且必须面对的问题，利益衡量论是解决这一问题的重要方法之一。

经典案例

德国吕特案

一、基本案情

1950年9月20日，时任汉堡媒体俱乐部主席的吕特（Lüth）在"德国电影周"开幕典礼上，向影片发行商与制作商发出呼吁，联合抵制纳粹时期著名反犹太人导演哈兰（Harlan）的新作《不朽的爱人》，禁止其在电影院播放。哈兰在纳粹时期深受当时的宣传部长戈培尔的赏识，为纳粹政府拍摄过多部电影，其代表作《犹太人苏斯》具有强烈的反犹情绪，该影片将纳粹对犹太人的追捕屠杀进行美化。1950年10月27日，吕特以公开信的形式再次号召电影届和公众抵制哈兰的作品。他称哈兰是"纳粹电影第一导演"，认为哈兰通过其拍摄的电影，已经成为纳粹煽动谋杀犹太人的重要人物之一，其复出会有损德国道德形象。

哈兰及《不朽的爱人》制片方多米尼克公司等遂以吕特违反善良风俗造成其损失为由向汉堡地方法院起诉，并请求对其施加禁令。1951年11月22日，汉堡地方法院根据《德国民法典》第826条[1]的规定，认定吕特的行为违背了善良风俗，并因此造成了对方的损害，构成侵权，判决对吕特施加禁令。吕特不服，最终向联邦宪法法院提起宪法诉愿，请求排除对其言论自由

---

[1]《德国民法典》第826条规定：以违反善良风俗之方法对他人故意施加损害之人，对受害人负有赔偿损害之义务。

的侵害（《德国基本法》第5条第1款[1]）。1958年1月15日，联邦宪法法院第一庭判决推翻汉堡地方法院的判决，并撤销地方法院对吕特施加的禁令。

二、法律问题

1. 通常体现为防御权的公民基本权利是否能够适用于私主体之间的法律关系？

2. "一般法律"是否总能够对基本权利加以限制？宪法法院在审查这种限制时须作何种考量？

三、宪法分析

（一）基本权利的第三人效力理论

传统上，基本权利被用于对抗国家公权力，通常体现为防御权，对公民的私人行为不产生任何效力。但在本案中，吕特提出的宪法诉愿所针对的是私人主体，同时根据私法禁令所提出的对吕特言论的法律限制表达的也是私人意志。因此，该禁令在某种程度上并不能被视为一项来自国家的侵害，而是来自其他私主体的侵害。换言之，地方法院的判决看似是公权力所造成的侵害，但实际上是私主体的行为对他人基本权利造成的侵害的转化。这背后蕴含的问题是：言论自由作为一项基本权利，在遭到来自私人的侵犯时，是否仍然能够得到基本法的保护？私主体之间的民事法律关系中，是否存在基本权利的适用空间？

对于该问题，联邦宪法法院的论证是从分析基本权利的功能开始的。一方面，基本权利是主观权利（subjektives Recht），是公民针对国家的防御权，具有对抗国家侵害的本质属性。另一方面，基本权利还是客观意义上的有效规范，是基本法所确立的一套"客观价值秩序"（objektive Wertordnung）。基本权利这一功能的规范依据来自于《德国基本法》第1条第3款"下列基本权利是约束立法、行政及司法的直接有效的权利"。宪法法院认为，基本权利的主要目的在于确保个人的自由免受公权力的干预，这一点在人类历史的发

---

[1] 《德国基本法》第5条第1款规定：人人享有以语言、文字和图画自由发表、传播其意见并无阻碍地以通过通常途径获取信息的权利。保障新闻出版自由和广播、电视、电影的报道自由。对此不得进行内容审查。

展以及各国将基本权利纳入宪法的历史过程中都得到了体现，这也是针对公权力行为的宪法诉愿制度存在的原因所在。然而，基本法的基本权利一章还建立了一个客观价值秩序，极大地强化了基本权利的实效性。这一客观价值秩序以社会团体中的人类尊严和个性发展为核心，应有效适用于所有的法领域，自然也会影响民事法律。具体而言，没有任何民事法律可以抵触基本权利，民事法律的各个方面都必须在基本权利的检验下予以解释适用。[1]

在确认基本权利能够影响私主体之间法律关系的基础上，宪法法院进一步论述了基本权利如何在民事法律关系领域里发挥影响。基本权利作为客观价值秩序主要是以公共福祉为理由，通过私法中的强制性规定及其作为广义的公共秩序的一部分，从而对私主体之间的法律关系形成有拘束力并禁止私人意志支配的原则。在司法实践中，基本权利的客观价值秩序主要通过民法中的概括性条款予以实现。宪法法院的判决以《德国民法典》第826条所规定的"善良风俗"为例，认为判断这一社会强制性规定在个案中的要求时，除了需要遵循民法的精神和原则之外，还应该从价值观念的整个体系出发，寻找民法之外的标准来判断公民的行为。这就给基本权利发挥其对民事法律关系的作用提供了恰当的"入口处"。[2]

吕特案被誉为20世纪50年代德国联邦宪法法院最伟大的判决之一，其在德国宪法实践和基本权利理论的发展中具有里程碑式的意义。该案的判决中提出了关于基本权利原理的若干重要理论，其中一项就是基本权利的第三人效力理论。所谓基本权利的第三人效力，是指基本权利在平等的民事主体之间也会产生效力，能够约束或者规范私人关系。传统上认为基本权利的效力指向国家，基本权利主体依据基本权利主张国家的作为或不作为义务，与私人关系无涉，但第三人效力理论提出，基本权利不但可以对抗国家，还可以对抗私主体。换言之，基本权利第三人效力理论解决的是基本权利是否能在私人之间产生效力以及如何产生效力的问题。

以历史发展的眼光来看，宪法中关于基本权利的规定在很长一段时间里旨在保障人民免于遭受国家权力滥用之侵害。传统上一直认为基本权利的主要功能是应对国家权力的防御，对于私人关系不产生任何效力。传统理论的

---

〔1〕　参见姚国建、秦奥蕾编著：《宪法学案例研习》，中国政法大学出版社2013年版，第88页。

〔2〕　参见张翔主编：《德国宪法案例选释》（第1辑），法律出版社2012年版，第25-26页。

第一次修正是在 1919 年出台的《魏玛宪法》。《魏玛宪法》创立于第一次世界大战之后，由于德国战败、民生凋敝，制宪者期望制定一部能够引领政治生活新秩序的根本大法。因此，《魏玛宪法》富含着革命的色彩，以积极的态度介入市民生活，力图保障人民的基本权利。[1] 依据《魏玛宪法》第 118 条[2]和第 159 条[3]的规定，人民的言论自由，不能被私人间的工作契约予以限制；而以劳工运动为目的的结社自由基本权利，亦不得以私法之关系来予以限制。这两项规定表明宪法中关于基本权利保护的条款可以直接取代民事法律中的相关规定而在私法个案中予以适用，其开创了基本权利在理论上可以在私法关系中适用的先河。遗憾的是，由于纳粹上台后实行的强权统治，《魏玛宪法》并没有得到真正的实施，但这两个条款的出现反映了基本权利应当在某种程度上具有第三人效力的现实诉求。

第二次世界大战之后，德国陷入四分五裂的状态之中，由英、美、法、苏四国共管。制宪者以建立"自由民主的基本社会秩序"为目标，于 1949 年颁布了《德国基本法》。与《魏玛宪法》不同，《德国基本法》对基本权利的保护着重体现在另一个条文之上，即《德国基本法》第 1 条：人的尊严不可侵犯。尊重及保障此种尊严，是全体国家权力之义务。下列基本权利，视为"直接适用的法律"，直接拘束立法，行政权力以及司法。这一体例安排突出体现了《德国基本法》着力于保障人民基本权利的立法宗旨，"人的尊严不可侵犯"的表述方式也暗含了这一条款不仅旨在防范国家权力，也具有规制私人或者集团侵害基本权利的潜在可能性。《德国基本法》的这项规定为基本权利的第三人效力理论提供了规范基础。

进入 20 世纪以后，在第二次工业革命的影响之下，资本主义生产社会化的趋势逐渐加强，主要资本主义国家进入垄断资本主义时期，社会贫富分化的现象日益严重。具有"优势地位"的个人与团体（如社会团体、行业协会、

---

〔1〕 参见陈新民：《德国公法学基础理论》（增订新版·上卷），法律出版社 2010 年版，第 332 页。

〔2〕《魏玛宪法》第 118 条规定：所有德意志人民在普通法律限制之范围内，均有以语言、文字、刊物、图书或其他方法自由表达其意见之权利；任何工作条件及任何条件，均不能妨害此项权利，任何人皆不得阻碍此项权利之行使……

〔3〕《魏玛宪法》第 159 条规定：任何人及任何职业以维持并促进劳动条件及经济条件为目的之结社自由，应保障之。限制或妨碍此项自由之约定及措施，均属违法。

垄断组织等）和居于"劣势地位"的个人之间的关系愈发失衡，"意思自治"和"契约自由"等形式平等的表面之下可能隐藏着实质意义上的不平等，公民的基本权利不仅可能面对来自国家的侵害，还需要提防来自强势私主体的压迫。在此背景之下，基本权利的第三人效力理论应运而生。

关于基本权利的第三人效力理论，德国学界主要存在"直接效力说"和"间接效力说"两种观点。

1. 直接效力说。直接效力说认为，基本权利可以直接对私人关系发生效力，当某私主体认为自己的基本权利受到了其他私主体的侵犯之时，可以直接将后者诉至法院，法院可以援引宪法的基本权利条款作为裁判依据作出判决。该学说的代表人物是德国劳工法院院长尼伯代（Hans Carl Nipperdey）和学者米勒（Gerhard Müller）。

尼伯代认为，《德国基本法》将人的尊严视为最高目标，其中的基本权利条款作为"最高的规范"在私法关系中应当具有"绝对的效力"，在私法判决中可以并且应当被直接引用。若非如此，基本权利就会沦为只有"绝对的宣示性质"的具文。[1] 在《妇女同工同酬》一文中，尼伯代指出，为了保护人的尊严以及基本权利不受侵犯，根据《德国基本法》第 1 条第 3 项，法官在审判民事案件时可以直接引用宪法上的基本权利条款对案件作出裁判，而不必通过相关的民事法律条款使基本权利发挥效力。尼伯代关于直接效力说阐述最完备的文章当属其在 1962 年发表的《基本权利及私法》。在该文中，尼伯代指出必须以历史的眼光来理解宪法。宪法是颁布之时社会生活的一面镜子，其制定有特定的历史背景，但是关于宪法的解释必须随时代的变化而变化，而不能拘泥于立宪时的看法。[2] 尼伯代观点的核心概念在于基本权利对私法主体的"拘束"。其论据在于，一个可以直接施加义务的规范是不需要在规范性上进一步具体化就足以确定义务内容的规范。[3] 作为德国基本权利第三人效力理论的开山始祖，尼伯代的学说无论是在理论界还是在实务界都产生了重大影响。

---

〔1〕 参见张红：《基本权利与私法》，法律出版社 2020 年版，第 57 页。

〔2〕 参见陈新民：《德国公法学基础理论》（增订新版·上卷），法律出版社 2010 年版，第 342 页。

〔3〕 参见张翔主编：《德国宪法案例选释》（第 1 辑），法律出版社 2012 年版，第 4 页。

另一位支持直接效力说的代表学者是米勒。米勒认为，基本权利作为首要规范，是其他所有次级规范的基础。而这些次级规范也都由首要规范产生并适用于法律的各个领域之内。因此，《德国基本法》中的部分基本权利条款在私法领域内可以直接加以适用，而不必借用私法中的概括性条款。[1] 但是，随着基本权利第三人效力理论成立之后，就会有基本权利之间摩擦的问题发生。米勒认为，当出现基本权利互相冲突的情形时，应当通过研究"事务之本质"对基本权利的价值位列进行判定。所谓"事物之本质"，就是以事实关联为标准，即在个案中应当以事实为依据、以基本权利之效力为衡量标准来协调相互冲突的基本权利。[2] 由此，米勒虽不赞成每个基本权利在民事关系中都有"绝对的效用性"，但其提出的依事物本质之方针将基本权利放置到个案当中，以不同的事实因素为基础来解决发生冲突的双方当事人的基本权利，可以将其视为对于尼伯代提出的直接效力说的修正和创新。

直接效力说的实践最早出现在"单身条款案"中。该案原告是一位年轻女性，自1954年4月1日起在北威州立养老院当护士。根据北威州社会部的规定，女性护士在合同期内不得结婚，如果在职期间结婚，疗养院有权单方面解除合同。该女性与疗养院之间订立的合同据此规定，约定如该女性在此期间结婚，疗养院可以解除合同。1955年8月25日，该女性结婚；8月31日，疗养院解除其与原告的合同。原告认为，合同期内不能结婚是违法的，于是向联邦劳动法院提起诉讼。联邦劳动法院认为，由于该约定违反了《德国基本法》第6条第1款婚姻自由、第1条人格尊严和第2条人格自由发展，因而属于违反法律规定的法律行为，应认定该"单身条款"无效。这是基本权利第三人直接效力说在法律行为领域的首次适用，《德国基本法》的规定直接约束了原被告之间的民事法律关系。[3]

直接效力说甫一提出，便面临着许多质疑的声音，主要基于以下三点理由：①弱化了基本权利对国家的拘束。基本权利具有防御权性质，其防御对

---

[1] 根据米勒的观点，有关人的尊严（《基本法》第1条第1项）；人格自由发展权（第2条）；平等权（第3条）；自由选择职业、工作及教育地点之权（第12条第1项）；婚姻及家庭基本权（第6条第1项）以及财产及继承权（第14条）皆有第三人直接效力。

[2] 参见陈新民：《德国公法学基础理论》（增订新版·上卷），法律出版社2010年版，第345页。

[3] 参见张翔主编：《德国宪法案例选释》（第1辑），法律出版社2012年版，第38-40页。

象是国家，基本权利第三人理论的直接效力说弱化了基本权利对国家的拘束，极大地降低了人权保障对国家的拘束力。[1] ②妨害和破坏私法自治。直接效力说意味着基本权利可以直接干涉私人之间的关系和私人的法律行为，私法自治的空间将受到极大的压缩，私法的独立性将遭受损害。③易造成司法权对立法权的僭越。由于基本权利具有高度抽象性、原则性的特点，往往需以宪法委托的方式交由立法机关加以具体化。直接效力说则意味着司法机关可以越过法律直接对基本权利进行解释和适用，易导致司法机关权力扩张、立法机关被架空。[2]

2. 间接效力说。与直接效力说不同，间接效力说所持主张是基本权利对于私人关系可以产生效力，但仅能通过间接的方式发生效力。换言之，基本权利条款不能作为法官审理案件时的裁判依据，而需要通过私法规范中的基本原则或者概括性条款发挥效力。该学说的代表人物包括杜立希（Günter Dürig）和盖格（Heinrich Geiger）。

杜立希在其1956年发表的《基本权利及民事诉讼》一文中对直接效力说提出了激烈的批评。他从两个方面入手，对间接效力说进行了论证：一是基本权利是用于对抗国家公权的权利，基本权利对于私主体的约束作用并非直接的，而是需要通过法律解释或者价值补充进行适用；二是公法与私法有着不同的价值追求，不应轻易地将公法和私法混为一谈，否则"私法自治"和"契约自由"等私法体系的基本价值将会受到公法的侵犯。因此，杜立希提出了以私法中的概括性条款作为在私法中实现基本权利的媒介，发挥宪法对于私法的间接约束之观点。这一观点在德国法学界得到了广泛的支持和赞同。

盖格是间接效力说的另一位支持者，他在《在私法秩序及经济秩序内的基本权利之意义》一文中，首先以法制史和比较法的方法论证宪法的功能只在于规范国家与个人之间的关系，宪法上的基本权利只限于对抗国家公权力，属于不受国家侵犯的自由行为领域。《魏玛宪法》及《德国基本法》第9条有关基本权利直接规范私人关系的规定，并不是基本权利的性质发生了变化，而只是一个例外，不宜将例外普遍化。盖格还认为，公法和私法的二分是法

---

〔1〕 参见许志雄等：《现代宪法论》，元照出版公司2000年版，第90页。

〔2〕 参见梁君瑜："聚焦基本权利之第三者效力理论——以基本权利之二重性质对该理论的影响为切入"，载《研究生法学》2013年第4期。

律体系中极为重要和基本的一项原则，将宪法规范直接适用于私人之间的关系会破坏公法与私法的二元理论。此外，现行的私法体系足以防卫宪法针对国家的基本权利，而无须采取基本权利对第三人直接效力理论。[1]

间接效力说在一定程度上可避免直接效力说所带来的弊端，它既可以使基本权利通过私法中的概括性条款在私人关系中发挥效力，而且不会破坏私法自治，保持私法体系的完整性。但间接效力说同样面临质疑之声，主要包括三个方面的问题：①宪法中的基本权利规定在私法领域内发生效力时，应当将基本权利之精神贯彻至何种程度；②对于个人纯粹的事实行为所造成的基本权利损害，间接效力说是否依然能够发挥作用；③可能导致法之安定性的丧失。[2]

吕特案是德国基本权利第三人效力理论的间接效力说在司法实务领域加以适用的典型案例。联邦宪法法院在判决中表达了对此观点的支持之后，此学说在德国基本成为通说。虽有学者依然坚持直接效力说或提出了其他新的观点，但主流学说皆认为对于基本权利在私人之间的适用应采取间接效力说，间接效力说在司法实践领域也占据了主流地位。

（二）关于基本权利的限制及其界限

1. 基本权利限制的基础理论。基本权利是一个相互关联的价值体系，对某项基本权利的行使可能会影响到另一项基本权利的实现；个人生活在共同体中，维护共同生活还需要关注整体利益。在这两方面的意义上，基本权利都需要受到一定的限制。但是，基本权利的限制必须符合一定的条件，一般认为只有宪法和法律才可以限制基本权利。此外，对于基本权利的限制必须遵循一定的原则，否则用于限制基本权利的法律可能会因为超越界限而构成违宪。[3]

（1）基本权利限制的正当性。基本权利虽然是宪法规定的、人们必不可少的权利，但并非不存在任何限制。限制基本权利的正当性在于基本权利具有内在界限和外在界限。内在界限使其受到内部限制，外在界限使其受到外

---

〔1〕 参见焦洪昌、贾志刚："基本权利对第三人效力之理论与实践——兼论该理论对我国宪法司法化的指导意义"，载《厦门大学法律评论》2003 年第 1 期。

〔2〕 参见李秀群：《宪法基本权利水平效力研究》，中国政法大学出版社 2009 年版，第 150-151 页。

〔3〕 参见郑贤君：《基本权利原理》，法律出版社 2010 年版，第 206 页。

部限制。内部限制是指基本权利有其保护的核心范畴，譬如通信自由与通信秘密保障的是公民特定交流的自由秘密，住宅不受侵犯保障的是个人在特定物理空间中的隐私安全。基本权利的保护范畴就是其内部限制。外部限制源于基本权利的社会化构造可能导致其与外缘相关利益发生冲突，其本质是利益之间的权衡。基本权利的外部限制主要表现为现代宪法根据社会公共福利的需要对经济自由所施加的限制。这种限制需要三个条件：①存在公共利益；②有法律依据；③给予正当补偿。[1]

（2）基本权利限制的法律形式。对基本权利进行限制的法律形式包括两个方面，分别是宪法的限制和法律的限制。其中，宪法的限制又被称为宪法保留，指一国宪法在公民的基本权利条款部分不仅提供明确的保障性规定，同时也会作出某些限制性规定。宪法的限制方式可以进一步分为概括式的限制和区分式的限制。概括式的限制是指以总括式的条款进行原则上的限制，通常构成对所有基本权利的限制；区分式的限制是指针对不同的基本权利条款分别作出不同的限制性规定。在一国的宪法中，通常既存在概括式的限制，又存在区分式的限制。

法律的限制是指宪法中未对某一基本权利进行直接限制，而是授权立法机关以立法的方式进行限制。这一概念包括两重含义，一是法律的限制是一个将宪法许可的限制具体化、明细化的过程；二是明确只有法律才可以限制基本权利，即只能由立法机关通过制定法律的方式对公民的基本权利加以限制。此处的立法机关应限定为国家的最高立法机关，"法律"也应作严格的狭义解释，并不包括行政法规和地方性法规等。[2]

（3）对基本权利限制的限制。但是，任何公权力都有可能构成对基本权利的威胁，即使是民选产生的立法机关也不例外。因此，宪法在允许立法机关对基本权利进行限制的同时，必须规定相应的控制措施，也就是对基本权利的限制加以限制。主要包括以下三项原则。

第一，明确性原则。宪法为实现自身的稳定和包容，难免在文本中出现一些概括性和原则性的条款。但是，在对基本权利进行限制时，为了防止国家机关权力恣意扩张，应当对宪法中的模糊条款作严格的狭义解释。并且法

〔1〕　参见林来梵：《宪法学讲义》，清华大学出版社 2018 年版，第 347 页。
〔2〕　参见焦洪昌主编：《宪法学》，北京大学出版社 2013 年版，第 368-370 页。

律在对基本权利进行限制时，应尽可能地列明对基本权利进行限制的情形、限制的法律程序、限制的主要手段等，将限制最大限度地明确化。

第二，比例原则。在基本权利的限制问题上，比例原则是指为实现公共利益而限制公民的基本权利时，应当兼顾公共利益的实现和保护相对人的权益，通说认为包括三项子原则。一是妥当性原则，指采取的限制手段能够或者至少有助于实现公共利益的目的。二是必要性原则，也被称为最小侵害原则，指在所有能够达成目的的方法中，选择对基本权利侵害最小的一种。三是狭义比例原则，要求"一种干预的类型和强度为达到某一目的所绝对必要"。[1]

第三，本质保护原则。承认基本权利得为国家所限制的前提还包括为限制本身设定一个"不得侵犯的核心领域"，这个核心领域就是人权保护最本质的内容。其关涉主要包括两个方面：一是某些基本权利在基本权利体系中具有本质性的地位，如人格尊严、生命权等，不得被法律设定任何限制。二是某项基本权利虽然可以被施加限制，但其中本质性的构成部分不得被侵犯。如国家在紧急状态下可以对基本权利进行必要的限制，但"不得包含纯粹基于种族、肤色、性别、语言、宗教或社会出身的理由的歧视"[2]。本质保护原则意在为基本权利的限制设定一个禁区。[3]

2. 德国"一般法律"对基本权利之限制。吕特案中，《德国基本法》第 5 条第 2 款明确规定，凡"一般法律"之规定即可构成对表达自由的限制。一方面，对于"一般法律"的概念和具体含义，德国历来存在争议。但在《德国基本法》适用期间，德国学界已将"一般法律"解释为所有"并非专为禁止某种言论或针对某项言论的表达"的法律，而是各种"不针对特定的言论，完全是为保护法益"的法律，认为它们所保护的共同生活价值优先于表意的自由。[4] 另一方面，在吕特案之前，德国法学界只关注基本权利调整国家与公民之间的关系，而忽视了其在私主体之间的作用，以至于学界一度认为只

---

〔1〕参见焦洪昌主编：《宪法学》，北京大学出版社 2013 年版，第 372-373 页；郑贤君：《基本权利原理》，法律出版社 2010 年版，第 218 页。

〔2〕联合国《公民权利和政治权利国际公约》第 4 条。

〔3〕参见焦洪昌主编：《宪法学》（第五版），北京大学出版社 2013 年版，第 373-374 页。

〔4〕参见梁洪霞主编：《世界各国宪法经典案例评析》，中国人民大学出版社 2018 年版，第 38 页。

有调整国家行为与个人之间关系的法律（通常是公法性质的法律）才属于具有限制基本权利的功能的"一般法律"。但是，根据宪法法院判决中的观点，言论自由这项基本权利可以通过"辐射效力"在私法领域中发挥作用，发表意见的人可向其他人主张言论自由。基于上述观点，民事法律应当被认为是具有限制基本权利之功能的"一般法律"。

因此，《德国民法典》第 826 条关于"故意违背善良风俗而造成损害"的规定作为"一般法律"可以限制人们对表达自由这一基本权利的行使。但宪法法院同时认为，言论自由这一基本权利作为人们在社会中对于个人观点的直接表达，从根本上来说是一项"最高贵的人权"。在一个自由民主的国家，这一权利实际上处于根本性的地位，是基本法中其他每一项自由的基础。宪法法院这样论证："从言论自由这一基本权利是人类个性在社会中最直接的表达这点来看，它是最重要的人权之一（1789 年《人权宣言》第 11 条）。它对于一个自由民主的国家秩序而言，是有建设性功能的，因为它能促成经常性的思想交换及民主生活不可或缺的意见讨论。在某种意义上，它是每一种自由的根本，这个源泉几乎是‘所有其他各种自由不可或缺的条件’。"[1]

由此，《德国基本法》在第 5 条第 2 款中的规定并不能理解为赋予了"一般法律"无限的对言论自由这一基本权利加以限制的功能，不加审查地允许对言论自由进行限制是不正确的。从此观点出发，宪法法院提出了著名的"相互影响说"：对"一般法律"进行解释和适用时，必须尊重基本权利的价值内涵。从字面上来看，"一般法律"可以对基本权利加以限制，但在自由民主的体制之下，"一般法律"需要根据基本权利的价值来解释，两者之间实际上是相互影响的。实际上，任何主体都应当考虑到基本权利并站在维护基本权利的立场上来看待和解释"一般法律"对基本权利的限制功能。而在所有的基本权利中，言论自由又具有特殊的价值内涵，其承载着公民在社会生活各领域内表达并交换意见的一种期待，应当予以保障。尽管"一般法律"在字面上设置了对基本权利的限制，但从另一视角视之，言论自由这一项基本权利在自由民主的国家中具有树立价值的意义，因而对限制这一权利的法律的解释就必须顾及该项权利自身之价值承担，所以"一般法律"限制这一基

---

〔1〕　张翔主编：《德国宪法案例选释》（第 1 辑），法律出版社 2012 年版，第 27 页。

本权利的作用会反过来受到这一基本权利的限制。[1] 由于普通法院可能会在对于法律体系缺乏完整性观念的情况下解释和适用"一般法律",并导致"一般法律"与基本权利相冲突。所以,联邦宪法法院便需要通过在"一般法律"与基本权利之间进行权衡的方式来实现维护基本权利的职责。

3. 利益平衡:对"一般法律"限制基本权利的审查逻辑。更进一步讲,宪法法院在吕特案中所提出的"相互影响说",本质上其实是法院在判案过程中进行的利益衡量。根据前文之论述,"一般法律"可以对基本权利加以限制,但这种限制也必然存在限度,法院在对案件展开审查之时,便需要在个案中进行具体的利益衡量。

(1)利益衡量的基本理论。与概念法学三段论的判断方式不同,利益衡量侧重于利益在法律适用中的地位,强调法官在司法审判中的作用。利益衡量的过程就是法官对不同的利益进行比较、权衡与取舍的过程。[2]

首先,利益衡量的前提是不同的利益之间存在冲突。在哲学层面上,柏林认为,"善"与"善"之间存在不可相容性和不可共度性,为了某些终极价值牺牲另一些终极价值,是人类困境的永恒特征。[3] 价值之间的冲突难题在哲学层面上很难得到完美的解决,但是具体到法律适用的层面上时,却是有章可循的。现代社会中存在着诸多不同性质的利益,不同的利益之间也常常会产生冲突,法律存在的目的之一就在于调和各种利益冲突并提供规则支持。[4] 当不同的利益之间发生了冲突,立法层面也没有对此进行规定之时,就需要在法律适用层面进行具体的利益衡量。

其次,利益衡量的过程带有明显的价值判断色彩。所谓利益衡量,其实就是根据一定的原则或者标准,对于不同的利益进行价值上的排序。正如拉伦茨所言,"一旦发生冲突,为重建法律和平状态,或者一种权利必须向另一种权利(或有关利益)让步,或者两者在某一种程度上必须各自让步。于此,司法裁判根据它在具体情况下赋予各该法益的'重要性',来从事权利或法益

---

〔1〕 参见梁洪霞主编:《世界各国宪法经典案例评析》,中国人民大学出版社 2018 年版,第 38 页。

〔2〕 参见梁上上:《利益衡量论》,法律出版社 2016 年版,第 73 页。

〔3〕 参见〔英〕以赛亚·柏林:《自由论》,胡传胜译,译林出版社 2003 年版,第 49 页。

〔4〕 参见梁上上:《利益衡量论》,法律出版社 2016 年版,第 78 页。

的衡量。"[1] 也就是说，利益衡量的过程必然会融入裁判者的价值判断。何种利益优先？如何进行权衡？对这些问题进行回答，要求法官必须针对具体案件、结合具体情况进行价值上的判断和取舍。

需要强调的是，在利益衡量的过程中，对于价值的判断和权衡并不是一种纯主观的活动，而是需要符合一定的社会共识。人类生活总是在社会共同体中进行的，社会共同体应该建立和维持一致的内外部条件，使得所有的共同体成员能够获得尽可能好的生活。虽然不能说存在绝对的固定的价值秩序，但是不同的利益和价值之间是存在一定的基本共识的。这些共识主要包括法律适用中需要遵循的法秩序上的基本价值、作为客体的利益本身的价值位阶，以及法律主体行使权利需要遵循的基本行为规范。[2] 法秩序上的基本价值一般认为包括自由、秩序、正义与效率，这些价值代表了法律的宗旨和终极目标，在价值体系中处于最高的位置，但是这些价值之间也可能发生冲突，需要在具体案件中进行判断。利益位阶的基本共识主要包括生命利益大于健康利益、健康利益大于财产利益、生命利益之间不分高低、财产利益之间按照价值大小区分高低以及弱者应当获得制度性的特殊保护等。行为规范的社会共识主要体现为需要遵循诚实信用原则、权利不得滥用原则、不得违反公序良俗和不得损害社会公共利益。这些基本的社会共识为利益衡量奠定了价值基础。[3]

最后，利益衡量的本质是一种法律的解释方法，而非法的创造。法律的解释与法律的创造虽均为司法实践中的常见现象，但两者存在较为明显的差别。从发生的原因看，利益衡量是因为法律所保护的利益之间存在冲突，法官在裁判时需要加以平衡；而法的创造则是因为法律缺少相关规定，法官需要创造规则来解决争议。从活动的依据看，利益衡量的前提是在立法者未对利益的位阶或选择规则作出规定时，裁判者探寻在此场合下应作何种价值衡量；而法的创造则是法官于法律存在空白或漏洞时，主动地对法的空隙加以填补。从最终结果看，利益衡量是在法律秩序的范围内对于法益的平衡与调节，没有创制新的规则，不会对法的安定性造成危害；法的创造则是突破现

----

[1] ［德］卡尔·拉伦茨：《法学方法论》，陈爱娥译，商务印书馆2003年版，第279页。
[2] 参见梁上上：《利益衡量论》，法律出版社2016年版，第85页。
[3] 参见梁上上：《利益衡量论》，法律出版社2016年版，第85-92页。

有的法律体系框架，在法秩序之外创制新的规则，因而被称为"超越法律的法的续造"。[1]

（2）基本权利与私法益之间的利益权衡。如前所述，宪法法院在吕特案的判决中论证了言论自由的宪法地位，但同时也承认，言论自由并非在任何情况下都绝对优位，它同样存在限制。《德国基本法》第5条第2款规定言论自由可以受到"普遍法律"的限制。但宪法法院从制宪史中推导出，基本法规定立法者得以"一般法律"限制言论自由的本意并不在于禁止某一特定言论，而在于比较是否存在优于言论自由的法益价值的存在。因此，当言论自由与其他权益发生冲突之时，必须进行具体的利益衡量。在本案中，以民事法律规定限制言论自由，就必须在私法法益与言论自由之间进行利益衡量。[2]

申言之，宪法法院在本案中遵循的是按所保护的法益位阶的高低来考虑优先保护言论自由与否的原则。如果言论自由侵害了他人某一项受法律保护的法益，且此项法益位阶高于言论自由，则言论自由应当让位于被侵害的法益；反之，如果言论自由的法益位阶更高，则不构成对他人法益的侵害。从这一原则出发，普通法院在案件审理中必须综合考虑具体情况，在个案中权衡基本权利与"一般法律"所保护法益的位阶高低。如果普通法院的权衡有误，并根据"一般法律"作出限制言论自由的判决，就会产生基本权利被侵害之后果，当事人可以向宪法法院提起宪法诉愿。[3] 言论自由作为一项重要基本权利，其亦有客观价值秩序塑造之机能，体现为通过公民自由且充分的信息及意见交换，形成某种舆论共识。此不仅是公民个体人格发展完善之契机，亦是现代国家民主机制得以良好运转之基石。当此一客观价值秩序被辐射至民事规范时，对私法上权利的保障就不得与此种秩序相冲突。亦即当言论自由之行使并不指向经济活动中私益之追寻，而是以探讨重大社会问题，促成相关意见交换为旨归时，对于私益之保护相较于言论自由当退至次要地位。

---

〔1〕 参见胡玉鸿："关于'利益衡量'的几个法理问题"，载《现代法学》2001年第4期。

〔2〕 参见姚国建、秦奥蕾编著：《宪法学案例研习》，中国政法大学出版社2013年版，第87-88页。

〔3〕 参见张翔主编：《德国宪法案例选释》（第1辑），法律出版社2012年版，第29页。

具体到本案中，宪法法院对宪法诉愿人吕特的言论是否违反善良风俗的审查逻辑是，先审查其言论的动机和目的，再审查其行为是否具有合法性。

首先，联邦宪法法院以事实为依据分析了吕特发表言论的目的和动机。在吕特的观念里，哈兰是纳粹文化与反犹太文化的典型代表人物，其复出可视为吕特一直以来所极力反对的发展趋势。吕特长期以来因致力于重建与犹太民族间的内部和平而闻名，如果哈兰一旦复出，可能意味着吕特之前的所有努力将付诸东流。因此，吕特的言论不应理解为一种毫无原因的挑衅和攻击，而应该看作一种可以理解的防御行为。宪法法院指出，"在一个大团体的共同生活中，难免经常会发生个体之间权利与利益的冲突，所以须视各自需要保护的程度来调和与权衡这些互相冲突的权利。这种权衡的结果所产生的对个人自由发展可能性的限制，必须加以忍受。"吕特在德国文化界长期致力于反纳粹的活动，他所发表的言论背后体现的是对于哈兰复出可能带来的恶果的担忧，其言论应当被认为具有一般政治意义或文化意义上的追求。透过哈兰的镜头，纳粹对犹太人的暴行曾经严重伤害到德国人的视听，再没有什么比纳粹对于犹太人的残暴迫害更能损害德意志民族的形象的了。因此，有必要对哈兰发起抵制以表明德国人已经抛弃了纳粹的观念，并且德国人对哈兰的排斥并非出于政治投机的目的，而是经由自己内心的反省而获得的道德上的洞察。[1]

其次，宪法法院认为吕特的行为具有合法性，并没有逾越必要的范围从而侵害到哈兰及影业公司的利益。地方法院在判决中认为，吕特所使用的手段违反了善良风俗而造成了损害，符合侵权责任的构成要件，并且不存在阻却违法事由，因而应承担侵权责任。宪法法院在判决中对这一观点进行了批驳，指出吕特的言论并未逾越社会大众讨论一项严肃话题时所允许的界限，不合理地对发表言论的人加以苛责才是对自由民主社会中的言论自由施以无法令人接受的限制。宪法法院指出，吕特所采取的发表致辞和公开信的方式并未逾越当时的情形所能允许的范围。尽管吕特可以利用职位上的优势对电影公司的经济利益施加一定的影响，但是他并没有这么做，而是出于责任感

---

〔1〕 参见姚国建、秦奥蕾编著：《宪法学案例研习》，中国政法大学出版社 2013 年版，第 86-87 页。

和道德选择了发表新闻致辞和公开信的方式，以号召民众自发的抵制。[1] 其目的正当且行为合法地行使了表达自由的基本权利，而在表达自由这一公民的基本权利与电影公司的商业利益之间，地方法院作出的权衡明显失当，因此联邦宪法法院最终判决撤销汉堡地方法院对吕特施加的禁令。

吕特案中，联邦宪法法院展示了一套"基本权利与私法益的平衡"技术。本案中涉及的问题是，如果保护民事争议中一方当事人的民事权利，就有可能损害另一方当事人的基本权利；反之，如果保护一方当事人的基本权利，则有可能伤害另一方当事人的民事权利。可以说，基本权利与私法益的平衡问题是基本权利的效力扩及私法领域之后必然出现且必须面对的问题，利益衡量论是解决这一问题的重要方法之一。

表面来看，宪法法院需要解决的是法律问题，但涉及法益之间的平衡时，则更多需要对社会情势的把握和判断。在吕特案的判决中，联邦宪法法院平衡了诸多要素，如公共利益、特定历史时期的社会形势、社会传统、主流意见等。吕特案发生在德国纳粹统治结束后的重建阶段，此阶段的社会形势敏感而复杂，而对这一社会力量与社会观念的认知需要十分充分和精准，只有这样才能作出有力的判决。"在个案中，究竟什么才是《德国基本法》的'客观价值秩序'，究竟什么才能被视为衡量双方法益的客观因素，则需要联邦宪法法院的法官从主观出发进行探索和确认。在探索的过程中，他们既要考虑现有立法和先前判决的客观影响，同时也要考虑时间这个动态的因素。因此，除了精通法律并具备道德水准之外，联邦宪法法院的法官还必须是一个能够审时度势并且对德国社会有着整体把握的冷眼旁观者。这对德国的法律教育和司法职业培训提出了最高的要求。"[2] 在这方面，吕特案的判决给出了一个可供学习和批判的范例。[3]

---

〔1〕 审查行为的合法性部分参见张翔主编：《德国宪法案例选释》（第1辑），法律出版社2012年版，第30-36页；姚国建、秦奥蕾编著：《宪法学案例研习》，中国政法大学出版社2013年版，第86-87页。

〔2〕 曾尔恕、高仰光："德国吕特案判决五十年来的社会影响"，载《河南省政法管理干部学院学报》2009年第3期。

〔3〕 参见张翔主编：《德国宪法案例选释》（第1辑），法律出版社2012年版，第42-43页；参见姚国建、秦奥蕾编著：《宪法学案例研习》，中国政法大学出版社2013年版，第89-90页。

四、参考意见

1. 传统宪法理论认为基本权利只能用于对抗公权力，不能适用于私主体之间的法律关系。目前学界通说认为，基本权利可以对私主体之间的关系发生效力，这一理论被称为基本权利的第三人效力理论，主要包括直接效力说和间接效力说两种观点，其中间接效力说在德国学界和实务界占据主流地位。本案中，联邦宪法法院采取的是基本权利第三人效力理论的间接效力说。

2. "一般法律"可以对基本权利加以限制。但是，对于基本权利的限制须保持在一定范围内，否则用于限制基本权利的"一般法律"可能会因为超越界限而构成违宪。根据《德国基本法》第 5 条第 2 款，作为"一般法律"的《德国民法典》第 826 条可以限制作为基本权利的言论自由，但反过来也要衡量这一限制是否会损害言论自由这一自由民主社会的基石。当基本权利与其他权益发生冲突之时，应当在具体的案件中进行利益衡量。本案中，以民事法律规定限制言论自由，就必须在私法法益与言论自由之间进行利益衡量，综合考量公共利益、社会形势、社会传统等各种因素作出具体的权衡和判断。

拓展案例

日本三菱树脂案

三菱树脂案是日本关于基本权利第三人效力的典型案例。1963 年 3 月，原告高野达男（以下简称高野）从日本东北大学的法学院毕业之后，被三菱树脂股份有限公司（以下简称三菱树脂公司）招考录取任用。但在为期 3 个月的试用期结束之时，高野被三菱树脂公司拒绝录用，理由是高野在大学期间曾担任激进学生团体的高层干部，并参加过 1960 年在日本爆发的大规模反对日美安全保障条约修改的民众抗议运动，并且在申请工作时没有按照公司要求在调查表中予以申报，在面试时对相关问题也作出了虚假的回答。三菱树脂公司提出，鉴于这一点，公司认定高野不具有"作为管理职位主要人员的适格性"。

高野向东京地方法院申请了地位保全暂定处分并提起诉讼。东京地方法院在审理过程中对此案展开了合宪性判断，认为公司的行为实际上是将申请人推断为具有激进思想的人而加以排斥的，属于以个人的思想信念为理由而实行的不平等对待，违反了《日本宪法》第 14 条的平等权保护条款。三菱树脂公司对东京地方法院的判决不服，乃向东京高等法院提起上诉。在二审中，本案同样引发了有关宪法问题的争议，东京高等法院最后基于《日本宪法》第 19 条、第 14 条和《日本劳动基本法》第 3 条的规定，判定原告胜诉。

本案最终上诉至最高法院。最高法院对于本案的判决要旨是：一是私人企业在决定是否录用被雇佣者时，要求后者申报可能涉及其思想、信念的事项，不能当然视为违法；二是对作出虚伪的申报等隐匿事实的行为而被录用进入试用期的人员，以其欠缺作为管理人员的适格性为由而作出拒绝录用的决定，在一定情形下也是可以被允许的，关键是应视具体情形而定，对此，原判决没有充分加以分析。最高法院最后以原判决在解释和适用法律上存在错误，且审理不足为由，将其发回东京高院重审。

可以看出，针对本案中的基本权利私人间效力的问题，最高法院采取了间接适用说的立场，即宪法上的人权条款可以通过民法上的一般性条款，间接地适用于调整普通私人之间的关系。具体而言，判决首先沿袭了传统的宪法观念，指出宪法的有关权利保护规定主要是针对国家的行为而保障个人权利的，"并没有预定直接规范私人相互间的关系"，因为私人之间即使存在社会性的支配与服从关系，乃属于作为"一种社会事实力量的优劣关系"，与前者具有显然的性质上的区别，不能直接适用人权的规定。但判决承认，在私人之间所出现的对基本自由平等的侵害及其情况的程度"超过社会可容忍的限度时"，可以通过适当运用《日本民法》第 1 条、第 90 条及其他有关不法行为的各种规定来解决，即在尊重私人自治原则的前提下，通过民事法律规范针对超越社会容许限度的侵害行为对基本权利加以保护。

专题二　宪法的司法适用

📑 知识概要

自齐玉苓案以来，宪法的司法适用一直是我国宪法学界长期关注的热点问题。本专题中的经典案例是继齐玉苓案后法院直接援引宪法的又一案例，虽涉及的基本权利不同，但同样涉及宪法的司法适用问题。学界对宪法的司法适用的内涵存在多种解释，包括特定机关说、广义狭义区分说、裁判依据说、援引适用说、违宪审查说和双重意义说。宪法的司法适用是宪法适用的下位概念，后者指直接依据宪法实施宪法行为，包括抽象宪法行为和具体宪法行为，前者是指直接依据宪法作出的司法行为。在规范意义上，宪法的司法适用是指以宪法为直接裁判依据（包括对具体案件的裁判和对法律规范或公权力行为的裁判）的司法性活动。从适用主体上看，宪法的司法适用不限于司法机关适用宪法的活动。例如普通法院以外的宪法法院等机关也可以通过司法程序或准司法程序适用宪法。从适用方式上看，宪法的司法适用是指在审理案件时直接将宪法作为裁判依据的适用活动，既包括将宪法作为裁决具体争议的直接依据，也包括将宪法作为裁决法律规范或公权力行为是否合宪的依据。

宪法的司法适用包括司法机关适用、专门机关适用和最高权力机关适用三种适用模式。司法机关适用模式是以美国为代表的英美法系国家采用普通法院在审理案件中适用宪法的模式，普通法院在具体案件中附带性地适用宪法，属于事后的附带性审查，普通法院依据宪法对当事人质疑的法律规范的合宪性作出判断，即具体性审查。专门机关适用是以德国为代表的大陆法系国家采取的宪法司法适用模式，在立法、行政、司法部门之外，设立专门的宪法法院适用宪法，宪法法院具有独立的宪法地位和独立的宪法适用程序，即可以进行违宪审查意义上的抽象性审查和附带性审查，也可以进行裁判依据意义上的宪法适用。在实行最高代表机关适用宪法的国家，一般不规定适用宪法的具体程序。例如英国的议会是通过一般的议事程序和法律解释程序对被质疑违宪的规范性法律文件进行审查。

宪法是否具有司法适用性以及具体的适用模式是我国宪法学界长期争论的话题。根据我国宪法文本及基本法律理论，我国宪法应当具有司法适用性。关于宪法的司法适用主体，在排除违宪审查意义上的宪法适用后，法院适用宪法符合我国宪法文本和基本法理，并不抵触全国人民代表大会及其常务委员会享有宪法解释权的宪制安排，也未侵夺立法机关的权力和违背法规范适用规则。基于宪法的法律属性，为实现宪法的直接效力和保障基本权利、填补法秩序的漏洞和空白，我国法院可以成为适用宪法的主体。但法院在适用宪法时，应当建构起法院适用宪法的规范路径。此外，法院并不是唯一可以适用宪法的主体，在建立司法性程序的情况下，全国人民代表大会及其常务委员会、专门委员会或可能出现的其他机构在我国宪法框架内都可以成为宪法的司法适用主体。

📖 经典案例

法院认定企业禁止员工外宿违背宪法精神案

一、基本案情[1]

2004 年 3 月起，王登辉一直住在广州市黄埔区沙步村大基花园一出租屋。2006 年 12 月 14 日，他与广州市三水食品有限公司（以下简称三水公司）签订劳动合同，被聘为机电维修工。王登辉工作期间，每天都乘公交车上下班。2007 年 1 月 2 日下午 6 时许，王登辉下班后在公交站台等车回家时，被一辆小货车撞伤。经过医院诊断，王登辉颅脑严重损伤，身体右侧两根肋骨骨折，右耳鼓膜穿孔。警方认定小货车负事故全部责任，王登辉无任何责任。但是，由于撞伤王登辉的小型货柜车使用的是假牌照，且在肇事后逃逸，因此，王登辉无法获得足够的赔偿来支付高额的医疗费，陷入经济困境。王登辉及其家属认为，按照相关法律规定，他在下班途中遭遇的这场车祸属于工伤，应当由三水公司支付医药费。而三水公司认为，"王登辉是在下班后发生的交通事故中受的伤，跟公司无关，公司不负任何责任"，因而拒绝为王登辉申报工伤以及解决他的医药费问题。2007 年 3 月 27 日，王登辉的妻子到黄埔区劳动和社会保障局为王登辉申报了工伤。2007 年 7 月 20 日，黄埔区劳动和社会保障局作出了〔2007〕90 号《工伤认定决定书》，认定王登辉在下班途中受到机动车事故伤害，符合《工伤保险条例》第 14 条第 6 项的规定，系工伤。2007 年 9 月，王登辉依据黄埔区劳动和社会保障局工伤认定书，向广州市劳动仲裁委员会申请仲裁，要求三水公司支付工作事故医疗费、误工费、营养费等费用共计 54 500 余元。但与此同时，三水公司也向黄埔区人民法院提起

---

〔1〕 参见胡锦光主编：《2008 年中国十大宪法事例评析》，法律出版社 2009 年版，第 20—22 页；韩大元主编：《中国宪法事例研究（四）》，法律出版社 2010 年版，第 1 页；志远："四川民工成为中国公民自由权第一案当事人"，载《工友》2008 年第 7 期。

了诉讼，请求撤销黄埔区劳动和社会保障局作出的〔2007〕90号《工伤认定决定书》。三水公司在诉讼中提出，其为职工提供食宿，并禁止职工外出留宿。公司《员工手册》第十章第1节第9款规定："非因上班或休假没有任何手续，而在外面留宿者，将予以严惩。"因此，三水公司认为，王登辉擅自外出，且未告知公司其另行住宿的地点，严重违反用人单位规章制度，由此产生的人身伤害，依法不应认定为工伤。王登辉表示其于2006年12月19日到三水公司工作，公司并没有签订劳动合同，也没有安排住宿，他一直在车间休息。公司并没有将《员工手册》发给他，这些规定他无从知晓。黄埔区劳动和社会保障局在法庭上答辩称，王登辉下班途中受到机动车事故伤害属实，根据国务院《工伤保险条例》第14条第6项之规定，应认定为工伤。至于单位是否提供了住宿以及王登辉是否违反公司制度私自外宿，对本案定性无影响。其理由有二：①职工有自由选择居住地的权利；②国务院《工伤保险条例》第16条规定，职工有下列情形之一的，不得认定为工伤：①因犯罪或者违反治安管理伤亡的；②醉酒导致伤亡的；③自残或者自杀的。本案中，没有证据表明王登辉的受伤是其过错所致。而三水公司以王登辉擅自外出，严重违反用人单位规章制度而产生的人身伤害，依法不应认定工伤的主张，显然是不能成立的。因此，黄埔区劳动和社会保障局根据国务院《工伤保险条例》第14条关于职工在上下班途中受到机动车事故伤害应认定为工伤的规定，作出〔2007〕90号《工伤认定决定书》，认定王登辉为工伤没有错误。黄埔区人民法院经过审理，最终维持了黄埔区劳动和社会保障局作出的〔2007〕90号《工伤认定决定书》，驳回了三水公司的诉讼请求。

本案本是一起普通的行政诉讼案件，但黄埔区人民法院在判决书中引用了宪法使得本案引人注目，判决书中写道："我国宪法赋予公民享有极其广泛的权利和自由。人身自由、居住自由是公民享有的人格权利。第三人作为职工，经一天紧张劳动后回家休息、料理家务和个人生活，合乎常理，是公民人身自由的一项重要内容，也是公民生活中最起码的一项权利，应予以尊重。原告起诉'公司禁止员工外宿，以便管理及照顾职工安全'，其意见与我国宪法精神相悖，与社会文明进步发展相抵，故本院不予支持。"该案因而被认为是"中国宪法自由权第一案"，引起了社会各界的广泛关注。

二、法律问题

法院能否依据宪法裁判案件？（我国宪法的司法适用性探讨）

三、宪法分析

自齐玉苓案以来，宪法的司法适用一直是我国宪法学界长期关注的热点问题。本案是继齐玉苓案后法院直接援引宪法的又一案例，虽涉及的基本权利不同，但同样涉及宪法的司法适用问题。对本案的分析包括宪法的司法适用的内涵、宪法的司法适用模式、我国宪法的司法适用问题、本案的宪法适用评析四部分内容。

（一）宪法的司法适用的内涵

1. 学说争鸣。

（1）特定机关说[1]。该观点从宪法的适用主体入手，认为宪法的司法适用专指国家司法机关根据法定职权和法定程序，应用宪法处理具体案件的活动。而立法机关的立法监督和行政机关对宪法的实施都不属于宪法的司法适用。

（2）广义狭义说[2]。该观点认为宪法的司法适用不限于司法机关适用宪法的活动，而是根据适用宪法的主体范围大小，将宪法的司法适用分为广义和狭义两种。广义的宪法司法适用是指一定机关（不限于司法机关）按照司法或者准司法程序判断事实、处理案件、解决争议的活动，例如德国的宪法法院、法国的宪法委员会以及中国的全国人民代表大会及其常务委员会适用宪法裁决争议的活动。狭义的宪法司法适用专指司法机关按照司法程序适用宪法的活动。

（3）裁判依据说[3]。该观点认为，宪法的司法适用问题是指普通法院在司法活动中能否直接适用宪法条款来裁决争端。涉及的是司法机关在审理民事、行政以及刑事案件时能否附带进行违宪审查或直接援引宪法条款来裁决

---

〔1〕 参见王磊：《宪法的司法化》，中国政法大学出版社 2000 年版，第 19—20 页。

〔2〕 参见刘国："宪政三重奏——宪法适用的三种模式辨析"，载《甘肃理论学刊》2005 年第 6 期。

〔3〕 参见焦洪昌："论我国宪法司法适用的空间"，载《政法论坛》2003 年第 2 期。

普通案件。宪法的司法适用并不等同于违宪审查或宪法诉讼，后两者的主体不一定为司法机关，其针对的问题也限于法律规范本身的合宪性，而非具体案件的处理。宪法的司法适用与违宪审查、宪法诉讼虽有交集，但侧重点不同。

（4）援引适用说[1]。该观点认为，宪法的司法适用包括人民法院在判决文书中援引宪法说理的活动，只要司法机关在判决中出现了宪法条文，无论是判决依据还是判决理由部分，都属于宪法的司法适用。

（5）违宪审查说[2]。该观点认为，宪法的司法适用专指对合宪和违宪的判断，宪法只能成为解决宪法争议的依据，而不能成为解决普通案件的直接依据。宪法的司法适用特指适用宪法进行违宪审查的活动，不包括将宪法作为案件的直接裁判依据以及援引宪法说理的活动。

（6）双重意义说。该观点认为，宪法的司法适用具有双重意义，既包括将宪法作为裁决具体案件的直接依据，也包括将宪法作为审查公权力行为及法律规范是否合宪的依据，即违宪审查。

2. 相近概念辨析。"宪法司法化"和"宪法私法化"是与宪法的司法适用相近的两个概念，前两者在研究脉络中已形成了相对确定的内涵，不同于本书所讨论的宪法的司法适用。

（1）"宪法司法化"。"宪法司法化"的概念由胡锦光教授在《宪法司法化的必然性与可行性探讨》一文中首次提出，[3] 在王磊教授于 2000 年出版《宪法的司法化》一书后，引起了学界的关注。随后不久，2001 年山东省高级人民法院在齐玉苓案中，根据最高人民法院的"批复"，直接援引宪法中公民享有受教育的基本权利，判决原告胜诉，从而引发了学界关于"宪法司法化"的热烈讨论。关于"宪法司法化"的定义，有两种代表性观点。一种认为："司法审查制度是宪法司法化的具体体现，宪法司法化是各国司法审查制度的共同点和提炼。司法审查可以有事先审查和事后审查，而宪法司法化只有事后审查，它适用不告不理原则，将宪法作为如刑法、民法等法的适用一

---

[1] 参见肖蔚云："宪法是审判工作的根本法律依据"，载《法学杂志》2002 年第 3 期。

[2] 参见童之伟："宪法适用应依循宪法本身规定的路径"，载《中国法学》2008 年第 6 期。

[3] 参见胡锦光："宪法司法化的必然性与可行性探讨"，载《法学家》1993 年第 1 期。

样，也由特定机关针对个别案件反复适用"。[1] 另一种观点认为，"宪法司法化"指"宪法可以像其他法律法规一样进入司法程序，直接作为裁判案件的法律依据"。[2] 可见"宪法司法化"包括两层含义：作为违宪审查的司法机制和将宪法作为法律渊源进行适用的司法机制，前者意义上的"宪法司法化"即由普通法院进行的违宪审查，后者意义上的"宪法司法化"与宪法的司法适用大致类同。"宪法司法化"与宪法的司法适用都主张通过司法性程序适用宪法，包括违宪审查意义上的适用和裁判依据上的适用。但"宪法司法化"特指司法机关在审判过程中适用宪法，具有排除其他国家机关适用宪法的含义，因此遭受了诸多批评。[3] 宪法的司法适用则并未限定适用主体只能是司法机关，具有更大的包容性。可以说，"宪法司法化"是以美国为代表的由普通法院适用宪法的模式，属于宪法的司法适用的一种具体类型。

（2）"宪法私法化"。"宪法私法化"的概念由蔡定剑教授在《中国宪法实施的私法化之路》中首次提出，指宪法在私人关系领域间接或直接适用以解决公民之间涉及宪法权利的纠纷从而保护公民的基本权利。[4] 实际上，"宪法私法化"的概念就是指基本权利的第三人效力。蔡定剑教授采用"宪法私法化"的概念的用意在于通过肯定基本权利的第三人效力以激活我国宪法的适用，"中国国情决定中国实施宪法要走私法化之路，这是一种现实选择。通过宪法私法化开辟宪法的实施途径，先把宪法适用起来，把宪法的作用发挥起来，把宪法保障公民权利的价值体现出来，把人们对宪法只是政治纲领而不是法律的认识和观念转变过来"。[5] "宪法私法化"与宪法的司法适用同样主张要通过司法程序适用宪法，但"宪法私法化"这一概念强调宪法在私权领域中的适用，而宪法的司法适用则不局限私权领域的适用，同样包括对公权行为的规范。

我们认为，从适用主体上看，宪法的司法适用不限于司法机关适用宪法

---

[1] 参见王磊：《宪法的司法化》，中国政法大学出版社 2000 年版，第 148 页。

[2] 参见焦洪昌："论我国宪法司法适用的空间"，载《政法论坛》2003 年第 2 期。

[3] 参见童之伟："宪法司法适用研究中的几个问题"，载《法学》2001 年第 12 期；许崇德："'宪法司法化'质疑"，载《中国人大》2006 年第 11 期；翟小波："代议机关至上，还是司法化？"，载《中外法学》2006 年第 4 期。

[4] 参见蔡定剑："中国宪法实施的私法化之路"，载《中国社会科学》2004 年第 2 期。

[5] 参见蔡定剑："中国宪法实施的私法化之路"，载《中国社会科学》2004 年第 2 期。

的活动，例如普通法院以外的宪法法院等机关也可以通过司法程序或准司法程序适用宪法。如果将宪法的司法适用理解为司法机关的适用，将有损这一概念的包容度，难以涵盖其他司法适用类型。因齐玉苓案而引发的"宪法司法化"的争论就落入了"宪法司法机关适用化"的陷阱，因冲击我国的政治体制而无法实行。应当摒弃以司法机关适用宪法为唯一范本的理念，跳出宪法司法化的思维限制。因此，宪法的司法适用应指适用宪法的方式或程序是司法或准司法程序，而不论主体为何，只要通过具有司法性质的活动来适用宪法就是宪法的司法适用。从适用方式上看，宪法的司法适用是指在审理案件时直接将宪法作为裁判依据的适用活动，既包括将宪法作为裁决具体争议的直接依据，也包括将宪法作为裁决法律规范或公权力行为是否合宪的依据。有观点认为宪法的司法适用并不完全等同于在审理案件时直接把宪法作为裁判的依据，只要宪法在法院审理案件的过程中发挥了作用，对案件的结果产生了影响或法官在审理案件中运用了宪法的理念、精神和规则去认定事实和适用法律，也属于宪法的司法适用。[1] 该观点没有适当区分遵守宪法的行为和适用宪法的行为，司法机关在判决书的说理部分可以引用各种事实、公理、权威性文献和其他一切能够证明判决合理的材料来进行论证说理。为了论证说理，不仅在必要时可以援引宪法、法律、行政法规，还可以援引论文、著作、学术报告。引用宪法条文是为最终适用法律处理案件增强说服力，而不是要以所引用的条文为裁判争议的直接依据。[2] 这种以宪法有无发挥实质作用来判断宪法是否得到了司法适用的观点，过度放大了宪法的司法适用的内涵。此种宪法的司法适用并不是规范意义上的，而是一种事实上的适用。而事实上的适用是难以识别的，或不具有明确的识别标准，无法判断宪法是否真正发挥了作用。在规范意义上，一切国家机关都有遵守宪法和法律的义务，要依据宪法和法律履行职责，必然要在其各项活动中贯彻宪法的精神、理念和规则，并不能因此就认为所有国家机关都在适用宪法或法律。换言之，不能混淆宪法的适用和宪法的实施与遵守。宪法适用是宪法实施的消极和被动方式，它是对公权力行为是否合宪作出判断并解决由此产生的宪法争议。所

---

〔1〕 参见朱福惠："法律合宪性解释的中国语境与制度逻辑——兼论我国法院适用宪法的形式"，载《现代法学》2017年第1期。

〔2〕 参见童之伟："宪法适用应依循宪法本身规定的路径"，载《中国法学》2008年第6期。

以，宪法适用是将宪法规范应用于具体事件，对该事件是否符合宪法作出判断并进行推理或裁决案件的过程，具有法律技术性特征。宪法适用至少应当符合下列基本原理：①宪法适用的前提是存在合宪性争议或者国家权力行使过程中产生了宪法问题，抑或需要适用宪法裁判案件；②宪法适用的标志是宪法规范成为解决宪法争议和宪法问题的直接依据；③宪法适用的目的在于确定宪法责任或得出裁判结果。[1] 宪法的适用是宪法的司法适用的上位概念，指直接依据宪法实施宪法行为，包括抽象宪法行为和具体宪法行为。[2] 宪法的司法适用作为下位概念，同样是指直接依据宪法作出的行为。因此，在规范意义上，宪法的司法适用是指以宪法为直接裁判依据（包括对具体案件的裁判和对法律规范或公权力行为的裁判）的司法性活动，仅援用宪法进行说理但未将宪法条文列为裁判依据的不属于宪法的司法适用。

（二）宪法的司法适用模式

1. 司法机关适用。以美国为代表的英美法系国家采用普通法院在审理案件中适用宪法的模式。普通法院在具体案件中附带性地适用宪法，属于事后的附带性审查。普通法院依据宪法对当事人质疑的法律规范的合宪性作出判断，即具体性审查。此种适用模式基本等同于违宪审查说意义上的司法适用。具体程序是，普通法院在审理具体案件时，当事人或法院认为适用于案件的法律规范与宪法相抵触，当事人可以提起审查请求或法院主动进行违宪审查，然后根据审查结果决定是否适用该法律规范并对案件作出判决。当事人如果不服，可以提起上诉。在普通法院适用宪法的模式中，也存在裁判依据意义上的司法适用。如果当事人认为自己受宪法保护的权利在没有被法律具体化的情况下被侵犯，可以向法院直接提起诉讼，法院直接依据宪法作出判决。[3] 由普通法院作出的宣告某法律规范违宪的判决，其效力仅限于本案，但由于英美法系国家的判例法制度，该判决实际上具有一般效力，其他法院在审判类似案件时也不得适用该违宪的法律规范。

2. 专门机关适用。以德国为代表的大陆法系国家，在立法、行政、司法

---

〔1〕 参见朱福惠："理性看待最高人民法院对齐玉苓案'批复'的废止"，载《法学》2009 年第 3 期。

〔2〕 参见胡锦光：《合宪性审查》，江苏人民出版社 2018 年版，第 27—28 页。

〔3〕 参见胡锦光主编：《宪法学关键问题》，中国人民大学出版社 2014 年版，第 90 页。

部门之外，设立专门的宪法法院适用宪法，宪法法院具有独立的宪法地位和独立的宪法适用程序，即可以进行违宪审查意义上的抽象性审查和附带性审查，也可以进行裁判依据意义上的宪法适用。具体程序有三种：①由公民提起的宪法诉愿，当公民穷尽所有的法律手段后仍无法获得救济时，认为自己的宪法权利受到侵犯，可以向宪法法院直接提出审查请求，宪法法院依据宪法作出裁判；②各州宪法法院和普通法院对法律提出审查请求；③在联邦政府的各机关之间、联邦和邦政府之间以及政党被宣布违宪而引起的争议中，联邦内阁、邦政府、联邦众议院 1/3 的成员可以就联邦与各邦法律是否在形式或实质上符合《德国基本法》、邦法是否符合联邦法律提出不同的意见或质疑。宪法案件由相应的当事人直接向宪法法院提起，例如宣告丧失基本权利案、政党违宪案、选举审查案、总统弹劾案、法官弹劾案、机关争议案、联邦与州争议案、抽象法律法规审查案等，都由相应的法定部门或相关人员直接向宪法法院提出。在普通诉讼中法院发现法律存在违宪可能时，法院要立即停止诉讼程序，将案件移送宪法法院审理，普通法院无权进行违宪审查。宪法法院在对涉案法律是否违宪作出判断后，将审查结果告知提交违宪审查的法院，由该法院继续审判，根据宪法法院的审查结论确定该案的法律依据并对该案作出终审裁决，联邦宪法法院作出的判决具有最终和一般的法律效力。[1]

以法国为代表的由宪法委员会适用宪法的模式，主要指违宪审查意义上的适用，由宪法委员会在法律生效前进行事前的抽象性审查，但是否属于司法性的适用存在争议。《法国宪法》第 61 条规定："在法律获得颁布之前，共和国总统、总理、众议院和参议院议长或 60 名众议院代表或参议院议员可以把它提交宪法委员会。各项组织法律在颁布以前，议会两院的内部规则在实行以前，都要交宪法委员会审查。在以上所规定的情形下，宪法委员会必须在 1 个月的期限内作出决定。然而，在内阁提请的紧急情形下，这个期限应被缩短为 8 天。"而组织法和议事程序规则必须在生效前提交到宪法委员会审查。对于已经生效的法律，宪法委员会不能再进行审查。[2] 但是《法国宪法》在 2008 年修改之后，确认了公民违宪审查权，在行政法院或普通法院所

---

[1] 参见马岭："德国和美国违宪审查制度之比较"，载《环球法律评论》2005 年第 2 期。
[2] 参见付子堂："美国、法国和中国宪法监督模式之比较"，载《法学》2000 年第 5 期。

受理的一般诉讼案件中，公民可因宪法所保障的个人权利受已生效之法律规定的侵害而提出异议，并交由最高行政法院或最高法院进行审查。如果最高行政法院或最高法院认为确有必要对该法律规定进行违宪审查的，应交由宪法委员会审理。[1]

3. 最高权力机关适用。在实行最高代表机关适用宪法的国家，一般不规定适用宪法的具体程序。例如英国的议会是通过一般的议事程序和法律解释程序对被质疑违宪的规范性法律文件进行审查。[2] 在适用方式上一般是指违宪审查意义上的适用，既可以进行事前审查也可以进行事后审查，审查的对象主要是规范性法律文件，但由最高权力机关自行制定的法律则需要由其自行纠正。

（三）我国宪法的司法适用问题

关于我国宪法能否作为裁判案件的直接依据或裁判法律规范及公权力行为依据的问题，部分研究存在思维上的跳跃，直接关注我国法院能否适用宪法。如前文所述，此种视角难以客观地讨论宪法的司法适用可能。我们认为应当首先分析我国宪法是否具有司法适用性，进而再探讨法院能否成为具体的适用主体。

1. 我国宪法的司法适用性。我国宪法应当具有司法适用性。第一，我国宪法文本为其司法适用性提供了规范基础。我国《宪法》[3] 序言最后一个自然段规定："本宪法以法律的形式确认了中国各族人民奋斗的成果，规定了国家的根本制度和根本任务，是国家的根本法，具有最高的法律效力……"第5条第3款规定："一切法律、行政法规和地方性法规都不得同宪法相抵触。"明确表明了宪法的法律性及效力的最高性，这为宪法进入司法领域提供了宪法依据。第二，从基本的法律理论来看，宪法首先是法律，法律最主要的特征之一就是可诉性。对于利害当事人而言，可以将法作为提起诉讼或辩护的依据；对于适用机关而言，可以将宪法作为裁判当事人争议的依据。如果不具有可诉性，就不称其为法。宪法是我国的根本大法，是最重要的解决法律

---

〔1〕 参见胡锦光主编：《宪法学关键问题》，中国人民大学出版社2014年版，第89页。

〔2〕 参见何海波："没有宪法的违宪审查——英国故事"，载《中国社会科学》2005年第2期。

〔3〕 本书中所提中华人民共和国法律，如无特殊情况，直接使用简称，省略"中华人民共和国"字样，以下不再赘述。

纠纷的依据。另外，宪法作为法律体系中的基础规范，它可以起到弥补一般法律规范漏洞和局限性的作用。在此意义上，宪法应当成为用于直接裁判案件的依据。关于此点，可以借鉴德国法学方法论关于法的续造和漏洞填补的理论，"当能够建立起一种与上位法——宪法和欧盟'基础性法律渊源'及'派生性法律渊源'——的一致性或相符性，这里的'超越法律的法的续造'或者'法律修正'就更加具有合法性或正当性……法的续造的合法性问题首先是一个宪法问题，《德国基本法》给予法官一个非常宽泛的活动空间。司法的任务特别要求，在带有评价性的判决活动中将特定的价值观念呈现出来，并在判决中将其予以实现。这些价值观念内在于合宪性的法秩序中，但在成文性的法律中没有或者没有完全表达出来。"[1] 第三，宪法作为裁判规范可以成为裁判其他下位法律规范的依据。拉伦茨指出："每个法秩序都包含一些———要求受规整之人，应依其规定而为行为的——规则，假使这些规则同时是裁判规范，则有权就争端的解决为裁判者亦须依此为判断。大部分的行为规范及法院或机关的判断规范。此处所指的'规则'具有以下两点特征：其具备之有效性要求，质言之，其系有拘束力之行为要求，或有拘束力之判断标准——其规范性特质；其次，其非仅适用于特定案件，反之，于其地域及时间的效力范围内，对'此类'事件均有其适用——其一般性特质。"[2] 综上，结合我国宪法文本的规定和宪法学、法理学理论研究的成果，宪法是具有法律效力且是最高法律效力的法规范，应当具有司法适用性。

2. 我国法院能否成为适用宪法的主体？自齐玉苓案中最高人民法院发布《最高人民法院关于以侵犯姓名权的手段侵犯宪法保护的公民受教育的基本权利是否应承担民事责任的批复》以来，宪法学界关于法院能否成为适用宪法的主体争议不断。相较于理论上的分歧，实务界基本保持拒绝引用宪法作为裁判依据的克制态度。1955年最高人民法院在给新疆维吾尔自治区（时为新疆省）高级人民法院《关于在刑事判决中不宜援引宪法作论罪科刑的依据的复函》中指出："中华人民共和国宪法是我们国家的根本法，也是一切法律的'母法'。……对刑事方面，它并不规定如何论罪科刑的问题，……刑事判决

---

〔1〕 ［德］赖因哈德·齐默尔曼："德国法学方法论"，毕经纬译，载《比较法研究》2021年第2期。

〔2〕 ［德］卡尔·拉伦茨：《法学方法论》，陈爱娥译，商务印书馆2003年版，第132页。

中，宪法不宜引为论罪科刑的依据。"表明了拒绝在刑事案件中适用宪法的态度。1986 年最高人民法院在给江苏省高级人民法院《关于人民法院制作法律文书如何引用法律规范性文件的批复》中规定："人民法院在依法审理民事和经济纠纷案件制作法律文书时，对于全国人民代表大会及其常务委员会制定的法律，国务院制定的行政法规，均可引用。各省、直辖市人民代表大会及其常务委员会制定的与宪法、法律和行政法规不相抵触的地方性法规，民族自治地方的人民代表大会依照当地政治、经济和文化特点制定的自治条例和单行条例，人民法院在依法审理当事人双方属于本行政区域内的民事和经济纠纷案件制作法律文书时，也可引用。国务院各部委发布的命令、指示和规章，各县、市人民代表大会通过和发布的决定、决议，地方各级人民政府发布的决定、命令和规章，凡与宪法、法律、行政法规不相抵触的，可在办案时参照执行，但不要引用。最高人民法院提出的贯彻执行各种法律的意见以及批复等，应当贯彻执行，但也不宜直接引用。"这一批复详细列举了法院在判决时可以引用的法规范类型，其中不包括宪法。2008 年 12 月 18 日，最高人民法院发布公告，废止了因齐玉苓案而诞生的《最高人民法院关于以侵犯姓名权的手段侵犯宪法保护的公民受教育的基本权利是否应承担民事责任的批复》，宣告了法院适用宪法的结局。

实际上，实务界和宪法学界早期排斥法院适用宪法的主要原因之一是认为法院适用宪法就等于行使违宪审查权，而根据我国政治制度，法院不享有审查权力机关制定的法律的权力，因此得出法院不能成为适用宪法的主体的结论。然如前所述，违宪审查只是宪法司法适用的一种图景，并非全貌。[1]法院适用宪法存在两种情形，一是法院适用宪法审查其他法规范或公权力行为是否合宪，即行使违宪审查权；二是法院直接适用宪法裁判具体案件，将宪法作为裁判案件的依据。对于违宪审查意义上的司法适用，学界已从我国宪法文本的规定、国家政治体制、法院的地位和职权等诸多方面进行分析，基本形成统一观点：在我国现行政治体制下，法院不享有违宪审查权，否则将违背我国的人民代表大会制度和民主集中制，应当通过备案审查制度由权力机关审查规范性法律文件是否符合宪法，逐步推进宪法的实施。故法院不

---

〔1〕 参见蔡定剑："中国宪法司法化路径探索"，载《法学研究》2005 年第 5 期。

能在违宪审查的意义上适用宪法。但对于法院能否在裁判具体案件的意义上适用宪法，仍未形成共识，主要有否定说和肯定说两派观点。

（1）否定说。持否定说的学者认为我国法院不能成为适用宪法的主体，主要理由如下：

宪法适用与违宪审查不可分离。宪法是公法，它主要解决国家机关与公民之间的关系，并不主要调整公民之间的关系。因此宪法适用必然以判断立法和行政行为的合宪性为适用的目的，这是不可回避的问题。[1]

宪法文本表明宪法不属于法院适用的范围。我国《宪法》第131条规定："人民法院依照法律规定独立行使审判权，不受行政机关、社会团体和个人的干涉。"从立宪原意看，此处的法律是指约束法院审判活动的普通法律，不包括宪法。虽然法院的审判活动必须以宪法作为活动准则，但并不必然要将宪法规范直接适用于具体案件。法院的审判依据不能包括宪法，是我国单一制的国家结构形式、人民代表大会制度的政治体制以及人民法院在国家和社会生活中的地位决定的，《宪法》第131条不能成为法院直接适用宪法的依据。[2]

法院不具有宪法解释权。宪法的解释与宪法的适用无法分离，适用宪法就必须要进行宪法解释，享有宪法解释权是法院适用宪法的前提。根据我国宪法的规定，全国人民代表大会及其常务委员会是享有宪法解释权的主体，不包括人民法院。1981年《全国人民代表大会常务委员会关于加强法律解释工作的决议》中也仅授予法院具体应用法律的解释权，而不包括宪法解释权。法无授权即禁止，法院并非享有宪法解释权的法定主体，无权适用宪法裁判具体案件。[3]

侵夺立法机关权力。如果允许法院适用宪法，将损害我国国家机关之间的权力配置。宪法规范具有抽象性、原则性的特点，将宪法规范具体化的任务是由立法机关通过立法实现的，如果允许法院适用宪法将僭越立法机关的

---

〔1〕 参见韩大元主编：《共和国六十年法学论争实录：宪法卷》，厦门大学出版社2009年版，第336页。

〔2〕 参见刘松山："人民法院的审判依据为什么不能是宪法——兼论我国宪法适用的特点和前景"，载《法学》2009年第2期；参见韩大元："以《宪法》第126条为基础寻求宪法适用的共识"，载《法学》2009年第3期。

〔3〕 参见胡锦光主编：《2008年中国十大宪法事例评析》，法律出版社2009年版，第34页。

立法权。即使在立法出现漏洞时，也不能直接依据宪法裁判案件，否则，由于宪法规范本身的不精确性，将赋予法官巨大的解释权和裁量权，使法官实质上获得了"造法"的权限，侵犯立法机关的权力，破坏了国家机关的权力配置体制。[1] 此外，我国宪法和人民法院组织法对法院职权的规定排除了人民法院对宪法案件的管辖权。宪法适用问题实际关系到我国现行宪法的制度架构，如果允许法院在普通案件中直接适用宪法进行裁判，那么法院就侵夺了全国人民代表大会及其常务委员会规定的法院管辖权的职权，构成"司法抢滩"。[2]

违背法规范适用规则。法院直接适用宪法裁决案件，将违背法规范的适用规则。针对具体案件，如果已有普通法律予以规范，法院就应当适用普通法律的规定。如果允许法院直接适用位阶更高的宪法，就混淆了法律位阶理论中的"效力优先"和"适用优先"的关系。"效力优先"指上位法效力优先于下位法，宪法效力高于普通法律，普通法律不得与宪法相抵触。"适用优先"则是指法院在适用法规范时，应优先适用低位阶的法规范，不得径自越过低位阶的法规范而直接适用高位阶的法规范。只有低位阶的法规范对此没有规定的情况下，才存在直接适用高位阶的法规范的必要性和可能性。[3] 即使法律本身存在漏洞，法院也应当通过法律解释等方法在法律内部进行漏洞填补，而不是直接适用宪法。宪法是人民法院进行审判活动的最高依据，但是具体的审判活动要通过具体法律来调整，无须直接适用宪法，更不能直接以宪法为依据作出判决。[4]

（2）肯定说。持肯定说的学者认为我国法院可以成为适用宪法的主体，主要理由如下：

宪法适用与违宪审查可以分离。不仅违宪审查机关可以适用宪法，法院在处理案件时也可以适用宪法，法院虽然没有违宪审查权，但是并不能说明法院在普通民事和刑事案件中没有宪法适用权，因为法院的宪法适用不是违

---

〔1〕 参见胡锦光主编：《2008 年中国十大宪法事例评析》，法律出版社 2009 年版，第 32-33 页。

〔2〕 参见童之伟："宪法司法适用研究中的几个问题"，载《法学》2001 年第 11 期。

〔3〕 参见徐振："宪法基本权利的民法效力"，载《法商研究》2002 年第 6 期。

〔4〕 参见韩大元："以《宪法》第 126 条为基础寻求宪法适用的共识"，载《法学》2009 年第 3 期。

宪审查。[1]

宪法属于法院的适用范围。首先是宪法依据。我国《宪法》序言最后一段规定"本宪法以法律的形式确认了中国各族人民奋斗的成果,规定了国家的根本制度和根本任务,是国家的根本法,具有最高的法律效力"。明确表明了宪法的法律性及效力的最高性,为宪法进入司法领域提供了宪法依据;宪法规定全国人民代表大会及其常务委员会"监督宪法的实施"并不排斥人民法院适用宪法;《宪法》第131条规定"人民法院依照法律独立行使审判权"并不意味着宪法被明确排除在宪法适用之外,宪法也是法律体系的一员。[2]其次是法理依据。宪法也是法律,具有强制力和规范性,而法院是适用法律的机关,故宪法应在法院得到适用。根据宪法规定,法院负有维护宪法尊严、保证宪法实施的职责,当然要保证宪法在本部门得到适用。在整个法秩序中,宪法处于最高的地位,是评价合法与违法的最高准则,法院适用宪法,有利于在司法中实现法制的统一。[3]

宪法并未排除法院的宪法解释权。法院适用宪法与全国人民代表大会及其常务委员会解释宪法并不冲突。我国宪法规定,全国人民代表大会常务委员会享有对法律的解释权,但在1981年《全国人民代表大会常务委员会关于加强法律解释工作的决议》中也授权最高人民法院对法律作出司法适用的解释。可见,即使宪法明确规定全国人民代表大会常务委员会是法律解释权的法定主体,但依然不排除其他机关解释法律的可能。因此,宪法赋予的解释权只是一种具有最高效力的解释权,而非垄断性的解释权。同样地,全国人民代表大会常务委员会享有的宪法解释权只是具有最高效力或终局性的解释权,而不是一种垄断的解释权。最高人民法院的两个批复并未禁止将宪法作为裁判案件的依据,齐玉苓案司法解释的废止也不能视为对法院适用宪法的禁止,至多是一种法院系统的政策性选择。[4]

宪法的直接效力与基本权利的保障。宪法规范除具有控制立法的间接效

---

[1] 参见蔡定剑:"中国宪法司法化路径探索",载《法学研究》2005年第5期。

[2] 参见肖蔚云:"宪法是审判工作的根本法律依据",载《法学杂志》2002年第3期;焦洪昌:"论我国宪法司法适用的空间",载《政法论坛》2003年第2期。

[3] 参见王磊:"宪法实施的新探索——齐玉苓案的几个宪法问题",载《中国社会科学》2003年第2期;王磊:《宪法的司法化》,中国政法大学出版社2000年版,第148页。

[4] 参见王磊:《宪法的司法化》,中国政法大学出版社2000年版,第21页。

力外，也应当具有直接效力，才能发挥宪法权利保障书的作用。否则当普通法律没有保障基本权利时，难道要拒绝保障公民的基本权利吗？我国宪法和其他国家的宪法一样明确规定宪法的法律效力，表明宪法具有直接法律效力，即宪法对人们的行为具有直接拘束力和强制性。[1] 应当允许法院在具体案件中适用宪法裁判，才能真正落实宪法。"先把宪法活用起来，先把宪法的作用发挥起来，把宪法保障公民权利的价值体现出来，把人们对宪法只是政治纲领而不是法律的认识和观念转变过来。"[2] "只有宪法权利应当而且必须具有直接的法律效力，才能使之得以贯彻实施，维护宪法的尊严、稳定社会秩序。否则，如果宪法基本权利受到非法侵害，仍然不能通过人民法院的裁判寻求法律救济；如果宪法基本权利仅仅因为无普通法律的具体规定，在受到侵犯时不能获得法律救济，那么即使此种基本权利有何至高无上的法律效力，在现实中也只是一种宣示的、不能实际享有的、无任何现实意义的权利。"[3] 我国公民基本权利的保障制度还不足，如果法院不介入公民基本权利的救济，很多基本权利将得不到法律的保障。[4]

填补法律漏洞。即使部分宪法规范具有抽象性和原则性的特点，也可以弥补普通法律过于具体的弊端。在成文法国家，宪法的重要功能之一就是弥补一般法律的漏洞，避免出现法律真空。在法律没有规定的情况下，法院不得拒绝裁判，宪法作为法律渊源的一部分且是具有最高效力的一部分，当然可以作为填补一般法律漏洞的裁判依据而被适用。"在具体法律没有规定、宪法有明确规定的情况下，法院应不应该受理这样的案子？答案是肯定的。"[5]

我们认为，法院能否适用宪法和如何适用宪法是两个层面的问题，应当将对法院不当适用宪法的批评从不能适用宪法的批评中剔除出去。在我国的人民代表大会制度下，法院不能行使违宪审查权，不能进行违宪审查意义上的宪法适用。因此，首先应该解决的是违宪审查与宪法的司法适用能否分离

---

〔1〕 参见王磊：《宪法的司法化》，中国政法大学出版社 2000 年版，第 22 页。

〔2〕 参见蔡定剑："中国宪法实施的私法化之路"，载《中国社会科学》2004 年第 2 期；蔡定剑："中国宪法司法化路径探索"，载《法学研究》2005 年第 5 期。

〔3〕 参见周伟：《宪法基本权利司法救济研究》，中国人民公安大学出版社 2003 年版，第 128 页。

〔4〕 参见刘志刚：《立宪主义视野下的公法问题》，上海三联书店 2006 年版，第 24 页；秦小建："中国宪法司法适用的空间与路径"，载《财经法学》2019 年第 6 期。

〔5〕 参见王振民："我国宪法可否进入诉讼"，载《法商研究》1999 年第 5 期。

的问题，才能分析我国法院能否成为适用宪法的主体。如前所述，宪法的司法适用并不限于依据宪法判断法律规范或公权力行为是否合宪的活动，还包括依据宪法裁判具体案件的活动。在依据宪法裁判具体案件时，虽有可能涉及法律规范和宪法规范的冲突，但在法院无权宣告法规范违宪的情况下，此种情形可以交由权力机关处理。允许法院适用宪法裁判具体案件并不必然导出其在事实上行使违宪审查权的结果，违宪审查可以与宪法的司法适用相分离。现代宪法学关于宪法在私主体间的效力即基本权利的第三人效力问题上已基本达成共识，作为客观价值秩序的基本权利规范不仅可以约束公权力行为，也可以约束私主体间的社会关系。[1] 换言之，违宪审查作为宪法的司法适用的组成部分，法院在适用宪法时可将其排除，仅保留宪法作为具体案件裁判依据的功能。因此，在排除违宪审查意义上的适用后，可以消除法院适用宪法冲击我国政治体制的问题，法律及其制定者的权威不会因法院适用宪法而受损。

关于宪法是否属于法院适用范围的问题，有学者主张"人民法院依照法律独立行使审判权"中的"法律"不包括宪法。[2] 但就宪法本身而言，其序言最后一段"本宪法以法律的形式确认了中国各族人民奋斗的成果，规定了国家的根本制度和根本任务，是国家的根本法，具有最高的法律效力"，明确规定宪法是以法律的形式为载体，属于法律的范畴。在基本的法学理论中，宪法也是法律渊源的首要形式。因此，并不能得出宪法不属于人民法院适用法律范围的结论。

关于宪法解释权的问题，根据我国宪法的规定，全国人民代表大会常务委员会是享有宪法解释权的主体，且一般认为全国人民代表大会也享有宪法解释权，而法院并不享有宪法解释权。肯定说认为宪法规定的解释权并非垄断性权力而是最高或最终的权力，宪法并未排除法院享有宪法解释权的空间。但按照该说的逻辑，即使宪法预留了法院解释宪法的空间，也需等全国人民代表大会及其常务委员会授权后，法院才能正式享有宪法解释权，否则就是超越职权的"司法抢滩"。1981 年《全国人民代表大会常务委员会关于加强

---

〔1〕　详见本书德国吕特案的相关分析。

〔2〕　参见韩大元："以《宪法》第 126 条为基础寻求宪法适用的共识"，载《法学》2009 年第 3 期。

法律解释工作的决议》中开篇指出："在第五届全国人民代表大会第二次会议通过几个法律以来，各地、各部门不断提出一些法律问题要求解释。"该决议中的"法律"明确指向全国人民代表大会制定的法律，而不包括宪法，因此该决议只授予了人民法院在审判过程中应用一般法律的解释权，不包括宪法解释权。但不享有宪法解释权是否意味着无法适用宪法？应当区分规范意义上的解释权和事实上的解释过程。在事实意义上，解释法律是适用法律的前提，但在规范意义上并非如此。以法律解释权为例，享有法定解释权的只有全国人民代表大会及其常务委员会以及该决议中授权的最高人民法院和最高人民检察院，最高人民法院以下的各级法院是不享有规范意义上的法律解释权的。如果按照无解释则无适用的观点，只有最高人民法院才有权适用法律，这样的结论是难以成立的。规范意义上的解释是指针对法规范作出的具有普遍法律效力的解释活动，而事实意义上的解释是指在具体案件中的涵摄活动，即"目光在事实和规范之间往返流转"，通过"解释"来判断事实是否符合规范，规范是否对应事实。无解释则无适用中的解释实际上是指此种涵摄过程，没有涵摄当然无法适用法律。同样地，就宪法解释权而言，只有全国人民代表大会及其常务委员会享有规范意义上的解释权，但因此并不直接得出法院不能适用宪法的结论，法院可以根据全国人民代表大会及其常务委员会的解释在个案中涵摄适用宪法及其解释，正如各级法院根据最高人民法院的司法解释在具体案件中作出裁判一般。因此，不能得出法院无宪法解释权则不能适用宪法的结论。

关于侵夺立法机关权力的问题，由于法律具有滞后性和法院不得拒绝裁判的原则，漏洞填补和法的续造是法院审判案件时不可回避的活动。当出现法律漏洞或者法律空白的情形时，法官需要运用多种解释方法进行"法律内在的法的续造……以带着思考服从的方式，借助在法律中表达出的评价和目标设定来填补一部法律的漏洞"。如果无法在该法律内部进行续造，则需要进行"超越法律的法的续造"，指法律适用者超越法律的框架或者"计划"，并因此不再涉及法律的内在目的论，而是更多的依循整体上作为法秩序基础的法律思想、法律原则和法律价值进行续造。[1] 对于法律内在的法的续造而

---

〔1〕 ［德］赖因哈德·齐默尔曼："德国法学方法论"，毕经纬译，载《比较法研究》2021年第2期。

言，对法律内在价值和目标的解释需要符合宪法，即应当进行合宪性解释；对于超越法律的续造而言，宪法作为整个法秩序的基础规范，无疑是最重要和最关键的续造依据。实际上，无论是宪法适用还是一般的法律适用，都不可能禁止法官从事个案当中的"造法"工作。我国并非判例法国家，此种"造法"并不具有一般的法律效力，只适用于个案的解决，法院适用宪法并不会侵夺立法机关的立法权。

关于违背法规范适用规则的问题，能否适用宪法和适用宪法的条件是不同的问题。即使允许法院适用宪法，也有严格的限定条件，并不意味着法院可以随意适用宪法。法规范的适用规则和法院适用宪法并不冲突，而是有良性互动的。法院在适用宪法时依然需要遵守法规范的适用规则。如前所述，只有在出现法律漏洞或者法律空白时才有适用宪法的可能，当普通法律已经作出具体规定时，法院不能也没有必要适用宪法。因此法院适用宪法并不意味着违背法规范的适用规则。

综上，在排除违宪审查意义上的宪法适用后，法院适用宪法符合我国宪法文本和基本法理，并不抵触全国人民代表大会及其常务委员会享有宪法解释权的宪制安排，也未侵夺立法机关的权力和违背法规范适用规则。基于宪法的法律属性，为实现宪法的直接效力和保障基本权利、填补法秩序的漏洞和空白，我国法院可以成为适用宪法的主体。但法院在适用宪法时，应当建构起法院适用宪法的规范路径。此外，法院并不是唯一可以适用宪法的主体，在建立司法性程序的情况下，全国人民代表大会及其常务委员会、专门委员会或可能出现的其他机构在我国宪法框架内都可以成为宪法的司法适用主体。

3. 我国法院适用宪法的规范路径。宪法虽具有法律特征和司法适用性，但我国法院并不享有规范意义上的宪法解释权和违宪审查权，应当在既定宪法框架内寻找法院适用宪法的空间，而不是抛开文本追求国外的宪政模型，片面地追求司法审查制、宪法法院制等制度理想。综合学界观点，我国法院适用宪法的可能路径有以下两种：

（1）作为解释依据适用。当法律规范出现歧义、漏洞和空白等不完善的情形时，可以通过合宪性解释及"法外续造"等方式适用宪法来修复法秩序存在的问题。首先是合宪性解释，也称为法律的合宪性解释，指按照宪法的精神对法律的内涵进行的解释。在普通法律案件的审判中，它要求法官通过解释法律而将宪法的精神纳入普通法律的规范体系。[1] 这种解释仍然是对普通法律规范的解释，而非对宪法的解释。法律规范虽然不像宪法规范那样抽象、概括，但是它同样具有抽象性、原则性的特点。在适用于具体个案时，不可避免地要对有关法律规范进行解释，然后根据该解释把法律规范应用于有关案情事实并作出裁判。合宪性法律解释要求法院在解释法律适用于个案的过程中考虑宪法的理念、精神、原则及具体条文。当相同的法律规范存在多种解释可能时，应当采用符合宪法的解释；当法律规范本身的含义不明确时，应当根据宪法确定其内涵；当法律规范的含义非常明确时，不宜介入合宪性判断。在法律出现漏洞或空白的情况下，如果依据其他上位规范依然不能解决，可以依据宪法进行超越法律文义的"法外续造"。[2] 在适用宪法进行法律解释时，需要说明具体援引的条文并将其列入裁判依据当中，以激活宪法规范。

（2）作为裁判依据适用。我国社会主义法律体系已初步建成，一般而言，成熟完善的法律体系既能保持体系内部的自洽性，又能对社会生活形成整体性的关照，系统调整社会生活的整个领域，涵括社会经济、政治、文化等各方面的争议。[3] 大部分纠纷都可以通过法院适用普通法律来解决，加之法律解释技术的较大发展，争议基本可在法律层面解决，无需诉诸宪法。但仍不排除直接适用宪法的可能，当某一案件没有可适用的法律规范或当事人已穷尽一切法律手段仍不能获得有效救济时，法院不得拒绝救济当事人请求保护的基本权利。此时宪法可以作为裁判案件的直接依据得以适用，从而实现宪法的直接效力和基本权利保障功能。但我国宪法除部分相对明确的规范外，大量规范都是高度抽象和概括的。即使只允许法院进行个案中的涵摄性解释，也几乎为法院提供了无限的解释可能，使司法裁量权失控。因此就需要通过有权机关对宪法进行规范意义上的解释，为法院提供可以直接适用于个案的

---

〔1〕 参见张翔："两种宪法案件：从合宪性法律解释看宪法对司法的影响"，载《中国法学》2008年第3期；黄明涛："两种'宪法解释'的概念分野与合宪性解释的可能性"，载《中国法学》2014年第6期。

〔2〕 参见张翔："两种宪法案件：从合宪性法律解释看宪法对司法的影响"，载《中国法学》2008年第3期；黄明涛："两种'宪法解释'的概念分野与合宪性解释的可能性"，载《中国法学》2014年第6期。

〔3〕 参见刘茂林、王从峰："论中国特色社会主义法律体系形成的标准"，载《法商研究》2010年第6期。

宪法解释，继而由法院通过适用该解释以作出裁判。通过与其他国家机关的配合或衔接，与法院形成体制层面的协作。这种模式可总结为起诉—审理—法院发现适用宪法的需要—中止诉讼—通过宪法渠道移交有权机关处理—有权机关作出宪法解释—法院恢复诉讼并依照该解释进行裁判。[1] 此种适用路径需要一套完善、常态化的宪法解释机制，而我国的宪法解释程序法尚在酝酿当中，目前尚不具备法院适用宪法的制度环境。但这并非否定法院适用宪法的理由，至宪法解释程序成熟时，一系列宪法规范都将被激活，法院也将迎来适用宪法的可能。

除宪法的司法适用外，我国法院还可以在裁判中援引宪法进行说理，虽然这并非我们讨论的宪法司法适用的范畴，但依然对于贯彻宪法精神、理念和规范、树立宪法信仰具有重要意义。

（四）本案的宪法适用评析

1. 本案是否适用了宪法？实际上，本案中黄埔区人民法院并未适用宪法，只是在裁判说理部分援用了宪法，媒体所宣传的"审理此案的法院在审判过程中把宪法作为裁判案件的直接依据"并不属实。本案的审理主要是围绕国务院《工伤保险条例》第14条第6项的规定展开的，而非宪法规范。黄埔区法院只是在说理部分概括性地引用了宪法内容："我国宪法赋予公民享有极其广泛的权利和自由。"并没有引用具体的宪法条文作为裁判依据，也没有表明驳回三水公司诉请的理由是其违反了宪法。因此，本案中黄埔区法院对宪法的引用属于前文所述的援引性适用，并非规范意义上的司法适用。

2. 本案能否适用宪法？如果黄埔区人民法院欲在本案中适用宪法，是否可行呢？本案发生时，最高人民法院对齐玉苓一案所作的司法解释尚未废止，可以说法院具有适用宪法的有利环境。但即使制度环境允许，本案也不符合适用宪法的条件。如前所述，我国法院适用宪法的规范路径中，只有当法秩序存在漏洞、空白或当事人穷尽法律救济手段时才能适用宪法修复法秩序或作出裁判。本案中，双方的争议焦点围绕王登辉的伤情是否构成工伤展开。我国关于工伤认定具有相对完备的法律规范，国务院《工伤保险条例》第14条第6项的规定非常明确，在本案中不存在适用上的疑难：王登辉符合《工

----

〔1〕　参见秦小建："中国宪法司法适用的空间与路径"，载《财经法学》2019年第6期。

伤保险条例》第 14 条第 6 项关于职工在上下班途中受到机动车事故伤害应认定为工伤的规定，且不存在《工伤保险条例》第 16 条规定的不得认定为工伤的情形，依法应当认定为工伤。至于三水公司所主张的公司管理制度并不能成为否定前述法律规范的理由，劳动保障领域并不遵循完全的意思自治，不论三水公司是否与王登辉达成其主张的管理制度的合意，都不影响本案的认定。可见，本案的裁判具有清楚明确的法律规范，并不存在适用宪法的空间。至于有学者从宪法不得调整私主体关系的角度来主张本案法院不得适用宪法的观点，可以参考本书关于基本权利的第三人效力的内容。

四、参考意见

在规范意义上，宪法的司法适用是指以宪法为直接裁判依据（包括对具体案件的裁判和对法律规范及公权力行为的裁判）的司法性活动；宪法的司法适用主体不限于传统的司法机关，而是根据各国宪政体制确定；援引宪法进行论证说理的活动不属于宪法的司法适用。

结合我国宪法文本的规定和宪法学、法理学理论研究的成果，宪法是具有法律效力且是最高法律效力的法规范，应当具有司法适用性。

在排除违宪审查意义上的宪法适用后，法院适用宪法符合我国宪法文本和基本法理，并不抵触全国人民代表大会及其常务委员会享有宪法解释权的宪制安排，也未侵夺立法机关的权力和违背法规范的适用规则。基于宪法的法律属性，为实现宪法的直接效力和保障基本权利、填补法秩序的漏洞和空白，我国法院可以成为适用宪法的主体。

法院并不能任意适用宪法，应当遵循适用宪法的规范路径。当法律规范出现歧义、漏洞和空白等不完善的情形时，可以通过合宪性解释及"法外续造"等方式适用宪法来修复法秩序存在的问题。当某一案件没有可适用的法律规范或当事人已穷尽一切法律手段仍不能获得有效救济时，法院不得拒绝请求保护基本权利的请求。但需要通过有权机关对宪法进行解释，为法院提供可以直接适用于个案的宪法解释，继而由法院通过适用该解释以作出裁判。

本案中黄埔区人民法院并没有引用具体的宪法条文作为裁判依据，只是在裁判说理部分援用了宪法，不属于宪法的司法适用。此外，本案的争议焦点围绕王登辉的伤情是否构成工伤展开，我国关于工伤认定具有相对完备的法律规范，本案并不存在适用宪法的空间。

拓展案例

张连起、张国莉诉张学珍损害赔偿纠纷案[1]

张连起是天津港第二港埠公司工人，天津市塘沽区生产服务管理局建筑工程公司第七施工队承包的天津碱厂除钙塔厂房拆除工程，于1986年10月转包给本案被告、个体工商户业主张学珍组织领导的工人新村青年合作服务站，并签订了承包合同。1986年11月17日，由服务站经营活动全权代理人、被告张学珍之夫徐广秋组织、指挥施工，并亲自带领雇佣的临时工张国胜等人，拆除混凝土大梁。当拆除第一至四根大梁时，起吊后梁身出现裂缝；起吊第五根时，梁身中间折裂（塌腰）。徐广秋并未对此引起足够的重视。当拆除第六根时，梁身从中折断，站在大梁上的徐广秋和张国胜（均未系安全带）滑落坠地，张国胜受伤，急送天津碱厂医院检查，左下踝关节内侧血肿压痛，活动障碍，拍片未见骨折。11月21日，张国胜住进港口医院，治疗无效于12月7日死亡。后又经塘沽区医疗事故鉴定委员会鉴定认为：张国胜系外伤所致脓毒败血病，感染性休克，多脏器衰竭死亡。

张国胜死亡后，由谁承担因此而造成的经济损失，双方共同要求塘沽区劳动局予以裁决。劳动局经过调查，提出如下处理意见，一是张国胜住院期间的医疗费用，由服务站负担；服务站一次性付给张国胜家属抚恤金2000元，不再承担其他义务或责任。张连起、张国莉（张国胜的父亲、姐姐）接受上述意见，张学珍拒绝。随后，张连起、张国莉向塘沽区人民法院提起诉讼，请求被告赔偿全部经济损失，并解决原告张国莉的住房问题。被告辩称：原告张连起之子张国胜入站签写登记表时，同意"工伤概不负责"的说明。据此，无法满足原告的要求，只能根据实际情况，给予张国胜家属一定的生活补助。对于解决张国莉住房问题，服务站无此义务。

针对该案，最高人民法院在关于雇工合同"工伤概不负责"是否有效的批复中指出：经研究认为，对劳动者实行劳动保护，在我国宪法中已有明文

---

[1] 张连起诉张连起、张国莉诉张学珍损害赔偿纠纷案，载《最高人民法院公报》1989年第1期。

规定，这是劳动者所享有的权利。张学珍、徐广秋身为雇主，对雇员理应依法给予劳动保护，但他们在招工登记表中注明"工伤概不负责"。这种行为既不符合宪法和有关法律的规定，也严重违反了社会主义公德，应属于无效的民事行为。至于该行为被确认无效后的法律后果和赔偿等问题，请你院根据《民法通则》等法律的有关规定，并结合本案具体情况妥善处理。后塘沽区人民法院在判决中写道，我国宪法明文规定，对劳动者实行劳动保护。这是劳动者所享有的权利，受国家法律保护，任何个人和组织都不得任意侵犯。被告张学珍身为雇主，对雇员理应依法给予劳动保护。但她在招工登记表中注明："工伤概不负责"。这是违反宪法和有关劳动法规的，也严重违反了社会主义公德，属无效民事行为。依照《民法通则》第106条第2款的规定，被告由于过错侵害了张国胜的人身安全，应当承担民事责任。依照《民法通则》第119条的规定，被告应承担赔偿张国胜死亡前的医疗费、家属误工减少的收入和死者生前抚养的人的生活费等费用。

张连起案和王登辉案同属劳动关系纠纷，两者都涉及用人单位对劳动者作出的违反法律强制性规定的管理或协议。在严格意义上，张连起案与王登辉案均不满足适用宪法裁判的条件，如前所述，在劳动法律规范可以直接调整该法律关系时，宪法无需介入。最高人民法院在对该案作出批复以及塘沽区人民法院在判决时援引宪法进行说理，属于对宪法的援引性适用，不是严格意义上的司法适用，但对于激发宪法活力、发挥宪法价值具有积极意义。目前宪法的司法适用仍需要借助部门法中的中介性规范来发挥宪法规范的作用，通过在解释部门法规范时注入宪法的规范和价值来实现宪法的间接适用，以逐步推进宪法的司法适用进程。在此意义上，张连起案和王登辉案对于宪法的司法适用具有积极意义。

专题三　美国的国家行为理论

知识概要

　　就近代宪法的历史背景而言，各主流成文宪法的设立大多是为了保障个人自由不被强大的国家权力任意剥夺。相应地，宪法中的基本权利规范被主要限定于调整国家和私主体之间的权利义务关系，而基本不调整私主体之间的关系，从此处推导出基本权利规范对私主体无效力的理论。然而，随着市场经济的长期自由发展，出现了对个人权利侵害能力接近于国家的庞大私人组织，比如大型跨国公司、互联网平台公司等；也有很多如劳工组织、行业协会等承担公共管理职能的"第三部门"，公权力不再为国家所垄断，而向民间扩散，形成社会公权力，即因明显政治、经济、社会、信息等资源优势而对其他私主体具有支配力的私组织。[1] 因此，进入现代宪法时期后，各国逐渐接受基本权利规范对私主体有直接或间接效力的理论。本书吕特案判决部分已对德国的基本权利第三人效力相关理论和司法实践作了详细介绍，于此不赘。

在美国，这主要体现在司法判例中"国家行为"（state action，一译州行为、政府行为）原则理论的形成和变迁上。该原则的内涵是，除了一些私人行为被认定为国家行为的例外情形，宪法对个人自由和平等原则保护的要求只针对政府，私人行为一般不受宪法的约束。这体现出美国法公私法二元结构严格分立、尊重私人自治的鲜明特性。[2] 当前，"国家行为"的概念内涵已扩展至所有层级的政府（包括联邦、州、地方政府，立法、行政、司法机关）以及各级政府公务人员的行为，而不仅限于州政府行为。[3]

这一原则在美国司法上公认的最初经典阐释是 1883 年联邦最高法院的"民权系列案"（Civil Rights Cases）判决。1875 年颁布的联邦《民权法案》规定禁止在为公众提供膳宿的场所进行种族歧视，这直接针对私人间的歧视行为。联邦最高法院的九位大法官除哈兰外都认为这一法案违宪。[4] 布拉德利大法官主笔的多数意见认为："《美国宪法修正案》第 14 条是针对各州的禁令……个人侵犯个人权利不是这条修正案的主要内容。"[5] 这一裁判要旨至今依然未被推翻，国家行为理论也仍是美国宪法的核心原则。在 1974 年的判

---

〔1〕 参见李海平："论基本权利对社会公权力主体的直接效力"，载《政治与法律》2018 年第 10 期；林来梵：《宪法学讲义》，清华大学出版社 2018 年版，第 361-365 页。

〔2〕 参见邹奕："宪法权利何时约束私人行为——美国的州行为理论及其借鉴"，载《法学家》2021 年第 3 期。

〔3〕 See Erwin Chemerinsky, Constitutional Law: Principles and Policies, 6th ed. , 2020, p.533.

〔4〕 哈兰大法官的异议启发了后来的判例发展，参见［美］马克·图什内特编著：《反对有理：美国最高法院历史上的著名异议》，胡晓进译，山东人民出版社 2010 年版，第 4 章。

〔5〕 Civil Rights Cases, 109 U. S. 3, 11.

例中，最高法院重申"这一（公私领域的）二分法是……针对州政府的剥夺，受制于宪法的审查；而针对私人行为，《美国宪法修正案》第 14 条没有提供任何防护屏。"[1] 换言之，针对纯粹的私人行为（下文所提及的国家行为的一些例外情形除外），美国宪法并不提供权利保护，无论这些行为造成何种基本权利侵犯、多么具有歧视性。此外，关于《美国宪法修正案》第 14 条第 5 款"国会有制定适当法律以执行本条之权"，多数意见认为根据这条国会无权直接规制私人行为，只能通过立法来纠正州政府的错误。在 2000 年的美国诉莫里森案（United States v. Morrison）中，最高法院重申了民权系列案中的判决意见，认为国会依旧无权根据宪法修正案第 14 条第 5 款来规制私人行为。[2]

经典案例

美国马什诉阿拉巴马州案

一、基本案情[3]

格蕾丝·马什是一位耶和华见证会（Jehovah's Witness）的教士，她依据《美国宪法修正案》第 1 和第 14 条中的权利，来到美国阿拉巴马州奇卡骚镇（Chickasaw）一家邮局旁边的人行道上散发材料，而奇卡骚镇作为一个公司化城镇，整体上是由一家名为"海湾"（Gulf Shipbuilding Corporation）的私有造船公司拥有和管理的。奇卡骚归属墨拜尔县（Mobile County），由该县一位助理治安官担任该镇的警察。该镇的街道和人行道通常是向公众敞开并被自由使用的。但是，马什被警告说不能在没有得到事先许可的情况下散发材料，且她也不会被授予任何许可。她抗议称，这家公司的规定如被适用为禁止她散发宗教言论，那么就是违宪的。当她被要求离开人行道和奇卡骚镇时，她拒绝了。于是，那位助理治安官逮捕了她，并在州法院中指控她违反了《阿拉巴马州法典》中所规定的，在被警告后仍进入或停留于他人房屋的话，就

---

[1] Jackson v. Metropolitan Edison Co., 419 U. S. 345, 349 (1974).

[2] See Erwin Chemerinsky, *Constitutional Law: Principles and Policies*, 6th ed., 2019, pp. 554 - 555.

[3] Marsh v. State of Alabama, 326 U. S. 502, 502-504 (1946).

构成犯罪。马什辩称，如果将州法解释为对其行为适用，将会侵害《美国宪法修正案》第 1 条和第 14 条所保障的言论与宗教自由。阿拉巴马州上诉法院维持了马什的非法侵入罪判决，认为如此适用州法是合宪的，因为人行道的所有权属于私有公司，且在该州法律下，对人行道的公共使用并不导致其永久归于公共的预设。最终，此案上诉至联邦最高法院。

二、法律问题

1. 宪法上的言论和宗教自由权能否约束私有公司"海湾"的行为？

2. 如果在本案中上述宪法权利适用，与该公司的宪法财产权相权衡，孰轻孰重？

三、宪法分析

（一）国家行为理论的理据

显然，有时私人行为对个人基本权利的威胁与国家相比不遑多让，比如有些大型商场禁止个人散发传单，对公民的言论自由就产生了极大限制。那么，为什么美国的理论与实践会坚持这一"政府的归政府、私人的归私人"的二元逻辑，国家行为原则的理据又何在？学界总结大致有三方面理由。[1]

一是从立宪的原初意图上看，美国宪法文本将适用的对象仅限定于政府，而未指向私主体。例如，《美国宪法修正案》第 14 条规定："任何州……亦都不得未经正当法律程序剥夺任何人的生命、自由或财产。"第 1 修正案规定"国会"不得制定损害言论与出版自由的法律。唯一的例外是《美国宪法修正案》第 13 条，规定了奴隶制或强制劳役在美国境内一律禁止，这就在宪法上要求私主体也不可蓄奴。

二是从历史解释看，在宪法制定时期，人们受布莱克斯通等权威法学家影响，普遍确信普通法已经能够良好地保障个人自由不受私人侵犯，而联邦宪法的《权利法案》和各州宪法防范的则分别是来自于联邦和州政府的侵犯。然而，普通法传统中对于一些宪法性权利的保障内容很少，比如言论自由，所以这个理由随着时间的推移逐渐受到越来越大的挑战。

---

〔1〕　See Erwin Chemerinsky, *Constitutional Law*: *Principles and Policies*, 6th ed., 2019, pp. 557 – 559.

三是美国最高法院曾提出的两个主要的政策理据。其一是维护私人自治的空间。国家行为原则的作用在于，使得私主体能有不受宪法约束的自由。直接适用于私主体的宪法约束越多，私主体的自由就越少。比如，如果把宪法上的宗教自由权适用于房屋租赁的领域，那么出租人就不能在租赁合同中附加对承租人信仰要求的条件，导致出租人的缔约自由大受限制。[1] 当然，国家行为原则也可能会牺牲一些个人自由，因为它的实施会允许一私主体侵犯另一私主体的基本权利，"实际上可能忽视乃至纵容了占有优势地位的私人对他人基本权利的侵害，这显然是与宪法的精神相悖的"[2]，比如某一商场剥夺顾客的言论和集会自由。此时，法院应根据具体案情，衡量两个私主体的基本权利何者应当优先。其二是有利于维护联邦制下的州自主权。1883 年的"民权系列案"判决指出，联邦宪法权利并不管理个人行为，国会也无权将其适用于私主体行为。私主体间法律关系的构造留给州而不是联邦政府处理。但是也要看到，在"民权系列案"以来的一个多世纪中，联邦政府在已很宽泛的范围内对私人法律关系作了介入和规制。比如，1964 年制定的联邦《民权法案》就规定，旅馆不能因为种族而拒绝顾客，私人雇主也不能基于种族而歧视应聘者。很多州和地方政府也制定了禁止私人歧视行为的法律，有些甚至比联邦法律更为严格。但是，如果一些州没有适当地禁止私人歧视、保障公民基本权利，维护州自主权的理由是否就一定盖过基本权利保障，放任权利侵害得不到救济？在这点上美国存在党派分歧，偏左翼自由派的民主党认为联邦层面应该直接立法加以弥补，而偏右翼保守派的共和党认为尊重州的自主权更为重要。[3]

了解整体的历史背景，能让我们更好地理解国家行为原则的内涵和例外，以及诸多判例中所蕴含的难以避免的混乱与不一致。这一原则最初在 1883 年"民权系列案"的判决中形成。从 20 世纪 40 年代后期到 60 年代的沃伦法院

---

〔1〕 荷兰的"新教协会诉胡格案"（Protestant Association v. Hoogers）可为一例，See Jan Smits, "Private Law and Fundamental Rights：A Sceptical View", *in Constitutionalisation of Private Law* 9, 13, 20 (Tom Barkhuysen and Siewert Lindenbergh eds. , 2006)；李海平："基本权利间接效力理论批判"，载《当代法学》2016 年第 4 期。

〔2〕 张翔：《基本权利的规范建构》，法律出版社 2017 年版，第 54 页。

〔3〕 See Erwin Chemerinsky, *Constitutional Law：Principles and Policies*, 6th ed. , 2019, p.559. 关于两党意识形态分歧对最高法院司法立场的影响，参见［美］杰弗里·图宾：《九人：美国最高法院风云》，何帆译，上海三联书店 2010 年版，第 1 章。

时期，美国最高法院一直在试图扩展宪法对私人的适用范围，对"国家行为"采取了宽泛解释，以减少私主体的歧视行为、强化平等保护，16 起主要案件中仅有 1 起私人行为被判定为不构成国家行为。但是 70 年代后，22 起重要判例中有 12 起被判定不构成州政府行为，[1] 不过并未推翻沃伦法院时期的先例，而是对先例作出区分或重新阐释。这背后的深层原因其实是 70 年代以后的伯格、伦奎斯特和罗伯茨法院在司法哲学上渐趋保守主义，[2] 减弱了宪法权利对于私主体行为的干预强度。

曾有学者精当地对比过德国的基本权利第三人效力理论和美国的国家行为理论："虽然二者均主张宪法权利在特定情形下规制私人主体，但它们在法理上存在明显差异。前者立足于宪法权利作为客观价值秩序对于私法领域的'辐射'效应，其主要目的往往是规制比较强势的私人主体，该理论认为宪法权利可以相对宽泛地作用于私法关系；后者聚焦于私人行为与国家权力的关联，其最终目标通常是规制私人行为背后的国家权力，该理论认为宪法权利仅能在相对有限的范围内约束私人行为。国家行为理论止步于宪法权利的主观权利面向，并未从其客观价值秩序的面向展开。不过，较之于基本权利第三人效力理论，该理论更加坚持宪法的公法属性并且尊重私法的自治空间，自身存在的理论争议也较小。"[3]

（二）国家行为理论相关判例的教义变迁

国家行为案件中的关键问题在于，哪些情况下可以把私人行为视为国家行为？围绕着国家行为原则的例外问题，目前法院判决大致可以分为以下四类：公共职能；强制、鼓励和许可；联合行为；司法和执法行为。

1. 公共职能（public function）。马什诉阿拉巴马案正是最早适用公共职能标准的判例之一。布莱克法官主笔的最高法院多数意见认为，经营城市是一项公共职能，因此无论这项职能的行使主体是政府还是私主体，其行使方式必须符合宪法。判决称："我们不同意该公司的财产利益理由就解决了这个

---

[1] 参见邹奕："宪法权利何时约束私人行为——美国的州行为理论及其借鉴"，载《法学家》2021 年第 3 期。

[2] 参见［美］阿兰·艾德斯、克里斯托弗·N. 梅：《美国宪法：个人权利、案例与解析》，项焱译，商务印书馆 2014 年版，第 17-18 页。

[3] 引自邹奕："宪法权利何时约束私人行为——美国的州行为理论及其借鉴"，载《法学家》2021 年第 3 期。

问题。(所有权)并不一定意味着绝对的支配。所有者越是为其自身利益而向一般公众开放其财产的使用权,那么他就越会受到使用者的宪法与法律上权利的限制。因此,私有桥梁、渡船、公路和铁路的所有者不能像农夫对其农田那样自由地运营。因为这些设施主要是为了造福公众而建造和运营的,也因为其运营本质上是一种公共职能,所以它受到国家规制的约束。"[1] 因此,这家私人公司"海湾"就不能像一般的公司内部治理那样,可以单方面地随意压制在其公开场所内的言论与宗教表达行为,而是要受到宪法基本权力的约束。在这里,多数意见对"公共职能"的解释是相当宽泛的,这意味着,宪法可以适用到所有面向公众敞开大门的企业的公共场所。[2]

其后,多数意见对本案双方两种相冲突的基本权利作了权衡:"当我们权衡宪法上所有者的财产权与公民的言论与宗教自由权时,必须指出,我们认识到后者占有更重要地位这一事实。在我们看来,本案场景中的房屋财产所有权属于私人而非公众,这一点不足以证明,(阿拉巴马)州允许一个公司为了管理社区居民而限制其基本权利,并通过适用州法而执行这项限制的行为,是正当的。"[3] 海湾公司所拥有的街道本就向公众开放,并未因马什的散发传单而受到实质性影响。

需补充说明的是,在1974年的"杰克逊诉大都市爱迪生公司案"(Jackson v. Metropolitan Edison Co.)[4] 中,最高法院限缩了马什案对公共职能定义的宽泛解释,作了更严格、清晰的界定,即公共职能仅限于"传统上排他地保留给州"的那些职能,只有私主体在行使这些公共职能时才可被认定为国家行为。在该案中,被告是一家私人所有的电力公共事业公司,因为原告杰克逊欠费而终止了她的电力供应。原告声称终止之前没有经过告知、听证等正当程序就剥夺了她的财产权利(持续使用电力服务),而且提供电力属于履行一项至关重要的公共职能,因此构成了违反《美国宪法修正案》第14条所规定的"不得未经正当法律程序使任何人丧失其生命、自由或财产"的国家行为。之前的法院确有判例认为,国有的公用事业公司必须在切断服务之

---

〔1〕 Marsh v. State of Alabama, 326 U. S. 502, 509.

〔2〕 See Erwin Chemerinsky, *Constitutional Law: Principles and Policies*, 6th ed., 2019, p.566.

〔3〕 Marsh v. State of Alabama, 326 U. S. 502, 509.

〔4〕 419 U. S. 345 (1974).

前经过告知和听证程序，才符合"正当程序"要求。然而，在本案中，法庭认为经营电力不是一项"传统上排他地保留给州"的职能，因为私有电力公司长久以来一直存在，不是州的传统职能，因而在此宪法的正当程序要求并不适用。杰克逊案的信息非常明确：不能再宽泛地解释"公共职能"概念。

2. 政府对私人行为的强制、鼓励和许可。在此类案件中，国家机关虽没有参与或卷入私人行为，但是对其加以引导。如果国家机关通过立法或行政指令强制一方私主体限制另一方私主体的权益，那么，这种情况下认定国家行为时不会引起太大争议。例如，在 1963 年的彼得森诉格林维尔市案（Peterson v. City of Greenville）[1] 中，某市镇条例的要求实行种族隔离，一家餐厅根据该规定拒绝招待一群黑人青年并要求其离开，沃伦法院判决认定这构成国家行为。

如果政府积极地鼓励私人种族歧视时，法院也不难认定国家行为。在同年的隆巴德诉路易斯安那州案（Lombard v. Louisiana）[2] 中，三名黑人来到路易斯安那州新奥尔良市一保留给白人的就餐区就餐，结果被拒绝接待，于是三人静坐示威。该地的州法和市政条例并未要求餐厅进行种族隔离，但是该市市长和警局总长都公开宣称这种静坐示威不能得到允许。沃伦法院同样认定市政府官员的鼓动行为违反了《美国宪法修正案》第 14 条的平等保护条款，使得州政府因对种族歧视负责。

鼓励方式也包括政府对私主体在财物方面的物质资助。在早期案例中，政府资助的存在本身就可被用于认定国家行为，但晚近的最高法院立场发生改变，只有资助与私人具体行为之间存在因果关系时，才可构成国家行为，将私人行为的后果归咎于政府。[3] 在早期的诺伍德诉哈里森案（Norwood v. Harrison）[4] 中，最高法院以全体一致的立场认定，因为密西西比州政府向一些私立学校提供教科书作为财政资助，所以这些私校拒绝招数少数族裔学生的行为构成国家行为。然而，这一判断欠缺考虑之处在于：州政府提供教

---

〔1〕　373 U. S. 244 (1963).

〔2〕　373 U. S. 267 (1963).

〔3〕　参见〔美〕阿兰·艾德斯、克里斯托弗·N. 梅：《美国宪法：个人权利、案例与解析》，项焱译，商务印书馆 2014 年版，第 31 页。

〔4〕　413 U. S. 455 (1973).

科书并非是以私立学校拒招少数族裔学生为条件的，[1] 二者不存在因果关系。在 1982 年的伦德尔—贝克诉科恩案（Rendell-Baker v. Kohn）[2] 中，一所 90% 以上经费来自州政府资助的私立学校，因原告教员的言论而将她解雇，并进一步解雇了支持原告的一些教师。这些教师起诉该校，理由是解雇程序侵犯了他们的言论自由，而且未经《美国宪法修正案》第 14 条要求的正当程序，因为学校经费资助大多来自州，所以有义务遵守宪法性权利的要求。法院认为，虽然该私校接受公共经费资助，但是不能将其解雇决定也归为国家行为。就解雇这个具体决定而言，它并未受到政府规制的任何强迫或影响。所以，私人组织不一定因为接受政府资助而受到宪法规制，关键是看资助与具体私人行为之间是否存在因果关系，以及政府在资助时是否带有引导私人行为去违反宪法权利保护的目的。在诺伍德诉哈里森案中，政府提供资助的意图是减少密西西比州长久以来的校园种族隔离，本身是合宪的。而在伦德尔—贝克诉科思案中，州政府经费资助与人事解雇问题无关，因此并不违宪。[3]

与资助相似的是，如果政府仅仅对私主体颁发执照，而后者违反宪法的，也不足以使得政府为私人行为负责。典型的案例是 1972 年的穆斯酒屋诉艾维斯案（Moose Lodge v. Irvis），穆斯酒屋是得到宾夕法尼亚州售酒许可的一家私人酒吧，拒绝接待黑人顾客艾维斯。最高法院判定，宾夕法尼亚州酒类饮料控制委员会并没有参与该酒屋接待顾客政策的制定与实施，其所颁发酒类营业执照并不足以使私人歧视构成国家行为。法院特别强调，本案和下文伯顿案不同，并没有伯顿案中出租人和租户之间的"共生关系"。[4] 尽管政府和酒屋在执照发放的行为中得到了某种共同利益，但单单这一点不足以构成国家行为原则条件中的"必不可少的依赖关系"。[5]

3. 联合行为。如果私主体和政府从事一项联合行为，即政府深度卷入或

---

〔1〕 参见邹奕："宪法权利何时约束私人行为——美国的州行为理论及其借鉴"，载《法学家》2021 年第 3 期。

〔2〕 457 U. S. 830（1982）.

〔3〕 See Erwin Chemerinsky, *Constitutional Law: Principles and Policies*, 6th ed., 2019, p. 583.

〔4〕 Moose Lodge v. Irvis, 407 U. S. 163, 175（1972）.

〔5〕 参见 [美] 阿兰·艾德斯、克里斯托弗·N. 梅：《美国宪法：个人权利、案例与解析》，项焱译，商务印书馆 2014 年版，第 29 页。

参与了私人行为，导致了第三方私主体宪法权利被侵害，该私人行为可被视为国家行为。有学者将其进一步分为两种形式：[1]

第一种是政府与私主体一致或合谋的行为，这种私人行为很容易被认定为与国家行为同等对待。例如，在 1970 年的阿迪克斯诉克莱斯及公司案（Adickes v. S. H. Kress & Co. [2]）中，原告是一位白人老师，带着 6 名黑人学生访问哈提斯堡的公共图书馆，因种族原因不被准许进入后拒绝离开，图书馆报警，当地警局局长到场并关闭了图书馆。后来，一行人到克莱斯餐厅就餐，结果克莱斯餐厅虽然按照要求接待了黑人学生们，却拒绝招待阿迪克斯，声称根据州政府强制推行的种族隔离惯例，禁止白人与黑人一同用餐。阿迪克斯一行没有用餐，正准备离开时，原来那位警长来到餐厅，以明显捏造的流浪指控逮捕了阿迪克斯。最高法院认为，克莱斯公司的雇员和那位警长确实合谋剥夺阿迪克斯《美国宪法修正案》第 14 条规定的权利，足以构成国家行为。

第二种是政府和私主体进入了一种互利状态或"共生关系"（symbiotic relationship）。这方面的经典范例是伯顿诉威尔明顿停车公司案（Burton v. Wilmington Parking Authority [3]）。威尔明顿市运营着一个停车楼，其中一部分空间租给了一家私营餐厅，后者因种族而拒绝招待一位黑人顾客。最高法院认为，政府已经深深卷入了餐厅的经营中，以至于产生了一种足以构成国家行为的"共生关系"，亦即，政府用公共财政经费维持停车楼，方便饭店的客人停车，与此同时，政府也因为饭店招徕了更多客户而得到了更多停车费收入。因此，这种彼此依赖和共生利益关系足以使私有饭店的歧视行为等同于国家行为，该政府也应当在这一歧视行为中被视为"共同参与人"。[4]

4. 对私人契约的司法和执法行为。这一类型最重要的案件是 1948 年的谢利诉克雷默案（Shelley v. Kraemer），后来的判例进一步限缩了国家行为成立的条件范围。在有些分类中，该类案件被归为政府对私人行为的强制或许可一类。分析详见下文"拓展案例"。

---

〔1〕 参见［美］阿兰·艾德斯、克里斯托弗·N. 梅：《美国宪法：个人权利、案例与解析》，项焱译，商务印书馆 2014 年版，第 27-28 页。

〔2〕 398 U. S. 144 (1970).

〔3〕 365 U. S. 715 (1961).

〔4〕 See 365 U. S. 715, 724-725 (1961).

四、参考意见

进入现代宪法时期后，各国逐渐接受基本权利规范对私主体有直接或间接效力的理论。在美国，这主要体现在司法判例中"国家行为"原则理论的形成和变迁上。该原则的内涵是，除了一些私人行为被认定为国家行为的例外情形，宪法对个人自由和平等原则保护的要求只针对政府，私人行为一般不受宪法的约束。这体现出美国法公私法二元结构严格分立、尊重私人自治的鲜明特性。与德国的基本权利第三人效力理论相比，该理论更加凸显宪法的公法属性并且尊重私法的自治空间。

国家行为理论有三层理据。一是从立宪的原初意图上看，美国宪法文本将适用的对象仅限定于政府，而未指向私主体。二是从历史解释看，在宪法制定时期，人们受布莱克斯通等权威法学家影响，普遍确信普通法已经能够良好地保障个人自由不受私人侵犯，而联邦宪法的《权利法案》和各州宪法防范的则分别是来自于联邦和州政府的侵犯。三是美国最高法院曾提出过的两个主要的政策理据。其一是维护私人自治的空间。国家行为原则的作用在于，使得私主体能有不受宪法约束的自由。其二是有利于维护联邦制下的州自主权。

国家行为案件中的关键问题在于该原则的例外类型。有数种可以把私人行为视为国家行为的类型，目前法院判决大致可以分为以下四类：公共职能；强制、鼓励和许可；联合行为；司法和执法行为。其中，马什案属于第一类：法院认为，鉴于该公司在该镇垄断所有的公共治理职能，已经扮演了政府的角色，因此也受到宪法第一修正案对州和地方政府所施加的约束。而且，在权衡宪法上所有者的财产权与公民的言论与宗教自由权时，本案当中保护后者更为重要，海湾公司所拥有的街道本就向公众开放，并未因马什的散发传单而受到实质性影响。

拓展案例

谢利诉克雷默案[1]

美国的种族歧视一直是困扰美国社会的一个重大问题，虽然南北内战后奴隶制在宪法上被取消，宪法修正案规定各州对各种族实行平等保护，但种族隔阂并未消除。

在美国的某地区居住的一些白人为了阻止黑人迁移到本地区，共同签订了一个协议，规定不得把土地出让或出租给白人外的人（包括黑人和其他有色人种）。一名白人把土地卖给黑人谢利后，该地区的另一白人克雷默提起诉讼要求确认收回其土地所有权的请求。第一审法院驳回了请求，但州最高法院又改判原告胜诉。于是谢利以该限制性协议违反了美国《美国宪法修正案》第14条平等保护条款为由，向联邦最高法院提起上诉。克雷默辩称，在这完全是私人间的协议中，没有涉及国家行为。

本案的核心法律问题是，州法院强制执行带有种族歧视色彩的私人契约是否构成国家行为，从而违反《美国宪法修正案》第14条平等保护条款？

最高法院认为，本案中白人之间签订的契约并不侵犯《美国宪法修正案》第14条保障的平等权利，它是以合意为基础签订的，不存在违宪问题。但法院同时提出，由州法院强制执行合同的"司法执行"（Judicial Enforcement）将州的公权力带入了该事项，属于国家行为，侵害了《美国宪法修正案》第14条所规定的权利，故而撤销了原判。换言之，在本案中，民事契约的司法强制执行使得该契约变成了国家行为。其实，在马什案中，为了管制居民的传教活动，私人公司实际上也借助了政府权力。应该公司的要求，受聘为镇警察的县助理治安官将违规传教的马什带至州法院并予以刑事指控。所以，马什案也带有国家执法行为的印记。

然而，这是否意味着所有司法或行政强制执行都能自动将潜在的私人行为变成国家行为？如果是的话，一个令人担忧的后果就是，无穷无尽的私人契约的履行——从合同到遗嘱——都会被宪法化、依据宪法的价值要求来处理，但凡私人契约中附加任何特定条件（因此会排除某部分人群），经司法执

---

[1] Shelley v. Kraemer, 334 U. S. 1 (1948).

行后都会被起诉，这就会导致上文所述及的对私人自治空间的急剧限缩。因此，需要强调的是，谢利案的关键因素在于该契约是一种带有种族歧视性质的特殊契约，这块土地的卖主本身并未进行种族歧视，而州最高法院的判决却强迫该卖主歧视黑人谢利，这种强迫行为使得法院成了私人歧视行为的同谋。除了构成强迫歧视的司法执行之外，中立的法院或政府命令并不构成违反平等保护的国家行为。比如在 1970 年的"埃文斯诉阿布尼案"（Evans v. Abney）中，州政府适用信托法，在遗赠的附加条件（即这块土地辟作"只供白人入内"的公园）无法履行时，把该土地重新划归其原属地产，这种做法被裁定为不属于违宪的州政府行为。[1]

第二节　宪法解释的方法和原则

◈ **知识概要**

宪法解释的诸种方法与合宪性推定原则

宪法是"法"，在适用和实施的过程中，其条款和普通法律一样需要获得解释。在解释方法上，宪法也同样适用普通法律的几种主要解释方法：文义、体系、历史、目的和社会学解释。前三种解释为德国法学家萨维尼所归纳；目的解释为德国法学家耶林所提出；社会学解释则在美国最高法院的判决中，由霍姆斯、哈兰等法律现实主义者最先使用。以下分别简要介绍。

文义解释，指根据语法规则，分析宪法条文的句子结构、文字排列和标点符号等，对宪法的内容、含义进行说明。如果条文的含义是明显的，解释便到此为止。美国斯卡利亚大法官等主张的"文本主义"（textualism），便强调从文字的通常意义着手，尊重立法的明确意志，从而避免法官通过宪法解释而注入自己的观点。《美国宪法百科全书》对"文本主义"的定义是："只要可能，法官都应该主要依据宪法自身的语言来解决宪法问题。应该由文本来引导判决和文本自身的理解，而不是其他考虑因素，例如制宪原意、批准

---

〔1〕　参见［美］阿兰·艾德斯、克里斯托弗·N. 梅：《美国宪法：个人权利、案例与解析》，项焱译，商务印书馆 2014 年版，第 24—25 页；［美］杰罗姆·巴伦、托马斯·迪恩斯：《美国宪法概论》（第 2 版），刘瑞祥等译，中国社会科学出版社 1995 年版，第 298—299 页。

者意图、历史、先例等。"[1]　其优点在于，能够最大限度地限制解释者主观意志和价值观的注入。

体系解释，是指从宪法条文在宪法典中的地位与位置以及与具体条文的相互关系出发来推定该条文的意义，以保证宪法规范内在逻辑的统一性。当条文的字面解释并不清楚时，诉诸宪法文件的上下文和宪法整体上的逻辑结构来考察，可以帮助澄清条文的含义。

历史解释，是指通过确定制宪者在制宪当时的意图来确定宪法规范的意义。该方法的支持者认为，宪法是主权者的命令，探求制宪者原本的意图是宪法解释的唯一方法。在这种观念的指导下，人们找寻制宪会议记录、代表发言等历史资料，来确定制宪者的意图，以此作为宪法解释的最终依据。在美国，历史主义学派所主张的观点也被称为带有保守色彩的"原旨主义"（originalism）。然而这种观念遭到了"活的宪法"（living constitution）学派的激烈批评。批评者认为，宪法不仅要适用于制宪当时，而且要面向未来，因而其解释也要随着时代精神的变迁而变化，同样的语词，在不同历史时期会有不同含义。拘泥于对制宪者意图的探讨，宪法将会丧失其现实性和发展性。

目的解释，是指以宪法的整体目的，来阐释宪法文字的意义。宪法解释以贯彻宪法的目的为最终任务，所以对于个别规范的解释要受宪法目的的支配，来保证宪法的体系性和完整性。宪法目的主要体现于宪法的基本原则，其中最重要的是人民主权原则和基本人权原则，在不同的国家可能还有其他的原则，如美国的三权分立、联邦制，日本的和平主义等。宪法解释者应将这些原则体现的宪法目的，贯彻到宪法解释活动中去。

社会学解释，是将社会学的方法引入宪法解释中，重视立法所面对的社会事实和产生的社会效果。例如下文的"西滨旅社诉帕里什案"中，休斯法官就对女工处境的社会事实进行描述，然后用该事实描述反过来对宪法中的契约自由进行解释，得出"契约自由有界限"的结论，便是运用了社会学意义上的解释。

最后，宪法解释的过程中应当遵循合宪性推定原则。当判断某一项法律

---

[1]　Leonard W. Levy and Kenneth L. Karst ed., *Encyclopedia of the American Constitution*, Macmillan Reference USA, 2000, p. 2681.

或行为是否违宪时，如没有十分确实、有效的依据认定其违宪时，合宪性审查机关从多种解释可能中，应选择使法律合宪的解释，以避免违宪判决，以减少可能引起的社会矛盾与震动。该原则最初起源于美国，尔后逐渐被德国、日本、澳大利亚等法治国所采用。[1]其背后的理论基础在于宪法规范最高性、对多数民意和立法权的尊重、立法权在社会事实认识能力上的优势和维护宪政秩序的稳定性。[2]

经典案例

美国洛克纳诉纽约州案

一、基本案情[3]

1895 年 4 月，在工会的推动下，纽约州议会两院一致通过立法确认"不得要求、允许或强迫任何面包房的雇员一星期工作超过 60 小时，或者一天内工作超过 10 小时，除非是为了减少周末的工作时间"。这引起面包店主协会的强烈不满，寄希望于借助联邦干预改变州内政治态势，于是抓住了洛克纳案的时机。面包店主洛克纳被指控雇佣面包师一周内工作超过 60 小时，而被罚款 50 美元。为了把官司打到联邦最高法院，协会说服洛克纳放弃辩护。在州法院败诉后，他上诉至联邦最高法院，宣称纽约州的限制工时法违反了《美国宪法修正案》第 14 条的"正当程序"所保障的"契约自由"。1905 年，洛克纳案宣判，佩克汉姆法官执笔多数意见判洛克纳胜诉、纽约立法违宪，因为纽约立法不当限制了契约自由，且并未服务于正当的治安目的。哈兰、霍姆斯法官则分别陈述了反对意见。

---

〔1〕 参见王书成："合宪性推定的正当性"，载《法学研究》2010 年第 2 期。

〔2〕 参见韩大元、林来梵、郑贤君：《宪法学专题研究》，中国人民大学出版社 2008 年版，第 195-199 页。

〔3〕 198 U. S. 45 (1905). 判决书中文译本参见［美］保罗·布莱斯特等编著：《宪法决策的过程：案例与材料》（第四版·上册），张千帆等译，中国政法大学出版社 2002 年版，第 323-328 页；或［美］斯坦利·I. 库特勒编著：《最高法院与宪法——美国宪法史上重要判例选读》，朱曾汶、林铮译，商务印书馆 2006 年版，第 258-264 页。

二、法律问题

1. 就宪法解释方法而言，本案多数和少数意见采用了哪些解释方法？

2. 本案的各份意见是否在解释宪法时，以自己的私人判断和意识形态立场取代了立法机关的判断？

3. 在审查立法目的和手段之间是否存在联系时，本案多数和少数意见分别采取何种举证责任分配和司法审查强度？

三、宪法分析

（一）多数意见与法律形式主义

洛克纳的胜利是一场 5∶4 的险胜。有证据表明，佩克汉姆大法官的多数意见最初是当作反对意见来写的，而约翰·哈兰的反对意见是联邦最高法院最初的判决意见（据说，约翰·梅纳德·哈兰，即哈兰大法官的儿子，说过他的父亲曾经告诉他其意见最初是多数派意见；哈兰所写反对意见的内部结构和风格也可疑地显示出其原本是用来作多数派意见的）。是否确有一位法官在最后关头改变了投票，如果是的话又出于什么原因，至今成谜。[1]

意见书一开篇，佩克汉姆就明确了三个前提：

第一，订立劳动合同的自由，包括对工作时间的约定，是《美国宪法修正案》第 14 条所保护的个人自由权的一部分——该条规定，未经正当程序，各州不得剥夺任何人的生命、自由和财产。因此，纽约州的最高工时立法构成了对契约自由的一种干预。这使用了文义和体系解释。

第二，与此同时，契约自由也并非绝对。州政府有权为了正当的治安目的而对个人的契约自由加以限制，来维护公共安全、健康、道德和整体福利，这种存在于各州主权中的权力被模糊地定义为治安权（police power）。个人的财产与自由权在上述合理范围内，受制于州政府治安权力的条件限制。

第三，治安权的有效行使也必须是有限度而非无边界的，它的介入限于

---

〔1〕 参见〔美〕大卫·E.伯恩斯坦："洛克纳诉纽约州案的故事：规制国家成长道路上的障碍"，载〔美〕迈克尔·道夫主编：《宪法故事》（第二版），李志强、车效波译，中国人民大学出版社 2012 年版，第 232 页；〔美〕伯纳德·施瓦茨：《美国最高法院史》，毕洪海等译，中国政法大学出版社 2005 年版，第 211 页。

上述四种目的。法院的职责就是，仔细地审查限制契约自由的立法是否确实服务于这些治安目的，也就是说，不仅立法干预时所声称的目的要正当，而且其所采取的干预手段与目的之间要存在紧密的联系。佩克汉姆称："这是治安权公正、合理和适当的运用，还是对人身自由和缔结那些对他来说是合适的，或对养活他自己和家庭来说是必要的劳动契约之不合理、不必要和武断的干涉？……根本的问题是：这项权力是否属于州的治安权？对此必须由法院作出回答。……仅仅宣称法案的对象和公共健康有联系，但程度很遥远，这不足以使得这项法律有效。法案作为达到目的的手段，必须与之有更为直接的联系，而且该目的本身必须是适当且合法的。"[1] 时至今日，这一目的—手段框架依然广泛应用于实体性正当程序案件的审理，只是针对不同类型的案件适用不同严格程度的审查标准，而框架本身极少受到质疑。[2]

即使今天，人们也依然大都接受这个开头设定的前提和框架。真正引发后世争议的，乃是佩克汉姆对目的和手段的实质关联度分析。他在三个问题上展开了目的—手段审查：[3]

第一，纽约州规定了劳动时间，干涉了缔约自由，是否起到保护缔约中弱势一方的作用？当时有很多州出台了妇女工时立法，就是出于盛行的一种观点：妇女有特殊的生理结构特征，在谋生时处于劣势，所以国家要特别地对妇女缔约的行为加以干预和额外保护，限制工时长度，才能有效避免她们受害。在洛克纳案后不久宣判的 1908 年穆勒诉俄勒冈案中，最高法院多数意见也认可上述立法目的，宣告妇女工时立法合宪。[4] 佩克汉姆也援引了 1898 年侯登诉哈迪案（Holden v. Hardy）的先例，该案中，为了保护贫困的工人，如果被诉法律是一部"劳工法"，而且如果是对弱势群体协商能力的某些不足

---

〔1〕 ［美］保罗·布莱斯特等编著：《宪法决策的过程：案例与材料》（第四版·上册），张千帆等译，中国政法大学出版社 2002 年版，第 324-325 页。

〔2〕 参见阎天：《美国劳动法学的诞生》，中国民主制出版社 2018 年版，第 94 页；［美］阿兰·艾德斯、克里斯托弗·N. 梅：《美国宪法：个人权利、案例与解析》，项焱译，商务印书馆 2014 年版，第 69 页。

〔3〕 以下分析部分参考了阎天：《美国劳动法学的诞生》，中国民主法制出版社 2018 年版，第 94-96 页。

〔4〕 ［美］保罗·布莱斯特等编著：《宪法决策的过程：案例与材料》（第四版·上册），张千帆等译，中国政法大学出版社 2002 年版，第 331-332 页。

提供补救的，契约自由可以被限制。[1] 然而，对于本案中的面包师群体，佩克汉姆认为："规定面包业的劳动时间，干涉个人的自由及缔约的权利，并没有合理的依据。不能认为，相比于其他商业或手工行业，面包师们在智力和能力方面较弱，或者说不凭借州法律的保护和干涉，他们就无力依靠独立的判断力和行为来主张其权利并照顾自己。他们绝对不是各州的受监护人。"[2] 据此，他认为纽约州立法所保护的雇工是"理智的成年人"（grown and intelligent men），和雇主在智力上是平等的，有能力独立判断自身的最佳利益，因此立法无需对其缔约过程设置特别保护。但是，佩克汉姆还是有些武断了，没有在实证层面具体地考察面包师在缔约协商过程中是否处于弱势一方，便遽下结论。

第二，州立法能否有效改善面包师群体的健康？对此，纽约面包店主协会为洛克纳聘用的辩护律师菲尔德和韦斯曼向法庭提交了一份详细的案情摘要，认为和侯登诉哈迪案中的采矿不同的是，烘烤面包一般是一项无害健康的工作，并包括了一个附录，收集了面包业相对无害于健康的进一步证据。[3] 对于这个问题，佩克汉姆起初怀着现实主义的态度，审阅了上述统计调查信息，但无法得出确定的结论。如果想要得到确定的回答，就需要更严谨的社会调查、对数据作科学的因果分析，但囿于形式主义的佩克汉姆浅尝辄止，匆匆定论："我们认为，就面包业本身看，无论如何都不能认为它不健康到了一定程度，以至于要授权立法机关干预雇主和雇员的劳动权和自由缔约权。考察所有行业的相关数据，面包师行业可能不如一些其他的行业卫生，但也远比另一些卫生。根据通常理解，面包师从没有被视为不健康的行业。"[4] 可是，如果面包业的健康程度真的已经成为常识，争议双方和社会大众也就不会对这个问题聚讼纷纭了。

---

〔1〕 参见［美］大卫·E.伯恩斯坦："洛克纳诉纽约州案的故事：规制国家成长道路上的障碍"，载［美］迈克尔·道夫主编：《宪法故事》（第二版），李志强、牟效波译，中国人民大学出版社2012年版，第232页。

〔2〕 ［美］保罗·布莱斯特等编著：《宪法决策的过程：案例与材料》（第四版·上册），张千帆等译，中国政法大学出版社2002年版，第325页。

〔3〕 参见［美］大卫·E·伯恩斯坦："洛克纳诉纽约州案的故事：规制国家成长道路上的障碍"，载［美］迈克尔·C.道夫主编：《宪法故事》（第二版），李志强、牟效波译，中国人民大学出版社2012年版，第230页。

〔4〕 Lochner vs. New York, 198 U. S. 59（1905）.

第三，州立法是否有利于面包消费者的健康？被告纽约州一方认为，限制面包师的工时，能有效减少因其过度劳累而放松生产卫生的现象，更干净的面包产品也有利于消费者的健康。佩克汉姆没有实质性地深入考察这种联系是否属实，只是直接宣称："我们认为，在事实上不可能发现面包师在烘烤房的工作时数与他制作面包的卫生程度间的联系。即便存在该联系，也过分模糊（shadowy）和薄弱（thin），以至于无法成为上述立法干预的根据。"〔1〕如果有可能存在这种联系，就理应存疑或求助于专家意见，而佩克汉姆直接凭借主观臆断，罔顾现实。

最后，佩克汉姆给纽约州立法的目的和手段关系审查作了如下总结："我们无法视而不见的是，很多此种性质的法案，表面上宣称是为了保护公众健康或福利目的而实施的治安权力，然而实际上是出于其他动机。我们完全有根据这样说，因为从法案的特点和它所立法调整的对象来看，很明显公众健康和福利与之关系甚远。我们必须从一个法案所采用语言的自然与法律后果，来判定它的立法目的。而且，这些法案是否与美国宪法相矛盾，必须取决于它生效后的自然效果，而不是其所宣称的目的。……对我们来说，该法案的真正目的和企图似乎只是为了对私营企业中雇主和雇员的劳动时间进行规制，而不是出于对道德或雇员健康会面临危险的考虑。在此情形下，雇主和雇员在雇佣关系中的缔约自由，不能在没有违反联邦宪法的情况下，被禁止或是干预。""像本案所审查的那种限制成年且智力正常的人劳动谋生的时数的法律，纯属对个人权利多管闲事的干预。"〔2〕在佩克汉姆看来，州依据其所享有的治安权可以制定健康法案（health law），但不能制定劳动法案，因为政府唯一的合法目的在于推进整体公共利益，健康法案符合这一目的，而劳动法案试图消解私人主体之间的不公，实际上是将财产从雇主转到雇工手中，而并未推进整体的公共利益。〔3〕这种劳动法的功能观显然是狭隘而短视的。

纵观佩克汉姆的判词，它恪守契约自由的形式主义教条，而没有认真对

---

〔1〕［美］保罗·布莱斯特等编著：《宪法决策的过程：案例与材料》（第四版·上册），张千帆等译，中国政法大学出版社 2002 年版，第 326 页。

〔2〕Lochner vs. New York, 198 U. S. 61, 64（1905）.

〔3〕参见［美］阿兰·艾德斯、克里斯托弗·N. 梅：《美国宪法：个人权利、案例与解析》，项焱译，商务印书馆 2014 年版，第 73-74 页；对于洛克纳时代的劳动法观念，亦参见田雷："契约抑或身份？——劳动法在 20 世纪美国的兴起与衰落"，载《开放时代》2017 年第 6 期。

待面包师真实境遇的社会现实。在 1908 年的穆勒诉俄勒冈州案中，法院认为布兰戴斯提交的关于长时间工作有损妇女健康的报告证实了法官已有的认识，例如"女性依靠男性生活"这项"广为人知并流传深远的见解"。可在洛克纳案中，"事实与大法官先入为主的判断相背离，法官因而忽视了这些事实，并以该法是对缔约自由的粗暴侵犯为由废止了该法"。[1]

（二）哈兰的异议与社会学解释、法律现实主义

在本案的两份异议中，哈兰的判词甚至比霍姆斯更鲜明地体现了法律现实主义色彩：尊重立法判断，认真对待现实。法律现实主义者们普遍更为尊重立法，因为他们深知，解决社会问题需要运用社会科学方法展开分析，立法者在此方面更有专业、人员和时间上的优势；而法官的长处在于精研法律，让他们在有限的司法审查时间里进行社会调查就是以短击长。[2] 所以，法官应当对立法采取谦抑尊让的态度，慎言违宪。正如哈兰的判词所言："如果对法案的有效性存在疑问，这个疑问必须从支持其有效性的方式来解决，法院必须袖手旁观，让立法机关来承担不明智的立法的责任。如果该立法机关所欲达成的目标为其权力所包含，而且所采手段对该目的有用，即便不是最好或最明智的、但也未明确或显然地为法律所禁止，那么法院就无权干涉。换言之，当一项法律的有效性受质疑时，举证责任由主张该法违宪的一方承担。"[3]

在对待面包师职业风险的现实证据上，哈兰也比佩克汉姆更为严谨深入、尊重科学，运用了社会学解释方法。他大幅援引社会科学学者论著（如赫特的《劳动者的疾病》）、纽约劳动统计局年度报告，及各国法律的最高工时规定等，践行同案战友霍姆斯在其名篇《法律的道路》中的预言："理性地研究法律，当前的主宰者或许还是'白纸黑字'的研究者，但未来属于统计学研究者和经济学大师。"[4] 结果他发现，面包师的工作环境对健康有害、平均寿命比其他行业工人低，从而得出立法目的（保护工人健康）与手段（设置

---

〔1〕 ［美］阿兰·艾德斯、克里斯托弗·N. 梅：《美国宪法：个人权利、案例与解析》（第 5 版），项焱译，商务印书馆 2014 年版，第 73 页。

〔2〕 参见阎天：《美国劳动法学的诞生》，中国民主法制出版社 2018 年版，第 97 页。

〔3〕 ［美］保罗·布莱斯特等编著：《宪法决策的过程：案例与材料》（第四版·上册），张千帆等译，中国政法大学出版社 2002 年版，第 326 页。

〔4〕 Oliver Holmes, Jr. , "The Path of the Law", 10 *Harvard Law Review* 457, 469 (1897).

最高工时）有确切的因果联系的结论："有不少以人类经验为基础的有力理由支持下述论点：把方方面面都考虑后证实，在面包房或糖果点心铺里每天从事10多个小时艰苦劳动，一周复一周，会损害工人的健康，缩短他们的寿命，从而降低他们为国家服务并为他们扶养的人提供生计的体力和心力。"因此，"判决纽约州的法令按照《美国宪法修正案》第14条无效的话，将会产生深远和有害的后果，因为这样一个判决将会严重影响各州照顾其公民的生命、健康和幸福的固有权力。"[1] 他和多数意见截然相反，认为纽约州立法就是一部"健康法案"，是为保护工人健康的社会经济立法。

（三）霍姆斯的异议与司法节制主义、合宪性推定

最后，霍姆斯大法官也单独发表了少数意见，这短短的几百字是美国最高法院史上最著名的异议书之一。贯穿始终的是其尊让立法、节制主义的司法审查哲学。在霍姆斯眼中，多元主义是民主政治的前提："宪法，是为具有根本不同之观念的人们而制定的。"每个政治派系都在立法机关中尽全力表达自己的信念，而在其他派系看来也许就是"偏见"。但是，"《美国宪法修正案》第14条并没有将赫伯特·斯宾塞先生的《社会静力学》写入宪法。……一部宪法并非旨在弘扬某种特定的经济理论，无论是家长主义以及公民和国家之间的有机论，还是放任自由的学说。"[2]

这里需对霍姆斯的个人立场和司法审查哲学作细致区分。其实，就其本人哲学立场而言，霍姆斯是斯宾塞意义上的社会达尔文主义者，而绝非很多人所误以为的进步主义者，他相信优胜劣汰与适者生存的社会理念，认同强者支配弱者的权力哲学，认为那些规定最低工资和最高工时的社会经济立法难以减少资本家对工人阶级的实质剥削。在民主政治的场域中，他同样信奉自然选择、优胜劣汰，打过著名的"观念的自由市场"模型的比喻，[3] 各种意见在民主立法过程中相互交锋，最终形成的"主导意见"就成了立法。正如在本案中，面包师群体的政治呼声压过了面包店主协会，在纽约州立法程序中最终取得胜利。"多数人有权将他们的意见写入法律"，民主立法是多数人说了算的，即使多数人的意见在少数人看来可能是短视、愚昧的，但至少

---

〔1〕 Lochner vs. New York, 198 U. S. 61, 72-73 (1905).
〔2〕 Lochner vs. New York, 198 U. S. 61, 75-76 (1905).
〔3〕 Abrams vs. U. S. , 250 U. S. 616 (1919).

可以防止少数人统治多数人的专制这一更坏的后果。这鲜明地体现在霍姆斯的几句名言中："如果我的公民同胞们想要下地狱，我也只能助他们一臂之力，这就是我的工作。""如果人们买了票，又确定知道他们的终点站，我就没有什么好说的了。"[1] 但是，在司法审查时，他是个坚定的司法节制主义者，力图保持中立，不把个人价值偏好带入对宪法的解释中，曾说过："我憎恶我在判决中所支持的大多数政策。"[2]

然而，霍姆斯的司法节制主义是否意味着法院对立法一味尊让？司法审查是否有沦为橡皮图章的风险？对此，霍姆斯在异议中笔锋一转："在我看来，《美国宪法修正案》第14条中'自由'这个字眼，如果在我们的裁判中被用于严防一种主导意见的自然结果，'自由'就遭到了曲解，除非可以说，所有理性且公道的人士都必定会承认，这部业已写就的立法侵犯了基本原则——为我们民族和我们的法律传统所映照的基本原则。不需要研究，我们也可以证明，这样全盘否定的谴责怎么也轮不到摆在我们面前的这部立法。在有些通情达理的人士看来，这部立法是作用于工人或公众健康的适当举措。还有些人也会支持这部立法，认为它是迈向对工人工时之立法管制的第一步。"[3] 也就是说，法院的节制尊让也有底线，底线是民主的立法不能侵犯"所有理性且公道的人士都必定会承认"的、"为我们民族和我们的法律传统所映照的基本原则"。否则，法官就不再袖手旁观，而会宣布多数人意志凝结而成的立法违宪。当然，"基本原则"这一用语仍然高度抽象，在哲学上近似于罗尔斯所说的"交叠共识"，即各种合乎理性的完备性学说都达成共识的一些基本理念。[4] 但它难以作为司法审查的具体标准指导实践，依然需要法官的具体解释来赋予这一抽象原则以实体内容，而这就又为法官主观价值的注入开了一扇窗。霍姆斯本人对基本原则的解释应该是极为狭窄的，在最高法院工作30年的生涯中，他判定的有违基本原则的立法屈指可数。他的司法节制程度也是超乎想象的，在1927的巴克诉贝尔案（Buck v. Bell）中，弗吉尼

---

[1]　参见田雷："短意见的长历史——重读霍姆斯大法官在洛克纳诉纽约州案中的反对意见"，载《师大法学》2017年第2期。

[2]　参见田雷："奥林匹斯山下的扬基——霍姆斯法官的宪政悖论"，载《中华读书报》2009年6月17日，第20版。

[3]　Lochner vs. New York, 198 U. S. 61, 76 (1905).

[4]　参见［美］约翰·罗尔斯：《政治自由主义》，万俊人译，译林出版社2000年版，第四章。

亚州法对智障人士采取强制绝育手术，这部今人看来践踏人性尊严、违反"基本原则"的立法，依然得到了霍姆斯的维持，因为霍姆斯心中的基本原则底线还没有被触碰，他仍认为这个措施是必要的："三代智障，已经够受的了（Three generations of imbeciles are enough）。"[1]

（四）上述意见在司法审查和举证责任标准上的分歧

上文已述，佩克汉姆在审查立法目的和手段之间联系时，合理性标准是根据法官自身对立法是否可取的独立判断来确定的，用自己的主观判断代替了立法者的判断，从而认定该项立法与所要实现的社会健康目标之间没有合理联系。而在霍姆斯的司法节制主义下，他的标准是：一个理性的立法者是否会认为该法律是达成预定目标的合理的方法。他曾在一个判决中说，如果一项法律的"性质和影响有争论，那么立法机关有权作出自己的判断，而且就'立法机关已经决定的问题'来说，法官们个人的观点不应当取代立法机关的判断"。[2] 背后的法理是，涉及政策利益权衡问题，议会比法院在制度设计和人员配备上更适合作出决策。

在立法手段对目的的有效性问题上，佩克汉姆和哈兰、霍姆斯采取的举证责任分配和司法审查强度标准迥异。哈兰认为"如果对法案的有效性存在疑问，这个疑问必须从支持其有效性的方式来解决，法院必须袖手旁观，让立法机关来承担不明智的立法的责任。……当一项法律的有效性受质疑时，举证责任由主张该法违宪的一方承担"，并相信改善面包师和公众健康确是这项立法的真实目的。而佩克汉姆怀疑，纽约州立法的隐含真实目的是进行阶级之间的利益再分配，而且强调立法目的（公众健康与安全）和立法手段（规制面包师工时）并无直接的联系。由此可见，就司法审查强度而言，哈兰、霍姆斯采取的是低强度的合理依据审查标准（rational basis review，参见霍姆斯异议中所言"除非可以说，所有理性且公道的人士都必定会承认，这部业已写就的立法侵犯了基本原则"），而佩克汉姆采取的是高强度的严格审

---

〔1〕 Buck v. Bell, 274 U. S. 200, 207 (1927).

〔2〕 Hebe Co. v. Shaw, 248 U. S. 297, 303 (1919). 参见［美］伯纳德·施瓦茨：《美国最高法院史》，毕洪海等译，中国政法大学出版社 2005 年版，第 215-216 页。

查标准（heightened/strict scrutiny）。[1]

（五）后续：洛克纳时代的终结

洛克纳时期法院的保守态度一度使得罗斯福总统制定了"填塞法院计划"。虽然国会经过半年辩论否决了该计划，但随着总统任命一系列新政支持者成为大法官，最高法院逐渐转变了对干预型经济立法的敌视态度。

1937年的"西滨旅社诉帕里什案"[2] 是转折性案件，最高法院维持了华盛顿州《妇女最低工资法》。当事人帕里什（Parrish）是一家名为西岸宾馆（West Coast Hotel）的一名妇女雇员，因为实际所得的工资低于上述法律所规定的有关标准，向法院提起诉讼，要求雇主补回差额。起初法院判决雇主败诉，老板不服，也提起上诉，认为这部法律违反宪法中所规定的"合同自由"，应为无效。休斯主笔的多数意见承认了经济规制的正当性："那些挑战妇女最低工资的人宣称，纽约州立法侵犯了契约自由。这项自由究竟是什么？宪法并未提及契约自由。它仅提到自由，并禁止不经法律正当程序就剥夺自由。在禁止这类剥夺时，宪法并未承认绝对或不受控制的自由。……宪法下的自由，必然受制于正当程序的限制。那些与其主题合理地相关且为了共同体的利益而被采纳的规制，就是正当程序。"[3] 而且，与佩克汉姆当年判词形成鲜明对比的是，休斯清楚地认识到现代工业体制内部存在的结构性不平等，对女工的悲惨现实处境作了现实主义的描画与力透纸背的批判。法院明确宣称契约自由不再是一项根本性的权利，政府可以为任何正当理由而进行规制，司法机关也会尊重一切合理的立法选择，这标志着"实体正当程序"理论不再适用于经济立法。

在1938年的美国诉卡罗琳产品案[4]中，最高法院进一步确立了合宪性推定的违宪审查原则，以及合理依据审查和严格审查两种审查强度标准（参

---

[1] 参见［美］保罗·布莱斯特等编著：《宪法决策的过程：案例与材料》（第四版·上册），张千帆等译，中国政法大学出版社2002年版，第332页。关于两种司法审查强度标准的定义，参见［美］阿兰·艾德斯、克里斯托弗·N.梅：《美国宪法：个人权利、案例与解析》，项焱译，商务印书馆2014年版，第69页。

[2] West Coast Hotel Co. v. Parrish, 300 U. S. 379 (1937).

[3] ［美］保罗·布莱斯特等编著：《宪法决策的过程：案例与材料》（第四版·上册），张千帆等译，中国政法大学出版社2002年版，第407页。

[4] United States v. Carolene Products Co. , 304 U. S. 144 (1938).

见"拓展案例")。

四、参考意见

就解释方法而言，佩克汉姆的多数意见采用了文义和体系解释，以及结合先例的类比推理，但是没有认真对待现实；哈兰的异议则采用社会学解释，大幅援引社会科学著作，发现面包师的工作环境对健康有害、平均寿命比其他行业工人低，从而得出立法目的（保护工人健康）与手段（设置最高工时）有确切的因果联系的结论。

佩克汉姆的多数意见在解释宪法时，确以自己的私人判断取代了立法机关的判断，主观臆断限制工时对面包师和公众健康益处不大，而哈兰和霍姆斯的多数意见则尊重立法判断，体现合宪性推定的原则和司法节制主义的立场。

在审查立法目的和手段之间是否存在联系时，本案多数和少数意见分别采取不同的举证责任分配和司法审查强度：多数意见将违宪的举证责任分配给了被诉违宪的纽约州，而哈兰的少数意见将其分配给主张立法违宪的原告；多数意见采取严格审查的司法审查强度标准，而少数意见采用的是合理依据审查标准。

拓展案例

美国诉卡罗琳产品案

系争法律1923年联邦《填充牛奶法》禁止在州际贸易中运输填充的牛奶（即非乳脂肪的混杂牛奶），因为国会认为这是掺假的食物，对公众健康有害，且其销售构成对公众的欺骗。被告卡罗琳产品公司辩称该法违宪，因为联邦法律不但超越了宪法上的州际贸易权力，也违反了《美国宪法修正案》第5条的正当程序条款。

最高法院多数意见认为，经济规制一般都应当得到维持，只要它们有可信的理性依据的支持，即使无法证实这是否是立法机关的真实意图。主笔的斯通大法官称："支持立法判断的事实是推定存在的，因为一般并不宣布影响普通商业交易的规制性立法违宪，除非根据已知或普遍假定的事实已排除下列假定，即它是建立在理性的基础之上、立法者的知识和经验内。"〔1〕 在之后著名的第四脚注中，斯通提出了两种司法审查标准。一般而言，法院会尊重立法，只要它们是合理的。但是，如果立法侵犯了基本权利或是歧视"分散而孤立的少数"（discrete and insular minorities），法院就可能宣布违宪。斯通说："如果立法看起来显然处于宪法明确禁止的范围内，例如前十条修正案的禁止，那么对其合宪性的推定（the presumption of constitutionality）可能限于更狭隘的范围。……政治程序一般被期望能够废除不合情理的立法；现在没有必要考虑，和绝大多数其他类型的立法相比，限制政治程序的立法是否应在《美国宪法修正案》第 14 条的普遍禁止之下，受到更为严格的司法审查。这类立法的例子有限制表决权、限制传播信息、干预政治组织以及禁止和平集会……我们也无需探究对分散和孤立的少数团体之歧视，可能构成特殊情形，以致通常可被依靠来保护少数的政治程序运作受到严重削弱，因而相应要求更为仔细的司法调查。"〔2〕

从此，斯通的"第四脚注"开启了"政治过程"（political process）理论：由于民主政治程序通常将多数民意制定为合理的法律，法院一般情况下都会推定立法合宪，比如经济规制方面的立法；但在某些特殊情形下，民主程序不能正常运作，导致多数派系侵犯少数派系的基本权利，而"分散和孤立"的少数派系本身难以通过常规的政治过程来改变立法、摆脱多数压迫与歧视，此时，法院就有充分的理由对立法进行更为严格的审查。此后，政治过程理论运用最频繁的司法审查领域，就是《美国宪法修正案》第 14 条对个人权利的"平等保护"条款，尤其是涉嫌对于种族、性别少数群体歧视的案件。

---

〔1〕 ［美］保罗·布莱斯特等编著：《宪法决策的过程：案例与材料》（第四版·上册），张千帆等译，中国政法大学出版社 2002 年版，第 410-411 页。

〔2〕 ［美］保罗·布莱斯特等编著：《宪法决策的过程：案例与材料》（第四版·上册），张千帆等译，中国政法大学出版社 2002 年版，第 411 页。

第三节　宪法监督与合宪性审查

专题一　司法审查制

◈ 知识概要

　　司法审查制，又称普通法院审查制，即由普通法院通过司法程序对正在审理的各类案件涉及的作为该案件审理依据的法律、法规及行政命令是否合宪进行审查的体制。普通法院审查制首创于美国的 1803 年"马伯里诉麦迪逊案"，由此开创了美国联邦最高法院审查国会法律的先例。1801 年 12 月，威廉·马伯里（William Marbury）等四人，在律师查尔斯·李协助下，向美国联邦最高法院提交诉状，请求法院判令现任国务卿詹姆斯·麦迪逊送达他们的哥伦比亚特区治安法官的委任状。由于马伯里为首位原告并于 1803 年裁决，因此本案也被称为 1803 年"马伯里诉麦迪逊案"，此案可构成人类历史上第一个具有典范性意义的司法审查案件。

　　司法审查制与其他合宪性审查模式相比，具有如下特点：一是事后审查，即法院对生效的法律在实施过程遭遇的合宪性疑问进行审查。二是附带性审查，即法院在审理具体案件的诉讼中，因提出对所适用的法律、法规是否有违宪的问题，而对该法律、法规进行审查，因此又可称为具体审查、个案审查。这一特点由司法权的本质决定，因法院遵循"不告不理"原则，若无具体的诉讼案件，就没有司法审判，自然也就没有审查法律合宪性的问题。三是间接审查，即司法审查是在法院审理案件中对法律是否违宪的审查，如果法律明显违宪，只要法院的审判不涉及该部法律，法院无权纠正。受普通法院的性质和地位所决定，它只能针对具体案件而不能抽象地对法律、法规及行政命令等规范性文件的合宪性进行审查。相应地，法院只能在具体案件中拒绝适用而无权撤销违宪的法律、法规及行政命令等规范性文件，因为根据分权理论，法院无权干涉立法和行政机关的行动。四是提起审查请求的主体极其广泛，任何公民，只要其权利和自由遭到国家行为的侵害，就可以提起诉讼，并要求法院就相关法律的合宪性进行审查。从形式上看，法院的判决只具有个别效力，但由于英美法系国家奉行"先例约束原则"，法院对宪法问题的判决实际上可以产生一般效力。

　　司法审查制的主要理论基础可以概括为以下几个方面：第一，司法权优越的法律传统。在英美普通法传统中，司法权被认为是正义、权利最重要的维护者。所谓法是永久不变的习惯，这些习惯的形成又有赖于通过司法裁判的发现和宣示。换言之，法律并非是由权力机关制定出来的，而是被法官发现的。法官对于普通法的解释，具有绝对的权威，任何人都必须服从。第二，三权分立与制衡的政治原则。三权分立是美国的立国原则，其主要内容是立法权、行政权与司法权之间既相互分立又相互制约，以达到相互平衡。在立法、行政与司法三权中，司法权是最弱的一支。司法权即使偶尔出现压制个人的情况，也不至于有能力侵害人民普遍的自由和利益，由其承担司法审查的职能能够有效实现三权的相对平衡。第三，"反多数"的政治理念。民主意味着多数人的统治，但有时多数政府会为了其多数利益或情感而牺牲其他公民的权利，从而形成"多数人的暴政"。民主的弱点需要由某些非民主机制加以克服，司法权体现的就是这种反多数的政治设计。

　　除司法审查之外，以司法的方式保障宪法还包括宪法法院、宪法委员会等不同模式。司法保障一般包含违宪审查制度、弹劾审判制度、违宪者基本权丧失制度等内容，其中核心是违宪审查制度。[1]

📑 经典案例

美国马伯里诉麦迪逊案

一、基本案情

　　1801 年，美国第二任总统联邦党成员约翰·亚当斯（John Adams）即将卸任，卸任前最后一天（1801 年 3 月 3 日）夜里，亚当斯突击任命了 42 位联邦党人为治安法官（Justices of Peace）。依照法律程序，治安法官的任命经由总统提名、参议院批准、总统签署、国务院盖印委任状、送达当事人等程序

---

　　〔1〕　参见韩大元、林来梵、郑贤君：《宪法学专题研究》，中国人民大学出版社 2008 年版，第 261~262 页。

后正式生效。在被亚当斯突击任命的42位治安法官中，有17位经过总统签署和国务院盖印等环节后，其委任状留在了国务卿兼联邦最高法院首席大法官马歇尔的办公室内。马歇尔因疏忽，在卸任国务卿前未及时发送出去。1801年3月4日，民主共和党领袖托马斯·杰弗逊进驻白宫，正式出任美国第三任总统。杰斐逊厌于联邦党人在权力交接前夜的突击提拔，在听说一些联邦党人法官委任状滞留国务院后，立刻命令新任国务卿詹姆斯·麦迪逊扣留这批委任状，并将它们弃之如敝屣，丢进垃圾桶。

在这17位被扣留委任状的治安法官中，就有威廉·马伯里，他被任命为哥伦比亚特区的治安法官。他与其他三位有同样情形的拟任治安法官一道，聘请曾担任亚当斯总统内阁总检察长的查尔斯·李为律师，将国务卿麦迪逊告到联邦最高法院，要求最高法院下达执行令，命令麦迪逊交出委任状，以便完成治安法官任命的法律程序。马伯里起诉麦迪逊的依据是国会通过的《司法法案》（The Judiciary Act）第13条，该条d款规定："联邦最高法院在法律的一般原则和惯例所认可的情形下，有权对在合众国的权限下所设置的法院或公职人员发布职务命令书。"被告麦迪逊的辩护律师是杰弗逊总统内阁总检察长莱维·林肯。

联邦最高法院最后认为，根据法院管辖权的分工，马伯里不能从联邦最高法院获得司法救济。按照《美国宪法》的规定，马伯里可以从基层法院逐级上诉到最高法院，不过由此也会导致耗时过久，马伯里选择撤诉，这场危机最终告结。

二、法律问题

马歇尔法官主笔的裁决书主要围绕三个问题有逻辑地展开：第一，马伯里是否有权利得到他所要求的任命状？第二，如果他有这个权利，且该权利受到侵犯，国家的法律是否应为他提供救济？第三，如果在法律上确实应当为马伯里提供救济，那么是否应由最高法院下达执行令，要求麦迪逊将委任状补发给马伯里？

判词对于第一个问题的回答是肯定的。马伯里有权得到治安法官的任命状。马歇尔已经根据总统提名并签署了任命状，一旦总统签署，任命即告生效，不能够随意更改。在委任状签署后，任命就成了被任命人的权利，马伯里因而享有就任治安法官的法律权利。马歇尔法官认为，最后的送达当事人程序是一项由便利而非法律指导的实践。[1]

判词对于第二个问题也作出肯定回答。总统通过签署委任状委任马伯里为治安法官，国务卿依照法律规定随即加盖合众国国玺是对于总统签署的决定性证据，也是任命宣告完成的决定性证据。因此，马伯里享受接受委任的法律权利，国务卿拒绝送达委任状并非是可以由其自由裁量的政治行为，构成对马伯里权利的侵犯。马歇尔大法官认为："公民自由的真正本质在于，不论何时受到侵害，每个个人都有要求法律保护的权利。政府的首要职责之一就是提供那种保护。"[2] 国务卿接受总统（杰弗逊）命令拒绝送达委任状，是对马伯里权利的侵犯。法院有权对该行为进行审查，并就权利侵害提供救济。

但是，针对第三个问题，马歇尔法官给出了否定的态度，他认为，法律确应为马伯里提供救济，但是不应该由联邦最高法院来发出职务执行命令书。马歇尔法官指出，《联邦宪法》第3条第2项规定，联邦宪法法院仅对"涉及大使、公使、领事以及一州为当事人的案件"才具有第一审管辖权，对上述以外的其他案件，最高法院具有上诉管辖权。本案中，马伯里诉麦迪逊案的当事人非大使、公使、领事，也非以州为当事人，因此联邦最高法院对此没有管辖权。马伯里应当到地方法院起诉，逐级上诉至最高法院，而不能一开始就起诉至最高法院。针对控方指出的他们所依据的《司法法案》第13条，马歇尔法官进一步解释道，《司法法案》第13条与《美国宪法》第3条第2项抵触，因此违宪无效。《司法法案》第13条在规定联邦最高法院有权向公职人员发布职务命令书时，实际上已经扩大了宪法明文规定的最高法院的司法管辖权限，这也就等于公开承认制定《司法法案》的国会可以任意扩大宪法明确授予最高法院的权限。据此，马歇尔法官宣布《司法法案》第13条因违宪而无效，这也是美国历史上第一次宣布联邦法律违宪。

三、宪法分析

马伯里诉麦迪逊案背后有着联邦党和民主共和党党派斗争的浓厚政治背

---

[1]　See Marbury v. Madison, 5 U. S.（1 Cranch）160（1803）.

[2]　See Marbury v. Madison, 5 U. S.（1 Cranch）163（1803）.

景，但是马歇尔法官巧妙地将政治话语转化为法律话语，将美国建国后激烈的政治纠纷转化为法律纠纷，以法治取代政治行动[1]。作为法律案件，马伯里诉麦迪逊案的重要意义在于马歇尔法官趁机为整个联邦最高法院确立了合宪性审查的权力。换言之，法院必然有权对法律是否违宪进行司法审查。

（一）普通法院司法审查权的确立

在讨论是否由普通法院开启司法审查的基本前提是，承认成文宪法是国家的最高法，具有最高的法律效力。这一问题在美国制宪过程和宪法中已经得到解决，宪法作为高级法的理念在宪法制定之前已经形成。[2]《美国宪法》第6条明确规定："本宪法和依本宪法所制定的合众国法律，以及根据合众国的权力已缔结或将缔结的一切条约，都是全国的最高法律；每个州的法官都应受其约束，任何一州宪法或法律中的任何内容与之抵触时，均不得有违这一规定。前述之参议员及众议员，各州州议会议员，合众国政府及各州政府一切行政及司法官员，均应宣誓拥护本宪法。"换言之，美国宪法是根本法和最高法，具有最高的法律效力，保障宪法的权威，建立违宪审查制度，这在美国已是不言而喻的事情，需要探讨的问题是，由哪一主体开展违宪审查制度。[3] 而本案的意义在于，联邦最高法院通过对该案所涉及问题的审查，推理出联邦法院在审理案件过程中，拥有对联邦国会制定的法律的违宪审查权。

马歇尔法官首先诉诸社会契约论、人民主权、有限政府等政治理论，证明宪法是唯一高于法律的根本法，"与宪法抵触的立法机关制定的法案都是无效的"。"立法机关的权力是限定的和有限制的，并且这些限制不得被误解或忘却。……假如这些限制随时有可能被所限制者所超越，假如这些限制没有约束所限制的人，假如所禁止的行为和允许的行为同样被遵守，则有限政府和无限权力之间的区别就消失了。"在此基础上，问题进一步发展为，如果与宪法抵触的立法法案是无效的，那么法院是否有权选择不适用该项无效法案？马歇尔法官指出，这要回到司法权的性质上，"司法部门的职责范围就是公布

---

〔1〕 See Paul W. Kahn, *The Reign of Law: Marbury v. Madison and the Constitution of America*, Yale University Press, 1997, pp. 16-17.

〔2〕 有关内容参见［美］爱德华·S. 考文：《美国宪法的"高级法"背景》，强世功译，生活·读书·新知三联书店1996年版。

〔3〕 参见胡锦光："在必然与巧合之间——马伯里诉麦迪逊案解读"，载《法学家》2006年第4期。

法律到底是什么"，"如果在两个法律之间存在冲突，法院必须决定适用其中哪一个作出判决。"若宪法和法律都适用于某一个具体案件，当某个法律违反宪法时，法院必须作出决定：要么不考虑宪法适用法律；要么不考虑法律适用宪法。"法院必须适用这些相抵触的规则中的一个来解决案件，这就是司法职责的实质。"[1] 具体到《司法法案》第13条，其规定当事人可以向联邦最高法院提起诉讼，请求联邦最高法院向联邦行政部门发布职务命令书的规定，因违反宪法而无效，因此该项法案不能约束法院。

最后，马歇尔得出本案的最后结论：法院有审查法律是否违反宪法的职责。马歇尔认为，宪法是最高法、具有最高的法律效力，法官在就职前就已宣誓忠于宪法，因此，法官有维护宪法，并判断法律是否违宪的职责。

（二）普通法院开展司法审查的理据

在马歇尔法官看来，有权判断法律是否违反宪法的机关是法院，而非其他权力机关，这与联邦党人一直以来所主张的司法审查一致。在联邦党人看来，一方面，司法部门固有的软弱性使其适宜开展司法审查。司法审查建立在三权分立的基础上，而在权力切分中，相较立法部门和行政部门，司法部门是"最不危险的部门"，也是最弱小的部门。"司法部门的任务性质决定该部对宪法授予的政治权力危害最寡，因其具备的干扰与危害能力最小。行政部门不仅具有荣誉、地位的分配权，而且执掌社会的武力。立法机关不仅掌握财权，且制定公民权利义务的准则。与此相反，司法部门既无军权又无财权，不能支配社会的力量与财富，不能采取任何主动的行动。故可正确断言：司法部门既无强制又无意志，而只有判断；而且为实施其判断亦需借助于行政部门的力量。"[2] 由此可见，司法机关为三权中最软弱的一个部门，"司法部门的软弱必然招致其他两方的侵犯、威胁与影响。"[3] 为了使其能与强大的立法、行政权相抗衡，保持司法独立和维护三权之间的平衡，司法机关必须掌握违宪审查权才能实现"以野心对抗野心"的目标。

---

〔1〕 北京大学法学院司法研究中心编：《宪法的精神——美国联邦最高法院200年经典判例选读》，中国方正出版社2003年版，第21页。

〔2〕 ［美］汉密尔顿、杰伊、麦迪逊：《联邦党人文集》，程逢如、在汉、舒逊译，商务印书馆2017年版，第453页。

〔3〕 ［美］汉密尔顿、杰伊、麦迪逊：《联邦党人文集》，程逢如、在汉、舒逊译，商务印书馆2017年版，第454页。

另一方面，由司法部门开展司法审查能够防止权力的集中对公民权利造成损害。三权分立的目的是保障个人自由，"司法权如果不与立法权和行政权分置，自由也就不复存在"。[1] 孟德斯鸠认为，对自由的威胁，不单独来自于司法部门，而是司法部门与其他二者任一方面的联合。而无论是立法权还是行政权侵袭司法权，公民的自由就不复存在了。因此要保持三权之间的平衡，需要防止司法权被侵犯，增强司法权的稳定，保持司法独立，司法审查就包含在司法独立之中。倘若法院没有司法审查的权力，那么立法机关就可以随意制定违反宪法、剥夺公民权利的法案，行政机关就可以随意采取剥夺公民权利的行动，那么公民自由将无从谈起。而司法权即使偶尔出现压制个人的情况，也不至于有能力侵害人民普遍的自由和利益。因此，法院必须有宣布违反宪法明文规定的立法无效之权。如无此项规定，则一切保留特定权利与特权的条款将形同虚设。[2]

持怀疑观点者会认为，承认法院的司法审查权可能有损三权的平衡。宣布另一单位的行为无效的机构，其地位必然高于原来提出此行为的机构，因此，若最高法院有权审查国会的立法，即意味着承认司法权高于立法权。联邦党人反驳道，宪法有意使法院成为人民与立法机关的中间机构，以监督后者在其权力范围内行事。首先，宪法是人民的宪法，而立法机关只是人民代表制定法律的地方。"宪法与法律相较，以宪法为准；人民与其代表相较，以人民的意志为准。"[3] 后来成为联邦法院大法官的艾尔德尔（James Iredell）在 1786 年撰文认为，法官判断违宪立法无效之权"并不是一项篡夺的或自由裁量的权力"，它绝对源于其宪法上的职责。他们是为全体人民利益担任法官的，而不仅仅是立法议会的奴仆。[4] 若认为违宪的立法可以生效，则意味着代表的地位可以高于所代表的主体，仆役反高于主人，人民的代表反而高于人民本身。这样一来，行使授予的权力的人不仅可以越出其被授予的权力，

---

〔1〕 ［法］孟德斯鸠：《论法的精神》（上），许明龙译，商务印书馆 2012 年版，第 167 页。

〔2〕 参见 ［美］汉密尔顿、杰伊、麦迪逊：《联邦党人文集》，程逢如、在汉、舒逊译，商务印书馆 2017 年版，第 454 页。

〔3〕 ［美］汉密尔顿、杰伊、麦迪逊：《联邦党人文集》，程逢如、在汉、舒逊译，商务印书馆 2017 年版，第 454 页。

〔4〕 参见刘练军："司法审查之思想源流与制度预设——论美国制宪会议有关司法审查的辩论"，载《厦门大学法律评论》2007 年第 1 期。

而且可以违反授权时明确禁止的事情。

其次，联邦党人认为，"解释法律乃是法院正当与特有的职责"，"宪法事实上是，也应被法官看作根本大法"，由这一前提，联邦党人得出结论：如宪法与制定法在具体案件中发生冲突，则法院必须宣布后者无效。[1]汉密尔顿将宪法与法律冲突时的情形与法官在矛盾的两部法律中作出司法裁决作类比，认为若法律违反宪法，法院应当遵循后者。如果同一立法机构颁布的两部法律发生冲突，那么，后法优于前法，作这种判断的原因不是源于任何实证法的规定，而是源于"事物的性质与推理方面考虑得出的实际运用规律"。根据同样的规律，宪法与法律具有基本法与派生法的关系，因此，按照同样的"事物的性质与推理方面考虑"，当法律与宪法发生冲突时，宪法应优先于制定法。[2]因此，由法院开展司法审查的制度设定并非预设司法权高于立法权，而仅假定人民的权力在二者之上。每逢立法机关的意志与宪法所表达的人民意志相违反时，法官应受宪法意志之约束，依据根本法进行裁决。[3]

（三）对司法审查制度的反思

从马伯里案以后，最高法院开始一步步走上司法至上（judicial supremacy）的道路。然而在民主宪治国家，司法至上与代议民主形成截然的对立：非选举的法官（在美国的例子中，是最高法院九位大法官中的五位）否决代表人民意志的国会所通过的法律，这是不符合代议民主政体的。比克尔（Alexander Bickel）认为，司法审查是我们的体制中一股反多数主义（counter-majoritarian）的力量，并将这一困境概括为"反多数难题"（counter-majoritarian difficulty）。"当最高法院宣布立法机构通过的一部法案或选举产生的总统的某一行为违宪的时候，它妨碍了真实的、此时此地的人民所选出的代表

---

〔1〕 参见［美］汉密尔顿、杰伊、麦迪逊：《联邦党人文集》，程逢如、在汉、舒逊译，商务印书馆2017年版，第455页。

〔2〕 参见［美］汉密尔顿、杰伊、麦迪逊：《联邦党人文集》，程逢如、在汉、舒逊译，商务印书馆2017年版，第455-456页。斯托纳认为，汉密尔顿在将宪法与法律的冲突与同位阶制定法冲突作类比时，这种推理蕴含了明显的普通法性质。参见［美］小詹姆斯·R.斯托纳：《普通法与自由主义理论——柯克、霍布斯及美国宪政主义之诸源头》，姚中秋译，北京大学出版社2005年版，第310-319页。

〔3〕 参见［美］汉密尔顿、杰伊、麦迪逊：《联邦党人文集》，程逢如、在汉、舒逊译，商务印书馆2017年版，第454页。

们的意志。"〔1〕伴随罗斯福总统后司法至上理念的兴起，"反多数难题"成为拷问支持司法审查者的重要问题，其中，比克尔和伊利（John Hart Ely）的学说最具代表性。

比克尔认为，司法审查要获得正当性需要与民主的理想协调。"民主信念的核心是治理应获得被治者之同意"，但是，他认为民主不等同于简单的举手表决，而是具有丰富的内在机制。"一个好社会不仅应当满足最大多数人眼前的需求，也要致力于支持和维护持久的普遍价值"，与立法机构相比，法院更适合承担"支持和维护持久的普遍价值"的职责。〔2〕在立法机构大厅，如果要求获得眼前的结果的压力足够大，而情绪又足够高涨，人们通常就会根据权宜的考虑行事，而不是根据长远的考虑行事。"人民自己通过在选票箱前的直接活动，确实没有能力维系一个正常的、需要被适用于具体场合的普遍价值体系。"相反，法院更有能力考虑原则的问题，法官有闲暇的时间、经受过严格而专业的训练、遵循学者的方式追求政府的目的，由此已形成一种始终如一的制度性习惯和心灵习性。此外，法院所面临的大量活生生的现实案件也有助于他们对最原则性问题的考察和验证。〔3〕

伊利（John Hart Ely）接着比克尔的问题意识，从对话民主理论中找到了司法审查的功能与民主决策过程的能力。他认为，比克尔的以价值为导向的司法审查方法无从解决价值的来源或标准问题，不能有效回应"大法官们将自己的价值强加于他人"或不民主的质疑。伊利从民主制度的程序缺陷入手，提出程序主义的司法审查方法，形成了"参与导向的、强化代议制的"司法审查理论。〔4〕他认为，给予少数人保护并不是因为少数人的权利体现了持久的价值，而是因为民主制度的程序本身存在缺陷。最高法院作为政府机构本身即为民主机构的一部分，其所要实现的是民主政治的功能。在审查人民制

---

〔1〕 ［美］亚历山大·M. 比克尔:《最小危险部门——政治法庭上的最高法院》（第2版），姚中秋译，北京大学出版社2007年版，第17页。

〔2〕 参见［美］亚历山大·M. 比克尔:《最小危险部门——政治法庭上的最高法院》（第2版），姚中秋译，北京大学出版社2007年版，第28页。

〔3〕 参见［美］亚历山大·M. 比克尔:《最小危险部门——政治法庭上的最高法院》（第2版），姚中秋译，北京大学出版社2007年版，第28-29页。

〔4〕 参见［美］约翰·哈特·伊利:《民主与不信任——司法审查的一个理论》，张卓明译，法律出版社2018年版，第5页。

定的法案时，最高法院不是作为人民代理人，而是以制定、批准宪法的人的代理人的身份参与到协商、讨论的议程中。对话式民主不要求大多数人的确定的决定，而是力图将更多的政治参与者容纳进协商议程中，以此强化民主决策的能力。因此，最高法院也是协商程序的守护者。[1] 司法审查为司法部门和立法机构搭建了一个对话平台，为个人权利保护与民主多数原则可能出现的争议辟出了一个解决通道，成为人们参与民主决策的另一个管道[2]。

（四）作为法治文化符号的马伯里案

1803 年马伯里诉麦迪逊案确立起由普通法院开展宪法监督的制度模式，该案不仅确立了由司法机关宣布违宪的法律无效的司法审查原则，更重要的是，经过不断阐释，该案确立了司法主权（judicial sovereignty）的政治原则，即司法机关作为"宪法的最终解释者"，超越立法机关和行政机关，成为"宪法活的声音"，由此奠定了美国宪制的独特品格。[3] 司法审查机制也成为撬动美国宪法宣称的"法律上的至上性"的杠杆和保持美国宪制动态平衡的"关节"。[4] 有学者指出，马伯里案成功塑造了美国的法治传统，成为美国这个新民族的起源故事，马歇尔法官的经典文本也获得了宪法根基的民族认同意义，成为美利坚民族的法治文化符号。[5]

马伯里案也成为我国宪法学理解美国宪制发展历史的主要范式，司法审查制度一度成为我国念兹在兹的宪法实施方案。2001 年齐玉苓案在我国掀起一阵"宪法司法化"的浪潮，并被附会为中国的"马伯里案"，希望将其作为我国宪法司法化的第一案。[6] 在此后的讨论中也可见马伯里案对我国产生

---

〔1〕　参见徐爽："马伯里案的起航———爱德华·考文著《马伯里诉麦迪逊案与司法审查原》解读"，载《政法论坛》2014 年第 3 期。

〔2〕　参见强世功："司法审查的迷雾———马伯里诉麦迪逊案的政治哲学意涵"，载《环球法律评论》2004 年第 4 期。

〔3〕　参见强世功："司法审查的迷雾———马伯里诉麦迪逊案的政治哲学意涵"，载《环球法律评论》2004 年第 4 期。

〔4〕　参见徐爽："马伯里案的起航———爱德华·考文著《马伯里诉麦迪逊案与司法审查原》解读"，载《政法论坛》2014 年第 3 期。

〔5〕　参见徐斌："'马伯里诉麦迪逊'案的多重叙事与逻辑———基于知识社会学的考察"，载《华东政法大学学报》2015 年第 3 期。

〔6〕　相关讨论参见王磊：《宪法的司法化》，中国政法大学出版社 2000 年版；强世功："谁来解释宪法？———从宪法文本看我国的二元违宪审查体制"，载《中外法学》2003 年第 5 期；强世功："宪法司法化的悖论———兼论法学家在推动宪政中的困境"，载《中国社会科学》2003 年第 2 期。

的深刻影响。有学者认为应当从制度上破除马伯里案带来的对宪法司法化的盲信,适合我国的宪法实施模式是代议机关至上的人民宪政模式。[1] 还有学者更进一步认为,应避免过分沉浸在马伯里的范式中,走出"马伯里迷思",寻找我国宪法与政治关系的多种可能。[2] 尽管马伯里案在世界影响广泛,根据马克·图什内特(Mark Tushnet)教授的研究,美国的司法审查在世界范围的合宪性审查制度中是一个异类,马伯里案的美国式司法审查实际上也没有被广泛效仿。[3] 在当下看来,提及马伯里案的深远意义或许更在于一次次的呼唤——认真对待宪法。

四、参考意见

马歇尔法官认为,司法部门的职责范围就是公布法律到底是什么,如果在两个法律之间存在冲突,法院必须决定适用其中哪一个作出判决。若宪法和法律都适用于某一个具体案件,当某个法律违反宪法时,法院必须作出决定:要么不考虑宪法适用法律;要么不考虑法律适用宪法。

适用司法审查制度的理据在于从各权力主体特点来看,司法部门固有的软弱性使其适宜开展司法审查,以最大限度减少对公民权利侵害的可能。司法审查建立在三权分立的基础上,而在权力切分中,相较立法部门和行政部门,司法部门是"最不危险的部门",也是最弱小的部门。

伴随20世纪美国司法至上、司法能动的频繁实践,比克尔提出美国联邦法院面临"反多数难题",对此,比克尔和其学生伊利分别从民主的概念与民主的程序缺陷入手对此进行回应。

经过不断阐释,马伯里案确立了司法机关作为"宪法最终解释者"的司法主权原则。司法机关超越立法机关和行政机关,成为"宪法活的声音",由此奠定了美国宪制的独特品格,也给我国带来了广泛而深刻的影响。

---

〔1〕 参见翟小波:"代议机关至上,还是司法化?",载《中外法学》2006年第4期。

〔2〕 参见田雷:《继往以为序章:中国宪法的制度展开》,广西师范大学出版社2021年版,第4-7页。

〔3〕 See Mark·Tushnet, "Marbury v. Madison around the World", 71 *Tennessee Law Review* 251, 251-274(2003-2004).

 拓展案例

英国博纳姆案

1610 年发生在英国的博纳姆案（Bonham's Case）常被认为是司法审查制度的根源。该案发生在 1606 年 4 月，剑桥大学毕业的医学博士托马斯·博纳姆在伦敦行医，但其并没有伦敦医师协会颁发的行医执照，伦敦医师协会据此对他进行了罚款处罚。此后，博纳姆仍然行医被伦敦医师协会抓获，他不仅被处以罚款，还被监禁数日。愤怒之下，博纳姆提起诉讼，控告伦敦医师协会的主席和督察对他的非法监禁。此案最终交由高等民事法院审理，由柯克法官审理。审理过程中，伦敦医师协会辩称，医师协会在亨利八世期间已经被授予管理伦敦及周边地区行医活动的特许权，且获得了国会法案的许可。博纳姆援引同一法案的同一条款反驳道，获得剑桥大学或牛津大学医学学位的人士，无需通过医师协会从业资格考试也同样具有在英国行医的权利。

法院裁决伦敦医师协会败诉，认定医师协会监禁博纳姆医生的行为是违法的。柯克法官在裁决中指出，医师协会的督察无权监禁博纳姆医生，一个人不能够既是案件的当事人，又是案件的法官。柯克法官坚持认为，尽管博纳姆医生没有取得伦敦医学院颁发的执照就在伦敦市行医，但是医学院没有资格依据它所援引的议会法令而处罚他。柯克法官在"附论"（dictum）[1]中认为："在许多情况下，普通法会审查议会的法令，有时裁定这些法令完全无效，因为当一项议会的法令有悖于共同权利和理性，或自相矛盾，或不能实施时，普通法将对其予以审查并裁定该法令无效，这种理论在我们的书本里随处可见。"

考文教授认为，柯克对美国宪法起源的贡献可以概括为三点：首先，柯克在博纳姆案中的"附论"提供了一种语辞形式，经过法官、评论者和律师等的专门阐释，成为司法审查概念最重要的一个源泉。其次，在"共同权利和理性"之上，柯克提出了基本法的学说，这种基本法既约束议会，也约束过往，而且这种法很大程度上体现在一个特定文件中，并将确定的内容寓于日常制度的习惯程序之中。最后，柯克为美国宪法贡献了在法律之下的议会

---

[1] 附论系法官于判决中发表的一种意见，此种意见不构成本案判决的决定性因素而有别于"判决依据"。"附论"对后来的法官不具有拘束力，仅有参考价值。

至上的思想。这种思想随着立法活动和法院裁定的分离，最终可以转变为在法律范围内立法至上的观念，而这种法律又需法院裁定过程予以解释。[1]

专题二　统治行为回避理论

🞂 知识概要

所谓统治行为，又称为国家行为或政治行为，一般是指国家有关政治制度和国际关系的行为，包括法律议案的提出，预算决算案的提出，有关国家防务、外交关系建立、国际条约签订等事项的行为，以及宣战、媾和、戒严等行为。统治行为一般没有确定的外延，因此对于统治行为的界定也颇具争议。而所谓统治行为论，又可以称为政治问题原则，是一个宪法学上的概念，是指司法机关将具有高度政治性的统治行为的合宪性排除在司法审查的范围之外，而将此类事项的最终决定权交由议会或政府这样的政治部门行使的原则。这一原则体现了法院在特定事项上的谦抑性，以及对政治部门决断的尊重，是司法审查权行使的一个例外。

一般而言，宪法监督模式为司法审查制的国家都遵从政治行为不审查的原则。这一原则起源于美国联邦最高法院 1803 年作出的"马伯里诉麦迪逊案"判决。在该案中，首席大法官约翰·马歇尔指出，总统根据宪法被授予特定政治权力，总统对这些权力的行使具有自由裁量权，行政机构对政治问题的决断通常具有终局性，其合宪性不能被司法机关审查，总统仅以其政治人格对国家和自己的良心负责。1946 年《日本宪法》亦采取司法审查制度，因此在其司法实践中，对统治行为合宪性的回避亦成为司法审查权行使的一项重要原则。砂川案就是这一原则得以运用的典型案例之一。在砂川案中，日本最高法院认为《日美安全保障条约》的合宪性具有高度政治性，因此不适宜由司法部门予以审查和判断。

统治行为论的理论基础首先是基于对分权原则的尊重。现代国家的宪法，

---

〔1〕 参见［美］爱德华·S. 考文：《美国宪法的"高级法"背景》，强世功译，生活·读书·新知三联书店 1996 年版，第 57-58 页。

一般将立法权、行政权以及司法权分开设置，授予不同部门行使。不同权力部门各司其职，一般不得僭越行使其他部门之权力。司法机关的职责是解释和适用法律以裁断具体案件，解决社会纠纷，而处理政治问题是议会和政府之责任，司法机关对政治问题的裁断有悖于分权原则。其次是对人民主权原则的尊重。依此原则，人民通过选择代表对国家的重大问题作出决定，立法部门和行政部门一般都具有直接抑或间接的民主性，其需要对人民负责，因此重大政治问题理应由此种部门处置。法官并非民选产生，不宜处理政治性问题。最后是司法机关缺乏决断政治问题的专业知识。法官是法律专家，而并非是政治专家，就政治性问题而言，法官所能获取的信息相对于立法或行政部门而言要少得多。同时法官的职业属性决定了其并没有灵活处理政治问题的专业技能，因此对于此类问题的合宪性审查应当采取回避态度。此外，法院对于统治行为之合宪性审查到底回避到何种程度，与一国的宪法传统和宪制文化也不无关系。

虽然统治行为论有助于维护司法权威，规避法院与其他权力部门之间的冲突，对于维护国家宪法秩序之稳定大有裨益，但同时这一原则也招致诸多批评。统治行为内涵和外延的界定难以明确，法院似可以此为理由怠于行使司法审查权，这显然不利于对其他权力的监督以及对宪法权威的维护。此外，法院规避对政治性问题的审查也可能导致疏于保障人权的后果，政治行为之作出，所考量之因素较多，有时会侵犯公民基本权利，若法院对此类行为放弃审查，则被侵犯之人权就完全失去了救济途径。

经典案例

日本砂川案

一、基本案情[1]

日本东京都西郊砂川町南靠美国立川空军基地，这一基地在二战中为美

---

[1]　参见姚国建、秦奥蕾编著：《宪法学案例研习》，中国政法大学出版社2013年版，第336-337页；李树忠主编：《宪法学案例教程》，知识产权出版社2002年版，第52-54页；李宣丰："司法权的'自制'与行政权的'暴走'——以日本宪法解释中的'统治行为论'为视角"，载《山东警察学院学报》2017年第6期。

军所占领，战后一直为美国占领军征用，并得到后来签署的《日美安全保障条约》的确认。20 世纪 50 年代，美国在远东地区大规模修建军事基地，驻日美军向日本政府提出扩建机场的要求，砂川町近旁的立川基地亦在扩建之列。1954 年 3 月，日本政府为扩建机场而征用附近土地，但遭到当地民众的反对。当时日本国内的反美情绪高涨，1955 年 3 月，附近居民组成反对扩建基地同盟，并布置纠察线阻止政府派出测量队。而后负责协调与驻日美军关系的调查厅不顾反对，在武装警察的保护下强行开始土地测量，因而与当地居民、支援组织以及学生之间发生激烈冲突。此次土地测量被迫中止。

1956 年 5 月，日本政府再次宣布强制征用土地，于是同年 10 月发生了当地农民、工人和学生与武装警察之间的冲突，致使 1000 余人受伤，13 人被捕。日本政府又被迫中止土地测量。1957 年 7 月 8 日，政府又开始强行测量土地，部分示威群众冲进基地境内，继而发生冲突，有 7 名示威者因违反依据《日美安全保障条约》第 3 条而制定的《刑事特别法》的第 2 条而受到起诉。1959 年 3 月，东京地方法院作出了一审判决，认为日本政府允许美国驻军违反日本宪法。原因在于：①依据条约，美军驻日之目的不仅为保卫日本之安全，还在于维护远东地区的国际和平与安全，依此目的，日本有被卷入与本国并无直接关系的武力纠纷之虞。因而，政府行为具有违宪的嫌疑。②尽管驻扎的是美军，但也与《日本宪法》第 9 条关于不保持战争力量之规定相冲突。③刑事特别法为保护驻日美军的设施和区域，规定了比轻犯罪法所规定的同类犯罪更为严厉的刑罚，只要美国驻军违宪，《刑事特别法》也会违宪进而无效，那么依违宪之法律主张被告人有罪就会违反《日本宪法》第 31 条"非依法律规定程序，不得剥夺任何人的生命或自由，或科以其他刑罚"之规定，故被起诉者无罪。但日本政府认为这一判决对国家安全体制影响太大，因而检方将案件直接上诉至最高法院。

1959 年 12 月，最高法院推翻了一审判决，认为：①《日本宪法》第 9 条并未否定我国作为主权国家固有的自卫权。暂且不论是否禁止我国为自卫而保持战争力量，该条所禁止的战争力量，是指以我国为主体而可以行使指挥权、管理权的战争力量，外国驻军并不相当于这种战争力量。②条约具有高度政治性，除非一看即可判定其明显违宪进而无效，否则不宜由承担司法职能的法院予以审查。③美国驻军亦非明显违宪，因此撤销一审判决，发回重审。

二、法律问题

1. 日本政府根据《日美安全保障条约》向美国提供军事基地并允许美国驻军，这是否与《日本宪法》第 9 条关于"放弃战争，否认军备及交战权"之规定相冲突？

2. 国际条约是否可以成为司法审查的对象？

3. 何为"统治行为"？日本司法机关为何回避对"统治行为"进行违宪审查？

三、宪法分析

（一）日本宪法的和平主义原理与日美安保体制之间的张力

1. 日本宪法中的和平主义原理。1946 年《日本宪法》之所以被称为"和平宪法"，乃在于其文本中所宣称的和平主义理念。日本作为第二次世界大战的战败国，于 1945 年 8 月 14 日接受了《波茨坦公告》，宣布无条件投降。鉴于战争的惨痛教训，以及战争中对其他国家和人民造成的创伤，日本国内开始进行深刻反思。制定一部新宪法自然是题中应有之义。当然，二战后的日本处于盟军（实际为美军）占领之下，盟军总司令部也强烈指示日本政府必须对《明治宪法》予以变革。一开始，盟军总司令部希望日本自主修改宪法，但强调要在宪法中体现自由主义原则。1945 年 10 月，币原内阁成立，并设立以松本烝治为负责人的宪法问题调查委员会（松本委员会）。松本委员会拟定的宪法草案于 1946 年 2 月 8 日被提交给盟军总司令部，是为"松本草案"。这一草案因其过分保守而被盟军总司令部否决。对日本政府失去耐心的盟军司令部决心独自草拟宪法草案。最高司令官麦克阿瑟提出宪法草案必须融入三项原则——国民主权、和平主义以及对基本人权之尊重，[1] 即所谓"麦克阿瑟三原则"。盟军司令部将其拟定之草案交于日本政府时，日本方面大为震惊，希望总司令部能重新考虑，但在麦克阿瑟不愿妥协的情况下，日本政府亦只能依盟军总司令部之草案制定日方草案。其后日本政府又经过与盟军司

---

〔1〕 参见魏晓阳：《现代日本人的法律生活：从宪法诉讼看日本法律意识变迁》，法律出版社 2012 年版，第 43 页。

令部的协调沟通，最终形成正式的宪法修正草案。这一草案经帝国议会两院议决后，又经枢密院审议，1946 年 11 月 3 日正式作为"日本国宪法"公布，新宪法于 1947 年 5 月 3 日开始实施。

可以说麦克阿瑟提出的几项原则均在 1946 年《日本宪法》中有所体现，尤其是和平主义原则，被新宪法予以充分且具体之落实，这便形成了 1946 年《日本宪法》中的和平主义原理。首先，《日本宪法》在前言部分写道："日本国民期望持久的和平，深知支配人类相互关系的崇高理想，信赖爱好和平的各国人民的公正与信义，决心保持我们的安全与生存。我们希望在努力维护和平，从地球上永远消灭专制与隶属、压迫与偏见的国际社会中，占有光荣的地位。"其次，《日本宪法》在第 9 条将前言所宣示之和平主义愿景予以具体化和规范化。第 9 条第 1 款规定："日本国民衷心谋求基于正义与秩序的国际和平，永远放弃以国权发动的战争、武力威胁或武力行使作为解决国际争端的手段。"第 2 款则规定："为达到前项目的，不保持陆海空军及其他战争力量，不承认国家的交战权。"第 9 条之规定，彻底否定了日本作为主权国家所具有的战争权利，且不能保持战争力量，不具有交战权。这是一种高调的和平主义宣示。正如芦部信喜教授所指出的，二战以后诸多国家的宪法中都有关于放弃战争的规定，但大都只是停留于限制或放弃侵略战争的有关规定之上。而《日本宪法》规定：①放弃包括侵略战争在内的一切战争，武力行使以及武力威胁；②为实现前述目的，宣示不保持战力；③否认了国家的交战权。这三点显示了彻底否定战争的态度。[1]

2. 安保体制的合宪性审查困境。无论宪法文本如何高调地宣示和平主义，在实践中还是会出现种种问题。以《日本宪法》第 9 条第 2 款为例，该款宣布日本国不保持陆海空军等一切战争力量，但是如何界定"战争力量"的意涵及边界是一件十分困难的事。日本学界及在司法实践中对此问题也有不同认知。如果对"战争力量"作最严格的解释，那么一切可助力于战争的能力都会被归为"战力"，依此解释，似乎连警察也不应存在。但如果对"战争力量"的解释过于宽松，又势必会威胁到日本宪法中的和平主义精神。日本的通说将战争力量解释为"军队以及国家有事之际可转化为军队程度上的实力

---

〔1〕 参见［日］芦部信喜，［日］高桥和之补订：《宪法》（第六版），林来梵、凌维慈、龙绚丽译，清华大学出版社 2018 年版，第 42 页。

部队"。[1] 但这种解释有时也无力应对实际问题。在砂川案中，日本政府根据《日美安全保障条约》允许美国在日驻军是否与《日本宪法》第 9 条第 2 款相冲突，进而违背和平主义原则，确是一个难题。对"战争力量"的不同理解将得出截然不同的结论，东京地方法院在一审中认为驻军与宪法冲突，而最高法院持不同的看法。

早在 1951 年 9 月，日本就与美国签订了《日美安全保障条约》，1960 年 1 月，经两国磋商，又签订了新的条约。条约的主要内容之一就是美国有权要求日本向其提供军事基地，允许美军在日本驻扎。这使得日本存在了一股军事力量，而这是否与《日本宪法》第 9 条相冲突，正是砂川案的焦点之一。美国驻军是否合宪表面上的关键点在于如何解释"战争力量"，但背后的深层逻辑则牵涉安保约自身的合宪性。东京地方法院在一审判决中并未直接涉及条约的合宪性，只是认为美国驻军亦属"战争力量"因而违宪，进而否定了刑事特别法的效力。但是一审判决逻辑的自然延伸很容易触及条约的合宪性，日本政府根据条约允许美军驻扎，既然美国驻军违宪，条约亦有违宪之嫌。只不过一审法院并未将这一点言明。而最高法院的判决，一方面将外国驻军排除在"战争力量"的边界之外，给予其合宪之余地，另一方面又以条约的高度政治性为由，将其排除在司法审查的范围之外。这里的疑问在于，既然最高法院已经解了美国驻军的违宪嫌疑，那为何不趁机肯定条约的合宪性呢？显然最高法院已经察觉一审法院的判决逻辑中带有审查条约合宪性的影子，而最高法院势必认为这是危险的。通过条约构筑起的安保体制使得日本具有了使用武力的需要，而这与日本宪法的和平主义精神存在内在冲突。这种冲突也许会使对条约的违宪审查成为经常之事，如果最高法院将其纳入审查范围，会有无尽的麻烦，因此，回避对条约之审查对最高法院而言似为明智之举。

总之，对于美国驻军是否合宪的问题，最后都要上升至安保体制的合宪性，而安保体制已造成政治上之事实，法院实际上是不好干预的，因此只能无奈地选择退却。

---

[1] ［日］芦部信喜，［日］高桥和之补订：《宪法》（第六版），林来梵、凌维慈、龙绚丽译，清华大学出版社 2018 年版，第 46 页。

（二）法院应否对国际条约进行违宪审查的论争

从美国驻军的合宪性自然能够延伸至条约的合宪性，这就不得不面对一个重要问题：国际条约应否接受违宪审查。砂川案件的两份判决对这一问题的态度有所不同。一审判决未直接提及条约的合宪性，想必法官们知道这将是一个棘手的问题，因此避免对该问题作出任何意思表示。而最高法院的判决则直言不讳地指出条约是事关国家存立的高度政治性问题，除非具有非常明显的违宪性，否则应交由政治部门（内阁及国会）去裁量和判断，不应属于法院司法审查之范围。可见在最高法院看来国际条约不宜作为法院违宪审查的客体。

关于违宪审查是否适用于国际条约的问题，日本学界形成了两种对立的态度，即肯定说和否定说。[1] 肯定说赞成法院对条约进行违宪审查，其主要观点包括：①就条约自身的效力而论，日本宪法并没有明确其与宪法之间的位阶等级。首先，宪法第 96 条并未规定条约之缔结将导致宪法的修改；[2] 其次，宪法第 98 条第 1 款将条约排除在外，未言明国际条约与宪法之间的地位优劣，第 2 款亦未规定须遵守违宪之条约。[3] 由此可见，条约并不具有优越于宪法之地位。②就条约被国内法化后的效力而论，一般对条约行使审查权并不直接针对条约自身，而是考虑由条约转化成的国内法与宪法之间的关系，此时宪法自然处于更为优越的地位，违宪的条约当属无效，法院应认真考虑是否可以对条约进行审查。③如果容忍违宪之条约存续的话，则与《日本宪法》第 99 条相冲突。[4] ④因此，规定法院司法审查权的《日本宪法》第 81 条未涉及条约事项是存在问题的，条约应当包含在该条所规定的"法

---

〔1〕 此处主要参考韩大元、莫纪宏主编：《外国宪法判例》，中国人民大学出版社 2005 年版，第 35−36 页。

〔2〕《日本宪法》第 96 条是关于宪法修订程序的规定。该条第 1 款规定："本宪法的修订，必须经各议院全体议员三分之二以上的赞成，由国会创议，向国民提出，并得其承认。此种承认，必须在特别国民投票或国会规定的选举时进行的投票中，获得半数以上的赞成。"第 2 款规定："宪法的修订在经过前项承认后，天皇立即以国民的名义，作为本宪法的一个组成部分公布之。"

〔3〕《日本宪法》第 98 条第 1 款规定："本宪法为国家的最高法规，与本宪法条款相违反的法律、命令、诏敕以及有关国务的其他行为的全部或一部，一律无效。"第 2 款规定："日本国缔结的条约及已确立的国际法规，必须诚实遵守之。"

〔4〕《日本宪法》第 99 条规定："天皇或摄政以及国务大臣、国会议员、法官以及其他公务员均负有尊重和拥护本宪法的义务。"

律"中，也可作为"规则和处分"来考虑。[1] 肯定说的观点有一定道理，但同时也存在一定的危险。一旦法院判决国际条约违宪，则要么修改宪法，要么废止条约，但这在现实中几乎无法做到。而且被宣布违宪的条约如果不应被遵守的话，似与《日本宪法》第98条第2款之规定以及前言所宣称的国际合作主义宗旨不甚符合。

否定说反对法院对国际条约进行违宪审查，其主要观点包括：①《日本宪法》第81条、第98条第1款均未涉及国际条约的效力位阶，而第98条第2款还要求诚实遵守国际法规，宪法前言亦有关于国际合作义务的规定，这表明宪法不承认有违宪条约之存在。②但在多边缔结条约的场合，条约应优于宪法，若二者矛盾，可考虑修改宪法。③无论如何，法院都不具有审查条约是否合宪的权力，条约与宪法是否冲突，其最终决定权应委之内阁和国会。④在条约优于宪法的情况下，如条约侵犯了公民宪法上的权利，并没有司法上的救济渠道。自然也不存在改选国会，产生新内阁，通过外交途径交涉，从而改变条约内容的可能。⑤为实施条约而制定的法律和命令在一定情况下与一般的法律和命令并无区别，法院可以对其进行审查。

（三）日本违宪审查中的"统治行为论"

1. "统治行为论"的意涵及其在日本违宪审查实践中的确立。在砂川案件中，最高法院的判决将安保条约之合宪性排除出违宪审查范围的根本理由在于条约具有高度政治性，这类问题不适宜由司法机关审查及决断。这一司法意见则涉及日本违宪审查实践中的一项重要理论，即"统治行为论"。它亦可视为是确定法院司法权力边界的一种方法或一项原则。所谓"统治行为"，亦可称为"政治行为"或"国家行为"，指那些具有高度政治性、关系国家之存亡，而被排除在法院合宪性审查之外的行为。日本的通说与判例都将统治行为视为司法权之界限，即便其本身涉及法律问题，能够进行法律判断，也因其高度政治性而被排除出司法审查范围。[2] 若从广义上说，统治行为的范围包括了：①有关政治部门（国会及内阁）组织及运行的事项，譬如议会议事程序等；②政治部门相互之间关系的事项，譬如议院之解散；③由政治

---

〔1〕《日本宪法》第81条规定："最高法院为有权决定一切法律、命令、规则以及处分是否符合宪法的终审法院。"

〔2〕参见杨建顺："公共选择理论与司法权的界限"，载《法学论坛》2003年第3期。

部门进行裁量性判断的事项，譬如官员之任免等；④有关国家整体命运的事项，譬如国防、外交事宜。[1] 足见统治行为的外延可以十分广泛。

《日本宪法》第 81 条的规定确立了日本的违宪审查体制。一般认为，日本的违宪审查制具备附带性违宪审查制的基本特征，[2] 即为一种与美国司法审查体制类似的制度，由普通法院在具体案件中对法律之合宪与否予以审查。毋庸置疑，由于时代背景的原因，美国主导了日本 1946 年制宪的过程，因此无论是日本现行宪法还是其违宪审查制度，都有着明显的美国烙印。[3] 基于普通法院的违宪审查，自然要特别注意一般司法权的边界，不能超越职权而代为裁断应由政治部门考量的事项。正如美国马歇尔大法官在"马伯里诉麦迪逊案"中所指出的，最高法院之职责仅仅在于裁决个人权利，而非探求行政部门或者行政官员如何履行其享有裁量权的职责。本质上属于政治性的，或者宪法和法律交由行政分支解决的问题，绝不能在本院提出。[4] 因此，美国在长期的司法实践中，也形成了回避政治问题审查的传统，能够进入法院诉讼的案件，一般都须具备"可司法性"，而不构成政治问题正是具备可司法性的一个必要条件。[5] 美国的司法实践深深影响了日本，在此基础上，日本形成了本土性的"统治行为论"。

砂川案所涉及的国际条约的政治性问题，只是日本不审查统治行为传统的一个方面，它同其余诸多涉及其他政治问题的案件，一同构成了这一违宪审查传统。"统治行为论"之肇端应追溯至 1948 年的平野诉首相一案。[6] 该案是"统治行为论"形成的一个契机，此案之后，日本诸多学者亦开始同意

---

〔1〕 参见张允起："日本宪法诉讼的理论、技术及其问题"，载《比较法研究》2007 年第 5 期。

〔2〕 参见华夏："日本宪法诉讼的特点"，载《比较法研究》1987 年第 1 期。

〔3〕 参见童之伟、姜光文："日本的违宪审查制及其启示"，载《法学评论》2005 年第 4 期。

〔4〕 Marbury v. Madison, 5 U. S. 137, 170（1803）.

〔5〕 参见王玄玮："违宪审查与政治问题——关于'政治问题不审查'原则的初步比较"，载《云南大学学报（法学版）》2009 年第 6 期。

〔6〕 1947 年 5 月，日本根据新宪法的选举形成了以社会党片山哲为首相的内阁，社会党右翼分子平野力三被任命为农业大臣。但嗣后发现平野在战时是臭名昭著的日本皇道会骨干，盟军总司令部通过民政局指令片山首相解除其公职，内阁经过曲折的多次表决后，决定开除平野之公职。平野不服，于 1948 年 1 月向东京地方法院起诉片山首相，法院作出"停止该指令发生效力"的决定。盟军司令部严正抗议，最高法院鉴于当时之情势提审此案，认为该案属单纯行政事项，不在法院审查范围之内，并撤销东京地方法院的决定，驳回了诉讼请求。

给予行政当局决定的最终性以一定空间。[1]　日本最高法院在该案中将内阁对其公职人员之处分视为政治行为，不宜受司法审查。在砂川案件判决后不久，最高法院于 1960 年 6 月还判决了苫米地案件。[2]　该案件也是最高法院明确认可"统治行为论"的著名案例，且其对嗣后下级法院审理相关案件有较大影响。最高法院将解散议院之类的政治性决断排除出司法审查的范围，认为此类事项应由政治部门加以判断。还有一个典型案例即为长沼案件。[3]　此案件亦涉及日本社会一个极为敏感的问题，即自卫队的合宪性。从最高法院认可二审判决的态度来看，其也将自卫队是否符合《日本宪法》第 9 条不保持战力之规定的问题视为政治性问题，法院在这一问题上不宜替代政治部门作出决断。正是以前述判例为代表的一系列案件，形成了日本司法审查实践中的"统治行为论"，并以此作为司法权行使的边界。

2. "统治行为论"的宪法机理。统治行为之所以不接受法院的司法审查，必然有其宪法上的理由，大致有以下几个方面：

基于分权原则之需要。近代以来的宪法，一般都会确立分权体制，即将国家的立法权、行政权以及司法权分别赋予不同机关行使，以保证各司其职。任何一部门都有其自身之职责，不能超越其职权范围而干涉其他部门的权力行使。为了对立法、行政之权予以监督制约，赋予法院以违宪审查权已属例外，若过度行使此项权力，必然有悖分权原理。统治行为从性质上看，本就属于政治部门予以裁量决断的事项，这些事项往往关乎国家之存续，如果交

---

〔1〕　参见高文英主编：《警察执法监督及行政救济案例与理论分析》，群众出版社 2005 年版，第 24 页。

〔2〕　1952 年 8 月 28 日，吉田内阁宣布解散众议院，突然失去议员资格的苫米地以解散议院行为违宪无效为由，以国家为被告提起诉讼，要求确认其众议员资格，并支付其一直到国会任期届满时的薪酬。东京地方法院的一审判决未支持政府一方，认为解散议院违宪因而无效。东京高等法院的二审判决撤销了一审判决，驳回了苫米地的诉讼请求。于是苫米地将案件上诉至最高法院，最高法院以解散议院行为具有高度政治性不宜由法院审查为由，驳回了苫米地的请求。

〔3〕　日本北海道长沼町有一片国有森林被政府指定为"水源养保安林"。1968 年 5 月，日本防卫厅以在该地修建航空自卫队导弹发射基地为由，要求农林大臣解除该地"保安林"的指定。1969 年，农林大臣根据防卫厅的要求，依法解除了该地"保安林"的指定。但当地居民认为解除"保安林"指定的决定不符合"公益上必要"的条件，于 1969 年 7 月向札幌地方法院起诉，请求撤销该决定。他们认为自卫队的存在与《日本宪法》第 9 条关于不保持战力的规定冲突，因此解除"保安林"指定的决定也是违宪的。札幌地方法院支持了原告主张，认为自卫队是否违宪法院有权审查之，自卫队的保持战力确与宪法相冲突，宣告农林大臣的决定无效。但二审法院则将自卫队之保持战力视为统治行为，认为法院不应审查，于是撤销了一审判决。最高法院亦支持了二审法院的判决。

由司法机关进行审查，将造成司法权凌驾于其他权力之上的局面。[1]

基于人民主权原则之需要。现代国家一般都在其宪法中宣告国家主权归属于人民，而人民通过代议制选举代表来表达自身意志。在日本，国会作为代表机关，由民选代表组成，而内阁作为行政机关须对国会负责，且内阁总理大臣须在国会议员中提名并由国会决议，这表征着国会与内阁具备民意上的正当性。而法官并非民主选举产生，其不负政治责任，亦无须对国民负责。因此，像统治行为这样关乎国政的重大事项，交由须对国民负责的政治部门决断是理所当然的，相反若交由司法机关进行审查则不具有合理性，因为这与民主原理相背离。

司法机关缺乏对政治性问题作出判断的专业知识。法官的职责是适用宪法和法律裁断各种案件，解决社会纠纷，他们都是法律方面的专家。但是他们并非政治或行政方面的专家，在各种与政治决断有关的情报资料的搜集和处理方面，法官显然缺乏专业能力，在这一点上他们不能与国会议员或行政官吏相媲美。要求法官具备这一方面的能力也过于牵强。[2] 因此，从专业性上看，应当是"政治的归政治，司法的归司法"，具有高度政治性的统治行为在技术层面上更适宜由政治部门加以判断。

基于维护司法权威和宪制秩序稳定的需要。日本法院规避对统治行为的司法审查，体现出司法机关对国会和政府的政治性判断以及裁量权的尊重。这种态度可以让法院避免卷入无尽的政治纷争之中，这有利于保持国家司法系统的稳定，维护司法权力的独立性，从长期看，也能维护社会对司法机关的信任。[3] 更何况，日本司法机关放弃对统治行为的审查也是出于现实中的无奈。由于司法机关处于弱势，其对于政治部门的很多行为无能为力，也无法承担统治行为被宣布违宪后将造成的政治上的灾难性后果。[4] 为了避免尴尬局面的出现，回避对政治行为的司法审查无疑是明智之举，也有利于维护国家宪制秩序的稳定。

---

〔1〕 参见李树忠主编：《宪法学案例教程》，知识产权出版社 2002 年版，第 60 页。

〔2〕 参见胡锦光主编：《违宪审查比较研究》，中国人民大学出版社 2006 年版，第 85 页。

〔3〕 参见童之伟、姜光文："日本违宪审查学说面面观"，载《法律科学（西北政法学院学报）》2005 年第 6 期。

〔4〕 参见胡建淼主编：《外国宪法：案例及评述（下册）》，北京大学出版社 2004 年版，第 733 页。

宪法文化上的原因。1946 年《日本宪法》的制定以及违宪审查体制的确立，美国确实起了极为关键的作用。但美国能够帮助日本建立制度，却无法帮助其实施。虽然日本建立了与美国近似的违宪审查制度，但在实际操作中，日本法院显得比美国法院保守得多。就"统治行为论"而言，原本其所涉及的政府行为可以作为司法审查的对象，只是由于其政治性太强，故而从司法审查范围中排除出去。日本法院在牵涉政治行为的案件中表现得十分保守和谦逊。在"司法消极主义"立场的支配下，最高法院判决违宪的案件十分稀少。这与日本自身的宪法文化和宪法传统有很大关系。在明治宪法时期，日本更多受到欧洲大陆法系的影响，较为强调司法的被动性，而其行政权力更加强势。由于传统政治文化的惯性，这种状况在 1946 年《日本宪法》实施后依然持续，行政机关对法院的违宪审查权高度警惕，因此，法院无力染指政治问题之决断。[1] 此外，日本也是一个强调"以和为贵"的国家，这当然是受到了中国儒家文化的长期熏陶和浸染，法院的违宪判决自然会造成与其他权力分支的不和与嫌隙，这与其文化理念不甚符合。

3. 从"统治行为论"到"回避宪法判断原则"。自日本 1946 年宪法颁布实施以来，最高法院通过对一系列牵涉统治行为的案件进行裁判，建构了"统治行为论"这一判别司法权边界的方法，将由政治部门作出的诸种行为都纳入"统治行为论"的框架之中，以自我克制的方式避免了与政治部门之间的冲突。但实际上，"统治行为论"并非日本司法谦抑性的唯一表征，还有一项不可忽视的原则，即所谓"回避宪法判断原则"。这项原则在美国违宪审查实践中已逐渐发展成熟，日本对此亦有借鉴。回避宪法判断在美国司法实践中有两重含义，第一重含义是"回避违宪判断"，即当一项法律有多种可能的解释，而其中一种解释将使法律违宪或造成严重的宪法问题时，则选择他种能免于违宪认定或避免宪法疑义的解释。[2] 这属于对法律效力的一种救济。第二重含义是"通过法律判断回避宪法判断"，即在案件牵涉宪法问题的情形

---

〔1〕　参见魏晓阳：《现代日本人的法律生活：从宪法诉讼看日本法律意识变迁》，法律出版社 2012 年版，第 56—58 页。

〔2〕　参见刘义："彰显宪法与尊重立法——回避宪法判断的司法技术及其法理"，载《浙江社会科学》2022 年第 3 期。

下，若案件之解决可不经对宪法的解释，则司法机关应径直依据法律作出判决。[1] 也就是说，可以通过法律解释解决的案件，则无须进行宪法上的考量，这是一种对宪法判断的"程序性回避"。这里仅从第二层含义上探讨日本的回避宪法判断原则，关于这一原则的经典案例则是惠庭案件。[2] 这一案件的敏感之处在于涉及日本自卫队的合宪性问题，这也是一个具有高度政治性的问题。但法院的机敏之处体现在其并未对《自卫队法》以及自卫队的合宪性作出任何宪法上的判断，只是将《自卫队法》第121条的有关规定作了限缩解释，进而宣告被告人无罪。这就是说法院对自卫队合宪性的判断作了"程序性回避"。

若从更广泛的含义上理解回避宪法判断原则，"统治行为论"亦可纳入回避宪法判断的范畴，因为其将特定行为剔除出司法审查的范围，规避了对这些行为进行宪法上的判断。但这与那种宪法判断的"程序性回避"还是有所不同。实际上，回避宪法判断原则比"统治行为论"更加高明且走得更远。首先，如果法院以案件涉及统治行为为由，拒绝对其合宪性进行审查的话，而何为统治行为又并非是完全明确的，这会给人以司法机关逃避责任之感。而在回避宪法判断原则之下，是否进行宪法上的考量，以是否具有必要性为前提条件，如果仅对法律进行严格解释就能妥善处理案件之纠纷，则无须进行宪法判断。这一方面使得法院能对案件进行妥当处理，解除了逃脱责任之嫌疑，同时也避免了其与政治部门之间的冲突，可谓两全之策。其次，回避宪法判断原则使得法院在不想对案件进行宪法判断，从而避免与内阁或国会发生冲突时，得以直接在法律框架内寻求答案，而不以高度政治性问题为限。申言之，法院对于任何不愿进行合宪性审查的法律或政府行为，都可以法律

---

[1]　参见梁洪霞主编：《世界各国宪法经典案例评析》，中国人民大学出版社2018年版，第150页。

[2]　在日本北海道千岁郡惠庭町有一个岛松演习场，附近的牧场农民野崎兄弟，以日本自卫队演习噪音过大导致其乳牛流产、乳量减少为由，请求自卫队予以补偿。自卫队答应再有演习时将通知他们。1962年12月11日，自卫队在未事先通知的情况下即进行炮击演习，野崎兄弟抗议未果，则切断了演习用的电信线路。该行为涉嫌违反《自卫队法》第121条的防卫用器物损坏罪而被起诉。被告人则认为该条款乃至整个《自卫队法》以及自卫队之存在本身违反了《日本宪法》第9条以及宪法所宣示的和平主义理念，因而是无效的。札幌地方法院于1964年3月29日作出判决，对《自卫队法》第121条的"其他供防卫用之物品"作了有利于被告人的解释，认为其含义是指与武器、弹药、飞机这些物件在法律上可予以同等评价的物品，而电信线路显然不在其列。因此，被告人无罪。

解释的方法规避对其的宪法判断。这对于法院来说，无疑是有利的。由此可见，回避宪法判断原则比"统治行为论"更能体现出日本司法的谦抑特质。

4. "统治行为论"之批判。"统治行为论"是日本消极主义司法传统的重要表征。自20世纪80年代以来，随着日本宪法诉讼实践的高度成熟，司法机关对立法和行政部门的谦让态度反而更加明确，司法消极主义色彩更为浓厚。[1] 司法的过分谦抑招致了诸多批评，而"统治行为论"首当其冲。

首先，"统治行为论"得以正当化的最为重要的一条理由便是基于对分权体制的维护。然细思之，这一理由也未见得无懈可击。国家权力的分立，一方面是为了实施专业化分工以便各司其职，另一方面则是为了实现不同权力部门之间的制衡，防止权力滥用。基于后一目的，分权体制并未使不同权力部门完全独立，甚至存在一项权力由不同部门分享的情况，不同权力部门之间也存在监督机制。违宪审查体制就是司法权监督其他国家权力使其不得违背宪法的一种重要机制。但在"统治行为论"的逻辑下，日本的司法机关一再退却，这只会使其他部门的权力不断膨胀，导致国家权力结构的失衡，最终危及宪制秩序的稳定。因此，为了维护违宪审查制度的宪法保障功能，以涉及统治行为为由拒绝进行司法审查就不应超过一定限度，更不应动辄将"统治行为论"作为一种绝对规则而加以主张。

其次，何为统治行为，似无统一明确之标准。这一概念本身具有很大的伸缩性，而难以完全将其类型化。日本法院也是在一系列案件中，不断将不同类型的行为确定为统治行为，赋予其具有高度政治性的内涵，但这并非没有商榷余地。现实的情况往往是，法院首先要进行政治上的考虑，确定对某一公权力行为的司法审查是否会造成与其他权力部门的冲突，"统治行为论"往往成为司法机关规避这种冲突的借口，而忽视了某一行为是否真的应接受司法审查。果真如此，法院自然有逃避职责之嫌，且与"法治主义"的原则相背驰。

最后，对统治行为的回避审查不利于人权保障。保障人权是日本1946年宪法的重要精神之一。国会与内阁所具有的民主正统性，并不当然意味着其行为不会构成对公民基本权利之侵犯。为此，日本宪法第三章规定了公民的

---

[1]　参见杨建顺："日本宪法诉讼理论与实践发展述评"，载《法学家》1995年第5期。

各项权利，第98条第1款宣告了自身的最高效力，第81条确立了违宪审查机制。这意味着法院具有保障人权之职责，那么审查可能侵犯人权的立法或政府行为就是题中应有之义。即便是统治行为，亦有严重侵犯人权之可能，若完全排除对统治行为的司法审查，对人权保障是极为不利的。故而，在严重侵害人权的场合，似不应有"统治行为论"的适用余地。

四、参考意见

《日本宪法》第9条第2款规定，"不保持陆海空军及其他战争力量，不承认国家的交战权"，其中"战争力量"是指由本国为主体而可以行使指挥权、管理权的战争力量，驻日美军不属于这种战争力量，允许美国在日本驻军并不当然与日本宪法相冲突。

允许美国在日驻军的合宪性与《日美安全保障条约》的合宪性紧密相关，而安保条约具有高度政治性，除非具有非常明显的违宪情形，否则应交由政治部门（内阁及国会）裁量，不宜由司法机关予以审查。

"统治行为"，亦可称为"政治行为"或"国家行为"，指那些具有高度政治性、关系国家之存亡，而被排除在法院合宪性审查之外的行为。在日本司法实践中，"统治行为"不受司法审查的原因包括：①维护分权体制，不使司法机关超越其自身职责而干涉应由政治部门自由裁量的事项。②遵循民主原理，国会和内阁具有民主正当性，须负政治责任，对国民负责，而法官并非民选产生，政治问题应交给国会或内阁而非法院。③司法机关缺乏对政治问题作出判断的专业知识，法官是法律专家，并非政治专家，在与政治决断相关的资料情报的搜集处理上，他们不能与议员或行政官员同日而语。④法院不审查统治行为，可以避免其卷入政治纷争，维持其独立性，有助于维护司法权威。⑤日本的法律文化传统强调司法的被动性和消极性，司法机关历来弱势，而行政机关历来强势，故而法院无力审查统治行为。

拓展案例

科尔曼诉米勒案[1]

美国联邦最高法院于 1939 年 6 月裁决的"科尔曼诉米勒案"也是关于统治行为论的一个典型案例。早在 1924 年 6 月，美国国会提出了一项宪法修正案，由于这一修正案涉及童工保护问题，因而被称为"童工修正案（the Child Labor Amendment）"。依照《美国宪法》第 5 条之规定，国会提出的宪法修正案，须经 3/4 州的立法机关批准，始能成为美国宪法的一部分而发生效力。1925 年 1 月，堪萨斯州的参众两院通过决议拒绝批准这一修正案，并将此决议送呈美国国务卿。1937 年 1 月，关于 1924 年"童工修正案"的批准问题再一次在堪萨斯州参议院被提起。40 名参议员中有 20 名支持该修正案的批准，另外 20 名参议员则持反对意见。在平票相持阶段，兼任参议院的议长的堪萨斯州副州长投票支持此项修正案。于是，这一修正案被参议院通过，随后堪萨斯州的众议院也投票通过了此修正案。

为此，反对批准修正案的参议员则向法院提起了一项诉讼。他们声称，这项修正案在 1927 年就被全国 26 个州的立法机关所否决，而支持这一修正案的州仅有 5 个，因此有理由认为，如果在一个合理的期限内一项修正案没有被批准的话，那么这一修正案就当然失去效力。申言之，如今距离修正案的提出已经过去十多年，而多数州并未批准这一修正案，早已过了批准修正案的合理时间，因此这项修正案已经失效，不能再被立法机关所通过。据此，他们向堪萨斯州最高法院申请一份执行令状，用以否定批准该修正案的决议的效力，限制参众两院官员在批准该修正案的决议上签字，并且要求州务卿不得确认这一决议并将其提交给州长。州最高法院受理了这一诉讼，参议院委派司法部长作为州代表出庭应诉。但州最高法院并未支持原告的请求，法院认为州参众两院批准修正案的决议一经作出，即具有终局且完全之效力，因此拒绝颁发原告所请求的执行令状。于是此案件被诉至美国联邦最高法院。

最高法院多数意见认为，根据《美国宪法》第 5 条之规定能够合理地推导出这样一个结论，即一项宪法修正案理应在其被提出之后的一个合理期限

---

[1]　Coleman v. Miller, 307 U. S. 433 (1939).

内被批准，但是设定批准期限是一个具有高度政治性的问题，这不是司法部门的职责，而是政治部门的职责。是否要设定一个修正案批准的明确期限以及如何设定这样一个期限，应当属于国会的权力范围。即便"童工修正案"的提出已经过去很多年，但若国会认为其仍在批准的合理期间内，那么这一点是不应被质疑的。由此，最高法院既未支持原告关于修正案批准已经超过合理期限的主张，也未支持堪萨斯州最高法院承认批准决议效力的裁决。

以是观之，美国联邦最高法院在政治性问题上持审慎和退却的态度，针对此类问题，具有更为充分信息和更加全面的判断能力的部门是国会，因此，司法机关应当尊重国会在此类问题处置上的"最终权威"的地位。司法场域不宜无限制的延伸，对于特定问题，司法机关如若处置不当就会造成与其他权力部门的冲突，甚至危及整个宪法秩序。

专题三 宪法监督与宪法司法适用

📚 知识概要

宪法监督是中国宪法学上的学理概念，是指由特定国家机关按照法律程序监督其他国家法律机关实施宪法的行为是否符合宪法的制度。宪法监督概念的形成，一方面与我国《宪法》第62条第2项（全国人民代表大会有权"监督宪法的实施"）和第67条第1项（全国人民代表大会常务委员会有权"解释宪法，监督宪法的实施"）有关，"宪法监督"是"监督宪法的实施"的简称；另一方面与我国《宪法》第134条（中华人民共和国人民检察院是国家的法律监督机关）有关，"宪法监督"与"法律监督"构成对应概念。

我国宪法监督制度采用最高国家权力机关监督制，主要包括宪法解释程序机制、合宪性审查机制、备案审查制度、依法撤销和纠正违宪违法的规范性文件等内容，与人民代表大会制度的政权组织形式、单一制的国家结构形式相匹配。《宪法》《全国人民代表大会组织法》《立法法》《监督法》《法规、司法解释备案审查工作办法》等规范性文件构成了相关规范依据。宪法监督对于保证宪法实施、维护国家法制统一、整合宪法与法律目标、协调宪法的稳定性与适应性具有不可或缺的作用，是确保宪法真正制约和规范国家权力、保障公民基本权利的关键机制。

宪法监督制度的主要功能，在比较法上主要通过违宪审查制度实现。违宪审查制度是指，特定机关依据宪法规范对公权力机关的行为是否违反宪法进行审查并作出裁决的制度。这一制度的具体名称与模式在不同国家存在差异。一是司法审查模式或普通法院审查制，由普通法院依据宪法规范对公权力行为是否违宪进行审查并作出裁决，它是三权分立理论的具体化。美国等大多数英美法系国家和日本等国采用此模式。二是专门机构审查制，又分为宪法法院模式和宪法委员会模式，前者如德国、奥地利，注重结合具体诉讼案件对立法机关已经通过并生效的法律文件进行事后、具体审查；后者如法国，注重对议会已通过但尚未公布生效的法律文件进行事前、抽象审查。不过，两者逐渐表现出相互借鉴、融合的趋势。三是最高权力机关审查制，以社会主义国家为代表，1918年《苏俄宪法》最早确立了该模式。四是议会与法院双重审查制，议会享有对法律审查、修改、废除的权力，法院有权对议会立法作出不相容公约权利的宣告。该模式以英国为代表，是议会主权这一传统政治理念与1998年《人权法案》综合影响的体现。

由司法机关进行合宪性审查涉及宪法的司法适用问题，即法院在判决书中援引宪法条文作为裁判依据，也有人使用"宪法司法化"的表述。但是，宪法司法适用或宪法司法化本身并不意味着法院一定享有合宪性审查权。此时的争议在于，即便是裁判一般的案件，法院能否直接适用宪法。我国法院通常不直接援引宪法作为裁判案件的依据。1955年7月，最高人民法院在答复当时的新疆省高级人民法院有关请示时指出，宪法是"我国国家的根本法"和"一切法律的'母法'"，但是它"并不规定如何论罪科刑的问题"，"在刑事判决中，宪法不宜引为论罪科刑的依据"。2016年，最高人民法院印发的《人民法院民事裁判文书制作规范》规定，裁判文书不得引用宪法作为裁判依据，"但其体现的原则和精神可以在说理部分予以阐述"。

📖 经典案例

齐玉苓案

一、基本案情

齐玉苓与陈晓琪均是山东省滕州市第八中学（以下简称滕州八中）的 1990 届应届初中毕业生。齐玉苓在 1990 届统考中超过了委培生的录取分数线，山东省济宁商业学校（以下简称济宁商校）发出了录取齐玉苓为该校 1990 级财会专业委培生的通知书，该通知书由滕州八中转交。

陈晓琪在 1990 年中专预选考试中，因成绩不合格，失去了继续参加统考的资格。为能继续升学，陈晓琪从滕州八中将齐玉苓的录取通知书领走。陈晓琪持齐玉苓的录取通知书到济宁商校报到后，以齐玉苓的名义在济宁商校就读。陈晓琪在济宁商校就读期间的学生档案，仍然是齐玉苓初中阶段及中考期间形成的考生资料，其中包括贴有齐玉苓照片的体格检查表、学期评语表以及齐玉苓参加统考的试卷等相关材料。陈晓琪读书期间，陈晓琪之父陈克政将原为陈晓琪联系的委培单位变更为中国银行滕州支行。1993 年，陈晓琪从济宁商校毕业，自带档案到委培单位中国银行滕州支行参加工作。陈克政利用陈晓琪自带档案的机会，将原齐玉苓档案中的材料抽出，替换成自己伪造的贴有陈晓琪照片的体格检查表和学期评语表（姓名仍为"齐玉苓"）。目前在中国银行滕州支行的人事档案中，陈晓琪使用的姓名仍为"齐玉苓"。

1999 年，齐玉苓得知陈晓琪冒用其姓名上学并就业这一情况后，以姓名权、受教育权以及其他相关权益受到侵害为由，将陈晓琪、陈克政、济宁商校、滕州八中、山东省滕州市教育委员会诉至法院，请求判令各被告停止侵害、赔礼道歉并赔偿经济损失和精神损失。枣庄市中级人民法院一审判决陈晓琪停止对齐玉苓姓名权的侵害，各被告向齐玉苓赔礼道歉并赔偿齐玉苓精神损失费 3.5 万元。对于齐玉苓主张的受教育权，法院认为属于公民一般人格权范畴，证据表明，齐玉苓已实际放弃了这一权利，即放弃了上委培的机会，其主张侵犯受教育权的证据不足，不能成立。

齐玉苓不服判决，上诉至山东省高级人民法院，该院认为案件存在着适用法律方面的疑难问题，报请最高人民法院进行解释。2001 年 7 月 24 日，

《最高人民法院关于以侵犯姓名权的手段侵犯宪法保护的公民受教育的基本权利是否应承担民事责任的批复》（法释〔2001〕25号）中指出："陈晓琪等以侵犯姓名权的手段，侵犯了齐玉苓依据宪法规定所享有的受教育的基本权利，并造成了具体的损害后果，应承担相应的民事责任。"二审法院据此援引《宪法》第46条，判决陈晓琪、陈克政赔偿齐玉苓因受教育权被侵犯造成的各项经济损失4.8万余元，其他被告承担连带赔偿责任，各被告赔偿齐玉苓精神损失费5万元。

2008年12月，根据《最高人民法院关于废止2007年底以前发布的有关司法解释（第七批）的决定》（法释〔2008〕15号），上述批复被废止，最高人民法院未明确说明废止理由。

二、法律问题

宪法的生命在于实施，宪法的权威也在于实施。《宪法》序言第13自然段载明："本宪法以法律的形式确认了中国各族人民奋斗的成果，规定了国家的根本制度和根本任务，是国家的根本法，具有最高的法律效力。全国各族人民、一切国家机关和武装力量、各政党和各社会团体、各企业事业组织，都必须以宪法为根本的活动准则，并且负有维护宪法尊严、保证宪法实施的职责。"卡尔·罗文斯坦以权力运行的现实与宪法规范的契合度为标准，将宪法划分为规范宪法（normative constitution）、名义宪法（nominal constitution）和语义宪法（semantic constitution），他指出，"宪法就像一件衣服，必须合身并且实际上被穿着"。[1]宪法的根本法地位和最高法效力需要通过实际的执行、适用和遵守被表征和感知。

法院通过适用民法、刑法、行政法等法律，对民事案件、刑事案件、行政案件进行裁判，令违法者承担法律责任，使"纸面上的法"与"行动中的法"相统一。在国家公权力和公民基本权利以及国家公权力之间的互动过程中，各行为主体同样会面临争议与纠纷，此时就需要适用宪法规范，对违反宪法的行为或状态进行纠正。在齐玉苓案中，法院将《宪法》第46条作为裁判依据，认定齐玉苓的受教育权受到不法侵害，最高人民法院以司法解释的

---

〔1〕〔美〕卡尔·罗文斯坦：《现代宪法论》，王锴、姚凤梅译，清华大学出版社2017年版，第106—109页。

形式首次肯定了"以民事方式作为对公民基本权利的救济手段",以此构建"公民宪法权利的司法保护途径"。[1]

齐玉苓案在当时对于唤醒人们的宪法观念与基本权利意识产生了巨大作用,人们发现,在以往被"束之高阁"的宪法也能够"飞入寻常百姓家",成为通过诉讼捍卫合法权益的武器。有人因此认为该案"创造了宪法司法化的先例"。但是,也有不少人认为法院适用宪法裁判不妥,因为根据《宪法》的规定,全国人大及其常委会才有权直接适用宪法进行合宪性判断,监督宪法的实施,人民法院因不具有监督宪法实施的权力,不能直接适用宪法解决相关争议。

因此,从宪法监督和宪法的司法适用角度思考齐玉苓案,需要解决以下问题:第一,宪法是否具有可适用性?第二,什么是"宪法司法化"或宪法的司法适用?第三,法院能否(直接或间接)适用宪法判案?第四,法院在宪法监督中应当扮演何种角色?

三、宪法分析

(一)宪法的可适用性

法律适用具有广义和狭义两种定义。广义上的法律适用,是指国家机关以及国家授权的组织按照法律的规定运用国家权力,将法律规范运用于具体人或组织以解决具体问题的专门活动。[2] 狭义上的法律适用,是指国家司法机关根据法定职权和法定程序,具体应用法律处理案件的活动。[3] 宪法是否具有可适用性,实质上是问,宪法本身是否具有作为判断标准解决具体争议的能力。

"本宪法以法律的形式……是国家的根本法,具有最高的法律效力"这一表述至少具有以下几层含义:第一,宪法是法律,并且是我国现行有效的一部实在法。第二,宪法是根本法,宪法通过规范的力量保障国家根本制度的落实和根本任务的完成。第三,宪法是最高法,宪法存在于一个实在法体系

---

〔1〕 宋春雨:"齐玉苓案宪法适用的法理思考",载《人民法院报》2001年8月13日,第B1版。

〔2〕 孙国华、朱景文主编:《法理学》,中国人民大学出版社2021年版,第256页。

〔3〕 《法理学》编写组:《法理学》,人民教育出版社、高等教育出版社2020年版,第336-337页。

中，并且位于该体系的最高位阶。因为宪法是法律，所以它共享法律的一般原理，不仅应当是在事前引导行为的指南，而且应当是事后定分止争的依据。因为应然与实然的二分，作为规范的宪法不得不面对事实状态对它的背离，唯有具备作为判断标准的能力，它才能识别和纠正背离规范的事实，捍卫自身的根本法地位。因为宪法是最高法，所以它需要作为一把标尺衡量其他部门法规定，将违反宪法的部门法规定排除于实在法体系之外，以此捍卫自身的最高权威和法秩序的统一。可适用性是宪法的一项内在属性。

（二）宪法司法适用的含义

宪法司法适用，也被有的学者称为"宪法司法化"，是一个在讨论中含义比较丰富的概念。如果类比前文提及的狭义的法律适用概念，可以初步定义为法院根据法定职权和法定程序，具体应用宪法处理案件的活动。但是，这个定义仍然比较模糊，没有准确描述宪法在司法裁判中的地位与功能。在相关讨论中，宪法司法适用或者"宪法司法化"主要被用于指代三种情形。

法律的合宪性解释。拉伦茨在《法学方法论》中将合宪性解释表述为"在多种按照通行解释标准可以得出的可能解释中，应始终优先选取最符合宪法原则的解释"。[1] 合宪性解释不是宪法解释，也不是根据宪法规则裁判具体个案，而是通过法律解释的方法在个案中贯彻宪法确立的价值。[2] 例如，两公司约定由一方向另一方提供有偿删帖服务，法院在判断合同条款效力时指出，"言论自由是宪法赋予公民的一项基本权利……该项服务内容侵犯了公民的言论自由，不利于公民的表达权和监督权的实现，损害了社会公共利益，应属无效条款"。[3] 在此，法院援引《宪法》第 35 条对原《合同法》第 52 条第 4 项中"社会公共利益"这一不确定法律概念进行了解释，认定侵犯某种公民基本权利的行为即属"损害社会公共利益"。此时，宪法规范对案件的

---

〔1〕 ［德］卡尔·拉伦茨：《法学方法论》（第 6 版），黄家镇译，商务印书馆 2020 年版，第 428 页。

〔2〕 参见张翔："两种宪法案件：从合宪性解释看宪法对司法的可能影响"，载《中国法学》2008 年第 3 期。有学者借鉴德国法的理论，区分合宪性解释与基于宪法的解释，在此理论中，合宪性解释属于规范审查程序的一环，只能由有权进行规范审查的机关，在德国即由宪法法院来进行。此意义上的合宪性解释本质上更偏向于本书中合宪性审查意义上的宪法司法适用。本书此处所称"合宪性解释"，实际上也是我国学者最广泛采用的理解，与此理论中"基于宪法的解释"更为契合。相关理论参见王锴："合宪性解释之反思"，载《法学家》2015 年第 1 期。

〔3〕 北京市第一中级人民法院民事判决书，（2014）一中民终字第 1677 号。

审理并不起决定性作用，而是提供一种价值立场上的论证。

法院将宪法作为裁判依据，但不涉及合宪性审查。在合宪性解释的情形下，宪法仅是作为法律解释所需要考量的因素出现，甚至并非是一种宪法方法，个案的裁判依据仍然是其他部门法。而在此种情形下，法院则适用宪法进行说理和裁判，合宪性审查仍由专门机构进行。这种方案的优点在于能够避免将宪法适用局限于"细枝末节"，同时由于法院并未承担合宪性审查职能，与现行宪法体制的冲突较小。[1] 齐玉苓案中的宪法适用就属于这种情形。实际上，司法实践中援引宪法最普遍的状况是，同时将宪法和相关法律条文作为裁判依据。[2] 但是，随着齐玉苓案批复的失效，以及 2016 年《人民法院民事裁判文书制作规范》明确规定"裁判文书不得引用宪法……作为裁判依据"，这种情形已较少出现。

法院根据宪法规定附带性地审查法律规范的合宪性审查。"宪法司法化"最初的关切正在于此。在齐玉苓案之前，最早使用"宪法司法化"术语的学者在研究中所展现出的实践志向亦是建立对法律及以下规范性文件的合宪性审查机制，其设想中的审查主体可能是最高法院也可能是特设机构。[3] 这种意义上的"宪法司法化"实质上就是赋予法院以违宪审查权。对齐玉苓案所引起的关于宪法司法化的热议，或多或少受到马伯里诉麦迪逊案的影响，反映了特定历史条件下人们对宪法实施新探索的期待。有的学者考虑采用一种混合的违宪审查机制，对行政法规及其以下规范性文件以及各种具体行政行为等对象采用普通法院审查制，对法律是否合宪则采用权力机关审查制。[4]

（三）法院适用宪法裁判的困境

主张"宪法司法化"或者法院适用宪法裁判的观点，其基本理由主要包括：第一，宪法是法，法院适用法律，因而宪法应当在法院得以适用。"在成文宪法国家，宪法首先是法，其次才是法律之上的法律；在不成文宪法的英

---

〔1〕 参见谢宇："宪法司法化理论与制度生命力的重塑——齐玉苓案批复废止 10 周年的反思"，载《政治与法律》2018 年第 7 期。

〔2〕 例如《宪法》第 10 条第 1、2 款与原《土地管理法》第 8 条（2019 年修订后为第 9 条）。参见冯健鹏："我国司法判决中的宪法援引及其功能——基于已公开判决文书的实证研究"，载《法学研究》2017 年第 3 期。

〔3〕 参见胡锦光："宪法司法化的必然性与可行性探讨"，载《法学家》1993 年第 1 期。

〔4〕 参见王禹编著：《中国宪法司法化：案例评析》，北京大学出版社 2005 年版，前言第 7 页。

国，宪法更是法。宪法司法化是宪法之所以成为法的要求，它是宪法得以直接实施的途径。"[1] 第二，宪法规范应具有直接效力，法院适用宪法是其直接效力的体现。如果宪法规范没有直接的法律效力，基本权利受到侵害时，权利人无法通过法院裁判寻求救济，"那么即使此种基本权利有何至高无上的法律效力，在现实中也只是一种宣示的，不能实际享有的，无任何现实意义的权力"。[2] 第三，《宪法》序言第 13 自然段和正文第 5 条第 4 款为法院适用宪法提供了规范依据。"人民法院遵守、维护和实施宪法的基本方法，自然就是在履行审判职能时'以宪法为根本的活动准则'，经过范式转换后无外乎是以宪法规范——当然在必要时——为审判依据（直接适用）或为说理依据（间接适用）。"[3]

但是，无论是在何种意义上开展宪法司法适用的实践都会面临理论上的困境。

合宪性审查意义上的宪法司法适用面临的困难最大。根据《宪法》第 62 条第 2 项和第 67 条第 1 项的规定，宪法监督的职权被明确配置给全国人大及其常委会。同时，进行合宪性审查必然涉及对宪法相关条文进行解释，而宪法解释权同样被明确地配置给了全国人大常委会。这种极其明确的排他性的授权与马伯里诉麦迪逊案的情形迥然不同，美国 1789 年制定宪法时并没有直接规定宪法解释和审查的主体，因而我国法院也很难效法马歇尔大法官那样以违宪为由否定法律的效力。我国的政治制度设计与美国的权力分立理论下立法权、行政权、司法权相互平行不同，享有国家立法权的全国人大及其常委会是国家权力机关，人民法院由其产生、对其负责、受其监督。"一个处于从属地位并受人大监督的国家机关，当然不可能亦无权对全国人大及其常委会的立法行为实行违宪审查"，"否则，它将会损害最高国家权力机关的尊严，而且与我国根本政治制度的原则相违背"。[4] "我们不能指望最高法院用超越或突破宪法架构的方式解决宪法适用不充分的问题"。[5]

对于前文所述的第二种宪法司法适用情形，同样存在反对理由。将宪法

---

〔1〕 王磊：《宪法的司法化》，中国政法大学出版社 2000 年版，第 148 页。
〔2〕 周伟：《宪法基本权利司法救济研究》，中国人民公安大学出版社 2003 年版，第 128 页。
〔3〕 黄卉："合宪性解释及其理论检讨"，载《中国法学》2014 年第 1 期。
〔4〕 许崇德："'宪法司法化'质疑"，载《中国人大》2006 年第 11 期。
〔5〕 童之伟："宪法司法适用研究中的几个问题"，载《法学》2001 年第 11 期。

作为裁判依据直接适用可以进一步分为两种情况：一是将宪法与其他部门法条文同时援引，二是只援引宪法条文而不援引部门法条文。如果宪法规范已经经由其他部门法具体化或者被下位法所重复，那么对于普通的民事、行政、刑事案件，仅需适用一般法律即可作出裁判，此时再援引宪法对判决结果而言没有实质意义。"这些判决所援引的宪法条文，既不能为个案的解决提供更多的规范内容，也难以为相关法律条文的解释提供更多的依据"〔1〕。因而，这种做法与其说是对宪法价值的宣示，毋宁说是一种不必要的同义反复。如果宪法规范尚未经由其他部门法具体化，法院直接适用宪法同样会面临前述关于宪法解释权的困境。一方面，"宪法本身是政治性、政策性很强的纲领"〔2〕，法院是否具备将政治问题法律化进而将法律问题技术化的能力，不无疑问。另一方面，宪法条文具有原则性、抽象性，适用于具体案件时必须通过解释技术在规则尺度上释明其含义，法官不仅可能面临宪法解释的越权，还有可能受到"法官造法"的批判。

合宪性解释意义上的宪法司法适用虽然与宪法所确立的根本政治制度并无明显冲突，但仍然面临一些批评。一是否认合宪性解释是一种宪法司法适用方式，理由在于：第一，合宪性解释本质上是法律解释，是法律解释应遵守的一项规则，与宪法适用无关；第二，合宪性解释是为了确定法律或下位法的含义从而适用法律或下位法，不是宪法适用，而是排斥宪法适用；第三，遵守宪法和适用宪法是两回事，合宪性解释是宪法遵守；第四，合宪性推定也用于其他部门法和其下位法之间的位阶关系判断，并不一定涉及宪法；第五，合宪性解释是以消极方式追求法制的形式统一，而宪法适用则是以积极方式实现法制的实质统一，不能以合宪性解释取代宪法适用。〔3〕二是质疑合宪性解释促进宪法实施的意义。由于法官在解释法律时不得逾越其字面含义以及明显可知的立法者意志，合宪性解释并不能消除法律、法规与宪法相抵触的现象，因而其对宪法实施而言不是"'主流'，更不是'蹊径'，而是

---

〔1〕 冯健鹏："我国司法判决中的宪法援引及其功能——基于已公开判决文书的实证研究"，载《法学研究》2017 年第 3 期。

〔2〕 翟小波：《论我国宪法的实施制度》，中国法制出版社 2009 年版，第 90 页。

〔3〕 参见谢维雁："论合宪性解释不是宪法的司法适用方式"，载《中国法学》2009 年第 6 期。

'末节'"。〔1〕 三是否定合宪性解释的制度化运用。因为缺乏保障法律解释合宪的机构，同时合宪性解释还意味着限制法官的法律解释权限和部门法学者的学理解释，不会为其所支持，所以合宪性解释在中国当下尚无法践行。〔2〕

还存在一个重要问题是，法官进行合宪性解释时真的只是在解释法律而不涉及对宪法的解释吗？例如，在前述案例中，法院通过《宪法》第 35 条解释民法上的"社会公共利益"，如果法官不对何为《宪法》第 35 条保护的言论自由进行解释，如何能够判定"有偿删帖"侵犯了这种言论自由，又如何能够判定这一个体基本权利属于社会公共利益的范畴呢？然而，一旦承认法官解释宪法，则又可能落入"篡夺"宪法解释权的批评中。

（四）宪法监督制度中的法院角色

以齐玉苓案为代表的宪法司法适用是在特殊历史条件下促进宪法实施的探索，被赋予了发挥宪法监督作用的期望。从宪法司法适用和宪法监督的目标来看，二者是一致的，它们都旨在保障宪法实施、保护公民合法权益、维护国家法制统一。在我国的宪法监督制度中，法院并非行使监督权的主体，但是其在审判活动中以合宪、合法、合理的方式贯彻宪法精神、申明宪法规范，在客观上对维护宪法权威、促进宪法实施具有积极作用。

在前述三种层面的宪法司法适用方式中，合宪性解释尽管面临着一些批评，但相对而言仍是制度阻力最小的一种。针对关于宪法解释权的争议，不同学者也提出了不同的解决方案。

第一种方案是否认合宪性解释是宪法解释。基本权利的双重性质理论认为宪法上的基本权利具有主观权利和客观价值两重面向，其中客观价值秩序理论要求国家负有帮助和促进基本权利实现的"保护义务"，具体到普通法院的法官，在普通案件裁判中纳入宪法考量，对法律作出符合宪法客观价值秩序的解释，就成了其一项宪法义务。就我国而言，《宪法》序言第 13 自然段

---

〔1〕 姚国建："另辟蹊径还是舍本逐末？——也论合宪性解释对宪法实施的意义"，载郑永波主编：《法哲学与法社会学论丛》（第 14 期），北京大学出版社 2009 年版，第 215 页。

〔2〕 参见谢立斌："德国法律的宪法化及其对我国的启示"，载《浙江社会科学》2010 年第 1 期。

第 2 句〔1〕和公权力均须受宪法约束的宪法原理对此提供了规范和法理依据。〔2〕但是，这种方案没有从根本上解决合宪性解释仍然可能涉及宪法解释的问题。

第二种方案是否认宪法解释权的专属性。对《宪法》第 67 条第 1 项进行文义解释不能得出宪法解释权是全国人大常委会的专属权力，同样，《宪法》第 131 条〔3〕不意味着法院不能依照宪法裁判。从体系解释看，如果第 67 条第 1 项规定的是专属解释权，那么就与《宪法》第 5 条第 4 款〔4〕存在逻辑冲突。根据后者，法院负有直接或间接适用宪法，进而解释宪法的义务，而该条总体上是对法治原则的规定，属于国家基本决策，应当统领第 67 条第 1 项之类的技术性条款。通过目的限缩，第 67 条第 1 项规定的"解释宪法"应当理解为最高性、终局性的解释，由此释放出法院的宪法解释空间。〔5〕

第三种方案是重新审视宪法解释的性质。"宪法解释"概念具有两种意义：一是对规范性文件作抽象审查并作出撤销等处分决定的权力，由全国人大常委会专属；二是固有地存在于任何认同宪法的规范性和最高性的司法过程中，本质上是一种法律方法和司法技艺，与合宪性解释相对应和契合。〔6〕对于前者而言，即便是全国人大常委会对宪法作出的解释仍然具有抽象性，本质上还是一种立法行为。〔7〕对于后者而言，任何一个主体在按照宪法办事时，都不可避免地会带入自身对宪法的理解，本质上就是对宪法的解释，司法机关也不例外。但是，也有学者担忧法院的宪法解释权在我国的诉讼制度

---

〔1〕《宪法》序言第 13 自然段第 2 句：全国各族人民、一切国家机关和武装力量、各政党和各社会团体、各企业事业组织，都必须以宪法为根本的活动准则，并且负有维护宪法尊严、保证宪法实施的职责。

〔2〕参见张翔："两种宪法案件：从合宪性解释看宪法对司法的可能影响"，载《中国法学》2008 年第 3 期。

〔3〕《宪法》第 131 条：人民法院依照法律规定独立行使审判权，不受行政机关、社会团体和个人的干涉。

〔4〕《宪法》第 5 条第 4 款：一切国家机关和武装力量、各政党和各社会团体、各企业事业组织都必须遵守宪法和法律。一切违反宪法和法律的行为，必须予以追究。

〔5〕参见黄卉："合宪性解释及其理论检讨"，载《中国法学》2014 年第 1 期。

〔6〕参见黄明涛："两种'宪法解释'的概念分野与合宪性解释的可能性"，载《中国法学》2014 年第 6 期。

〔7〕参见夏正林："'合宪性解释'理论辨析及其可能前景"，载《中国法学》2017 年第 1 期。

下可能架空全国人大常委会的最高解释权。[1]

根据《全国人民代表大会组织法》，全国人大宪法和法律委员会承担推动宪法实施、开展宪法解释、推进合宪性审查、加强宪法监督、配合宪法宣传等工作职责。2021 年全国人民代表大会常务委员会法制工作委员会（以下简称全国人大常委会法工委）关于备案审查工作的报告显示，当年共收到公民、组织提出的审查建议 6339 件，没有收到最高人民法院提出的审查要求。[2]一方面，在全国人大主导的宪法监督制度下，如何激活和完善法院提请合宪性审查的机制，亟需进一步研究。另一方面，尽管关于合宪性解释理论本身仍然存在一些争议，其制度化运用的前景以及能在多大程度上促进宪法实施与监督更有待观察，但它无疑丰富了法院在我国宪法监督制度中的角色定位。

四、参考意见

宪法能够适用，是宪法作为法律的内在属性。宪法司法适用主要指向三种情形：一是法律的合宪性解释；二是法院将宪法作为裁判依据，但不涉及合宪性审查；三是法院根据宪法规范附带性地审查法律规范的合宪性审查。以上三种宪法司法适用情形都受到不同程度地受到质疑，其中以齐玉苓案为代表的宪法司法适用作为一定时期下促进宪法实施的探索，被赋予了发挥宪法监督作用的期望，其同样面临着法官无权进行宪法解释以及"法官造法"的批评。

宪法的适用，必须符合宪法精神、价值以及宪法规范的要求，不能脱离于现有的宪法规范。合宪性审查意义上的司法适用无疑与当前的宪法规范相抵触。根据《宪法》第 62 条第 2 项和第 67 条第 1 项的规定，宪法监督的职权被明确配置给全国人大及其常委会，进行合宪性审查所需的宪法解释权同样被明确地配置给了全国人大常委会。这种极其明确的排他性的授权与马伯里诉麦迪逊案的情形迥然不同。

---

〔1〕 参见谢宇："宪法司法化理论与制度生命力的重塑——齐玉苓案批复废止 10 周年的反思"，载《政治与法律》2018 年第 7 期。

〔2〕 参见沈春耀（全国人大常委会法制工作委员会主任）：《全国人民代表大会常务委员会法制工作委员会关于 2021 年备案审查工作情况的报告》，2021 年 12 月 21 日在第十三届全国人民代表大会常务委员会第三十二次会议上。

宪法的适用需与我国的政治制度相适应。我国的政体是人民代表大会制度，审判机关等国家机关都由人民代表大会产生，对它负责，受它监督，全国人民代表大会是国家最高权力机关，这不同于美国的三权分立制度，如果效仿美国，由法院对全国人大的立法行为进行违宪审查，无疑是对我国的根本政治制度的背离。但这并不意味着法院在宪法的司法适用中毫无作用，相反，仅就目前而言，合宪性解释作为宪法司法适用中遭遇制度阻力最小的一种，无疑丰富了法院在我国宪法监督制度中的角色定位。

◈ 拓展案例

蒋登蓉、李森杰等与绍兴县赐富特种货物运输有限公司机动车交通事故责任纠纷

蒋登蓉、李森杰、李阿芬（以下简称蒋登蓉等）分别是受害人李立荣生前的妻子、儿子和母亲。2006年6月30日，绍兴县赐富特种货物运输有限公司（以下简称运输公司）的重型半挂牵引车及集装箱半挂车与受害人李立荣驾驶的二轮摩托车发生交通事故，造成李立荣当场死亡及摩托车损坏。该事故经绍兴县公安局交通巡逻警察大队作出交通事故认定书，认定运输公司的两名驾驶员分别负主要责任和次要责任。

蒋登蓉等将运输公司诉至浙江省绍兴县人民法院，请求法院判令被告支付死亡赔偿金、丧葬费、被抚养人生活费等各项费用共计39.3万余元。依据当时最高人民法院《关于审理人身损害赔偿案件适用法律若干问题的解释》第29条的规定，死亡赔偿金以当地城镇居民人均可支配收入或农村人均纯收入为标准计算。法院认为，蒋登蓉等要求有关损害赔偿费用按照城镇居民的相关标准计算的主张依据不足，一审判决运输公司赔偿蒋登蓉等20.2万余元。

蒋登蓉等不服一审判决，上诉至绍兴市中级人民法院。法院认为，该案的争议焦点是死者李立荣赔偿的标准应当按照城镇居民还是按照农村居民标准赔偿？该院在二审期间查明，受害人李立荣虽然为农村户口（上虞市驿亭镇新驿亭村），但在绍兴市区工作、居住，其经常居住地和主要收入来源地均为城市（绍兴市区），认为原审判决认定事实错误，应予纠正，有关损害赔偿费用应当根据当地城镇居民的相关标准计算。

绍兴市中级人民法院在二审判决书中指出：我国《宪法》第 33 条第 3 款规定："国家尊重和保障人权"，第 37 条第 1 款规定："中华人民共和国公民的人身自由不受侵犯"，充分体现了国家对人的生命的尊重和对公民生存权利的保护。无论是城镇居民还是农村居民，生命都是无价的，无法用价格来计算。"同命不同价"本身就是一个错误的命题，但是生命权受到侵害后，如果不以给付金钱的方式进行赔偿，则无法在现实生活中体现对生命的尊重。最高人民法院《关于审理人身损害赔偿案件适用法律若干问题的解释》第 29 条规定："死亡赔偿金按照受诉法院所在地上一年度城镇居民人均可支配收入或者农村居民人均纯收入标准，按二十年计算。……"上述司法解释的出台，本意并非人为地给生命定价，更不是要用户籍来划分生命价值的高低，而是要解决生命权受到侵害后，如何以给付金钱的方式赔偿，才能既恰当地弥补受害人遭受的损失，体现出对生命的尊重，又不至于使侵权人无力承担侵权后果的问题。在我国，城镇和农村在收入、支出方面有很大差距，这是不容回避的客观事实。有鉴于此，这条司法解释才规定死亡赔偿金按照城镇居民或者农村居民人均纯收入的不同标准计算。

专题四　我国的合宪性审查制度

📖 知识概要

合宪性审查制度是我国宪法监督制度体系的重要组成部分，是由特定国家机关依据特定的程序和方式对公权力行为是否符合宪法精神和宪法规范进行审查并作出决定的制度，合宪性审查制度的正当性在于宪法作为国家根本法具备的最高法律效力，一切法律、行政法规和地方性法规都不得同宪法相抵触，一切国家机关和武装力量、各政党和各社会团体、各企业事业组织都必须遵守宪法和法律，以宪法为根本的活动准则，其制度价值在于保障宪法的实施，贯彻宪法精神、价值与目标，进而构建统一的法秩序。合宪性审查的依据通常表现为审查对象赖以产生的依据，即一个主权国家中表现为宪法的法律文本或者是具有根本法效力的法律文件[1]。

1. 合宪性审查的主体。《宪法》第 61、67 条规定，全国人大及其常委会具有监督宪法实施的职责，全国人大常委会具有解释宪法的职责，是开展合宪性审查的有权机关。《全国人民代表大会组织法》第 39 条明确了宪法和法律委员会作为专门委员会，协助全国人大及其常委会开展工作，具有推动宪法实施、开展宪法解释、推进合宪性审查等工作职责。此外，根据《立法法》第 99、100 条的规定，全国人大常委会法工委作为全国人大常委会的工作机构，同样具备合宪性审查的工作职责。

2. 合宪性审查的启动主体。依据《宪法》《立法法》及《法规、司法解释备案审查工作办法》相关规定，全国人大及其常委会可以依职权主动启动合宪性审查程序，也可依相关主体的申请启动。例如，依据《立法法》第 99 条规定，国务院、中央军事委员会、最高人民法院、最高人民检察院和各省、自治区、直辖市的人民代表大会常务委员会认为行政法规、地方性法规、自治条例和单行条例同宪法或者法律相抵触的，可以向全国人大常委会书面提出合宪性审查要求；其他国家机关和社会团体、企业事业组织和公民认为行政法规、地方性法规、自治条例和单行条例同宪法或者法律相抵触的，有权提出书面的合宪性审查建议。

3. 合宪性审查的方式。①批准审查。规范性法律文件在被批准生效过程中应审查其是否符合宪法。即该规范性法律文件的生效以符合宪法为条件，不符合宪法的规范性法律文件不予批准。例如《立法法》第 75 条规定，自治区的自治条例和单行条例，报全国人大常委会批准后生效，自治条例和单行条例不得对宪法作出变通规定。②审查撤销。规范性法律文件在生效后被发现其违背宪法或与宪法相抵触，全国人大或全国人大常委会有权撤销之。例如《立法法》第 97 条规定，全国人大有权撤销全国人大常委会批准的违背宪法的自治条例和单行条例；全国人大常委会有权撤销同宪法相抵触的行政法规、地方性法规；有权撤销省、自治区、直辖市的人大常委会批准的违背宪法的自治条例和单行条例。③备案审查。由备案机关对报告审查的规范性法律文件进行合宪性审查。《立法法》第 99 条第 3 款规定，全国人大有关的专

---

[1] 参见莫纪宏：“依宪立法原则与合宪性审查”，载《中国社会科学》2020 年第 11 期。

门委员会和全国人大常务委员会工作机构可以对报送备案的规范性文件进行主动审查。全国人大常委会对提请备案的法律文件，认为其可能存在合宪性问题，可以在不存在任何争议的情况下抽象地进行合宪性审查。[1]

4. 宪法解释。宪法解释是一种探求宪法规范客观内涵的活动，具体指一定主体对宪法内容、含义及其界限所作的一种说明[2]。宪法解释有广义和狭义两种，广义的宪法解释包括有权机关、机关和学者等作出的解释，狭义解释专指有权机关所作的解释。宪法解释是宪法从文本到实施之间所不可或缺的重要环节，是解决宪法规范与社会现实之间冲突的最基本和最经常方式，宪法解释具有明确宪法含义、补充宪法漏洞、使宪法适应社会现实变迁以及维护法制统一性的功能。依据《宪法》第 67 条的规定，全国人大常委会行使解释宪法、监督宪法的实施的职权，是法定的宪法解释机关。此外，《全国人民代表大会组织法》第 39 条规定，宪法和法律委员会具有开展宪法解释的职责。

经典案例

朱征夫建议对机场建设费是否符合宪法进行审查案

一、基本案情

2020 年全国"两会"期间，全国政协委员朱征夫提案建议对"机场建设费"进行合宪性审查。"机场建设费"的正式名称为"民航发展基金"，征收依据为 2012 年财政部发布的《民航发展基金征收使用管理暂行办法》（以下简称《暂行办法》），征收执行期限为 2012 年 4 月 1 日至 2015 年 12 月 31 日。2015 年 12 月 9 日，财政部发布《关于民航发展基金和旅游发展基金有关问题的通知》（财税〔2015〕135 号），将民航发展基金征收期限延长至 2020 年 12 月 31 日，基金的使用管理依《暂行办法》执行。2019 年 4 月 3 日国务院常务会议作出决定，将民航发展基金减半后继续征收。

"民航发展基金"于 2012 年由原民航机场管理建设费和原民航基础设施

---

〔1〕 参见焦洪昌主编：《宪法学》，北京大学出版社 2020 年版，第 97-98 页。
〔2〕 韩大元：《宪法学基础理论》，中国政法大学出版社 2008 年版，第 429 页。

建设基金合并而来，属于政府性基金，收入上缴中央国库，纳入政府性预算，征收具有无偿性、强制性特点。原民航机场管理建设费和原民航基础设施建设基金同为政府性基金。民航机场管理建设费征收时间可以追溯到 1992 年，中国民用航空局、财政部、国家物价局发布《关于征收民航机场管理建设费的通知》（民航局发〔92〕20 号），正式开始征收民航机场管理建设费，且在财务管理上视同专用基金管理，专款专用。1995 年国务院办公厅转发了财政部、国家计委、民航总局《关于整顿民航机场代收各种机场建设基金的意见》（国办发〔1995〕57 号），机场管理建设费开始由国家统一制定征收标准。2002 年的《国务院关于印发民航体制改革方案的通知》规定继续实行现行机场建设管理费征收政策，经国务院批准，"机场建设费"于 2002 年开始征收，于 2005 年底停止征收。2006 年经国务院批准，征收期限延续至 2010 年 12 月 31 日。2010 年 12 月财政部发布《关于机场管理建设费和旅游发展基金政策等有关问题的通知》（财综〔2010〕123 号），将机场管理建设费征收期限由 2011 年 1 月 1 日延长至 2015 年 12 月 31 日。2012 年《暂行办法》正式将机场管理建设费纳入民航发展基金。根据财政部 2012 年印发的《暂行办法》，废除的机场建设费与新征的民航发展基金在费用比例方面没有变化，普通旅客乘坐国内航班的旅客每人次 50 元；乘坐国际和地区航班出境的旅客每人次 90 元（含旅游发展基金 20 元）。

朱征夫认为，征收民航发展基金的行为包括征收公民私有财产的内容，构成了《宪法》和《立法法》规定的"征收"。根据《宪法》和《立法法》的规定，公民的合法的私有财产不受侵犯，对非国有财产的征收、征用，只能制定法律。在没有法律规定征收民航发展基金的情况下，性质为部门规章的《暂行办法》中向乘客和航空公司征收财产的内容缺乏法律根据，2019 年国务院常务会议的"决定"同样没有法律根据。据此，提案建议，撤销 2019 年 4 月 3 日国务院常务会议关于民航发展基金减半但仍可继续征收的决定，使财政部超越法律权限制定的《暂行办法》在 2020 年 12 月 31 日到期后不再延长有效期。

全国人大常委会法工委随后启动了审查程序。审查后认为民航发展基金作为一种政府性基金，其征收不属于《宪法》第 13 条规定的对公民私有财产的征收。但征收民航发展基金依据的是国务院文件和有关部门规章，与 2014

年修改后的《预算法》第 9 条第 1 款关于政府性基金依照法律、行政法规的规定征收的规定不符。全国人大常委会法工委已向司法部提出，如果需要继续征收民航发展基金，应当及时完善相关法律或者行政法规依据。

二、法律问题

在当前的合宪性审查制度中，具备合宪性审查主体资格的国家机关包括全国人大及其常委会、全国人大宪法和法律委员会（以下简称宪法和法律委员会）以及全国人大常委会法工委。在本案中，合宪性审查仅由全国人大常委会法工委参与完成，无全国人大及其常委会、宪法和法律委员会的参与，这无疑是由各合宪性审查主体在合宪性审查程序中的职能定位与分工所决定的。当前《宪法》《立法法》等法律对于合宪性审查程序的建构是否能有利于协调各审查主体的职责履行和合宪性审查制度的发展可在本案中进行分析。

此外，合宪性审查是合宪性审查主体依据宪法精神、价值与宪法规范的含义等对公权力行为进行审查，而对宪法精神、价值与宪法规范含义的把握首先需要对宪法文本进行解释，宪法解释是合宪性审查的必经环节。《宪法》《立法法》等法律赋予了全国人大及其常委会、宪法和法律委员会、全国人大常委会法工委以合宪性审查主体的资格，然后《宪法》仅将宪法解释的权力明确地授予了全国人大常委会，宪法和法律委员会以及全国人大常委会法工委不具备以自己的名义行使宪法解释的权力。据此，如何理解本案中全国人大常委会法工委对《宪法》第 13 条"征收"含义的阐释，该阐释是否属于《宪法》第 67 条规定的"解释宪法"的行为，是否具有规范效力需进行分析。

我国的合宪性审查的对象是抽象性规范文件，而不涉及具体行为，在本案中，全国人大常委会法工委对"机场建设费"的征收进行审查，实质上是对其作为依据的规章的审查，审查结果表明这一审查不仅是合宪性审查，同时也是合法性审查。合宪性审查与合法性审查具备怎样的关系，如何协调两者的关系同样值得分析。

三、宪法分析

（一）合宪性审查主体的职能定位与分工

合宪性审查主体的职能定位与分工需依据现行《宪法》关于不同主体的

性质、地位、职权及与其他国家机关的关系加以明确。全国人大是最高国家权力机关，代表人民行使国家权力，在国家机构体系中居于最高地位，其他国家机关由它产生、对它负责、受它监督，因而有权审查一切国家机关和组织的规范性法律文件是否符合宪法。全国人大常委会是全国人大的常设机构，其在地位上低于全国人大而高于其他所有国家机关，并监督其他国家机关[1]，具备审查其他国家机关法律文件是否符合宪法的正当性和条件，是我国日常性的合宪性审查机关[2]。功能主义的国家权力配置观以国家的效能和治理能力为目标，强调将权力配置给在组织、结构、程序、人员上最具优势、最有可能做出正确决定的机关，同时要求承担某项国家权力的机关，在组织、结构、程序、人员上相应调整以适应职能[3]。全国人大及其常委会由于组织、会期以及专业能力等原因，合宪性审查工作的具体开展需要其他机构的协助。

宪法和法律委员会是协助全国人大和全国人大常委会进行合宪性审查的机构，根据《全国人民代表大会组织法》第39条可知，宪法和法律委员会具备推动宪法实施、开展宪法解释、推进合宪性审查、加强宪法监督、配合宪法宣传等职责。《立法法》等法律授权宪法和法律委员会在合宪性审查过程中可以以自己的名义先向制定机关提出修改或者废止的意见，同时若制定机关拒不接受则由全国人大常委会作出撤销决定。[4]

全国人大常委会法工委是全国人大常委会的立法工作机构，在全国人大常委会领导下承办宪法实施监督具体工作，包括推动宪法实施、开展宪法解

---

〔1〕《宪法》第67条规定："全国人民代表大会常务委员会行使下列职权……（六）监督国务院、中央军事委员会、国家监察委员会、最高人民法院和最高人民检察院的工作；（七）撤销国务院制定的同宪法、法律相抵触的行政法规、决定和命令；（八）撤销省、自治区、直辖市国家权力机关制定的同宪法、法律和行政法规相抵触的地方性法规和决议；……"

〔2〕胡锦光："论我国合宪性审查机制中不同主体的职能定位"，载《法学家》2020年第5期。

〔3〕张翔："我国国家权力配置原则的功能主义解释"，载《中外法学》2018年第2期。

〔4〕《立法法》第100条第2、3款规定："全国人民代表大会法律委员会、有关的专门委员会、常务委员会工作机构根据前款规定，向制定机关提出审查意见、研究意见，制定机关按照所提意见对行政法规、地方性法规、自治条例和单行条例进行修改或者废止的，审查终止。全国人民代表大会法律委员会、有关的专门委员会、常务委员会工作机构经审查、研究认为行政法规、地方性法规、自治条例和单行条例同宪法或者法律相抵触而制定机关不予修改的，应当向委员长会议提出予以撤销的议案、建议，由委员长会议决定提请常务委员会会议审议决定。"

释、推进合宪性审查、加强宪法监督、配合宪法宣传等方面的具体工作。[1]《立法法》第 99、100 条规定，全国人大常委会法工委负责合宪性审查的过滤和实质审查工作，在国务院、中央军事委员会、最高人民法院、最高人民检察院和省级人大常委会提出合宪性审查要求时，全国人大常委会法工委在其中发挥程序性职责，将相关要求分送包括宪法和法律委员会在内的专门委员会进行审查、提出意见。上述国家机关外的其他组织和个人向全国人大常委会提出合宪性审查建议时，全国人大常委会法工委以审查的方式进行过滤筛选，将涉及合宪性问题的建议分送专门委员会进行审查，或者直接就审查建议进行实质性研究，向制定机关提出书面审查意见、研究意见，也可以与宪法和法律委员会等专门委员会召开联合审查会议，要求制定机关到会说明情况，再向制定机关提出书面审查意见的职责。此外，全国人大常委会法工委还可以对提交全国人大常委会备案的法规、司法解释主动进行合宪性审查。

由此可知，在合宪性审查中，无论是合宪性审查要求还是合宪性审查建议，都均由全国人大常委会法工委受理，然后经全国人大常委会法工委决定分送宪法和法律委员会审查或者径行审查。在本案中，全国政协委员的提案性质上并不属于国务院等国家机关的审查要求，全国人大常委会法工委基于自身职责[2]，承担了合宪性审查的工作，直接就相关合宪性问题就行了研究和答复。当前的合宪性审查程序中，全国人大常委会法工委和宪法和法律委员会就职责的划分中全国人大常委会法工委不仅具备程序性权力，在实质内容的审查中也具备较大的权力，除合宪性审查要求外均可以以自己的名义进行审查，并得出相应的结论，尽管宪法和法律委员会与全国人大常委会法工委分享合宪性审查职能[3]，但实际上作为工作机构的全国人大常委会法工委居于主导地位，限制了宪法和法律委员会的有效履职。尤其是 2018 年全国人

---

〔1〕 全国人大常委会法工委承担推动宪法实施、开展宪法解释、推进合宪性审查、加强宪法监督、配合宪法宣传等方面的具体工作，见中国人大网，http：//www. npc. gov. cn/npc/fgw001/202009/37a38fef089e499bb63b9d58ceda9ba4. shtml，最后访问时间：2022 年 5 月 31 日。

〔2〕 全国人大常委会法工委具备研究、处理并答复全国人大代表提出的有关立法工作的建议、批评和意见以及全国政协委员的有关提案的职责，见中国人大网，http：//www. npc. gov. cn/npc/fgw001/202009/37a38fef089e499bb63b9d58ceda9ba4. shtml，最后访问时间：2022 年 5 月 31 日。

〔3〕 2019 年全国人大常委会委员长会议通过的《法规、司法解释备案审查工作办法》第 20 条规定，对法规、司法解释及其他有关规范性文件中涉及宪法的问题，宪法和法律委员会、法制工作委员会应当主动进行合宪性审查研究，提出书面审查研究意见，并及时反馈制定机关。

大常委会法工委成立宪法室，明确其职能为协助全国人大常委会、宪法和法律委员会承担推动宪法实施、开展宪法解释、推进合宪性审查、加强宪法监督、配合宪法宣传等方面，这种由全国人大常委会法工委的内部机构承担宪法和法律委员会相关业务的制度安排削弱了宪法和法律委员会相较于全国人大常委会法工委的独立性，影响宪法和法律委员会的在合宪性审查中的职责履行。

合宪性审查的制度价值在于确保宪法的有效实施，构建起以宪法为最高法律的法秩序体系，由代表民意的人大代表组成的全国人大及其常委会基于民主的正当性通过合宪性审查机制来监督宪法实施，确保作为人民意志和利益集中表达的宪法得到正确实施意味着：合宪性审查机制实质上是民主程序运行的制度体现。由人大代表组成的宪法和法律委员会相较于由不代表民意的公务员组成的全国人大常委会法工委更具有民主的正当性，因而，在宪法和法律委员会与全国人大常委会法工委共同协助全国人大及其常委会开展合宪性审查工作，共享合宪性审查职能时，基于民主的考量，应当将宪法和法律委员会作为主要的合宪性审查机构。

（二）全国人大常委会法工委对"征收"阐释的效力

作为合宪性审查主体的全国人大常委会法工委，依据宪法精神和宪法规范对行政法规等规范性法律文件进行审查以对宪法文本的阐释为前提。《法规、司法解释备案审查工作办法》第20条规定："对法规、司法解释及其他有关规范性文件中涉及宪法的问题，宪法和法律委员会、法制工作委员会应当主动进行合宪性审查研究，提出书面审查研究意见，并及时反馈制定机关。"宪法和法律委员会、法制工作委员会就规范性文件涉宪问题进行主动合宪性审查，在其提出的书面审查意见中可能涉及宪法阐释。这种书面审查意见既可能是对规范性文件的合宪性意见，也可能是对规范性文件与宪法不一致的意见，无论哪一种意见都必然涉及宪法相关内容的理解与说明。

全国人大常委会法工委在判断"机场建设费"的征收是否属于《宪法》第13条规定的对公民私有财产的征收时，对《宪法》第13条规定的"征收"进行了阐释。我国现行法律中"征收"一词既可用于纳入预算管理的税费征收，也可用于国家对非国有动产、不动产的征收。民航发展基金作为一种政府性基金，其征收不属于《宪法》第13条规定的对公民私有财产的征收。主要理由为：一是征收事由与被征收人的关联性不同。民航发展基金用于民航基础设施建设，按照"谁收益，谁付费"的原则，由使用航路、航站资源的航空公司和乘客缴纳，作为征收对象的旅客和航空公司也是征收的受益人，缴纳义务人与其对航空运输资源的使用之间有特定的关联。而宪法上对私有财产的征收是基于公共利益的需要，征收事由与被征收人之间的关联一般比较弱，被征收人与征收的受益一般也没有直接、必然的关联。二是补偿要求和征收程序不同。对非国有财产的征收会导致财产权主体成为特别负担者，需要由征收主体予以补偿，其征收程序一般包含征收登记、征收决定、补偿等。民航发展基金的本质是政府收费，不具有可补偿性，航空旅客应缴纳的民航发展基金由航空公司或者销售代理机构在旅客购买机票时一并代征，航空公司应缴纳的民航发展基金由民航局清算中心直接征收。[1]

全国人大常委会法工委对于"征收"的阐释是否构成具有规范效力的《宪法》第67条规定的宪法解释需要进一步论证。从法理角度来看，宪法的制定主体是人民，宪法的内容是人民关于国家生活和社会生活中最根本和最重要事项的政治决断，是人民意志和利益的集中体现。宪法解释在对宪法精神、理念和规范的含义进行阐明的同时也在推动着宪法内容的丰富变迁，推动着宪法文本不断适应新的社会环境，对于国家生活和社会生活有着显著的作用和影响。因而，对宪法解释应当由代表人民民意的机关进行，具体到我国，由于由全国人大代表组成的全国人大存在组织、会期、专业能力等方面的限制，宪法解释权则应当由全国人大常委会这一全国人大的常设机关来行使。从规范角度来看，依据《宪法》第67条的规定，全国人大常委会是宪定的唯一的宪法解释机关，其立法工作机构全国人大常委会法工委尽管具有"推进宪法解释"的职权[2]，但"推进宪法解释"不同于"解释宪法"，全国人大常委会法工委不具备独立完整的宪法解释权，不能以自己的名义进行宪法解释。尽管《立法法》等法律授权全国人大常委会法工委可以就有关具体问题的法律询问进行研究答复，但并未规定是否可以以及如何就宪法条文

---

〔1〕　梁鹰："2020年备案审查工作情况报告述评"，载《中国法律评论》2021年第2期。

〔2〕　全国人大常委会法工委承担推动宪法实施、开展宪法解释、推进合宪性审查、加强宪法监督、配合宪法宣传等方面的具体工作，见中国人大网，http://www.npc.gov.cn/npc/fgw001/202009/37a38fef089e499bb63b9d58ceda9ba4.shtml，最后访问时间：2022年5月31日。

进行解释，即未授予全国人大常委会法工委以宪法解释权。可以明确的是，由于全国人大常委会法工委不具备独立完整的宪法解释权，其以自己的名义就宪法作出的解释便并不属于《宪法》第 67 条规定的宪法解释，不具备与宪法文本一样的规范效力。

从实践角度来看，全国人大常委会法工委在包括本案在内的诸多场合对宪法进行着解释，这种解释不同于一般学者的学理解释或阐释，在指导其他国家机关工作等中扮演着不可或缺的作用。一般学理解释或阐释只是学者对宪法内容的理解与阐述，属于学术研究的范畴，没有任何法的效力。全国人大常委会法工委作为全国人大常委会的工作机构，在全国人大常委会未对宪法文本进行相应的解释时，其对宪法文本的解释阐明了相关条文的含义，对于人们更准确地理解宪法含义、目的、精神等具有重要的引导性价值与功能，事实上代表着所属国家机关的意见或意志[1]，尽管不具有规范效力，但对实际工作起指导作用[2]。

不对宪法文本进行解释，就不能把握宪法文本的精神、理念、价值以及相应的规范要求，由此出现了合宪性审查和宪法解释的职权配置的错位，即作为合宪性审查主体的全国人大常委会法工委由于不具备解释宪法的法定职权，其进行的合宪性审查本身也面临着合宪性困境。

（三）合宪性审查与合法性审查的关系

在本案中，全国人大常委会法工委完成了"机场建设费"征收的合宪性审查和合法性审查两个程序，最终得出征收不违反《宪法》第 13 条的规定，但不符合《预算法》第 9 条第 1 款关于政府性基金依照法律、行政法规的规定征收的规定的结论。需要讨论的是，合宪性审查和合法性审查二者之间有何区别，是何种关系。

合法性审查和合宪性审查是两个不同的程序机制，合法性审查并不包含合宪性审查。合法性审查是指针对行政法规、地方性法规、规章等规范性法律文件，对其进行审查是否符合上位法的活动，其中上位法并不包括宪法。合法性审查主要是审查下位法是否抵触上位法。根据全国人大常委会法工委

〔1〕 范进学、张玲玲："论我国合宪性审查中的宪法阐释与宪法解释"，载《浙江学刊》2022 年第 3 期。

〔2〕 参见蔡定剑、刘星红："论立法解释"，载《中国法学》1993 年第 6 期。

的解释，主要包括以下五种类型：①上位法有明确规定，与上位法的规定相反的；②虽然不是与上位法的规定相反，但旨在抵消上位法的规定的，即搞"上有政策下有对策的"；③上位法没有明确规定，与上位法的立法目的和立法精神相反的；④违反了《立法法》关于立法权限的规定，越权立法的；⑤下位法超出上位法规定的处罚的种类和幅度的。[1] 本案中，"机场建设费"的征收与《预算法》第9条的规定相违背，属于第1种情形，构成不合法。

合宪性审查引领合法性审查。作为国家根本法的宪法具有最高的法律效力，立法实施是宪法实施的重要方式，以法律为依据进行的合法性审查在解决法律法规内部存在的冲突问题的同时，也会导致审查标准的高度分散化和不统一。[2] 明确合宪性审查的根本性和最终性，以宪法作为最终的统一依据、才真正有利于确立一个内在统一的标准体系，维护国家法秩序的内在统一。当以合法性标准审查审查对象时，如审查对象不与审查依据相抵触，从节约审查成本的角度考量，可不再进行合宪性审查，如审查对象或者审查依据涉及宪法问题，应当首先进行合宪性审查，对审查对象或者审查依据的合宪性进行判断；在审查对象无明确的法律依据时，则应当直接进行合宪性审查。[3] 在合法性审查与合宪性审查之间，应当按照"穷尽法律救济"和"回避宪法判断"的原理[4]，优先进行合法性审查。就是说，能在合法性审查层面解决的就在合法性审查中解决，只有合法性审查解决不了，才有必要提交到合宪性审查的层面。[5] 此外，合宪性审查和合法性审查同为保障宪法实施，维护法制统一的重要机制，但合宪性审查相较合法性审查更具谦抑性。全国人大常委会法工委法规备案审查室主任梁鹰指出，在进行审查研究时一般都会考虑转换，即凡是可以转换为合法性审查的，都按照合法性问题予以研究处理。[6]

---

〔1〕 全国人大常委会法制工作委员会国家法室编著：《中华人民共和国立法法释义》，法律出版社2015年版，第303页。

〔2〕 林来梵："合宪性审查的宪法政策论思考"，载《法律科学（西北政法大学学报）》2018年第2期。

〔3〕 参见于文豪："宪法和法律委员会合宪性审查职责的展开"，载《中国法学》2018年第6期。

〔4〕 参见林来梵主编：《宪法审查的原理与技术》，法律出版社2009年版，第341-354页。

〔5〕 王锴："合宪性、合法性、适当性审查的区别与联系"，载《中国法学》2019年第1期。

〔6〕 朱宁宁："从数量井喷看备案审查工作重要变化"，载《法治日报》2021年1月26日，第6版。

在本案中，全国人大常委会法工委对于机场建设费征收问题的审查可分为针对机场建设费的征收是否符合《宪法》第13条对于"征收"的要求以及机场建设费的征收是否符合《宪法》第13条之外的其他宪法规范的要求两个问题的审查。在第一个问题上，作为机场建设费征收依据的部门规章由于不存在法律和行政法规形式的上位法依据，其直接依据便是现行《宪法》，因而审查其是否符合《宪法》第13条的要求需直接从《宪法》展开，属于审查对象涉及宪法的情形，故全国人大常委会法工委故直接进行了合宪性的审查，得出机场建设费征收不违反《宪法》上的"征收"规定的合宪性结论。但不违反《宪法》第13条的要求并不代表着机场建设费的征收就符合《宪法》第13条之外的宪法规范的要求，在这一问题的审查过程中，由于并不存在审查对象直接涉及宪法的情形，故全国人大常委会法工委并没有直接在宪法层面进行相应的分析，而是将该问题的判断转化为了根据《预算法》相关规定进行的合法性审查，进而得出机场建设费的征收不符合新修改后的《预算法》的要求的结论，不合法的结论使得审查已无需再返回到宪法层面进行相应的分析。最终全国人大常委会法工委呈现出符合《宪法》第13条要求，但不符合《预算法》要求的审查结论。

四、参考意见

合宪性审查制度的制度价值在于确保作为人民意志和利益集中表达的宪法的有效实施，构建起以宪法为最高法律的统一的法秩序体系，实质上是人民民主原则的制度表达，该制度的建构需在体现人民民主的人民代表大会制度这一根本政治制度范畴内展开。全国人民代表大会是最高国家权力机关，并监督由它产生的其他国家机构，这决定了我国的合宪性审查制度只能采取权力机关审查的基本体制，以美国为代表的普通法院型模式、以法国为代表的宪法委员会型模式以及以德国为代表的宪法法院型模式均不适合我国。

合宪性审查并不是囊括合法性审查的存在。合宪性审查以宪法为审查依据，相较于以法律为依据的合法性审查，能够解决法律之间的冲突，在法律体系中确立内在统一的审查标准体系，维护法秩序的内部统一，具有根本性和最终性。但这并不意味着在合法性审查与合宪性审查之间，合宪性审查优先于合法性审查，相反，应当按照"穷尽法律救济"和"回避宪法判断"的原理，优先进行合法性审查。此外，如梁鹰所述，合宪性审查相较合法性审查还具有谦抑性的特点，在进行审查研究时一般都会考虑转换，即凡是可以转换为合法性审查的，都按照合法性问题予以研究处理。

合宪性审查制度规则的建构需总结提炼实践经验。正在构建中的合宪性审查制度面临着规范不足的难题，如全国人大及其常委会、宪法和法律委员会以及全国人大常委会法工委等审查主体的适当的职责分工，是否所有的涉宪性、合宪性问题都需由宪法和法律委员会进行判断，针对法律规范未明确类型的合宪性审查问题审查程序如何展开等，这都离不开丰富的合宪性审查制度实践。本案的合宪性问题来源于政协委员的提案，针对为政协委员提案中的合宪性问题，当前的法律规范中尚未明确具体的审查路径，本案探索出了与政治协商制度相衔接的合宪性审查路径，为构建基于中国国情的合宪性审查规则提供了可供参考的选择。

◈ 拓展案例

全国人大常委会法工委对《最高人民法院关于审理人身损害赔偿案件适用法律若干问题的解释》进行合宪性审查

关于人身损害赔偿案件的法律适用，最高人民法院于 2003 年制定了《关于审理人身损害赔偿案件适用法律若干问题的解释》（以下简称《人身损害赔偿解释》）。该司法解释对受害人的残疾赔偿金和死亡赔偿金的计算依据受害人的户籍设定了不同的标准，对于城镇居民则依据城镇居民人均可支配收入计算，而农村居民则依据农村居民人均纯收入计算。由于城镇居民人均可支配收入远高于农村居民人民纯收入，导致相同情况下城镇居民与农村居民的赔偿金差距明显，呈现出"同命不同价"的现象，这种二元标准的设定是基于我国经济社会发展不平衡的基本国情及城乡二元结构的背景制定的司法政策。

2017 年安徽宣城普通农民方诗敏致信全国人大常委会法工委，对规定城乡不同赔偿标准的司法解释质疑，认为城乡二元标准不符宪法"法律面前人人平等"的精神。全国人大常委会法工委收到来信后，请最高人民法院说明情况，并征求全国人大常委会法工委民法室意见，研究提出，《人身损害赔偿解释》中关于人身损害赔偿城乡二元标准的规定并不违反宪法法律规定，但如何在司法实践中更合理地界定人身损害赔偿金的内容及计算标准，使赔偿内容和标准更好地体现公平，并被大多数公民接受，需进一步研究[1]。随着社会发展进步，国家提出城乡融合发展，城乡发展差距和居民生活水平差距将逐步缩小，城乡居民人身损害赔偿计算标准的差异也应当随之取消。全国人大常委会法工委与最高人民法院沟通，建议在总结试点经验的基础上，适时修改完善人身损害赔偿制度，统一城乡居民人身损害赔偿标准。

2019 年 9 月，最高人民法院授权各省、自治区、直辖市高级人民法院、新疆生产建设兵团分院开展统一城乡人身损害赔偿标准试点工作。2022 年 4 月 24 日，最高人民法院发布了《关于修改〈最高人民法院关于审理人身损害赔偿案件适用法律若干问题的解释〉的决定》。新司法解释将残疾赔偿金、死亡赔偿金以及被扶养人生活费由原来的城乡区分的赔偿标准修改为统一采用城镇居民标准计算，不再区分城镇居民和农村居民。

---

[1] 刘华东、陈慧娟："全过程民主是人民当家作主的生动实践"，载《光明日报》2021 年 7 月 10 日，第 7 版。

| 第二章 |

公民基本权利和义务

第一节　平等权

📖 知识概要

　　作为一种永恒的社会理念，平等一直推动着文明社会的政治发展。现代宪法一般都将平等作为最重要的宪法原则。我国《宪法》第 33 条第 2 款规定"中华人民共和国公民在法律面前一律平等"。这是我国宪法关于一般平等权的规定，冠于各项基本权利之首。此外，我国《宪法》还规定了特别平等权，具体包括：①民族平等权。如《宪法》第 4 条第 1、2 款规定："中华人民共和国各民族一律平等。国家保障各少数民族的合法的权利和利益，维护和发展各民族的平等团结互助和谐关系。禁止对任何民族的歧视和压迫，禁止破坏民族团结和制造民族分裂的行为。国家根据各少数民族的特点和需要，帮助各少数民族地区加速经济和文化的发展。"②选举平等权。如《宪法》第 34 条规定："中华人民共和国年满十八周岁的公民，不分民族、种族、性别、职业、家庭出身、宗教信仰、教育程度、财产状况、居住期限，都有选举权和被选举权……"③宗教信仰平等权。如《宪法》第 36 条第 2 款规定："任何国家机关、社会团体和个人不得强制公民信仰宗教或者不信仰宗教，不得歧视信仰宗教的公民和不信仰宗教的公民。"④男女平等权。如《宪法》第 48 条规定："中华人民共和国妇女在政治的、经济的、文化的、社会的和家庭的生活等各方面享有同男子平等的权利。国家保护妇女的权利和利益，实行男女同工同酬，培养和选拔妇女干部。"特别平等权由宪法专门列举，属于制宪者特别珍视的价值或社会中易于受损害的价值，故应给予较为严格的审查。

作为最高的法律渊源，宪法中的有关规定无疑肯定了平等是一项首要的社会价值。这些有关平等的规定具有双重性质，平等既是一项原则，也是一种权利。对国家而言，平等是一项原则，要求国家必须平等保护不同的公民；对个人而言，平等是一项基本权利，个人可以向国家提出平等的诉求，要求得到平等对待。

宪法上的平等是规范意义上的平等，即应然意义上的平等，而不是事实上的平等。这就意味着宪法允许合理的差别。因此，对于一项立法或一种行政措施，判断其是否违反宪法上的平等时，首先要看其是否存在差别对待。如果存在差别对待，则要判断其差别对待的目的是否合理。目的合理是指基于宪法所容许的目的，而不是给予禁止性差别事由；接着要判断手段是否合理，是否符合比例原则；最后还要判断目的与手段之间是否存在内在的关联性。[1]

值得注意的是，宪法规定存在着固有的局限性。作为公法，宪法条款一般直接针对政府而非私人主体。因此，在诸如就业平等领域，宪法虽然能禁止政府部门的歧视行为，但对普遍存在的私人部门的就业歧视却无能为力。当然，如果歧视的主体带上了政府色彩或者获得了政府授权，仍可适用宪法平等原则。具体包括：①国家介入的行为。因国家许可、授权经营而处于优越地位的私人所实施的行为，视为国家代理人的行为，构成"国家行为"，应受宪法规范。[2] ②公共职能行为。一些与国家几乎没有联系，属于私人所有的，但行使公共职能的商业中心、公共事业机构等实施的侵权行为，也构成国家行为。③国家的不作为。国家公共权力不得从事违反宪法的行为，在某些情况下，法院仍然可以基于国家公共权力与私人间的连带关系，将外观上纯属私人的行为转化为"国家行为"。

---

〔1〕 具体分析参见林来梵：《宪法学讲义》，清华大学出版社 2018 年版，第 388 页。

〔2〕 例如 Kerr v. Enoch Pratt Free Liberty, 149 F. 2d 212, 219 (4th Cir., 1945).

经典案例

城乡居民人身损害赔偿同命不同价

一、基本案情

2005年12月15日凌晨6时许，在重庆市江北区郭家沱街道租房居住的何青志夫妇，到农贸市场卖猪肉，其女何源与两同学乘同一辆三轮车，结伴去学校上学。当三轮车行驶到郭家沱长城公司上坡路段时，迎面驶来的一辆满载货物的卡车刹车不及，车辆失控，发生侧翻，压住三轮车，致车上三学生当场死亡。经查，卡车登记车主为重庆铺金公路运输有限公司，实际车主为刘丰云，肇事驾驶员为刘定红（已判刑3年）。2006年1月7日，交警认定刘定红负事故全部责任。事故发生后，各方当事人自愿选择协商解决方式。在有当地政府、交警等参与下，2005年12月17日，各方当事人达成赔偿协议，两位城镇户口女孩的家人各自得到了20余万元的赔偿。14岁的何源虽然从出生时起就随父母在属于重庆主城区的郭家沱街道生活，但因是农村户口，按当时的法律规定，何青志夫妇只得到5万余元的死亡赔偿金和4万元的补偿金。

从2006年1月起，何源等三少女因车祸遇难却遭遇"同命不同价"赔偿，经新闻媒体报道后，激起了社会上对"同命不同价"话题的大讨论。为了给女儿讨一个公道，讨一个能让所有农村户口的人心服口服的解释，何青志夫妇四处奔走反映。同年11月1日，重庆市高级人民法院施行《关于审理道路交通事故损害赔偿案件适用法律若干问题的指导意见》，提出有条件地实行"同命同价"。何青志夫妇遂于同年11月14日，将肇事车辆所挂靠的公司、实际车主、肇事司机告到重庆市江北区法院，要求三被告共同赔偿死亡赔偿金、丧葬费计133 196元。经审理，重庆市江北区法院认为，何青志夫妇得到的赔偿金完全符合当时法律法规的规定。由于双方自愿达成赔偿，且何青志夫妇已经全部得到赔偿，其诉讼请求没有法律依据。2007年6月12日，区法院作出一审判决，驳回何青志夫妇赔偿请求。

二、法律问题

1. 人身损害赔偿按户口性质做区别对待是否违反平等原则？

2. 最高人民法院司法解释中关于人身损害赔偿同命不同价的规定是否合乎宪法？

三、宪法分析

简单说，平等就是同样的人同等对待，不同的人区别对待。不合理的区别对待构成歧视。根据1958年国际劳工大会通过的《就业和职业歧视公约》（即第111号公约）第1条规定，歧视的定义是："基于种族、肤色、性别、宗教、政治见解、民族血统或社会出身等原因，具有取消或损害就业或职业机会均等或待遇平等作用的任何区别、排斥或优惠。"除此之外，在诸如国籍、年龄、健康、残疾、身高、长相、婚姻状况等方面的区别、排斥或优惠，具有取消或损害就业或职业机会均等或待遇平等作用的规定，不一定都构成法律意义上的歧视，而是要根据各国具体情况来确定。[1]

歧视有直接歧视和间接歧视。直接歧视较容易认定，一般是有三个要件：①同样的情况却受到不同的对待；②区别对待是基于与职业要求无关的因素，如种族、肤色、家庭出身、性别、年龄、残疾等；③区别对待没有合理理由和特别原因。但对于什么是相同情况、区别对待和合理理由，则需要结合具体情况进行判断。间接歧视是指看似中立没有区别对待任何个人或群体，但实际上导致某人或群体受到不利影响。因此，对间接歧视的认定需要对不同群体进行比较，并借助社会学方法和数据来证明群体间的差别不是偶然发生的。不构成歧视的情况通常包括：①出于职业本身的客观、特殊需要，如剧中角色需要招聘男演员或女演员，女监狱的狱警必须由女性出任等；②因某种特殊情况出现需要给予特别优待，如出于对怀孕或哺乳妇女的优待措施等；③因某类人群的劣势给予特别照顾，如对残疾人的优待措施和特殊保护，高考录取给少数民族的考生以一定分数照顾等。[2]

---

〔1〕 蔡定剑主编：《中国就业歧视现状及反歧视对策》，中国社会科学出版社2007年版，第8页。

〔2〕 蔡定剑主编：《中国就业歧视现状及反歧视对策》，中国社会科学出版社2007年版，第9—11页。

差别对待是否构成歧视。首先，需要审查该差别对待是否出于合法目的，是否基于客观需要。单纯的经济原因不能成为"正当目的"。其次，采取的手段是否"适当"且"必须"。即为了合法合理目的所采用的手段是适当的，是对公民权利损害最小的手段。最后，目的和手段之间有必然联系，所采取的手段能够实现其正当目的。

人身损害赔偿"同命不同价"的根源是 2003 年 12 月 4 日由最高人民法院审判委员会第 1299 次会议通过的《最高人民法院关于审理人身损害赔偿案件适用法律若干问题的解释》（法释［2003］20 号）（在本案分析中简称《解释》）。该《解释》将生命受害的赔偿分解为两项内容：一是死亡赔偿金，二是精神损害抚慰金。死亡赔偿金是对因受害人死亡所造成的其近亲属特别是继承人的物质损失的赔偿，以上一年度城镇居民人均可支配收入或者农村居民人均纯收入为标准；精神损害抚慰金是对因受害人被侵权致死所造成的其亲属精神损害的抚慰，其标准是死者亲属的精神损害程度和侵权情节，数额由法官酌定。由于死亡赔偿费的计算基准并不是统一的，有城乡差别和地域差别，所以最后计算出的赔偿数额会因人而异，甚至差别较大。2006 年 4 月 3 日，最高人民法院民一庭在《关于经常居住地在城镇的农村居民因交通事故伤亡如何计算赔偿费用的复函》中称，人身损害赔偿案件中，应当根据案件的实际情况，结合受害人住所地、经常居住地等因素确定适用赔偿金标准。这个复函给了法官更多的自由裁量权，但由于复函并未给出确切指引，人身损害赔偿案件中"同命不同价"的现象并未得到根本改变。2010 年 7 月 1 日起施行的《侵权责任法》对此有了改变，第 17 条明确，"因同一侵权行为造成多人死亡的，可以以相同数额确定死亡赔偿金。"这一条款未提及"城乡差别"待遇，在一定程度上缓和了社会对"两金"赔偿差异的争议。但长期以来，在民事纠纷中，以户籍判断居民身份，以城乡不同标准给予赔偿仍然是全国各地法院判案或非诉讼调解中的准则。

最高人民法院的《解释》是在当时的历史背景下，基于城乡二元体系，考虑到城市和农村生活水平的差距，确定的符合中国实际的标准。最高人民法院认为，残疾赔偿金和死亡赔偿金并不是对死者生命价值或者身体残伤本身的赔偿，残疾赔偿金是对受害人未来的预期收入损失的赔偿，死亡赔偿金则是对死者亲属经济利益损失的赔偿，将赔偿金等同于"命价"，将"法律面前人人平等"直接理解为"同命同价",是对司法解释的误解。[1] 换言之,死亡赔偿金赔的并不是对人的生命价值的补偿,不是"命价",而是可预计的所得损失,所以不应当认为其不合理。

学术界对死亡赔偿金的性质存在"抚养(扶养)丧失说"和"继承丧失说"等多种理论。[2] 按照最高人民法院的《解释》,死亡赔偿金是属于"财产性质的收入损失赔偿",因此,司法解释对死亡赔偿金采用的是"继承丧失说"。正是基于死亡赔偿金的性质不是对个人生命价值的赔偿,而是对相关权利人预期继承收入的补偿。简言之,死亡赔偿金就是"赔偿义务人对受害人死亡这一单纯后果支付的金钱赔偿"。[3] 因此,死亡赔偿金数额的差异并不会导致社会不公平。有学者提出,完善死亡赔偿金制度的当务之急并不是统一死亡赔偿金,因为个人的收入无法统一,死亡赔偿金也就不可能统一。而是让死亡赔偿金能够体现被害人的收入状况,从而维护被害人的继承人的权利。[4]

在社会的广泛关注和争议下,"同命不同价"的问题开始得到有效解决。2019 年 4 月 15 日,中共中央、国务院发布《关于建立健全城乡融合发展体制机制和政策体系的意见》,明确提出改革人身损害赔偿制度,统一城乡居民赔偿标准。2019 年 8 月 26 日,最高人民法院发布《关于授权开展人身损害赔偿标准城乡统一试点的通知》,授权全国各省份高级人民法院及新疆维吾尔自治区生产建设兵团分院在辖区内探索统一城乡居民赔偿标准。还有一些地方法院创设新标准,如《上海市高级人民法院关于开展人身损害赔偿标准城乡统一试点工作的实施意见》显示,人身损害赔偿统一试点标准选用"上海市居民标准",该标准介于城镇标准与农村标准之间。2022 年 4 月 24 日,最高人民法院发布了《关于修改〈最高人民法院关于审理人身损害赔偿案件适用法律若干问题的解释〉的决定》,将残疾赔偿金、死亡赔偿金以及被扶养人生活费由原来的城乡区分的赔偿标准修改为统一采用城镇居民标准计算,不再区

---

〔1〕 "公民意见建议可以撬动权力机关",载《新安晚报》2021 年 1 月 25 日,第 A3 版。

〔2〕 关于"扶养丧失说"和"继承丧失说",参见张新宝:《侵权责任法原理》,中国人民大学出版社 2005 年版,第 482 页。

〔3〕 张新宝:《侵权责任法原理》,中国人民大学出版社 2005 年版,第 481 页。

〔4〕 傅蔚冈:"'同命不同价'中的法与理——关于死亡赔偿金制度的反思",载《法学》2006 年第 9 期。

分城镇居民和农村居民。该修改决定自 2022 年 5 月 1 日起施行。

拓展案例

艾滋病教师就业歧视案

一、基本案情

小吴是安徽省安庆市一名大四学生，2010 年安庆市市直学校招聘教师，他顺利通过了笔试和面试。在体检过程中，被查出艾滋病检测呈阳性（HIV+）。最终，教育部门决定不录取小吴。小吴认为，安庆市教育局此举是针对艾滋病感染者的就业歧视。于是，在同年 8 月底，小吴选择了起诉教育局。2010 年 10 月 13 日，安庆市迎江区法院不公开审理此案。11 月 12 日，安庆市迎江区法院作出的《行政判决书》称：根据《公务员录用体检通用标准（试行）》第 18 条规定，原告体检不合格，不符合《教师法》对从事教师职业身体条件的要求。11 月 30 日，在上诉期即将届满的最后一天，小吴的代理律师向安徽省安庆市中级人民法院递交上诉状。二审判决驳回上诉，维持原判。安庆市中级人民法院在二审判决书中认为，教师属于事业单位工作人员，根据安庆市规定，教师应聘应参照公务员体检标准："淋病、梅毒、软下疳、性病性淋巴肉芽肿、尖锐湿疣、生殖器疱疹、艾滋病，不合格。"

二、法律问题

1. 《公务员录用体检通用标准（试行）》中关于艾滋病感染者为体检不合格的规定是否存在合法性问题？
2. 涉嫌歧视艾滋病感染者的案例应当适用何种审查基准？
3. 案件中教育部门以患有艾滋病为由决定不录取小吴是否构成歧视？

拓展资料

2-1　拓展案例宪法分析

第二节　言论自由

📖 知识概要

　　言论自由，又称表达自由，是宪法中至为重要的一项基本权利，得到各国宪法的认可和保护。我国《宪法》第 35 条规定："中华人民共和国公民有言论、出版、集会、结社、游行、示威的自由。"从文义上看，言论是人们表达自己关于政治或一般公共事务的议论。[1] 议论是对人或事物的好坏、是非等表示意见。[2] 意见是对事务的看法或想法。[3] 表示是用言语行为显出某种思想、感情、态度等。[4] 从规范体系上看，与《宪法》第 35 条关于言论自由的规定相邻的是第 34 条关于公民选举权和被选举权的规定，以及第 36 条关于信仰自由的规定。而且，第 35 条与言论自由并列的还有出版、集会、结社、游行和示威的自由，这些都是现代社会公民表达政治思想的典型要素。因此，《宪法》第 35 条规定的言论自由首先应被理解为一项政治自由权利。[5] 也就是说，作为宪法权利的言论自由，只是具有公共性的言论，即与公共事务特别是政治事务相关的言论，诸如讨论税收种类、公共政策、廉洁状况、疫情防控、对外事务以及官员的表现。这类言论应当作为宪法性"权利"受到严格保护，理由有三：第一，这类言论正是因为具有公共价值而被列入宪法文本作为宪法上的基本权利；第二，这类言论易于受到政府侵犯，面临政府管制时具有脆弱性，需要宪法优先保护，以平衡政府与个人之间的力量；第三，现代成文宪法本身的至上性和刚性特征，使得这种优先保护变

---

〔1〕　中国社会科学院语言研究所词典编辑室编：《现代汉语词典》，商务印书馆 2005 年版，第 1565 页，词条："言论"。

〔2〕　中国社会科学院语言研究所词典编辑室编：《现代汉语词典》，商务印书馆 2005 年版，第 1614 页，词条："议论"。

〔3〕　中国社会科学院语言研究所词典编辑室编：《现代汉语词典》，商务印书馆 2005 年版，第 1617 页，词条："意见"。

〔4〕　中国社会科学院语言研究所词典编辑室编：《现代汉语词典》，商务印书馆 2005 年版，第 91 页，词条："表示"。

〔5〕　张千帆："事例 3：甘肃初中生发帖被刑拘——言论自由的宪法审查"，载胡锦光主编：《2013 年中国十大宪法事例评析》，法律出版社 2015 年版，第 60 页。

得必要且可能。相对来说，那些对邻居品头论足、披露他人隐私、侮辱他人信仰、传播色情信息等言论属于民法性质的私人言论，不具有公共价值，这些言论涉及他人名誉、隐私等引发的纠纷不过是"利益"的冲突，而非"权利"的冲突。

其次，基于1982年《宪法》修改时对人民监督国家权力的重视，宪法还对公民批评国家机关及其工作人员的言论予以特殊保护。[1]《宪法》第41条第1款规定："中华人民共和国公民对于任何国家机关和国家工作人员，有提出批评和建议的权利；对于任何国家机关和国家工作人员的违法失职行为，有向有关国家机关提出申诉、控告或者检举的权利，但是不得捏造或者歪曲事实进行诬告陷害。"依据该条规定，"不得捏造或者歪曲事实进行诬告陷害"是限制监督权的宪法理由。即宪法以真实与否作为区分的标准。这里的真实只是原则性真实，不需要绝对的准确，"因为提意见、控告时，事实不一定百分之百的准确，或者基本上准确，也许个别事实上不清楚，但不是有意把明明是白的偏说成是黑的。"[2]

此外，鉴于学术性言论对于追求真理、探索未知的重要性，宪法对学术自由亦给予特殊保护。《宪法》第47条规定："中华人民共和国公民有进行科学研究、文学艺术创作和其他文化活动的自由……"学术自由本质上是思想自由。学术研究要得出科学成果和产生优秀成果，需要具有一定的独立性，只服从真理，不能人为地设置禁区和障碍。宪法对学术自由提供特殊保护，"防止对学术自由的任何干预和破坏"。[3]

目前，理论和实践中对言论自由的误解仍然较为突出。在涉及言论表达与名誉权、肖像权、隐私权等人格权益冲突的民事案件中，判决理由普遍将纯

---

〔1〕　具体分析参见杜强强："基本权利的规范领域和保护程度——对我国宪法第35条和第41条的规范比较"，载《法学研究》2011年第1期。

〔2〕　肖蔚云：《论宪法》，北京大学出版社2004年版，第113页。司法实践中对此亦有明确判断。在邵宏升不服厦门市公安局集美分局治安管理处罚决定案件中，厦门市集美区人民法院指出：检举权是宪法赋予公民的基本权利，为了保障公民充分地行使这一民主权利，公民在行使检举权时，对其行为应享有充分的豁免权。因此，并不应强求其所检举的情况一定属实，国家机关亦不能仅因检举人所反映情况与事实有所出入便对其科以处罚，否则，公民对政府的信任会丧失殆尽，亦与我国的民主法治建设背道而驰。见最高人民法院中国应用法学研究所编：《人民法院案例选》（2004年行政·国家赔偿专辑），人民法院出版社2005年版，第24页。

〔3〕　蔡定剑：《宪法精解》，法律出版社2006年版，第279页。

粹的私人间言论作为宪法权利对待，而当事人也常常以宪法规范作为支持理由。

言论自由并非绝对自由。通常情况下，若要对他人的言论自由加以法律上的限制，权利主张者必须能够提出足够的证据证明言论者有法律上认可的过错并造成了或可能造成更大的伤害，并且这种限制不会限制言论表达的本质内容，不会影响他人行使言论自由。换言之，在涉及限制言论自由问题的名誉权诉讼中，依据"谁主张、谁举证"的原则，权利主张者不仅要提出受到或可能受到伤害的证据，并且要证明：①言论者主观上有法律认可的过错（过失、故意或恶意伤害）；②该过错行为造成了或可能造成实质性伤害；③对言论的限制不会具有太多的"外溢效应"而造成该言论者和其他言论者未来的言论自由权受到重大或实质性的限制。[1] 但鉴于宪法对政治性言论和批评国家机关及其工作人员的言论予以特殊保护，在处理言论自由与名誉权纠纷时，需要区别对待：针对政府官员行使公权力的公共言论，予以特殊保护，原则上不作为名誉权侵权；针对社会性公众人物的言论，予以中等程度的保护；针对个人的与公共利益无关的言论不需要特殊保护，法官予以个案衡量确定保护言论自由抑或名誉权。[2]

📚 经典案例

纽约时报诉沙利文案[3]

一、基本案情

为了扩大黑人民权运动的影响，争取社会支持，1960 年 3 月 29 日，《纽约时报》用整版篇幅刊登了一则题为《请倾听他们的呐喊》（Head Their Rising Voices）的政治宣传广告。这是由包括马丁·路德·金等四位黑人牧师在内的 64 位著名民权人士联名签署的政治宣传广告，目的是民权运动募捐基金。这幅广告猛烈地抨击了美国南方各级政府镇压民权示威的行径，其中对

---

〔1〕 苏力：《法治及其本土资源》，中国政法大学出版社 1996 年版，第 191-192 页。

〔2〕 马得华："我国宪法言论自由条款类似于美国宪法第一修正案吗？"，载《比较法研究》2016 年第 4 期。

〔3〕 案情综述参见任东来："新闻自由与个人名誉的艰难平衡——关于美国媒体的诽谤诉讼"，载《南京大学学报（哲学·人文科学·社会科学版）》2004 年第 3 期。

阿拉巴马州蒙哥马利市警方以"恐怖浪潮"对待非暴力示威群众的行为予以谴责。广告还称这些"南方的违宪者"正在一意孤行，镇压和消灭黑人民权运动及其领袖马丁·路德·金。可是，后来有人发现，广告中有个别细节不够真实。比如，黑人领袖马丁·路德·金只被政府逮捕过4次，而广告宣称他被逮捕过7次。广告中还说有几位黑人学生因领导和平示威而被警察驱出大学校园，实际上这几位学生是因进入一家仅供白人就餐的餐厅抗议，使餐厅无法正常营业，违反了当时阿拉巴马州的种族隔离法和社会治安法而被驱逐。警察的行为基本上属于依法行事。

沙利文（L. B. Sullivan）是蒙哥马利市警察局局长，虽然这幅广告并无一处提及他的尊姓大名，但他认为《纽约时报》严重损害了他作为警方首脑的名誉，犯有诽谤罪，遂写信给《纽约时报》和部分签名人士，要求撤回广告。遭到拒绝后，便控告在广告署名的黑人牧师和《纽约时报》，要求50万美元的名誉赔偿费。沙利文起诉所依据的是阿拉巴马州法：官员可以控告指责其职务行为的言论诽谤，但不得请求赔偿，除非事先书面要求对方收回言论并遭到拒绝。在他的带头下，其他一些被批评的官员也纷纷效仿，控告北方自由派的新闻媒体，要求巨额赔偿。一时间，《纽约时报》总计被要求索赔达500万美元之巨。

阿拉巴马州地方法院在审理中查明，广告的部分内容与事实有所出入，认定沙利文遭到诽谤，判决《纽约时报》向沙利文支付50万美元作为损害赔偿和惩罚性赔偿。1962年8月，阿拉巴马州最高法院维持了下级法院判决，并给诽谤罪下了一个很宽泛的定义："任何刊出的文字只要有损被诽谤者的声誉、职业、贸易或生意，或是指责其犯有可被起诉的罪行，或是使其受到公众的蔑视，这些文字便构成了诽谤……"《纽约时报》不服，聘请哥伦比亚大学著名宪法权威维克斯勒教授（Herbert Wechsler）和联邦前司法部长布朗尼尔（Herbert Brownell）为律师，把官司上诉到了联邦最高法院。联邦最高法院认为这一官司事关重大，涉及对公职人员的舆论监督，更涉及美国宪法第一修正案中言论自由和新闻自由这种最根本的公众自由问题，遂受理了该案，并在1964年3月以9∶0一致推翻了阿拉巴马州法院的判决。

二、法律问题

1. 宪法保护的言论自由是否包括商业广告？

2. 本案中的言论是否构成对沙利文的诽谤？

3. 对政府官员的批评能否构成诽谤？

三、宪法分析

《纽约时报》诉沙利文案是美国宪法史上一项具有划时代意义的重要判决。虽然宪法第一修正案规定了言论自由受宪法保护，但由于制宪者的意图和联邦制的特点，包括第一修正案在内的前 10 条宪法修正案（也称《权利法案》）一直被法院认为只约束联邦政府。直到 20 世纪 30 年代，最高法院才以宪法第 14 修正案规定的"平等法律保护"为由，逐步把《权利法案》的适用范围推广到对州的限制。因此，在《纽约时报》诉沙利文案之前，各州在涉及名誉权纠纷时，都沿用来自英国普通法传统的诽谤法，将媒体与官员的名誉权纠纷纳入侵权法的调整范围，官员可以用诽谤诉讼来对付批评性的言论。这类诉讼强调了二者冲突的私法性质，没有认识到政府官员提起的民事诽谤诉讼蕴含着极强的政治属性和权力性质。因此，在特定条件下，这种诉讼模式很容易演变为压制异议的工具。

《纽约时报》诉沙利文案的判决凸显了言论自由的宪法价值，将公共性质的言论纳入宪法的保护范围，使新闻媒体摆脱了侵权法诉讼的约束。依据本案确立的规则，官员作为公共人物，在主张自己的名誉权时，应当承担举证责任，证明侵权方存在"真实恶意"（actual malice），即侵权方明知该言论错误仍然坚持发表，或者对事件真相"贸然不顾"（reckless disregard）。至于公共人物在维护自己的名誉权时，为何要实行举证责任倒置，并且这个责任还超过了一般的侵权标准（故意或过失），学术界曾提出过一个非常重要的理由就是对等原则，即与一般公众相比，公共人物有更多的接触媒体的机会，有更多的澄清事实的空间。[1] 另外，公共人物也从媒体中获得更多的利益，有

---

〔1〕 最早提出对等原则的是贺卫方教授，见贺卫方：《具体法治》，法律出版社 2002 年版，第 185-186 页。另外，贺卫方教授在"名人的名誉权官司"一文中论述了处理名人名誉权案件的六个原则，其中第四个原则就是对等原则的具体内容，载《司法的理念与制度》，中国政法大学出版社 1998 年版，第 280-281 页。值得注意的是，也有学者对此持反对立场，认为在诽谤案件中，即使公共人物享有更多接近媒体的机会，但这并不能够消除诽谤在公众脑海里留下的不良印象。公共人物如果利用媒体对流言进行反驳，可能会越描越黑。公共人物即使赢得了官司，因诽谤而生的负面形象也难以在短期内消除。

时甚至是媒体造就了公共人物。因此，相对于普通民众，公共人物就需要忍受一些不便。

宪法规定言论自由的基本原则是保护自由参与政治讨论的机会，使得政府顺应民意。这种机会对共和国的安全来说，是不可或缺的。在一个民主社会里，作为公共言论表达渠道的新闻业通常承担着以下六项主要功能：①信息提供：新闻媒体可以向公民提供公正全面的信息，有助于他们作出合理的政治选择。②调查报道：新闻媒体可以调查掌权部门，尤其是政府层面的权力。③分析评论：新闻媒体可以提供连贯的阐释性分析评论、框架，从而帮助公民理解他们面对的复杂世界。④社会同情：新闻业可以告诉人们他人的状况，以此来达到对他人生存状态以及人生观念的正确评价和鉴别，尤其是对那些情况不如自己的人。⑤公共论坛：新闻业可以为公民提供对话的论坛，并使论坛能够促进社会中不同团体之间思想观念的碰撞、交流与沟通。⑥社会动员：新闻媒体可以为特定的政治方案以及政治观念宣扬鼓吹，并借此动员人们以行动来支持这些方案。[1] 官员执行公共权力的行为要接受人民最广泛的批评，而批评政府是公民的一项崇高义务。对于公共问题作无拘束、强有力、公开的讨论，是国家对人民承诺的一项基本原则。[2]

在参与公共讨论时，即使对影响官员名誉的叙事存在差错，或是有诽谤性内容，抑或两者兼而有之，并不能成为构成诽谤进而主张损害赔偿的充分理由，除非能够证明言论者存有"真实恶意"，即能够证明言论者明知陈述为虚假而故意发表或玩忽放任、根本不在乎陈述真实与否。

对于公共事务的讨论，应当是毫无拘束、富有活力并广泛公开的。它很可能包含了对政府或官员的激烈、刻薄，甚至令人极不愉快的尖锐抨击。早在1734年，被新闻界誉为"新闻自由第一案"的曾格案就确立了一项行业原则：对政府的批评是新闻自由的基石。曾格案"作为必不可少的催化剂，创造并维持了一个民主社会，这个社会有权在统治者偏离清廉公正原则之时批判他们"。[3] 本案涉及的政治广告，就是对当今一个重大公共问题表示不满

---

〔1〕〔美〕迈克尔·舒德森：《为什么民主需要不可爱的新闻界》，贺文发译，华夏出版社2010年版，第23页。

〔2〕See New York Times Co. v. Sullivan, 376 U. S. 254 (1964).

〔3〕〔美〕理查德·克鲁格：《永不消逝的墨迹：美国曾格案始末》，杨靖、殷红伶译，东方出版社2018年版，第340页。

和抗议，它显然有权得到宪法保护。即使它的个别细节失实，有损当事官员名誉，也不能成为压制新闻和言论自由的理由，仍然应该得到宪法第一修正案的保护，只有这样，言论自由才有存在所需的呼吸的空间。

如果以法律要求公共事务的批评者保证其所述全部情况属实，否则动辄即判有诽谤罪、处以不限量的赔偿，则可能导致"自我审查"，令官方行为的潜在批评者噤若寒蝉。即使他们相信自己的批判无不实之词，也会因为他们无法确定自己在法庭上能否证明所述情况属实，或是担心付不起诉讼费用，而在发表言论时多半会"远离非法禁区"。这将阻碍公共辩论的力度，限制公共辩论的广度。

我国宪法对公民批评国家机关及其工作人员的言论亦给予高度保护。这与我国人民当家作主的性质息息相关。1980 年 9 月 17 日，邓小平在《党和国家领导制度的改革》这个重要讲话中郑重提出，中央将向全国人大提出修改宪法的建议，新的宪法要能够切实保证人民真正享有管理国家各级组织的权利："要有群众监督制度，让群众和党员监督干部，特别是领导干部。凡是搞特权、特殊化，经过批评教育而又不改的，人民就有权依法进行检举、控告、弹劾、撤换、罢免，要求他们在经济上退赔，并使他们受到法律、纪律处分。"[1] 习近平总书记在庆祝全国人民代表大会成立六十周年大会上的讲话中指出，"人民的眼睛是雪亮的，人民是无所不在的监督力量。只有让人民来监督政府，政府才不会懈怠；只有人人起来负责，才不会人亡政息。"[2] 这些掷地有声的话语均是强调对人民批评、监督权的高度保护。

拓展案例

美国焚烧国旗案

一、基本案情

1984 年 8 月，共和党全国代表大会在得克萨斯州首府达拉斯举行，大会

---

[1] 邓小平："党和国家领导制度的改革"，载中共中央文献研究室编：《三中全会以来重要文件选编》（上册），人民出版社 1982 年版，第 484 页。

[2] 习近平："在庆祝全国人民代表大会成立六十周年大会上的讲话"（2014 年 9 月 5 日），载《求是》2019 年第 18 期。

提名时任总统里根为共和党总统候选人，竞选连任。一群号称是"革命共产主义青年旅"（Revolutionary Communist Youth Brigade）的团体不满里根政府的内政外交政策和偏袒某些当地大公司的行为，在其领袖格里高利·约翰逊（Gregory Lee Johnson）的带领下举行游行示威活动。他们一边呼喊反对共和党、反对里根的口号，一边用喷枪向沿路的政府机构大楼涂鸦。抗议期间，约翰逊接过别人随手递过来的国旗，并将一瓶煤油倒在了这面国旗上，他的伙伴用打火机将其点燃，当众焚烧了这面美国国旗。这些示威者一边焚烧，一边欢唱："美国，红、白、蓝，我们对你吐痰。"当时有不少旁观者在场，待示威活动结束后，有人收集了国旗残片，埋在自家花园。得克萨斯州政府控告约翰逊触犯州国旗保护法，亵渎了"庄严的物品"（venerated object）。初审法院认定约翰逊有罪，判其入狱 1 年，并罚款 2000 美元。约翰逊不服，将案件上诉至得克萨斯州刑事上诉法院。在法庭上，约翰逊提出当时焚烧国旗是为了抗议里根被提名为总统候选人，"当时用这种象征性的言论来有力地表达我们的看法。这完全是一种姿态"。法院推翻有罪判决，认为焚烧国旗的行为是一种"象征性言论"（symbolic speech），属于联邦宪法第一修正案所保护的言论自由范围。得克萨斯州政府不服判决，上诉至联邦最高法院。最高法院九名大法官于 1989 年 6 月 21 日以 5∶4 判决维持得克萨斯州刑事上诉法院的判决。判决使当时 48 个州保护国旗的法律失效。这在美国社会引起了轩然大波，在反对力量的促动下，国会迅速通过了《保护国旗法》，把毁损国旗的行为列为联邦法上的罪行。该法引发了新一轮的焚烧国旗浪潮。1990 年 6 月 11 日，最高法院在美国诉艾奇曼案（United States v. Eichman）中重申焚烧国旗受宪法保护，并宣布《保护国旗法》违宪。[1]

二、法律问题

1. 本案中公开焚烧国旗的做法是一种"言论"还是"行为"？
2. 公开焚烧国旗是否损害到国旗的尊严和地位？
3. 惩罚公开焚烧国旗者能否维护国旗的尊严和地位？

---

〔1〕　Texas v. Johnston, 491 U. S, 397 (1989).

📚 **拓展资料**

2-2 拓展案例宪法分析

第三节 宗教自由

📚 **知识概要**

宗教自由是一项重要的人权。各国宪法都会特别注明保护宗教自由的责任。宗教自由包括宗教信仰自由和宗教活动自由。一般意义上，宗教信仰自由与思想自由和良心自由一样为绝对自由；而宗教活动自由与绝大多数的自由权（言论自由、财产自由、人身自由）为相对自由，可以为合理正当立法所限。

尽管不同国家对宗教自由的宪法表达会有差异，但现代宗教自由的内涵是通过许多国际公约[1]的阐述而具有共通性，特别是《公民权利和政治权利公约》的第 18 条第 1 项展开的有关内容。根据各国际公约所阐述的宗教自由的内涵和外延，大致可以将这一人权的核心准则概括如下：第一，内在自由（internal freedom）：每个人拥有思想、良知和宗教自由的权利；这项权利包括持有（have）、信奉（adopt）、维持（maintain）或改变（change）宗教或信仰的权利。第二，外在自由（external freedom）：每个人都有此自由：单独地或集体地，公开或私下地，通过传播教义、举行仪式、敬拜和遵守教规等来

---

[1] 欧洲奥格斯堡（1555）、威斯特伐利亚（1648）、维也纳（1815）条约，1948 年《防止及惩治灭绝种族罪国际公约》、1948 年《世界人权宣言》，1949 年《日内瓦公约》和 1977 年附加议定书组成的人权法、《消除一切形式种族歧视的国际公约和宣言》、1979 年《消除对妇女一切形式歧视公约》、联合国教科文组织 1960 年的《反对教育歧视的公约》、1958 年国际劳工大会通过的《消除就业和职业歧视公约》（第 111 号公约）、1990 年联合国《保护移民工人及其家属权利的国际公约》、1966 年《公民权利和政治权利公约》、《经济、社会、文化权利国际公约》、1981 年联合国宣言。还有一些区域性规约，如 1950 年《保护人权和基本自由权利欧洲公约》、1969 年《美洲人权公约》、欧洲安全与合作组织（原名欧洲安全与合作会议）的文件，以及《非洲人权和民族权宪章》等。

表明他的宗教或信仰。第三，非强制（noncoercion）：任何人不得受到强制，从而损害其出于自愿选择或信奉宗教或信仰的自由。第四，非歧视（nondiscrimination）：国家有义务尊重和保证其领土内的和受其管辖的所有个人都享有宗教和信仰自由的权利，而不分种族、肤色、性别、语言、宗教或信仰、政治或其他见解、国籍或社会出身、财产、出生或其他身份等任何区别。第五，父母和监护人的权利：各国有义务尊重父母和（如适用时）法定监护人按照他们自己的信仰保证他们的孩子接受宗教和道德教育的自由，从而保护儿童的与他们成长阶段相应的宗教和信仰自由。第六，宗教法人的自由和法律地位。宗教团体作为团体拥有自己的稳固和制度化的权利来代表他们的权利与利益。第七，对于外部自由所作的适度的限制：实践自己的宗教或信仰的自由，只受法律所规定的以及为保障公共安全、秩序、卫生或道德或他人的基本权利和自由所必需的限制。

在宪法人权体系中，宗教自由有些独特性。首先，宗教自由既是个人性权利又是宗教法人的权利。作为个人性权利毋庸置疑，旨在强调一个国家有权管理社会的总体，但它不介入每个人的信仰和政治观念，它保障每个人自己建立自己的世界观的权利。宗教法人权利是指宗教团体和组织拥有的宗教结社权、宗教团体的财产权、自治权等。宗教法人的自治权主要体现在政教分离的制度设置中。其次，通常，对于人权，大多数国家都会规定对人权的克减只能由法律做出，这就是通常所说的"法律保留原则"。而对于宗教自由，一些国家的宪法还会进一步规定，甚至法律都不可以设定对宗教自由的限制，对宗教自由的限制只能由宪法做出，也即，对宗教自由的保护采取了"宪法保留原则"。最典型的就是《美国宪法修正案》第 1 条的规定："国会不得确立国教，国会不得立法剥夺宗教自由……"由此可见宗教自由在人权谱系中的地位。最后，对宗教自由的入侵，常常与公民以及法人的其他基本权利相关，表现为因为宗教因素带来思想自由、良心自由、表达自由、财产权、人身自由的入侵。

自宗教自由的保护变为法律的责任后，宗教自由本身成为防止宗教冲突的最有力的保障。二次世界大战以前，宗教冲突通常表现较为剧烈，往往带来宗教迫害、引发战争；而 20 世纪 50 年代后，虽然局部地区的种族大屠杀、恐怖主义这样的话题还和宗教有着千丝万缕的联系，但宗教冲突已经基本变成常规社会冲突的一部分。这种冲突有时候甚至更加普遍。无论在家庭、社区还是国家层面，只要基本信仰的差异造成关系紧张，它就可能发生，并且几乎无法避免。

观察宗教纠纷的特点和内容，根据主体、争讼内容、争讼诉求，就可以给宗教纠纷案件做出归类。这种类型化研究对确定采用何种法律原则和标准来解决不同类型的宗教争讼意义重大。当代宗教冲突的主要表现有国家对不同宗教的平等对待问题，宗教组织与国家政权的政教关系问题，公民个人宗教信仰的限制等问题。按照争讼的内容，主要有教会财产权（包括免税权、慈善遗赠、失业税等）争讼；宗教自由与婚姻制度；宗教自由与服兵役；宗教团体的出版自由；宗教自由和教育制度；宗教言论、公共场所的传教和展示许可；宗教信徒的犯人的权利；宗教自由与雇佣（包括出任公职、平等劳动标准法、宗教宣誓等）；宗教负担（驾驶执照照片、公共场所的宗教饰物的佩戴、州奖学金项目、效忠宣誓、预备性禁令：受控药品）；法律、法规涉嫌宗教歧视；宗教祭祀与动物权利；官员个人的宗教歧视行为；宗教自由和民事侵权；宗教组织注册涉及宗教歧视等。按照主体划分，可分为：①宗教团体外部的案件、宗教团体内部事务的案件。②显示国家规制与宗教自由关系的案件。③宗教自由和其他公民权利的张力的案件。

因为宗教案件具有特殊性，涉及宗教事件的案件，多数时候会表现出某种宪法利益的冲突，比如法律对不同宗教的区别对待会涉及平等权问题；政府对宗教行为和表达的限制会涉及公民的言论自由、财产权、人身权等问题；宗教自由实践时可能带来公民之间的宪法权利的争竞问题等。所以宪法的宗教自由条款不仅是保障公民宗教自由的屏障也是构成解决宗教纠纷的重要原则。

自由的价值和自由的限度是分析自由权案件密不可分的两个方面。宗教自由案件也是如此。关于宗教自由的限度问题的经典表述体现在 1966 年的《公民权利和政治权利公约》第 18 条[1]第 3 款 "人人表示其宗教或信仰之自

---

〔1〕《公民权利和政治权利公约》第18条：一、人人有思想、信念及宗教之自由。此种权利包括保有或采奉自择之宗教或信仰之自由，及单独或集体、公开或私自以礼拜、戒律、躬行及讲授表示其宗教或信仰之自由。二、任何人所享保有或采奉自择之宗教或信仰之自由，不得以胁迫侵害之。三、人人表示其宗教或信仰之自由，非依法律，不受限制，此项限制以保障公共安全、秩序、卫生或风化或他人之基本权利自由所必要者为限。四、本盟约缔约国承允尊重父母或法定监护人确保子女接受符合其本人信仰之宗教及道德教育之自由。

由，非依法律，不受限制。此项限制以保障公共安全、秩序、卫生或风化或他人之基本权利自由所必要者为限。"该条款揭示：①宗教自由，尤其宗教实践自由也非绝对自由，可能与公共安全、公共秩序、卫生、风化与其他公民的基本权利发生冲突，产生矛盾。以上情形的冲突为宗教自由可能被限缩的必要条件。②对宗教自由的限缩只能受立法机关按照法定程序制定的法律限制，而不能被其他规范性文件（法规规章）所限制。即对宗教自由的限制需要遵循宪法保留和法律保留的原则。③在判断宗教信仰和宗教实践与公民其他基本权利以及公共秩序冲突的是非曲直的判例中，各国以及欧洲人权法院形成一些重要的裁断原则，比如比例原则、法律中立原则等，体现中立、宽容、良心自由和人权的原则。国际人权法规范中所坚称的，政府对宗教权利和自由所作的"必要的"和"合比例"的克减，也铸造了欧洲法院的经典的比例原则。由此，该公约第18条第3款规定不能解释为宗教自由必然让位于公共利益和公民的其他基本权利。该条款强调的是只有其他公民基本权利才可能构成对宗教自由的限缩。

我国《宪法》第36条规定，中华人民共和国公民有宗教信仰自由。任何国家机关、社会团体和个人不得强制公民信仰宗教或者不信仰宗教，不得歧视信仰宗教的公民和不信仰宗教的公民。国家保护正常的宗教活动。任何人不得利用宗教进行破坏社会秩序、损害公民身体健康、妨碍国家教育制度的活动。宗教团体和宗教事务不受外国势力的支配。《宪法》第36条在宗教案例中的如何体现宗教自由原则和在案例中具体应用还在进一步的探索之中。

总之，在宗教自由保障案例中，我们需要阐述什么是宗教或信仰自由，其本质何在？在一个宗教、哲学和文化都趋于分裂的世界中如何宗教或信仰自由这一人权？[1] 如何界定宗教或信仰自由这种人权的内涵、范畴、界限和价值？为什么在当今社会，世俗化的基本框架已经浸入到社会生活的每个方面[2]，而宗教自由仍会采取一个普遍通用的人权——宗教或信仰自由权的形式？为什么需要给予宗教自由和宗教身份以特殊的保护？法院给宗教或信仰

---

〔1〕 宗教或信仰自由这一得到国际性承认的当代人权的核心要件在本册书的绪论部分有概括性的描述。

〔2〕 几个关键的发展过程及事件，是导致在西方世界产生世俗化的社会秩序的重要因素：欧洲及整个西方世界最早的社会变革；后来的殖民主义、帝国主义、全球化进程，甚至包括民主人权观念中纯粹的非强迫性质的劝导等。

所划定的确切界限在哪里？国家或他人对宗教或信仰所实施的强制干涉有哪些？法院对这种干涉设定的限制是什么？为什么宗教自由构成宗教案件判决的一个前提性原则？等等。这些问题的思索可以引导我们深入理解宗教自由的价值、限度。

经典案例

奥姆真理教案

一、基本案情

1995 年的 3 月 20 日，日本宗教团体奥姆真理教（Aum）的 5 名成员在 5 列东京地铁中释放了剧毒的神经性作用剂，即所谓的沙林毒气，造成 13 人死亡[1] 及约 6000 多人受伤。袭击事件发生后，在对危害公共安全者进行刑事审判的同时，日本政府也将奥姆真理教视为危险宗教意欲取缔。奥姆真理教案涉及两种类型的诉讼，刑事案件中日本检察厅以杀人和杀人未遂罪起诉事件策划者奥姆真理教教主麻原彰晃，以及执行任务的 5 名教徒，经过刑事审判这些案犯先后被判死刑（麻原彰晃最终于 2018 年 7 月 6 日被执行死刑）；另 3 名辅助施袭者则被判无期徒刑。期间曾有 3 名涉案教徒潜逃，最终在 2000 年陆续被捕或投案自首。另一类诉讼为行政诉讼：1995 年 12 月 15 日，时任日本首相援引 1952 年反颠覆活动法下令将奥姆真理教予以解散并没收其全部财产。解散命令发布后不久，奥姆真理教的代表就通过向法院起诉的方式来挑战首相所发布的命令。其上诉一直到达日本高等法院（High Court of Japan）。日本高等法院很快于 1995 年 1 月 30 日作出判决，支持解散奥姆真理教法律实体的决定，但同时重申奥姆真理教的原成员所享有的宗教信仰自由和结社自由的权利不受侵犯。2007 年奥姆真理教在上祐史浩的带领下分裂重组成完全排除麻原教义的新教会阿雷夫（Aleph），并继承原教产。阿雷夫曾主动主张对奥姆真理教的东京投毒案的受害者提供侵害赔偿，但为受害者及

---

[1]　在 2020 年 3 月 10 日，又有一个人死于沙林的后遗症。而在此之前，日本行政部门称死亡人数为 13 人，但司法部门称死亡人数为 12 人。这是因为一名 76 岁的老人在事件发生后的第二天在公共浴池中晕倒，死于心肌梗塞，而被以"不能说他是死于沙林中毒"，指控为谋杀未遂。在下文所述的诉因变更后，他也被排除在谋杀未遂的受害者之外。

其家属拒绝。2020 年 11 月 19 日，日本最高法院判决，继承奥姆真理教的团体阿雷夫，必须对奥姆真理教犯案造成的一系列事件的受害者赔偿 10.25 亿日元定谳。目前阿雷夫仍约有 1650 名信徒，以大学活动、同居民对话等名义到处布教。自 2000 年至今日本警方一直根据《参与大规模谋杀的团体规制法》（以下简称《团体规制法》）对该组织持续监控，要求其定期向警方提交成员名单并接受日本警方的定期检查。

二、法律问题

1. 奥姆真理教东京地铁投毒案的研讨目的是探究在"危险"或"极端"的宗教团体的背景下，对表达其宗教或信仰的合法限制的界限。关于宗教自由的限制性规定如何在极端宗教团体中适用？标准性的限制条款是否能解决这一特殊群体所带来的问题？

2. 日本法院在审理奥姆真理教徒京东投毒系列案件，无论是刑事案件还是行政诉讼案件，采用法律中立原则，即刑律上非按邪教组织犯罪，而是按杀人罪定罪，在解散奥姆真理教案件中非取缔邪教，而是声明解散奥姆真理教如同解散一个公司一样。请阐述法律中立原则对审判宗教案例的适用情形、尺度和意义？

3. 根据《团体规制法》，日本警方对奥姆真理教的继承宗教组织阿雷夫保持持续监控（要求其定期向警方提交成员名单并接受日本警方的定期检查）的理由是什么？该理由是否正当？《团体规制法》作为监视阿雷夫的法律其合宪性如何审查？

4. 日本的宗教治理模式是怎样的？

三、宪法分析

对宗教信仰自由的法律保护显然是必要的，但在保护宗教权利和保护不受邪教的危害二者之间会不时地产生紧张关系。奥姆真理教徒投毒案就是典型一例。人类在享受宗教带来的善意和美好的同时，也会因为某些极端宗教（邪教、膜拜团体）的反人类反社会的运动带来极大伤害。如何界定"危险"的宗派或膜拜团体？如何打击危险的宗派或膜拜团体？如何在打击危险宗教的同时保护信众的信仰自由？

（一）日本的宗教法治体系

现行《日本宪法》（1947 年施行）中有一些条款直接或间接涉及宗教问题。《日本宪法》第 20 条规定：①任何人都享有宗教自由。②任何宗教组织都不得从政府方面获得任何特权或行使政治权利。③不得强迫任何人参加任何宗教活动、庆祝、仪式或活动。④政府和各部门不得进行宗教教育以及其他宗教活动。该条款确立了宗教自由和日本的"政教分离"体制。除此，《日本宪法》第 19 条规定"不得伤害他人的思想及意识自由。"《日本宪法》第 14 条和 44（2）条规定禁止了宗教歧视。第 21 条明确禁止对言论自由和结社自由的审查制度。

1951 年《日本宗教法人法》[1] 是一部界定宗教组织的权利和国家对宗教组织的治理办法的法律。根据日本学者的说法，该法的"根本原则是：根除军国主义和极端民族主义；如宪法所规定，确立宗教自由，并且实现政教分离"[2]。

除了《日本宪法》和《日本宗教法人法》，日本还有一些对宗教组织和宗教活动的全国性法律。1986 年《日本民法典》第 33 条、88（2）条对于宗教组织的建立作了附加规定。另外还有《日本刑法》第 81、86 条明确规定宗教组织有义务遵循刑法，同时《日本刑法》禁止"对于神道神社、佛教寺庙或者其他敬拜场所的不尊重行为"。对于侵犯上述场所的行为处以不超过 6 个月的监禁，并处不超过 10 万日元的罚款［第 188（1）条］。该法还禁止"对传道、敬拜，或者葬礼权利的侵犯"，对违法者将处以最多一年的监禁和不超过 10 万日元的罚款［第 188（2）条］。

日本在宗教问题上没有地方性立法。

在日本的宗教立法体系下我们来分析日本法院对奥姆真理教徒东京地铁投毒案以及奥姆真理教解散案的审判。

（二）用法律中立原则审理邪教教徒的犯罪行为

针对奥姆真理教徒投毒案本身，法院根据刑法以杀人和杀人未遂罪判决

---

〔1〕 1951 年《日本宗教法人法》共有 10 章 89 条，还有一些"附加条款"。该法案所包含的五个主题：①确定国家对宗教组织的政策；②界定宗教组织；③对宗教法人及其产权的建立、注册、运作和取缔作出相关规定；④设立政府机关管理宗教组织；⑤对于违背该法规定的行为确立（非刑事）处罚办法。该法历经几次修改，其中最著名的一次修订发生在奥姆真理教东京地铁毒气事件之后。

〔2〕《日本非营利性团体》的前言部分（雨森、山本著）。

策划者奥姆真理教教主麻原彰晃，以及执行任务的 5 名教徒死刑；另 3 名辅助施袭者则被判无期徒刑。日本法院没有在案件中对奥姆真理教的"邪教"性质作出界定，也没有因为教主与信徒的犯罪行为对该教予以取缔，而仅就其出于教主信仰而实行的犯罪行为按照刑法予以惩罚。简而言之，实践行为的违法与否不影响对于信仰本身的保护，而实践行为则需要受到社会利益的约束，一旦实践行为危害公共利益和其他公民的基本权利便要受到法律制裁。

第二次世界大战后，在日本和欧美许多国家，开始避免邪教作为法律概念的存在，在刑律中也尽力排除因邪教而存在的罪名（法国曾经以"精神控制罪"入罪，也引发很大争议）。在邪教的危害有目共睹时，这样的制度设置的原因在哪里？西方学界认为这是人类汲取历史教训的一个反证。因为在历史上，打击邪教的活动常常会与宗教迫害相连。在一国刑法中确定邪教的罪名的弊端在于给了政府一个无能力承担且容易滥用的权力。因为政府在判断一个宗教是正教还是邪教时能力有限。相反，如果由政府来判断信仰的真伪，就容易覆蹈宗教迫害的历史之履。所以用一个"中立""普适"的刑律来审理邪教侵权案件是一个相对理性的制度设置。首先，如何界定邪教[1]？邪教一开始是一个宗教概念，而非法律概念，同时又是"一个负面的、可构成人身攻击并缺乏严谨定义的主观性术语，常常是某些评价者对某些具有不为熟悉的信仰或宗教行为，或被某些评价者认为奇怪的宗教教派的带有负面价值

---

〔1〕　中文"邪教"一词中的"邪"来源于佛教概念附佛外道的定义，其中的"邪"是用来称呼与所谓的正统佛教教义抵触的教派。宋朝时，已有"邪教"的称谓。与"邪教"相当的称谓还有源自早期道教的"左道""旁门"等。英文中，被认为最贴切于中文"邪教"的词汇是"cult"。英文中"cult"一词于某些情况下含有贬义，但其负面色彩远没有中文"邪教"一词强烈，并且可以于其他不涉及宗教或非负面的情况下使用，例如个人崇拜（Cult of Personality）或邪典电影（Cult Film）——此处用的是其原有的、中性的宗教崇拜意义。某些新兴宗教的支持者认为"邪教"一词的英文翻译用"evil cult"更为妥当。将"邪教"（cult）的概念引入到社会学分类的是美国社会学家霍华德·贝克尔。贝克尔认为"邪教"是源于主流宗教文化以外的观点，加剧了邪教组织与主流宗教之间的矛盾。"邪教"与"异见教派"（英语：sect）不同；异见教派是宗教分歧的产物，在信仰和行为上保持着与传统主流宗教的连续。在仍然赞成保留"邪教"这个词的研究者中，史蒂夫·哈桑（Steve Hassan）的精神控制研究对"邪教"的定义和特征研究比较具代表性。他描述了邪教的特征：教主对信徒实施行为控制、资讯控制、思维控制和情绪控制四个方面。根据上海《文汇报》援引法国研究人员的成果，相对于正常宗教而言，邪教拥有如下十个特征：①对其信徒实行精神控制，信徒必须遵循"精神领袖"的旨意而行动。②通过信徒大肆敛财。③脱离正常社会生活。④侵犯个人身体。⑤吸收儿童入会。⑥具有反社会性质，即社会是如此"丑恶"，只有加入"教会"才能净化灵魂。⑦扰乱社会正常秩序。⑧不断引起司法纠纷。⑨经常性地转移资金。⑩试图渗入公共权力机构，以求扩大影响。

的评断称呼。"〔1〕有鉴于邪教难以定义的事实及其他的一些争议，学术界已开始摒弃使用这个主观概念，取而代之的是不含贬义色彩的中性的"新兴宗教"概念。其次，从社会学、犯罪学视角看，犯罪是一个难以避免的社会现象，不只有邪教才有。也不只有邪教才行为乖张，社会科学家有大量的数据指向非宗教群体的非正常人格与非正常举动。所有社会都有自己的刑法，所有公民在法律面前都应当人人平等。如果新兴宗教团体成员经过法院公正的审判后被认定有罪，则他们应当受到与其他犯罪公民一样的适当的惩罚——而不是更多或更少。故此，从按行为定罪而不是按思想定罪的刑罚原则，采用"中立的""普适"的刑律来制裁邪教教徒的犯罪行为，符合平等对待原则。有人主张现有的刑法体系无以涵盖新兴宗教团体可能带来的反社会的行为，因此需要引入针对邪教的新的立法，比如像法国努力去将"精神控制罪"入刑一样。这个观点看似存在一定道理，但非宗教团体或个人也可能会发生同样的行为，是不是按照同样的理解，要求这些法律应当适用于所有人，向所有公民同样施行，不管他们的宗教信仰状况如何？耶鲁大学宗教社会学教授南茜·阿梅曼曾表示只有当确切证据证明存在犯罪行为时，当局才能干涉宗教活动自由，而且只有这样才能够适当采取尽量少的侵扰手段来保障宗教自由。所有这些例证也为法院的审判的中立原则提供合理依据。

（三）用法律中立原则解散邪教组织

1995 年 12 月 15 日，时任日本首相援引 1952 年反颠覆活动法下令将奥姆真理予以解散并没收其全部财产。解散命令发布后不久，奥姆真理教的代表就通过向法院起诉的方式来挑战首相所发布的命令。其上诉一直到达日本高等法院（High Court of Japan）。日本高等法院很快于 1995 年 1 月 30 日作出判决，支持解散奥姆真理教法律实体的决定，但是重申原奥姆真理教的成员所享有的宗教信仰自由和结社自由的权利不受侵犯。

东京高等法院在奥姆真理教案的判决书中说：

法律声明授予宗教组织法律能力，是为了使这些组织拥有并管理与宗教仪式相关的设施和其他资产，法律还规定可以授予这些组织以法人资格。因

---

〔1〕 牛津英语词典，citing American Journal of Sociology 85 (1980), p. 1377: "Cults [...], like other deviant social movements, tend to recruit people with a grievance, people who suffer from a some variety of deprivation."

此，法律中关于宗教组织的法规只是规定了有关宗教组织一些综合方面的内容，而没有涉及其灵性或宗教方面的问题。法律并不打算干涉宗教自由，例如信徒们参与宗教仪式的行为。法律中针对宗教组织的解散令，其目的是能够通过司法程序强制解散宗教组织，并在某一宗教组织的行为违反法律、对公共福祉造成实质性的损害、超越宗教组织的实质性目标以及该宗教组织不再具有宗教法律人格或法人之实质等情形下，能够剥夺其法律人格。因为在上述情形下，保留该宗教组织的法律能力便不再合适或者不必要。这与解散公司的命令是相类似的。

因此，即使宗教组织被解散令所解散，但这并不妨碍信徒们继续保留其宗教组织（虽然没有法人资格），也不妨碍他们重新创设一个这样的宗教。同样，他们可以继续从事宗教行为，或者添置新的设施和设备以实施这些宗教行为而不被阻止。解散令并不含有任何禁止或限制信徒们宗教行为的法律效力。然而不可否认，一旦解散令生效，清算程序就会启动。因此，原来用于宗教活动的宗教组织资产将会被分配，这就有可能干扰信徒们继续使用这些资产从事宗教活动。虽然关于宗教组织的法律法规不包含限制信徒宗教行为的效力，但是鉴于宗教自由作为宪法所保障的精神自由之一而具有相当的重要性，因此如果发现有任何可能对宗教行为造成干扰的情况，就应当谨慎审查这种限制是否为宪法所允许。

如果以上述视角来看待本案，宗教组织的强制解散制度纯粹只是出于折中的目的，并无意要干扰宗教组织及其信徒们的精神和宗教权利，因此，这一制度的目标是具有合理性的。根据原审法院所认定的事实，上诉人的代表人及其骨干成员依据该组织的指示，为大规模杀戮而秘密计划生产一种名为沙林的有毒气体，并且聚集许多信徒有组织有系统地生产沙林，他们所使用的设施和资金资源也属于上诉人。格是适当并必要的。即便考虑到解散命令可能对作为宗教组织的奥姆真理教及其信徒们的精神和宗教权利产生影响，该命令依旧被认为是处理上诉人行为所必要且无可避免的法律规制行为。

毋庸赘言，宗教行为的自由应该在可能的最大限度内受到尊重，但这种自由并不是完全没有限制的。

从判决书中可以看出法院首先论证日本法律无意干涉宗教自由。其次，阐明法律解散一个宗教组织的目的和程序，即法律中针对宗教组织的解散令的目的是能够通过司法程序强制解散宗教组织，通过司法判断某一宗教组织的行为违反法律、对公共福祉造成实质性的损害、超越宗教组织的实质性目标以及该宗教组织不再具有宗教法律人格或法人之实质等情形下，方能剥夺其法律人格。再次，即便一个宗教组织依司法程序予以解散，但信徒们有权继续保留或重组其宗教组织（虽然没有法人资格）。最后，法院明示依法律中立原则来审判该宗教组织的解散、重组、清算等，如同对待公司一样。

显然法院作出撤销判决的基础依据是《日本宗教法人法》第81条：在一些特定情况下，法院可以下令解散一个宗教法人。其中一个原因是法院判决该宗教法人在行为上危害公众利益［第81（1）条］。奥姆真理教的取缔就是由法院根据这一条款做出的判决。该判决被上诉到了最高法院。需要关注的一点，在这一案件中，尽管地区法院承认99%的奥姆真理教教徒没有参与任何非法活动，而且奥姆真理教教主面临的刑事审讯尚未完结即遭受政府的解散令，法院最终予以支持。

总体上，奥姆真理教案件明显地体现出"信仰自由"与"实践自由"的分离：奥姆真理教中部分成员的行为是违法的，违反社会利益，因而受到法律的制裁，这体现"实践的相对自由"；然而奥姆真理教的其他未实行违法行为的成员未受惩罚及奥姆真理教的依然存在表明"信仰的绝对自由"。奥姆真理教组织为大规模杀戮而秘密计划生产一种名为沙林的有毒气体，并且聚集许多信徒有组织有系统地生产沙林，明显违反了法律，实施了实质性损害公共福祉的行为，故此，其超越作为宗教组织的目的的组织功能应该予以解散并剥夺其法人资格。但奥姆真理教的宗教目的的法律人格可以为后来的阿雷夫重组继承。

（四）国家反新兴宗教的政策的合宪性考察

继东京地铁惨案后，日本政府一直保持对宗教极端主义的警惕。1999年12月，两部"反奥姆真理教法案"（《奥姆法案》和《团体规制法》）提交国会一个月后即获通过。虽然法律名称没有明确指明奥姆真理教，但是其针对奥姆真理教用意明显。该法案同样适用于其他组织。《团体规制法》赋予公共安全调查署广泛的新权力，能够对它认为参加暴力破坏性活动的团体进行审查。公共安全调查署和警察可以不经司法批准，自己采取措施对它认为违法的团体进行调查并实施制裁，包括禁止其使用自己拥有的房屋地产等。第二项法案允许没收失去法律庇护的团体资产并将其转用于该团体的违法行为的受害者身上。这两部法律明显扩大了警察权，限制了宗教自由。这两部法案最终被司法审查，予以撤销。

2000 年 1 月，根据 1999 年制定的法律，日本公共安全调查委员会决定对奥姆真理教施予为期 5 年的监视。2004 年，公共安全调查委员会决定将对奥姆真理教的监视期限延长 3 年，原因是由该组织所造成的危险尚未消除，并且该组织成员没有能够展开与政府的合作。实际上自 2000 年至今日本警方一直根据《团体规制法》对该组织持续监控，要求其定期向警方提交成员名单并接受日本警方的定期检查。

日本对极端宗教的这些措施，法国和比利时等欧洲国家也有类似的政策。1996 年比利时众议院通过一个法案设立一个调查委员会，制定政策来应对那些可能给人们，特别是未成年人造成危险的宗派。1997 年该委员会发布长达 670 页的报告，单方面指控 189 个活动团体。该报告最终饱受争议，没有获得通过。法国也有类似的监视"宗教名单"，也引发了许多诉讼。"宗教名单"虽然并未得到正式采纳或接受，因此并不能撤销或是起诉这些宗派，但是这些名单却以各种各样的形式被利用，掀起了一股歧视、不容忍那些非常规宗教与信仰组织的浪潮，导致了严重的歧视。这些做法也受到了一些人权组织和国家谴责。

艾琳·巴克（Eileen Barker）在《为什么是膜拜团体？新兴宗教运动与宗教或信仰自由》一文中提出这样的问题：尽管目前世界上有数以千计的新兴宗教团体，其中的绝大多数成员都过着守法的生活，甚至会比一般人更少犯罪，但是这些宗派特别容易受到政府的关注。可能是什么因素使得新兴宗教运动、"膜拜团体"或"宗派"尤其容易受到歧视？是什么原因导致政府和其他人觉得有必要把它们作为一种值得特殊控制的事物来对待？或者是因为社会中存在的某些因素鼓励它们去限制新宗教的自由呢？如果可能的话，针对这些情形，人们可以采取什么行动？

日本针对已经实施危害行动的奥姆真理教继承者的监视行动与法国比利时罗列的预防犯罪的"宗教名单"，两个措施是否相同？如何看待其合理性和不合理性？政府应在多大程度上参与认定或者列举"危险"组织呢？政府使用诸如"宗派"或者"膜拜团体（邪教）"等毁谤性语言来描述一个组织，是否侵犯其人权？有人认为基于极端宗教的"可预见性"的危害，政府的监视又"不触及"其宗教自由，且被监视宗派的司法救济权也没有被剥夺，故此，政府的监视是符合比例原则的，你如何看待这个问题？现在有一种趋势认为，安全问题与"危险"组织的宗教自由之间存在着不可避免的紧张关系。但是常识告诉我们，宗教自由原则被历史所选择至少在一定程度上是为了减少宗教战争所带来的风险，为稳定和平的社会提供安全的基础。安全问题何时才可以凌驾于对宗教自由的保护之上呢？对宗教自由的保护能否促进安全问题的解决？在什么情况下可以？这些都是我们需要进一步探讨。

拓展案例

（一）布尔威尔诉好必来公司案

一、基本案情

案件发生在 2012 年，好必来公司与马代尔书店是信奉基督教的格林家族企业，状告美国公共与卫生服务部（HHS）。原因在于奥巴马"医改方案"要求公司为员工的健康保险投保。必须投保的清单上包括食品药品监督管理局批准的 20 种避孕方法。格林家族企业认为其中 4 种方法属于堕胎药，将这些方法覆盖到员工的健康保险中等同于为堕胎提供便利，因此不符合他们的宗教信仰。格林家族认为，HHS 实施"医改法案"显然违反了第一修正案关于宗教自由的条款。另外"医保法案"也侵犯公司在《宗教自由恢复法》（PFRA）下的权利，该法禁止"政府对一个人的宗教活动施加重大负担"，除非"施加负担是为了促进政府的重大利益"，并且是"促进该利益的限制性最小的手段"。

地区法院和第十巡回上诉法庭均驳回了格林提出的对强制执行该命令的初步禁令的动议，但第十巡回法庭批准了格林要求在法院所有法官面前进行快速公开听证会的动议。上诉法院在裁决中认定，营利性公司"可以是 PFRA 意义上的'人'"，并且"自由权可以延伸到一些营利性组织"。第十巡回法院还认为，"避孕覆盖要求对 Hobby Lobby 与 Mardel 公司行使宗教自由构成重大负担"；除非要求被禁止，否则公司可能遭受无法弥补的损害；而且，即使假设政府对向妇女提供免费避孕药具的利益是令人信服的，政府也未能证明避孕药具授权是促进这一利益的限制最少的手段。因此，法院推翻了地区法院的判决，并将案件发回重审，以进一步审议原告的初步禁令动议。后卫生部长 Burwell 又上诉到了联邦最高法院。

联邦最高法院最终做出了一份 5∶4 的判决，法院多数意见认为，避孕命令侵犯了原告及其拥有的营利性公司在 PFRA 下的法定权利。最高法院认为，本案中的营利性公司可以是 PFRA 意义上的"人"，此外，该避孕命令对公司施加了重大的负担，且政府未能证明该命令是限制最小的手段。法院因此得出结论，根据 PFRA，"医改法案"中的避孕命令是非法的。（最高法院在以法定理由推翻该命令后，认为没有必要考虑根据第一修正案的宗教自由条款确定其是否违宪。）

二、法律问题

1. Hobby Lobby 公司是否属于《宗教自由恢复法》意义上的"人"并受其保护？

2. 法院应当采用何种基准判断"医改法案"中的避孕命令是否侵犯了 Hobby Lobby 公司的宗教自由权？

⬧ 拓展资料

2-3 拓展案例宪法分析

⬧ 拓展案例

（二）法国"蒙面罩袍禁令"与《欧洲人权公约》

一、基本案情

申请人 S. A. S. 为法国公民，是一位穆斯林。她根据伊斯兰信仰文化的要求和个人喜好等原因穿戴蒙面罩袍布卡（burqa）和尼卡布（niqab）。

　　然而，法国2010年颁布的法令禁止其在公共场所穿戴遮面长袍。为此，她在穷尽国内司法救济手段后，最终向欧洲人权法院提起了申诉，称法国的禁令侵犯了她为《欧洲人权公约》所保障的"私人和家庭生活、通信得到尊重的权利"和"思想、良心以及宗教自由"和"表达自由"以及"免于歧视的权利"等。申请人还提出，即使假设该禁令追求的一些目标是"合法"的，禁令所采取的措施也远非"民主社会所必需"，严重违反了比例原则。

　　法国政府辩称，"蒙面罩袍禁令"确实对一些基本权利作出了限制，但其目标合法。为实现这些目标，此种程度的限制在民主社会中是必需的。关于禁令所采取的措施是否符合"比例原则"的问题，法国政府主张，禁令所禁止的仅限于在公共场所遮盖面部的行为，不涉及其余宗教服饰的穿着，此种措施是符合比例的。

　　在此案中，欧洲人权法院认可了法国政府提出的"公共安全"与"共同生活的权利"作为限制基本权利的"合法理由"，而否定了"维护性别平等与人格尊严"的立法理由。

　　与此同时，法院提出，法国禁令为了维护公共安全的限制措施违反了比例原则，因此不能以此理由使限制措施合法化。

　　最终，法院支持了"共同生活的权利"作为使限制措施合法化的理由，并判决法国"蒙面罩袍禁令"并未违反《欧洲人权公约》。

二、法律问题

1. 法国政府能否以"保护公共安全"为由在公共场所全面禁止穿戴蒙面罩袍？
2. "尊重性别平等"与"尊重人格尊严"能否作为禁令合法化的依据？
3. 法院为何将"共同生活的权利"作为禁令合法化的理由？

拓展资料

2-4　拓展案例宪法分析

第四节　人格尊严

📚 知识概要

我国《宪法》第 38 条对人格尊严作出了规定："中华人民共和国公民的人格尊严不受侵犯。禁止用任何方法对公民进行侮辱、诽谤和诬告陷害。"从该条所处的位置来看，它并非第二章"公民的基本权利和义务"的首条，而是该章第 6 条，位于人身自由不受侵犯条款（第 37 条）之后、住宅不受侵犯条款（第 39 条）之前，这就意味着，人格尊严在我国宪法中仅仅是一项与人身自由、住宅自由等基本权利并列的个别性的、具体的基本权利。在我国历部宪法中，现行宪法首次把人格尊严规定为一项基本权利。因此，从这个意义上说，我国《宪法》所确定的人格尊严，指的就是公民作为具有独立意志的主体享有的得到尊重的权利，包括但不限于不受侮辱、诽谤和诬告陷害的人格权。[1] 与此同时，《宪法》第 38 条也为国家设定了尊重和保障人格尊严的义务：就消极方面而言，国家不得对人格尊严进行侵害；就积极方面而言，国家应当通过各种方式和途径来促进公民人格尊严的实现，包括采取积极措施保障人格尊严免受第三人的侵害、完善人格尊严保护的立法等。作为一项基本权利的人格尊严，其本身并不是绝对的，其行使受到《宪法》第 51 条的限制，即不得损害公共利益和其他公民的权利。

📚 经典案例

德国航空安全法案[2]

一、基本案情

距离美国"9·11"事件不到两年，2003 年 1 月 5 日在德国再次出现疑似

---

〔1〕　参见谢立斌："中德比较宪法视野下的人格尊严——兼与林来梵教授商榷"，载《政法论坛》2010 年第 4 期。

〔2〕　BVerfGE 115, 118. 该案的详细内容以及相关分析也可参见张翔主编：《德国宪法案例选择（第 1 辑）：基本权利总论》，法律出版社 2012 年版，第 237-263 页。

劫机的恐怖活动。一位男子劫持了一架体育飞机（Sportflugzeug），要求满足其与美国通话的要求，否则就将飞机坠毁在欧洲中央银行大厦上。德国警方满足了其要求，并出动了大量警力以尝试控制劫机者，同时疏散了法兰克福市中心和欧洲中央银行大厦中的民众。最终的结果有惊无险，这并非是一场有意的恐怖行为，劫机者在其要求得以满足后，将飞机安全降落在了莱茵-美茵机场。

尽管如此，这一事件仍然加剧了德国原本就紧张的反恐局势。2005年1月11日，出于航空安全的迫切需要，德国颁布了《航空安全任务的新规定法》（Gesetz zur Neuregelung von Luftsicherheitsaufgaben）（以下简称《航空安全法》）。该法第三章标题为"通过军队进行援助及公务扶助"，包括第13条至15条。第13条第1款对"非常严重的航空事件"进行了界定，将其划入了《德国基本法》第35条第2款第2句或第3款所规定的"特别严重的不幸事件"的范畴；该条第2款和第3款分别对州内紧急状态下和跨州紧急状态下军队投入到相关救援活动中的决定主体进行了规定。第14条和第15条则对具体的实施措施进行了规定，并规定了应当选择何种措施的原则。其中，第14条第1款规定，为防止特别严重的不幸事件的发生，军队可以在航空空间内压迫该飞机，强迫其降落，并威胁使用武器或者进行警告性的射击；第2款规定，从多种可能的措施中，应选择那种在预计范围内可造成最低限度的措施；第3款规定，直接动用武器只有在特定情况下方可允许，即该飞机被用来威胁人之生命，而使用武器则是防范该现实性危险的唯一方法。有人提起宪法诉愿，认为《航空安全法》第14条第3款规定可以通过武力击落被恐怖分子劫持的、载有无辜乘客和乘务人员的民航客机，事实上是赋予了国家可以故意杀死那些并非犯罪者而是无辜受害者的权力，这一规定违反了《德国基本法》第1条第1款关于人格尊严的规定以及《德国基本法》第2条第2款关于生命权的规定。

针对这一宪法诉愿，联邦宪法法院首先对《航空安全法》第14条第3款的形式合宪性展开了审查。联邦宪法法院认为，《航空安全法》第14条第3款的规定在形式上并不属于联邦的立法权限范围。《航空安全法》第13条至15条所规定的联邦可以"动用军队"来保障航空安全的措施，属于《德国基本法》第35条第2款和第3款所规定的"特别严重的不幸事件"发生时通过

"动用军队"来施以援助的情形。但是,《航空安全法》第 14 条第 3 款还赋予了联邦在此情形下享有通过武装力量来直接击落飞机的决定权,在联邦宪法法院看来,这一授权则超出了《德国基本法》第 35 条第 2 款和第 3 款所授予的联邦的权力的范畴。根据《德国基本法》第 35 条第 2 款和第 3 款的相关规定,当需要"动用军队"防止自然灾害及不幸事件中发生时,军队只能起到"辅助"作用,军队作用的发挥以"警察"的功能为限,而不能使用特殊的军事武器。也就是说,《德国基本法》第 35 条第 2 款和第 3 款仅仅授权了联邦可以"动用军队"的权力,而并未授予联邦可以同时使用武装力量的权力。因此,《航空安全法》第 14 条第 3 款在形式上并不符合《德国基本法》第 35 条第 2 款和第 3 款的授权框架范围。完成了形式合宪性审查后,联邦宪法法院对《航空安全法》第 14 条第 3 款的实质合宪性进行了审查。在联邦宪法法院看来,《航空安全法》第 14 条第 3 款的规定在实体上违反了宪法:只要军队被赋予击落载有无辜民众、威胁到航空安全的航空器的权力,则必然实质违背《德国基本法》第 1 条第 1 款和第 2 条第 2 款的规定;只有《航空安全法》第 14 条第 3 款所规定的措施只是针对无人驾驶飞机或者仅仅针对那些劫持飞机者时,该规定才不会在实体上违背宪法。

二、法律问题

1. 生命权和人的尊严的保护范围是什么?

2. 出于航空安全击落载有乘客的航空器是否对生命权以及人的尊严造成干预?

三、宪法分析

(一)生命权和人的尊严的保护范围

《德国基本法》第 1 条第 1 款对人的尊严作出了规定:"人的尊严不可侵犯";《德国基本法》第 2 条第 2 款对生命权作出了规定:"人人享有生命和身体不受侵犯"。这两个条款之间并非是独立的,而是紧密关联。从人的尊严条款在《德国基本法》中所处的位置来看,人的尊严在德国宪法语境中无疑是具有崇高地位的,它本身既是一项基本权利,同时也是最重要的宪法原则

（或者说基础性的宪法原则）。[1] 作为一项基本权利，它为国家设定了必须要尊重和保障人的尊严的义务；作为最基础的宪法原则，人的尊严在《德国基本法》中构成最高价值，它不仅仅是其他基本权利乃至整个《德国基本法》的价值基础，更是其他宪法原则（包括社会国家原则、民主原则）的重要支撑。[2]

由于人的尊严在《德国基本法》中最根本的、最高的价值地位，其他基本权利的展开也就必然要以人的尊严为基础，其他基本权利的实现在一定程度上也可被视为人的尊严得以具体化的重要途径。在这个意义上，生命权必然和人的尊严紧密关联。一方面，人能够享有尊严的前提是人具备生命。生命权所强调的是人能够生存的自然基础，因此生命权可以被视为是人的尊严能够成立的前提和基础。另一方面，生命本身也应当被视为是人的尊严的重要内容之一。任何生存于世的人，无论其个性、身体和健康状态以及社会地位等，都应当被平等地尊重，这是所有人都应当享有的尊严。基于此，联邦宪法法院将人的尊严与生命权都放置在了基本权利的最高地位，但生命权和人的尊严之间并不存在冲突。原因在于，正如《德国基本法》对于人的尊严条款和生命权条款的设置一样，生命权条款紧随人的尊严条款之后，这就意味着，对生命权的保护必须要置于人的尊严条款的框架之下，尽管生命权是人的尊严能够存在的基础和前提，但它仅仅是人的尊严的一个侧面，而并非是全部。在联邦宪法法院看来，作为基本权利最高价值基础的人的尊严是绝对的、不可限制的，而生命权则并非是绝对不可限制的基本权利。根据《德国基本法》第 2 条第 2 款的规定，"人人享有生命和身体不受侵犯的权利。人身自由不可侵犯。只有依据法律才能对此类权利予以干涉。"这就意味着，生命权在法律允许的情况下是可以受到限制的。但是，法律对于生命权所进行的限制却并非是任意的，而应当在人的尊严的框架内进行，也就是说，法律可以对生命权进行限制，但只能是基于生命权以及与之相关的人的尊严的理由。[3] 作为整个《德国基本法》的最高价值基础，人的尊严必然辐射到所有

---

[1] 参见谢立斌："中德比较宪法视野下的人格尊严——兼与林来梵教授商榷"，载《政法论坛》2010 年第 4 期。

[2] 参见谢立斌："中德比较宪法视野下的人格尊严——兼与林来梵教授商榷"，载《政法论坛》2010 年第 4 期。

[3] BVerfGE 115, 118.

的基本权利范畴，具体到生命权，人的尊严当然也为其提供价值基础，并且构成了生命权的核心领域的内容。对生命权的保障，自然是属于对人的尊严的予以保护的表现；但是，如果法律对生命权的限制进入到生命权的核心领域，自然也就构成了对人的尊严的侵犯。人的尊严是作为《德国基本法》中最基本的元素而存在的，自然也应当是实证法的界限和实体基础，而人的尊严的核心内容并不是来自于事先的假设或者一种形而上的哲学基础，而是来自于全社会的伦理的共识，人的尊严作为法律秩序的基点，是连接实证法与社会的媒介，通过人的尊严的条款，社会中大量的伦理道德才具有了转换为法律的可能性，最终起到保障法秩序安定的作用。[1] 生命权和人的尊严之间的紧密关联可以概括为两方面：一方面，人的尊严构成了生命权的价值基础，生命权本身构成了人的尊严的重要内容，生命权的实现在很大程度上也是落实人的尊严保障的重要途径；另一方面，人的尊严也为生命权的限制划定了边界，法律对生命权的限制必须得在人的尊严的框架内进行。

基于生命权与人的尊严之间的关系，国家对于生命权的保护可以从积极和消极两个方面理解：从积极意义上说，国家必须积极采取行动和措施来保护个体生命，其关键和核心就是要保障人的生命不受第三人的不法侵犯；从消极意义上说，禁止国家作出违反人的尊严的行为来侵犯生命权。那么，如何来判断国家限制生命权的立法是否违反了人的尊严？这就要求确定人的尊严的保护范围。联邦宪法法院一般采用"客体公式"（Objektformel）理论来判断人的尊严的保护范围。根据这一理论，如果"具体的个人被贬损至客体、成为纯粹的工具、降低为可替换的程度"，[2] 那么就是对人的尊严的侵犯。在联邦宪法法院看来，《德国基本法》第 1 条第 1 款不仅要保护个体不受第三人或者国家的侮辱、迫害、贬损以及类似行为的侵犯，[3] 同时也要排除那些将人纯粹作为国家之客体的行为，[4] 因为人的本质应当是自由的自我决定，也即自由的发挥，并且个人可以要求在共同体中作为拥有自身价值的同等成

---

〔1〕　张翔主编：《德国宪法案例选择（第 1 辑）：基本权利总论》，法律出版社 2012 年版，第250-251 页。

〔2〕　G. Dürig, AöR 81（1956），S. 127.

〔3〕　BVerfGE 1, 97（104）.

〔4〕　BVerfGE 27, 1（6）.

员而获得承认,[1] 将人视为客体就是对作为人的本质的主体特质的抛弃。由此可知,对于人的尊严的保护范围的界定事实上也划定了生命权的保护范围,而对生命权的保护义务的履行事实上也是对《德国基本法》第 1 条第 1 款第 2 句的要求——"尊重和保护人的尊严是一切国家权力的义务"的践行。

(二)《航空安全法》第 14 条第 3 款构成对生命权和人的尊严的干预

《航空安全法》第 14 条第 3 款规定在特殊情况下可以命令军队使用武器击落载有乘客的航空器,当然是构成了对生命权和人的尊严的干预。首先,允许击落载有乘客的航空器的行为,显然构成了对生命权的干预。从对生命权的保障范围来看,国家不得侵犯个体的生命,并且有义务积极采取措施保护个体生命的完整性和存续性。任何公民都享有这一权利,如果公民因为乘坐遭遇恐怖分子劫持的飞机,在符合《航空安全法》第 14 条第 3 款的条件下被国家动用武器击落而丧失生命,那么国家显然违背了尊重和保护个体生命的义务。国家在任何情况下都应当尊重并且保护个体生命的完整性,公民并不因为其乘坐了被恐怖分子劫持的航空器而丧失所享有的生命权。其次,允许击落载有乘客的航空器的行为,显然也构成了人的尊严的干预。因为在第 14 条第 3 款所规定的情形下,国家通过击落载有无辜乘客的航空器来阻止更为严重的后果的发生,显然是将航空器内无辜的乘客作为实现其国防安全目的的手段,这显然不符合保护人的尊严的要求。《德国基本法》第 1 条第 1 款关于人的尊严的规定所要禁止的就是将人作为客体的行为。在任何情况下,作为主体的人都应当是目的,而不能成为手段。在这种情况下,那些处于被恐怖分子劫持的航空器内的无辜的乘客,其生命的价值以及是否能够存续的可能性,就被掌握在了联邦国防部长的手里,将由他根据地面人口数量和航空器内人口数量以及航空器内乘客生还可能性予以权衡。如果赋予国家击落被恐怖分子劫持的、载有无辜乘客的航空器,那么这些乘客乃至飞机上无辜的乘务人员就不仅仅是被恐怖分子作为了实施犯罪的客体,更被国家视为了挽救地面其他生命的纯粹的客体。可以确定的是,一旦航空器被击落,那么航空器内的乘客以及乘务人员必然无法生还,这不仅仅是对乘客以及乘务人员生命的漠视,更是对其作为人的基本尊严的漠视。

---

〔1〕 BVerfGE 45, 187 (227f.).

　　既然《航空安全法》第 14 条第 3 款的规定必然涉及对生命权以及人的尊严的干预，那么这一干预行为能否基于国家出于挽救更多无辜生命的目的而得以正当化？答案当然是否定的。一方面，《航空安全法》第 14 条第 3 款所规定的措施并不能够确保最大化保障无辜生命的目的的实现。《航空安全法》第 14 条第 3 款措施的实施，必须要基于对地面情况、空间情况的综合判断和评估而做出，但一旦劫机事件发生，形势必然极其紧迫，相关救济措施到底如何展开和实施，只能在非常紧迫的时间内进行判断，而要在如此短暂的时间内对上述复杂的情形进行正确评估，几乎是不可能的。也就是说，当恐怖劫机事件发生，如何对可能发生的危险进行判断本身就是不确定的。在这种情况下，《航空安全法》第 14 条第 3 款的规定无疑可以被视作一个允许在未经深思熟虑的情况下剥夺他人生命的授权，而这样一个授权，无论如何都不应当将其视为是正当合理的。除了在短暂时间内难以对相关事实情况进行综合判断外，事件本身在时间流逝过程中的变化性也加剧了事件本身的不确定性。一个事件在发生之初可能构成对公共安全的重大威胁，但是随着时间的推移，这一事件的性质可能发生变化，甚至完全不再对公共安全构成威胁，以至于根本无需采取《航空安全法》第 14 条第 3 款的措施。但是，由于地面人员和航空器内机组人员沟通非常困难，事件已发生变化的事实也许并不能及时得以反馈。在这种情况下，如果在事件发生之初就立即下令击落航空器，显然是仓促的，只会酿下不可弥补的大错。因此，《航空安全法》第 14 条第 3 款所规定措施的实施，无法基于理性的综合判断而得以实施，相关决定必然是根据不充分、不确定的信息作出的。因此，它不仅可能难以达到最大限度保护无辜生命的目的，甚至还可能造成完全相反的后果，即致使航空器内无辜生命由于地面人员的错误判断而被不必要地牺牲。另一方面，即使《航空安全法》第 14 条第 3 款所规定的措施能够达到最大限度保障无辜生命的目的，也仍然不能构成这一措施本身得以正当化的理由。国家享有尊重个体生命并且通过积极措施来保全个体生命的义务。在履行其保护义务时，国家机关享有广泛的评估、裁量空间，这就意味着，国家应当采取何种措施来实现基本权利保护的积极义务，本身并不具有确定性，它必须要基于多方面的考量才能做出。对于生命权的保护也是一样的。在特定情况下经过考量，发现其他的措施都无法有效实现生命权的保障而仅存在一种可能的保障路径时，这一方式也只能在合宪的前提下才能被允许实施。在这个意义上，《航空安全法》第14条第3款所规定的措施显然并不能够被宪法所允许。诚然，该措施的目的是保障更大多数人的生命免受威胁，假设这一措施真的能够实现这一目的，但是不可忽略的事实是，那些处于被劫持的航空器内的乘客和乘务人员同样也享有生命权，他们的生命同样应当得到国家的尊重，并且国家也应当担负起保护他们生命的完整性的义务。如果国家为了保障更大多数人的生命权而采取了《航空安全法》第14条第3款的措施，那么这一做法显然是对被劫持航空器内无辜乘客和乘务人员生命权的妄视，乃至是对他们作为人的主体性本质的妄视，这显然是对人的尊严的侵害。因此，这一措施不仅仅违背了国家对生命权保护义务的要求，也违背了国家对人的尊严的保障的要求。

综上，《航空安全法》第14条第3款所规定的措施在实质上违反了生命权以及人的尊严保障的要求。这一措施仅仅在这样一种情况下是合宪的，即仅仅针对无人驾驶的飞机或者是仅仅载有犯罪人的飞机。尽管劫持飞机的犯罪人也可以主张生命权和人的尊严，但是当他们决定实施这一危害公共安全的行为时，他们就应当为其行为负责。国家为预防他们将飞机作为武器来剥夺他人生命而将其击落，是出于保障生命权而做出的必然之举，在这个过程中，国家并没有将犯罪者作为保护其他生命的手段，因此并没有剥夺他们作为人的主体性，也就谈不上对其生命权以及人的尊严的侵犯。

📑 拓展案例

居民身份证添加指纹信息事件

一、基本案情

根据我国2004年开始实施的《居民身份证法》，居民身份证登记的项目包括：姓名、性别、民族、出生日期、常住户口所在地住址、公民身份号码、本人相片、证件的有效期和签发机关九项。2011年10月29日，十一届全国人大常委会第二十三次会议通过了《关于修改〈居民身份证法〉的决定》。根据修正案的规定，《居民身份证法》第3条中增加一款作为第3款："公民申请领取、换领、补领居民身份证，应当登记指纹信息。"此次修正案中添加指纹信息，将居民身份证登记的项目从九项增加到十项。

二、法律问题

1. 登记居民指纹信息是否涉及人格尊严？
2. 若登记指纹信息的行为干预人格尊严，能否得到正当化？

◈ 拓展资料

2-6 拓展案例宪法分析

第五节 财产权

◈ 知识概要

公民在能够支配一定财产的情况下，在经济上无需依赖他人和国家，能够保持自己意志的独立性。公民行使各项权利和自由，通常需要一定的物质条件作为保障。在这种意义上，财产权是最重要的人权之一，早在 17、18 世纪，自然法学派就将财产与生命、自由并称为人权的三大基石。

在 20 世纪之前，私有财产神圣不可侵犯、财产权绝对的观念盛行，这典型地体现在 1789 年法国《人权宣言》中。该宣言第 2 条宣布财产权是"人类自然的和不可剥夺的权利"之一，第 17 条规定"财产权是不可侵犯和神圣权利"。进入 20 世纪之后，人们越来越接受财产权受到限制、不得违背公共利益的观念，这对制宪活动产生了较大影响。在各国宪法中，《德国基本法》第 14 条第 2 款的规定（"财产施加责任。其使用应该为公共福利服务。"）具有一定代表性。

宪法财产权涉及两个核心问题。一是如何界定这项基本权利的保护客体。基本权利的客体通常是客观存在的，例如言论自由、宗教信仰自由的保护客体分别是言论、宗教信仰。与此不同，财产权保护的客体是财产，而何谓财产还需要法律来作出规定。在宪法上，财产权包括一切具有经济利益、由法律作出具体规定的权利，包括物权、债权、知识产权、继承权以及一些公法权利。判断一项利益是否受到宪法财产权的保护，往往需要综合考虑很多相关因素。二是财产权和公共利益之间的关系。立法者需要对财产权作出必要限制，以维护公共利益，但立法者对财产权的限制必须遵守比例原则，不能超越一定的界限，否则构成对财产权的侵犯。

🔖 经典案例

德国地下水案

一、基本案情

自 1936 年以来，一个采砂企业在其所有的位于明斯特的土地上经营一个采砂场，用大型挖土机在自有土地的地下水位线之下采砂。这一行为符合当时的《普鲁士水资源法》。1957 年，德国联邦议院制定《德国联邦水资源法》，并于 1976 年修改。有关修改生效后，土地所有人在自有土地含水层开采地下水、采砂等活动，都需要经过许可。修改后的法律颁布之后，该企业提出继续采砂的许可申请。由于采砂行为发生在自来水厂的水源区，可能导致饮用水污染，行政机关驳回其申请，禁止其继续采砂。该企业起诉，主张这一拒绝许可的行为构成了未提供补偿的征收，违反《德国基本法》第 14条，该案最终诉至德国联邦最高法院。根据《德国基本法》第 100 条，法院在审理案件时，如果认为案件所适用的法律规定是违反宪法的，自己并无权宣布其违宪，而是应当将其提交德国联邦宪法法院进行审查。在该案中，德国联邦最高法院认为《德国联邦水资源法》要求土地所有人在取得主管机关许可之后才能够在含水层开采地下水、采砂的规定，违反了宪法保障的财产权，因此提请德国联邦宪法法院审查《德国联邦水资源法》相关规定是否符合《德国基本法》第 14 条第 1 款第 2 句对财产权的保障。德国联邦宪法法院认为，德国联邦最高法院提请其审查的《德国联邦水资源法》相关条款符合《德国基本法》，不侵犯财产权。

二、法律问题

《德国联邦水资源法》修改之前，土地所有人可以在含水层开采地下水、采砂，该法律修改之后，相同行为需要经过主管机关许可。那么，这是否构成了对土地财产权的征收？推而广之，如果一部法律缩减了财产权人原先享有权利的范围，是否就构成了对宪法上财产权的征收？如何理解宪法意义上的财产权？

三、宪法分析

（一）财产权的内容

人们往往下意识地认为财产是不言而喻、超越时空的，先于国家和法律而存在，而国家或者说政治结合的目的就在于保护财产等自然权利。这种财产观念充分体现在一些自然法著作和在其影响之下制定的宪法性文件中。例如，洛克主张国家的正当性来源于对个人的"生命、自由和财产"提供保护[1]，他实际上把财产当成与生命、自由一样不言自明的事物。受此影响，美国宪法第五和第十四修正案就采用了洛克提出的将"生命、自由和财产"并列的表述。在欧洲，法国《人权宣言》秉承自然法意义上的权利观念，对财产予以保障。该宣言第 2 条规定："一切政治结合均旨在维护人类自然的和不可剥夺的权利。这些权利是自由、财产、安全与反抗压迫。"根据这一规定，财产构成一项"自然的和不可剥夺的"权利。此外，第 17 条还专门规定了对财产的如下保障："财产权是不可侵犯与神圣的权利，除非合法认定的公共需要对它明白地提出要求，同时基于公正和预先补偿的条件，任何人的财产皆不可受到剥夺。"

那么，财产是否超越时空，并独立于国家和法律而存在呢？我们以土地上的财产权为例，通过粗略的历史考察对这一观念进行检验。在欧洲中世纪封建制度之下，土地属于国王，国王将土地分封给封臣，封臣作为领主将领地分封给自己的封臣。经过层层分封，土地到了最低级别的小领主手中，由农民进行耕种，农民依附于领主，不得离开土地。在中世纪的财产制度之下，

---

[1]　[英]洛克:《政府论（下篇）》，叶启芳、瞿菊农译，商务印书馆 2007 年版，第 77 页。

土地不得自由流转，尤其是贵族的土地不得转让给市民和农民，阶级分层得以固化。这种分封制度既是政治制度，也是最为根本的财产制度。在中世纪后期，思想观念发生了变化，通过劳动获得财产的观念越来越深入人心。其中，洛克的劳动价值论产生了深远的影响。在他看来，任何人有权通过自己的劳动来获得财产，可以通过耕种无主土地而获得土地所有权。其核心观点，体现在这一句话中：上帝"是把世界给予那些勤劳和有理性的人们利用的（而劳动使人取得对它的权利），而不是给予好事吵闹和纷争的人们来从事巧取豪夺的"。[1] 思想观念的变化，催生了相应制度的变革，封建领地上农民代际继承的人身依附关系被解除，农民成为自由人。土地交易被放开，市民和农民都可以购买贵族的土地，而贵族也有权购买市民和农民的土地。[2] 由此，资本主义的土地制度逐渐取代了封建土地制度。土地财产权的内容发生了深刻变化。而随着 20 世纪社会主义制度的问世，土地私有制在社会主义国家受到限制乃至取缔，这导致了土地财产制度又一次深刻变化。从土地财产制度的变迁可以看出，财产制度无法超越时空，根植于当时的经济社会状况，受同时代理论与观念左右，与特定政治制度相联系，具有鲜明的时代性。

然而，这种亘古不变的、绝对的财产权观念还是具有深远影响。在本案中，德国联邦最高法院就秉持了这一立场。其认为，鉴于《德国民法典》第 905 条第 1 款规定"土地所有人的权利延伸到土地上方的空间以及地下资源"，因此土地所有权包含了对土地之下的水资源的所有权，规定土地所有人在获得行政机关许可之后才可以开采地下水的法律规定构成征收，这就侵犯了土地所有权包含的开采地下水的权利，侵犯了《德国基本法》第 14 条所保障的财产权。不过，这一观点经不起推敲，没有被德国联邦宪法法院采纳。

本案的核心问题，是宪法上的财产权是否被侵犯。在此，首先需要明确何为宪法财产权。在法律意义上，财产和财产权具有相同含义，是指一种权利，是指权利人针对权利客体可以做出各种行为的自由。[3] 如果将每一个可以做出的行为都视为一项权利，财产就是权利人可以作出的各种行为构成的

---

〔1〕 ［英］洛克：《政府论（下篇）》，叶启芳、瞿菊农译，商务印书馆 2007 年版，第 21 页。

〔2〕 Frotscher/Pieroth, Verfassungsgeschichte, 4. Aufl. (2003), Rdnrn. 196ff.

〔3〕 "What the owner in fact possesses is the right to perform certain (physical) actions." R. H. Coase, "The Problem of Social Cost", in: *The Journal of Law & Economics*, Vol. 3 (Oct., 1960), pp. 43, 44。

权利束（a bundle of rights）。[1] 由于宪法天然地高度抽象，不可能作出具体规定，因此，为了明确谁有权对一定的客体作出何种行为，就需要由法律来作出明确规定。立法者承担了相应的制定具体化法律、规定何为财产权的义务。因此，财产权人具体可以从事哪些行为，依赖于法律作出规定。在这种意义上，"财产和法律一起出生，一起死亡。在立法之前，没有财产；取消法律，则财产也就消亡了"。[2] 换言之，"财产是法律的创造，其并不产生于价值……财产依赖于法律排除干预"。[3] 因此，何为财产的问题，就转化为财产权人针对财产权客体可以做出哪些行为的问题，这有赖于立法者予以规定。在这一过程中，立法者既要调整私人利益之间的关系，也要调整私人利益和公共利益之间的关系。前者通常由私法来规范，后者通常由公法来规范。相关私法和公法规范，就共同组成了财产法律制度，共同规定了财产权人所可以从事的行为的范围。在财产法律制度中，私法和公法具有相同位阶，共同发挥作用，不得将私法上的财产制度等同于全部财产制度。私法和公法规定了财产权人可以做什么、不可以做什么，其中可以做、不可以做的行为，分别构成财产的内容和限制。财产的范围，就是私法和公法规定的内容的总和，减去私法和公法规定的限制，用公式表示如下：财产 =（私法规定的内容 – 私法规定的限制）+（公法规定的内容 – 公法规定的限制）。

在本案中，关键在于《德国联邦水资源法》生效之前土地所有人无需许可即可在地下水位线之下采砂，《德国联邦水资源法》生效之后，则其需要经过许可。德国联邦最高法院认为，土地所有权包括了对地下水的所有权，而《德国联邦水资源法》规定开采地下水需要取得许可，这就剥夺了对地下水的所有权，或者说地下水的所有权转移给了国家，这构成了征收。可见，争议点在于土地所有权是否包含了对地下水的所有权。对此，德国联邦宪法法院持有不同意见，认为所有权的客体是物，物通常有明确的边界。但是，地下

---

〔1〕 See Hohfeld, "Fundamental Legal Conceptions as Applied in Judicial Reasoning", 26 *Yale L. J.* 710 (1917); B. Ackerman, *Private Property and the Constitution* (1977).

〔2〕 Bentham: "Property and law are born together, and die together. Before laws were made there was no property; take away laws, and property ceases."

〔3〕 AP v INS, 248 U. S. at 246. J. Holmes, concurring: "Property, a creation of law, does not arise from value, although exchangeable — a matter of fact. Many exchangeable values may be destroyed intentionally without compensation. Property depends upon exclusion by law from interference……"

水处于流动状态，一个地块之下的地下水，并不像土壤一样是固定不动的。就像流动的空气不能成为所有权的客体一样，地下水之上也不能存在所有权。因此，认为国家征收了土地所有人对地下水的所有权的看法，是无法成立的。总之，既然土地所有人本来对地下水就没有所有权，那么也就不能主张国家征收了其对地下水的所有权。

本案中涉及的另外一个问题，是该企业原来可以在地下水位线以下采砂，而《德国联邦水资源法》生效之后则只能在取得许可之后才可以从事这一行为。如前所述，财产就是权利人从事各种行为的自由。那么，可否认为在《德国联邦水资源法》生效之前，无需许可即可采砂是土地所有人的一项权利，而这项权利随着《德国联邦水资源法》的生效被剥夺了呢？如果法律在某一时刻允许财产权人从事一项行为，并不意味着法律永远不得限制乃至禁止该行为，否则的话，法律就越来越僵化，无法根据情况变化进行必要的调整，对一些原先允许的行为作出限制。当然，如果立法者可以随意地限制财产权人的行为，今天允许的行为明天突然受到禁止，那么，法的安定性也会受到破坏，个人无法信赖法律。在这两个极端情形之间，应当取得适当的平衡。具体而言，关键在于财产权人是否能够合理地信赖其未来也能够从事某一行为。如果存在合理的信赖，则法律原则上不得直接予以限制，而应当通过规定过渡期等方式，将法律变动对财产权人的消极影响控制在可以接受的程度之内。就本案而言，虽然《德国联邦水资源法》生效之前土地所有人可以未经许可而在地下水位线以下采砂，但其是否可以合理地信赖其将来也有权未经许可从事这一行为，是存在疑问的。财产权的行使，以不侵犯他人权利和公共利益为前提。而只要对他人权利和公共利益构成了风险，立法者就可以对财产权人的行为进行规范。鉴于地下水是流动的，对地下水进行干预可能影响公共水源的供应，也可能导致水质污染，立法者可以为了保护他人、保护公共利益而对干预地下水的行为进行规范。就此而言，土地所有权人并不能够合理地信赖其未来也能够不受限制地实施干预地下水的行为，因此，之前其虽然能够未经许可采砂，且这并不构成一项财产，对这一行为予以限制当然也就不构成对（不存在的）财产的征收。

（二）什么是征收？

征收是宪法财产权的一个重要的限制，通常各国宪法都对此作出规定。

例如，《美国宪法修正案》第 5 条规定了征收条款，我国《宪法》第 13 条第 3 款规定了征收征用（其中，在征收之外还规定征用，是我国《宪法》的一个特色），《德国基本法》第 14 条第 3 款规定了征收。通常而言，只能为了公共利益、根据法律并支付补偿，才可以征收个人财产。

在判断公权力采取的措施是否构成征收时，需要依次对两个问题作出判断。首先，个人的有关行为是否作为一项财产权而受到保护。如前所述，财产权就是财产权人对财产权客体可以作出的各种行为的总和。如果一个行为并不属于财产权的内容，那么，即便财产权人之前事实上可以从事这一行为，这种行为也是随时可以被限制乃至禁止的。在本案中，在地下水位线以下采砂，虽然之前并不被禁止，但也不构成财产权的一部分。立法者禁止这一行为，并不涉及财产权。

其次，如果被限制或者禁止的行为构成了财产权的内容，那么，就需要继续判断公权力的措施是否构成了征收。传统上，如果国家将财产权从个人转移到国家手中，导致财产权人无法再支配其财产，这无疑构成了征收。这些措施可以被称为经典征收。在小政府大社会的时期，在经典征收之外，基本上不存在其他形式的财产权限制，因此也就无需讨论是否存在其他形式的征收。然而，随着公权力对社会和经济生活的干预越来越深入，经典征收以外的一些措施是否构成征收，往往存在争议。在一些情况下，财产权并没有从个人手中转移到政府手中，但有关措施所产生的后果，与经典征收之间并没有本质上的区别。例如，责令一个企业停业，就将导致投资者的财产严重贬值，其后果和企业直接转移给政府没有本质差别；又如，禁止拆除一个不再有实际用途的不可移动文物（如古民居），对所有人而言其后果也和经典征收无异。在这些情况下，是否应当将有关措施认定为征收，就存在较大争议，各国司法实践对此作出了不同的回答。以美国为例，美国联邦最高法院认为，如果一个管制措施导致了对私人财产的物理侵入，或者导致个人财产的价值完全灭失，则构成征收；除此以外，则需要综合考虑所有相关因素作出判断。在我国，征收通常仍然限于私有财产转移给国家的情形，而不将对私有财产的其他限制视为征收。

拓展案例

（一）戈德布拉特诉亨普斯特德镇案[1]

一、基本案情

建筑商戈德布拉特在亨普斯特德镇内拥有一块 38 英亩的土地，他的公司自 1927 年以来一直在这里开采砂砾，采砂业务开展不到一年就挖掘至地下水位线以下，又经过几次拓宽深掘，这个充满水的挖掘坑已变成了一个面积可观的人工湖。1945 年亨普斯特德镇颁布了一部法令，戈德布拉特依照法令对一些已经形成安全隐患的开采现场设置了围护。1958 年，该法令被重新修订，禁止地下水位线以下开采行为，并规定了土地所有人修复填充已经实施过越界挖掘的土地，同时加强了设置护堤、斜坡和栅栏的安全要求。戈德布拉特的土地开采活动明显不符合修改后的法令，因此未能获得许可证，必须停止其长达 32 年的采砂业务。建筑商认为这是政府对其利用土地开采进行商业盈利的权利的剥夺，构成对其财产的征收，诉至法院。该案最终上诉到美国联邦最高法院。

二、法律问题

禁止在自有土地的地下水位线之下采砂，是否构成对财产的征收？

拓展资料

2-7　拓展案例宪法分析

---

[1]　Goldblatt v. Town of Hempstead, 369 U.S. 590 (1962).

🔖 拓展案例

（二）戈德博格诉凯利案[1]

一、基本案情

纽约市推行"未成年子女家庭救助项目"和"普通家庭救助项目"。本案当事人接受其中一个项目的资助，并在没有事前听证的情况下，纽约市社会保障部于 1968 年停止向他们继续提供资助。根据美国宪法第五修正案和第十四修正案的规定，要剥夺个人财产，必须经过正当法律程序。正当法律程序的核心，在于向当事人提供听证机会，使其可以发表意见，获得影响政府决策的机会。当事人主张政府没有提供事前通知和听证，剥夺了他们的正当程序权利。在地区法院的审理过程中，纽约市辩称救济金是一种特权（privilege），不是一项权利，所以在取消时，无须遵照正当程序条款。案件最终上诉至联邦最高法院。

二、法律问题

政府福利究竟是不是受宪法保护的、未经正当法律程序不得剥夺的财产？

🔖 拓展资料

2-8　拓展案例宪法分析

---

[1]　Goldberg v. Kelly，397 U. S. 254（1970）．

第六节　受教育义务

知识概要

　　受教育具有双重性，既是公民的一项权利，也是公民的一项义务。我国《宪法》第 46 条规定，公民有受教育的权利和义务。这意味着，国家一方面要为公民享有受教育权提供各种机会，另一方面有权要求公民履行相应的义务。受教育之所以成为公民的一项义务，在于教育是人格形成和发展的基本途径，是获得生存能力的基本方式，是创造社会价值、推动国家发展的条件。公民接受一定程度的教育，继而提高全民族科学文化水平，并不是公民个人的私事，而是有关社会发展、国家前途、民族命运的大事。因此，法律规定受教育义务，是对公民的约束和要求，带有强制性。

　　从《宪法》文本来看，第 46 条规定，受教育是每一个中国公民的义务，既包括适龄儿童，也包括成年人。从这个意义上说，终身学习是《宪法》施加给每一个中国公民的义务性要求。适龄儿童接受相应的初等教育，成年劳动者接受适当形式的教育、培训以及劳动就业训练等。《宪法》第 19 条规定国家"普及初等义务教育"，将初等义务教育作为公民必须接受的教育。对于其他类型的教育来说，"国家发展各种教育设施"，为公民接受相应的教育提供机会和条件，但基于国家能力和实际需要，只能是"鼓励自学成才"，而不做强制性要求。因此，只有国家明确强制性的教育，才能成为公民受教育义务的内容，其他教育内容，应当属于公民受教育权的范畴。至于初等义务教育的具体范围，《宪法》并未作出明确规定，但可解释为包括下列内容：①公民受教育义务仅限于初等义务教育阶段，不能延伸至其他教育阶段；②普及初等义务教育意味着国家必须提供充分的教育条件，满足公民接受义务教育的需要；③普及初等义务教育决定了国家提供教育机会和教育资源的均等化和普遍化。[1]

　　受教育义务的主体是公民。因初等义务教育阶段的公民为未成年人，不

---

〔1〕　薛小建、王理万："公民受教育义务的宪法内涵——评'云南省首例政府控告辍学案'"，载胡锦光主编：《2017 年中国十大宪法事例评析》，法律出版社 2018 年版，第 107 页。

具备承担义务的能力，应由其父母或其他监护人承担其"受教育义务"。父母作为未成年公民受教育义务的承担者，源自《宪法》第49条第3款"父母有抚养教育未成年子女的义务"。父母的"抚养教育"义务包含着辅助未成年子女完成国家普及的初等义务教育，为未成年子女履行受教育义务提供机会和条件。但义务教育的义务主体仍是受教育者自己。父母基于"抚养教育"之责所担负的义务受父母条件所限，如果父母无钱供养孩子读书，强制性的义务教育便失去意义。此外，在受教育义务的实现中，父母只能劝导、督促未成年子女接受义务教育，为子女接受教育提供必要的条件，但不能通过人身强制的方式强迫未成年子女接受教育。

经典案例

云南省首例政府控告辍学案

一、基本案情

兰坪县曾是云南省27个深度贫困县之一。2017年秋季开学时，该县有130多名学生未返校。当地政府部门通过宣传教育、责令整改、行政处罚等举措，让其中120多名学生返校。但是，啦井和中排两乡镇，仍有8名学生未能返校接受义务教育。啦井镇中学从2016年9月至2017年7月一学年中，辍学学生13个，辍学率是2.21%，除了受早婚现象影响，打工潮在村民和学生同龄人之间也相互影响，造成攀比现象，学生思想开始动摇就要往家里跑，选择出远门打工，打工之后有了一定收入再回家时，又影响了一批上学的同龄人。辍学的13个学生里面，其中一个村委会的就有8个，辍学的绝大部分学生都到外地打工，早婚的有三四个学生。

2017年11月3日，啦井镇政府向兰坪县人民法院依法提起诉讼，将5名学生的家长告上法庭。原告啦井镇政府认为，根据《义务教育法》相关规定，适龄少年应依法在校接受义务教育，但经原告方多次对被告进行敦促、动员、批评、教育，被告方始终拒绝履行将其女儿送达学校接受义务教育。兰坪县人民法院立案后，经调查，认为何某某等5个被告家长作为法定监护人，没有履行法定义务，以各种理由放任子女辍学，违反了法律规定。11月24日当天，法庭针对每个被告家长及其子女的实际情况，对原、被告双方进行调解。

双方当场就学生返校时限、共同劝导事宜等达成共识，法庭当场下达了调解书。

11月25日，同样的"官告民"案件，在兰坪县中排乡也进行了开庭审理，3名学生的家长也同样因不履行义务教育法律责任被乡政府告上法庭。

二、法律问题

1. 受教育义务是否意味着强制入学接受教育？
2. 父母在未成年子女受教育方面承担何种义务？
3. 政府能否状告未能履行受教育义务的学生家长？

三、宪法分析

《宪法》中规定了公民有受教育的义务和国家普及初等义务教育，将初等义务教育作为公民必须完成的受教育义务。《教育法》进一步明确了受教育义务的基本内容，把需要普及的初等义务教育界定为"九年制义务教育"，其中第19条规定父母或者其他监护人以及有关社会组织和个人的义务是"使适龄儿童、少年接受并完成规定年限的义务教育"。至于完成义务教育的具体方式并未申明，即《教育法》没有规定父母需要在何地以何种方式"使适龄儿童、少年接受并完成规定年限的义务教育"。《义务教育法》第5条将其进一步明确为"适龄儿童、少年的父母或者其他法定监护人应当依法保证其按时入学接受并完成义务教育。"进一步将适龄儿童、少年的受教育义务明确为"按时入学接受并完成义务教育"。因此，《宪法》规定的受教育义务借助《教育法》和《义务教育法》逐步具体化为入学完成九年制义务教育。简言之，《宪法》规定的受教育义务通过立法的具体化过程为：受教育义务→受初等义务教育→受九年制义务教育→按时入学接受并完成义务教育，即义务教育阶段的强制入学教育。

《义务教育法》规定的强制入学接受并完成义务教育从实质上限缩了《宪法》规定的受教育义务，将其扩展为"入学接受并完成义务教育"。强制入学教育从实质上限制了父母和适龄儿童、少年的教育选择权。教育的规律是因材施教，个性化培养。国家在督促父母保障适龄儿童、少年完成义务教育的基础上，应当允许并鼓励有条件的家长选择适合自家孩子的教育方式。为避免家长因能力不足或责任心不够，损害适龄儿童、少年未能完成相应的义务教育，国家可采用考核的办法，对教育结果进行把关，而不是通过强制受教育的方式来落实受教育的义务。毕竟入学并不等于受教育，受教育也并不必须是在学校。国家和监护人应当共同从实质上确保适龄儿童、少年完成义务教育的内容，而不是强制要求其在特定地方（学校）耗费完义务教育的时间。

公民接受义务教育既是一种权利，也是一项义务。接受义务教育作为公民的权利，国家首先负有为公民这一权利实现之义务。国家既有制定有关《义务教育法》等法律之义务，也有以公共税收提供教育场地、设施、人员等各种受教育的机会、条件，"发展各种教育设施"。同时，国家也应使用各种方法，包括司法，以确保公民这一权利的实现。此外，义务教育权利主体的家长或其他监护人也负有义务。我国宪法规定，儿童受国家保护，父母有抚养教育未成年子女之义务。父母在抚养教育未成年子女上的义务主要是为未成年子女提供受教育的机会和条件，督促引导未成年子女完成义务教育。因父母为未成年子女提供受教育的机会和条件受到自身和家庭能力的限制，不能亦无法强制要求保持统一。但国家应当提供和维持最低教育机会和条件，确保适龄儿童、少年不因出身和家庭情况而无法完成基本的教育。

如果父母或者其他法定监护人无正当理由未确保适龄儿童、少年接受义务教育的，根据《义务教育法》第 58 条规定，"由当地乡镇人民政府或者县级人民政府教育行政部门给予批评教育，责令限期改正"。本案中，啦井镇政府多次对当事人进行敦促、动员、批评、教育，当事家长始终拒绝履行相应的义务后，遂采取诉讼的方式将当事家长告至法院。然而，《义务教育法》第 58 条规定，"适龄儿童、少年的父母或者其他法定监护人无正当理由未依照本法规定送适龄儿童、少年入学接受义务教育的，由当地乡镇人民政府或者县级人民政府教育行政部门给予批评教育，责令限期改正"。由此可见，《义务教育法》仅是授权政府批评教育、责令限期改正，并未授权政府对辍学儿童家长（监护人）提起诉讼的权力。值得注意的是，1992 年国务院制定的《义务教育法实施细则》中规定，"适龄儿童、少年的父母或者其他监护人未按规定送子女或者其他被监护人就学接受义务教育的，城市由市、市辖区人民政府或者其指定机构，农村由乡级人民政府，进行批评教育；经教育仍拒不送其子女或者其他被监护人就学的，可视具体情况处以罚款，并采取其他措施使其子女或者其他被监护人就学"。但 2006 年第十届全国人大常委会修订《义务教育法》时，只规定了批评教育和责令限期改正，删去了"处以罚款，并采取其他措施使其子女或者其他被监护人就学"的规定。当时曾有委员提议对于不送孩子上学的父母应当有明确的强制性措施，以确保子女接受教育的权利不受损害。[1] 在修订草案征求意见时，实务部门和专家学者也提出了增加规定司法措施的建议。一些地方（浙江、呼和浩特、大同、长春）提出，应明确规定无正当理由未依法送适龄儿童、少年入学接受义务教育的应强制履行。最高人民检察院还提出，针对《义务教育法》第58条应增加民事责任的规定。[2] 一些专家（汪治平、马怀德、张世义）提出，应明确监护人如果限期不改正的法律后果，如可给予罚款，或者申请人民法院强制执行。[3] 但是，鉴于任何加重父母义务的做法不仅对父母施加了超越法定义务的责任，而且对实现适龄儿童、少年的受教育义务于事无补，甚至可能适得其反，故上述专家、委员们的建议均未被立法机关采纳。此外，《民事诉讼法》第58条规定的"公益诉讼"也没有涉及义务教育，并且该条明确为公益诉讼的主体设定了"法律保留"，即只有法律规定的机关和有关组织才能向法院提起"公益诉讼"。所以，啦井镇政府起诉辍学孩子家长，作为一种"官告民"案件，并不具备诉讼的法律依据。

🔖 拓展案例

威斯康星州诉约德案[4]

一、基本案情

美国有一个宗教派系被称为阿米什人，是基督教重洗派的一个分支。重洗派诞生于瑞士，认为一个人成年后，自己做决定加入基督教，需要再次洗礼，婴儿时的洗礼并不代表个人真正的信仰。阿米什派就是重洗派的一个分

---

〔1〕 "十届全国人大常委会第二十次会议分组审议义务教育法（修订草案）的意见"，载信春鹰主编：《中华人民共和国义务教育法释义》，法律出版社2012年版，第237页。

〔2〕 参见"各地和中央有关部门、单位对义务教育法（修订草案）的意见"，载信春鹰主编：《中华人民共和国义务教育法释义》，法律出版社2012年版，第264-265页。

〔3〕 参见"各地和中央有关部门、单位对义务教育法（修订草案）的意见"，载信春鹰主编：《中华人民共和国义务教育法释义》，法律出版社2012年版，第205-206页。

〔4〕 Wisconsin v. Yoder, 406 U. S. 205 (1972).

支。他们在 18 世纪初移民美国，现在在美国大约有 20 万人，生活在宾夕法尼亚州和俄亥俄州的几个聚居区。阿米什人坚持保留"原始而朴素"的生活模式，比如，不用汽车用马车，不用电灯用汽灯，不用自来水用井水。他们也拒绝现代教育。阿米什人几乎都没有上过高中，他们认为初中教育就够应付生活了，高中教育会让人变得"复杂"，与他们"朴素"的生活产生矛盾。但美国是十二年义务教育，即包括高中阶段的义务教育，和阿米什人的信仰产生冲突。

　　威斯康星州的义务教育法规定，孩子在 16 岁之前，父母必须将其送到学校上学。本案中被告为阿米什人，他们的三个孩子——约德 15 岁，米勒 15 岁，尤兹 14 岁——在公立学校读完八年级后就退学了。他们所在的格林县当局提起诉讼。1969 年，格林县法院判父母败诉，并给予每个孩子罚款 5 美元的处罚。虽然格林县法院承认威斯康星州的义务教育法干涉了阿米什人"真诚的宗教信仰"，但认为要求其 16 岁之前就读高中是合理合宪的，这里强制性的国家利益高于宗教信仰自由。通过上诉，威斯康星州最高法院支持了阿米什人的宗教信仰，认为该义务教育法给被告人的宪法权利施加了重大负担，将义务教育法适用于阿米什人是违宪的。阿米什人出于信仰，选择八年级的教育并不会给社会构成威胁。对此判决，威斯康星州政府向美国联邦最高法院提起上诉。美国联邦最高法院以 6：1 支持了威斯康星州最高法院的判决。

二、法律问题

　　1. 阿米什人的生活选择是否属于宪法所保护的宗教信仰自由？

　　2. 强制入学教育是否属于超越个人宗教信仰自由的重要政府利益？

　　3. 对阿米什人适用该州的义务教育法是否侵犯了他们宪法所保护的宗教信仰自由？

拓展资料

2-9　拓展案例宪法分析

第七节　服兵役义务

📑 知识概要

服兵役是公民义不容辞的责任和法定义务。根据《宪法》第 55 条第 2 款规定，"依照法律服兵役和参加民兵组织"是中华人民共和国公民的一项光荣义务。中华人民共和国的安全稳定、繁荣发展、人民幸福需要军人作坚强的后盾，作为共和国的一员，参与维护共和国的安全与发展，是一项神圣的责任。服兵役作为宪法规定的公民基本义务，不同于法律义务。宪法所确立的基本义务是公民对于国家所负的义务，而不是针对政府或行政机关所负的义务。[1] 宪法规定的基本义务是为维系国家作为政治共同体而存在的基本职责，是构建和维持国家的前提，关系到政治共同体的共同利益和所有国民的生存。[2] 因此，服兵役义务的主体是每一位共和国公民。

由于共和国的人民属性，加上特殊的国情，我国实行以志愿兵役为主体的志愿兵役与义务兵役相结合的兵役制度，兵役义务并不具有强制性，可按个人发展履行，并将兵役义务的具体要求授权法律作出规定。根据《兵役法》第 20 条规定，兵役义务的主体一般是"年满十八周岁的男性公民"，且应当在年满十八周岁当年进行初次兵役登记。"当年未被征集的，在二十二周岁以前仍可以被征集服现役。普通高等学校毕业生的征集年龄可以放宽至二十四周岁，研究生的征集年龄可以放宽至二十六周岁。"根据军队需要，可以按照规定征集女性公民服现役。此外，有严重生理缺陷或者严重残疾不适合服兵役的公民，免服兵役。依照法律被剥夺政治权利的公民，不得服兵役。《征兵工作条例》进一步规定，应征公民是维持家庭生活的唯一劳动力或者是正在全日制学校就学的学生，可以缓征。被羁押正在受侦查、起诉、审判的或者被判处徒刑、拘役、管制正在服刑的公民，不征集。

---

〔1〕 参见王锴："为公民基本义务辩护——基于德国学说的梳理"，载《政治与法律》2015 年第 10 期。

〔2〕 王晖："法律中的团结观与基本义务"，载《清华法学》2015 年第 3 期。

经典案例

拒服兵役被处罚案

一、基本案情

2015 年 12 月 24 日微信公众号"虞城县征兵办公室"发布了一则《虞城县人民政府关于对丁某某等 5 人拒服兵役行为的处理公告》（以下简称《处理公告》）。该公告显示，丁某某等 5 人均为"90 后"。2015 年 9 月，5 人自愿报名参军到部队服役。但在服役期间，因怕苦怕累、不愿受部队纪律约束，5 人以种种理由逃避服兵役。经多次做工作，思想仍无转变，直至被部队按思想退兵作出处理。《处理公告》称，丁某某等 5 人的行为违反了我国《兵役法》《河南省征兵工作条例》以及相关法律、法规，已构成拒服兵役的违法行为。经研究，决定对丁某某等 5 人进行以下处罚：①经济处罚 1 万元，由所在乡镇执行，罚款上交县财政，列支下年度乡镇征兵经费。如当事人拒不执行，移交县人民法院强制执行。②不得将其录用为公务员或者参照公务员法管理的工作人员。③两年内公安机关不得为其办理出国（境）手续。④两年内教育部门不得为其办理升学手续。⑤党（团）员由所在党（团）组织按照权限严肃处理。⑥将其列入虞城县拒服兵役人员黑名单，通过新闻媒体向全社会公告，并上传公安网备案。

无独有偶，2015 年 10 月，"95 后"山西小伙李某因拒服兵役也遭到当地政府重罚。李某是山西省晋中市寿阳县人，2015 年 9 月报名参军，被分到贵州正式接受部队训练时，他却打退堂鼓。山西省晋中市寿阳县人民政府 11 月 4 日发布的《关于对李某拒服兵役行为的处理公告》显示，李某在服役期间，"因怕苦怕累、不愿受部队纪律约束，拒不参加正常的训练和操课，以种种理由逃避服兵役"。公告透露，县人武部工作人员及其亲属先后多次前往李某所在部队耐心谈话、教育引导做工作，但该青年拒绝思想教育，拒绝继续留队服现役，态度极其消极，并以绝食等极端行为相要挟，在部队造成了极其恶劣的影响，直至被部队按思想退兵做出处理。经寿阳县征兵领导小组会议研究，李某的行为违反了我国《兵役法》，已经构成了拒服兵役的违法行为。经寿阳县人民政府常务会议审议通过，决定给予李某进行严厉处罚：①按照

2015 年城镇户口义务兵优待金（57 346 元）两倍的标准（114 692 元）给予经济处罚，由寿阳县人民政府委托所在的滨河管委会执行。罚款上交县财政，列支民政优抚安置款项。如当事人拒不执行，移交县人民法院强制执行。②不得将其录用为国家公务员或者参照公务员法管理的工作人员。全县所有政府机关、社会团体、企事业单位和学校不得招聘和录用。③两年内公安机关不得为其办理出国（境）手续。④两年内教育部门不得为其办理升学手续。⑤三年内工商行政管理部门不得为其办理工商营业执照。⑥三年内银行系统禁止向其提供各种贷款业务等。⑦三年内全县所有私营企业和全体单位不招聘录用此人。⑧开除李某团籍。⑨将李某列入《寿阳县 2015 年拒服兵役人员黑名单》，通过新闻媒体向全社会通报。

类似案例还有不少。2014 年，湖南省邵阳市对 13 名拒服兵役青年进行了公开通报处理。江苏省丹阳市对拒服兵役的陈某作出罚款 8 万元、收缴全部优待金等处罚。2013 年，江苏省丹阳市应征青年陈某前往甘肃兰州空军某部服役。但入伍后不久，滋生畏难情绪，以不适应部队生活为理由先后多次向新兵训练大队递交拒服兵役申请。各方给其做思想工作未果，最终陈某被部队做退兵处理，返回原籍。丹阳市对其作出处罚："罚款 8 万元，取消其家属的军属待遇，收缴全部优待金；不得复学；两年内不得录用为国家公务员、国有企业职工，不得出国。"

二、法律问题

1. 服兵役义务是否属于强制性义务？

2. 丁某某等人的行为是否构成法律上的拒服兵役行为？

3. 地方政府对拒服兵役行为的处罚是否合法？

三、宪法分析

中华人民共和国成立以来，在我国兵役法的立法实践中，涉及拒服兵役的处罚规定实际上经历了一个从无到有的过程。我国 1955 年颁布首部《兵役法》，1984 年重新制定《兵役法》时，对违反兵役法规的行为增设"惩处"一章。1998 年修改兵役法，通过修改和补充条款的形式，对违反兵役法规的行为表现、处罚措施、执法机关等作了比较明确的规定。2011 年第三次修改兵役法的时候，将原第十一章的章名由"惩处"改为"法律责任"，进一步明确了对平时应征公民拒不履行服兵役义务应承担的法律责任。

《宪法》规定"依照法律服兵役和参加民兵组织是中华人民共和国公民的光荣义务"，对该条文的理解不能仅仅局限于"服兵役和参加民兵组织"，还要注意限定词"依照法律"。这里的"依照法律"是对公权力的限制，"是为了避免政府（国家）没完没了、任意科处公民的义务而设置的"。[1] 这就意味着公民有权拒绝非法的军事征招，也意味着服兵役义务应当遵循法律保留的原则。

分析服兵役义务的法律保留时，需要进一步区分两类不同的法律行为：一是承担服兵役义务的条件；二是对逃避或拒服兵役义务的处罚。前者是宪法确定并授予立法机关立法，也就是"依照法律服兵役的义务"，这种义务系由宪法直接授权。后者则是派生性的"法律责任"，系由逃避或拒服兵役义务所引发的，作为"第二性"的法律义务而存在。[2]

《兵役法》明确规定了拒服兵役的行为模式，具体包括：①拒绝、逃避兵役登记和体格检查的；②应征公民拒绝、逃避征集的；③预备役人员拒绝、逃避参加军事训练、执行军事勤务和征召的。《国防动员法》增加规定了逃避兵役的两种情形：①预编到现役部队和编入预备役部队的预备役人员、预定征召的其他预备役人员离开预备役登记地1个月以上未向预备役登记的兵役机关报告的；②国家决定实施国防动员后，预定征召的预备役人员未经预备役登记的兵役机关批准离开预备役登记地，或者未按照兵役机关要求及时返回，或者未到指定地点报到的。

现实中还有以积极方式逃避服兵役的情况，例如，在体检前扎耳洞、文身，装作听不见、看不清、站不直，或者心理测试时"故意答错题"等方式，以达到"自我淘汰"的目的。例如，《广东省关于拒绝、逃避服义务兵役行为处罚办法（暂行）》规定拒绝、逃避服义务兵役的行为包括"采取假冒身体

---

〔1〕　沈寿文："中国宪法文本规定公民（人民）义务的原因探析"，载《云南社会科学》2009年第4期。

〔2〕　王理万："事例8：'河南虞城五名青年拒服兵役被处罚事件'评析——公民兵役义务的合宪性审查与控制"，载胡锦光主编：《2015年中国十大宪法事例评析》，法律出版社2017年版，第148-149页。

问题、谎报病史和违法记录等方式被作退兵处理的"。[1]《益阳市拒服兵役行为处罚实施办法》规定应征公民有下列拒绝、逃避征兵，均为拒服兵役行为：①以文身、打耳孔等故意损害身体的方式拒绝、逃避征集的；②以假耳聋、近视、色盲或伪造病历、编造病史等弄虚作假行为不配合体检的；体检时冒名顶替，或利用药物、酒精、剧烈运动等手段故意破坏血、尿采样，导致体检指标异常的；③经过兵役登记确定为预征对象的应征公民，离开户籍所在地1个月以上，未向所在乡镇（街道）武装部报告去向和联系方式，且未按通知要求返回应征的；④应征公民作为已定新兵入营后，因怕苦怕累和不适应部队管理训练，强烈要求离开部队的；不安心服役、违规违纪，故意编造病史或捏造打架斗殴、嫖娼、吸毒、参加黑社会组织等违法犯罪事实，或以跳楼、自残、自杀、逃离部队等极端手段威胁、影响部队战备、训练、工作、生活秩序的。这些规定细化了《兵役法》中拒绝、逃避服兵役的规定。

关于拒绝、逃避服兵役的法律责任，按照《兵役法》第57条规定，有服兵役义务的公民拒绝、逃避兵役登记，应征公民拒绝、逃避征集服现役，预备役人员拒绝、逃避参加军事训练、担负战备勤务、执行非战争军事行动任务和征召的，由县级人民政府责令限期改正；逾期不改正的，由县级人民政府强制其履行兵役义务，并处以罚款。对于应征公民拒绝、逃避征集服现役行为，拒不改正的，"不得录用为公务员或者参照《中华人民共和国公务员法》管理的工作人员，不得招录、聘用为国有企业和事业单位工作人员，两年内不准出境或者升学复学，纳入履行国防义务严重失信主体名单实施联合惩戒"。

对逃避或拒服兵役义务的处罚措施属于行政处罚的范畴，依据《行政处罚法》，赋予行政法规、地方性法规等一定的设定权限：①限制人身自由的行政处罚，只能由法律设定；②行政法规可以设定除限制人身自由以外的行政处罚，法律已经作出规定的，行政法规可以在法律规定的种类和幅度的范围内规定；③地方性法规可以设定除限制人身自由、吊销企业营业执照以外的行政处罚，法律、行政法规作出规定的，地方性法规可以在法律、行政法规

---

[1]《广东省人民政府、广东省军区印发广东省关于拒绝、逃避服义务兵役行为处罚办法（暂行）的通知》（粤府函〔2018〕318号）第3条。

规定的种类和幅度的范围内规定；④除了法律、行政法规、地方性法规、部门规章、地方政府规章外，其他规范性文件不得设定行政处罚。因此，在设定关于服兵役义务的行政处罚时，需要按照《行政处罚法》确定的设定权限，并且行政法规、军事法规和地方性法规不得超越《兵役法》所规定的处罚种类和幅度。

拓展案例

西格拒服兵役案（美国）[1]

一、基本案情

基于良心反对服兵役的现象源远流长，且遍布世界，主要是个人基于宗教、道德或伦理信仰，反对参与战争。反对的形式多种多样，有的是拒绝参加战斗，有的是拒绝在征兵册上登记，或缴纳用于战争的税收，抑或是参与任何与战争有关的工作。美国独立战争之前，大多数基于良心反对服兵役者都是"和平教会"成员，包括门诺派、贵格会和兄弟会等，他们奉行和平主义。其他一些宗教团体，诸如耶和华见证人，虽然不是严格的和平主义者，但也拒绝参与战争。当时当局态度不一，有的豁免其服兵役，有的则被罚款或监禁。内战时期，国会立法允许和平教会成员选择替代性服役，并一直沿用至一战时期。但那些基于政治、道德或个人理由拒不服兵役者，则面临处罚。1940 年，国会制定征兵法，要求"基于宗教训练和信仰"拒绝参加战斗的人必须强制进行替代性服役。不符合条件但仍拒绝服兵役者将被监禁。

1957 年，当时才 21 岁正在纽约皇后学院物理专业就读的丹尼尔·安德鲁·西格（Daniel Andrew Seeger）拒绝了纽约市皇后区地方征兵委员会要求征召其服兵役的决定。西格认为，从实用的观点看，战争是徒劳无益的、自我败坏的，而从更加重要的道德观点看，战争是不道德的。考虑到人类的幸福和美国人所维护的民主价值观，西格采取了拒绝服兵役的立场。根据美国征兵法的规定，凡真正因宗教信仰而拒绝参加战争的人可另行分派工作，或做非战斗人员的工作，或做非军事性的服务工作。即豁免服兵役的人只限于

---

〔1〕　United States v. Seeger, 380 U. S. 163（1965）.

因受宗教熏陶和宗教信仰而拒绝作战的人。同时该法要求，因宗教信仰而拒绝服兵役者必须宣誓自己信仰上帝。但是，西格在回答地方征兵委员会关于他是否信仰上帝的询问时对上帝是否存在表示了怀疑，他拒绝用"是"或"否"来回答，而是主张对此问题保持开放。但他指出，怀疑或不相信上帝存在，并不意味着对什么都不信仰。他声明自己的宗教信仰就是相信纯理论的信条。他引用柏拉图、亚里士多德和斯宾诺莎等人的著述来支持他对智力和道德完整性的伦理信仰。除了不信仰遥远的至高无上者之外，他的信仰是善意的，真诚而诚实。他认真地反对一切战争和杀戮，只是他这种基于良心反对服兵役是基于个人训练和信仰，包括对宗教和文化领域的研究，但并非征兵法中所谓"基于宗教训练和信仰"的规定。按照征兵法的规定，豁免服兵役的范围并不包括由于政治观点、社会学观点、哲学观点或仅仅由于个人道德准则而拒绝服兵役的人。因此，皇后区征兵委员会取消了他作为学生缓期服役的资格，把他列入随时准备应征服役的人员范围。为此，西格提出了申辩，遭到司法部否决。1960 年 10 月，西格所属的征兵委员会命令他前往征召中心办理应征报到手续，西格拒绝，遭遣送回家。两年后，即 1962 年 11 月 13 日，西格被联邦起诉。案件最初由纽约市皇后区法院审理。法官认为，豁免应征不是一种权利，国会有权通过法律只豁免那些证明是信仰上帝的人。基于此，法院判决西格犯有抗拒征兵委员会征召令之罪，判处 1 年零 1 天监禁。西格不服，上诉于纽约的联邦上诉法院。法院审理后认为，征兵法中有关信仰上帝的条款同《美国宪法修正案》第 1 条相抵触，是绝对违反宪法的，因此裁决撤销了区法院的判决。政府向美国联邦最高法院提出了上诉。美国联邦最高法院赞同联邦上诉法院的观点，一致表决，维持上诉法院作出的撤销对丹尼尔·西格的裁决。

二、法律问题

1. 基于个人良心反对服兵役能否适用基于宗教信仰反对服兵役的豁免条款？
2. 为何基于宗教信仰可以豁免服兵役？
3. 如何判断当事人反对服兵役是基于良心还是基于宗教信仰？

拓展资料

2-10　拓展案例宪法分析

| 第三章 |

国家机构

第一节　中央国家机关

专题一　全国人民代表大会会议的召集制度

知识概要

一、我国《宪法》规定的两种召集制度

我国《宪法》第 61 条第 1 款规定了全国人大会议的召集制度："全国人民代表大会会议每年举行一次，由全国人民代表大会常务委员会召集。如果全国人民代表大会常务委员会认为必要，或者有五分之一以上的全国人民代表大会代表提议，可以临时召集全国人民代表大会会议。"对于此项规范，首先要指出其中包含了两种召集制度。前一款是指常规情况下的召集制度，即"每年举行一次"，负责召集的主体为全国人大常委会；后一款是指"临时召集"，其意味着独立于每年常规会议之外的特殊情形，召集主体增加了五分之一以上的全国人大代表。需要强调的是，全国人大常委会决定推迟召开全国人大会议，是指常规情况下的召集遭到推迟，而并不是临时召集会议。实际上，全国人大会议的"临时召集"还尚未有过实践先例，但常规情况下推迟

召开会议在历史上却曾经出现。[1]

二、《中华人民共和国全国人民代表大会议事规则》的相关规定

全国人大会议的召集制度由《中华人民共和国全国人民代表大会议事规则》（以下简称为《全国人大议事规则》）[2] 进一步补充和细化。《全国人大议事规则》第2条第1款规定："全国人民代表大会会议于每年第一季度举行……"这一款相较于《宪法》规定的"每年举行一次"增加了一个要求，即限制了全国人大会议召开的时间，限于"每年第一季度"。众所周知，第一季度是在公历年上的说法，即1月1日至3月31日这一区间。可以看出，这一规定非常明确，基本不存在可进行扩张解释的空间。至于为什么全国人大会议需要在每年的第一季度召开，立法者在1989年制定《全国人大议事规则》期间进行了说明："宪法和全国人大组织法规定全国人大会议每年举行一次，没有规定会议举行的时间。草案根据代表的意见和这几年的实际情况，规定全国人大会议于每年第一季度举行。从批准国家的年度计划和预算考虑，较为合适的开会时间应为财政年度开始前的12月份，但目前在实际工作安排上还有困难，建议今后在实践中争取逐步提前。"[3] 因为根据《宪法》第62条的规定，全国人大有"审查和批准国民经济和社会发展计划和计划执行情况的报告"以及"审查和批准国家的预算和预算执行情况的报告"的职权，这些都是每年全国人大会议上的重要环节。而计划和预算的预先性质自然要求尽早获得批准，否则国家新一年的经济运行将会受到极大阻碍。为了便于国家的年度计划和预算批准，需要全国人大会议于每年第一季度举行。实践情况是，在1989年《全国人大议事规则》颁布后，全国人大会议均在3月份召开，并没有像《全国人大议事规则》草案说明中所预期的"逐步提前"。前几年会议开幕的时间并未固定，自1998年第九届全国人大第一次会议于3

---

〔1〕　例如1959年1月23日，全国人大常委会曾召开会议指出："常务委员会讨论了国务院关于第二届全国人民代表大会第一次会议推迟召开的建议，决定第二届全国人民代表大会第一次会议改于1959年4月召开。"参见《全国人民代表大会常务委员会关于改期召开第二届全国人民代表大会第一次会议的决议》，1959年1月23日全国人民代表大会常务委员会第一百零三次会议通过。

〔2〕　《全国人大议事规则》已于2021年进行了修正，这里所引用的法律规范均为修正前的内容。

〔3〕　王汉斌（全国人大常委会副委员长、法制工作委员会主任）：《关于〈中华人民共和国全国人民代表大会议事规则（草案）〉的说明》，第七届全国人民代表大会第二次会议，1989年3月28日。

月 5 日开幕起，每年全国人大会议都在 3 月 5 日开幕。

《全国人大议事规则》第 5 条规定了全国人大常委会在召集全国人大会议时需要"提出会议议程草案""提出主席团和秘书长名单草案""决定列席会议人员名单"以及完成"会议的其他准备事项"。而《全国人大议事规则》第 6 条第 1 款则规定："全国人民代表大会常务委员会在全国人民代表大会会议举行的一个月前，将开会日期和建议会议讨论的主要事项通知代表，并将准备提请会议审议的法律草案发给代表。"这一规定隐含了一个时间上的限制，即全国人大常委会在召集全国人大会议时，需要在会议开幕具体时间的一个月之前就对之加以决定。例如，第十三届全国人大第三次会议的开幕时间（即 2020 年 3 月 5 日）本来于 2019 年 12 月 28 日就已经决定。[1]

经典案例

全国人大常委会会议将审议关于推迟召开第十三届
全国人民代表大会第三次会议的决定草案

一、基本案情

2019 年年底以来，新冠肺炎疫情在我国迅速蔓延，人民群众的生命安全和健康面临重大威胁。新冠肺炎疫情是"新中国成立以来在我国发生的传播速度最快、感染范围最广、防控难度最大的一次重大突发公共卫生事件"[2]，由此需要采取全面、严格、彻底的防控措施，才能有效阻断病毒传播链条。减少外出流动、取消大型聚集活动是面对疫情初期严峻形势所应坚持的重要举措。但随着时间推移，第十三届全国人大第三次会议原定会期将近[3]，全国人大能否顺利如期召开的问题亟待解决。现实情况是，全国人大会议的召开意味着需要近三千名代表参加密集大型聚会，并且各代表要从各地方长途

---

〔1〕 参见《全国人民代表大会常务委员会关于召开第十三届全国人民代表大会第三次会议的决定》，2019 年 12 月 28 日第十三届全国人民代表大会常务委员会第十五次会议通过。

〔2〕 习近平："在统筹推进新冠肺炎疫情防控和经济社会发展工作部署会议上的讲话"，载《人民日报》2020 年 2 月 24 日，第 2 版。

〔3〕 第十三届全国人大第三次会议原定于 2020 年 3 月 5 日在北京召开。参见《全国人民代表大会常务委员会关于召开第十三届全国人民代表大会第三次会议的决定》，2019 年 12 月 28 日第十三届全国人民代表大会常务委员会第十五次会议通过。

跋涉汇集到首都北京，这无疑将造成巨大的防控压力。再者是如果全国人大仍然如期召开，疫情防控工作可能会受到相应影响。全国人大代表中有很多公务员和医务工作者奋战在疫情防控工作的第一线，如果按原定计划召开全国人大会议，将不利于疫情防控工作的进行。

为了切实保障人民群众生命健康安全，并且出于对疫情防控形势的判断，全国人大常委会最终决定推迟召开第十三届全国人民代表大会第三次会议。2020 年 2 月 24 日，第十三届全国人大常委会第十六次会议通过了《全国人民代表大会常务委员会关于推迟召开第十三届全国人民代表大会第三次会议的决定》（以下简称为《推迟决定》）。决定指出："鉴于近期以来发生新冠肺炎的重大疫情，为了贯彻落实党中央统筹推进疫情防控和经济社会发展工作重大决策部署，继续做好疫情防控工作，切实保障人民群众生命健康安全，第十三届全国人民代表大会常务委员会第十六次会议决定：适当推迟召开第十三届全国人民代表大会第三次会议，具体开会时间由全国人民代表大会常务委员会另行决定。"2020 年 4 月 29 日，第十三届全国人大常委会第十七次会议通过了《全国人民代表大会常务委员会关于第十三届全国人民代表大会第三次会议召开时间的决定》。上述决定指出："综合考虑各方面因素，第十三届全国人民代表大会常务委员会第十七次会议决定：中华人民共和国第十三届全国人民代表大会第三次会议于 2020 年 5 月 22 日在北京召开。"最终，2020 年 5 月 22 日至 28 日，第十三届全国人大第三次会议在北京顺利召开。

2021 年 3 月 11 日，第十三届全国人大第四次会议决定修改《全国人大议事规则》。其中第 2 条第 2 款增加了全国人大常委会推迟召开全国人大会议的相关内容："遇有特殊情况，全国人民代表大会常务委员会可以决定适当提前或者推迟召开会议。提前或者推迟召开会议的日期未能在当次会议上决定的，全国人民代表大会常务委员会可以另行决定或者授权委员长会议决定，并予以公布。"

二、法律问题

在疫情防控形势严峻的现实背景下，推迟召开全国人大会议是一次符合科学理性的判断，也是一项具备政治正当性的决策。但是在法治层面上，全国人大常委会的《推迟决定》并非毫无争议。究其根本是因为，彼时《宪法》《全国人大组织法》以及《全国人大议事规则》等相关法律并未明确规定，遇到特殊情况时如何提前或者推迟全国人大会议的召开。由此，严格意义上来说，《推迟决定》缺乏明确的法律依据。

我国《宪法》第5条第4款规定："一切国家机关和武装力量、各政党和各社会团体、各企业事业组织都必须遵守宪法和法律。一切违反宪法和法律的行为，必须予以追究。"而召开全国人大会议是最高国家权力机关行使国家权力最为重要的方式，整个活动的全程理应严格遵守宪法和法律。推迟召开全国人大会议的决定缺乏法律依据，似有违反上述宪法条文之嫌。然而，规范上的空白并不一定导致国家权力在现实中毫无作为。因为规范相较于现实必然存在一些滞后，不能由于没有现行的法律规范就完全放弃权力实践的进行。况且法律规范有限，众多复杂的现实情况在规范上无法寻找到完全对应的依据，仍然需要借助法律解释的方法来实现规范的调整。那么面对推迟召开全国人大会议这一问题，便需要严谨地解读相关法律规范的内容，力求在现行法律规范的框架内寻找到合理、恰当的解释。

为了寻找到合理、恰当的法律解释，需要解决下列具体问题：全国人大常委会关于推迟召开全国人大会议的这一决定虽然没有完全对应的宪法和法律规范，但与这一决定相关联的规范有哪些？《推迟决定》是否符合相关规范的要求？通过法律解释的方法，能否尽量使得《推迟决定》具备规范上的正当性？具体来讲，相关规范在哪些方面对《推迟决定》提出了相应要求？

三、宪法分析

（一）全国人大常委会的召集权力

《宪法》第61条第1款是整个全国人大会议召集制度的核心，该款规定表明《宪法》赋予了全国人大常委会对全国人大会议的召集权。召集权就意味着全国人大常委会可以对全国人大会议的召开时间、地点、形式以及会议议程进行决定。而对于《推迟决定》的分析，重点就在于决定会议召开时间这个方面。

全国人大常委会拥有对全国人大会议的召集权，那么由全国人大常委会来决定会议的召开时间便是应有之义。争议点在于，全国人大常委会能够决定会议的召开时间是否意味着其能够更改会议的召开时间（推迟或提前召开会议)？按照较为宽松的法律解释，由于《宪法》并没有对会议召开的具体时间设置不可突破的明确规定，而只是限制了"每年举行一次"，因此可以推断全国人大常委会决定会议的召开时间包含了更改会议的召开时间，即推迟或提前召开会议。

我国《宪法》另外的规定也能印证这一解释。关于在决定战争状态、紧急状态方面的职权，《宪法》对全国人大与全国人大常委会进行了不同的规定。《宪法》规定全国人大"决定战争和和平的问题"，而全国人大常委会在全国人大闭会期间可以"决定战争状态的宣布"；《宪法》没有赋予全国人大决定战争状态的职权，而赋予了全国人大常委会"决定全国或者个别省、自治区、直辖市进入紧急状态"的职权。[1] 这些规定实际上表明立宪者已经预料了战争状态、紧急状态这些非常状态的存在，并且根据全国人大常委会的常设性质赋予其更多的职权，这意味着其在非常状态下需要发挥更多作用。而在非常状态之下，全国人大会议的召开时间很大概率需要根据现实情形灵活调整，如果认为《宪法》第61条没有赋予全国人大常委会更改时间的权力，则未免有些不合逻辑。

（二）全国人大常委会的召集义务

对于全国人大常委会决定推迟全国人大会议召开，更重要的是需要说明其为什么需要作出《推迟决定》？在非常状态下，例如遇到新冠肺炎疫情这样的特殊情况，为什么全国人大常委会不能直接决定该年不召开全国人大会议？因为《宪法》第61条不仅意味着全国人大常委会的召集权力，还意味着其需要履行这一召集的义务。《宪法》规定了全国人大会议"每年举行一次"，这可以看作一个每年都待实现的目标，而"由全国人民代表大会常务委员会召集"则意味着负有实现这一目标的主体是全国人大常委会。进一步说，如果全国人大常委会每年都负有召集义务，那么其应当穷尽所有可能去使得全国人大会议顺利召开。那么遭遇非常状态、面对特殊情况时，全国人大常委会应当做的是先充分考虑客观现实，寻找任何可能的补救措施。因此，为了履行其召集义务，全国人大常委会应当优先考虑更改会议的召开时间等损害较小的补救措施。

---

[1] 参见《宪法》第62条第15项以及第67条第19、第21项。

全国人大常委会的召集义务不仅直接源于《宪法》第 61 条规定的全国人大会议召集制度，还来源于全国人大与全国人大常委会的关系。《宪法》第 57 条规定："中华人民共和国全国人民代表大会是最高国家权力机关。它的常设机关是全国人民代表大会常务委员会。""常设机关"有一层含义是说，全国人大常委会是全国人大的一个组成部分；更进一步说，设置全国人大常委会的目的是帮助全国人大行使国家权力。而全国人大行使国家权力的最重要途径就是每年召开的会议。所以如果全国人大常委会召集全国人大会议不是一项义务，就会出现本末倒置的情形，会形成常设机关控制全国人大的局面——全国人大常委会可以一直不召集会议。因此，全国人大常委会的《推迟决定》建立在其对自身常设机关的地位、性质以及职能的充分认识之上。

《宪法》没有明确规定如果全国人大常委会不履行其召集义务之后所应承担的宪法责任。但是实践经验表明，如果全国人大常委会未能在一年中召集一次全国人大会议，并不是没有任何宪法后果。第二届全国人大第三次会议本应在 1961 年召开，但是经三次延期后，其召开时间最终为 1962 年 3 月 27 日，也就是说 1961 年这一年并未召开全国人大会议。[1] 1962 年 3 月 22 日，第二届全国人大第三次会议预备会议发布决议，追认了全国人大常委会在 1961 年 12 月 1 日通过的延期决议。[2] 可以看出，全国人大常委会在 1961 年没有履行召集会议的义务时，该年最后一次延期决议（意味着该年不召开会议）的合宪性是有待确认的，最终是由全国人大预备会议进行追认。即便其中还存在很多问题，例如全国人大常委会是否实际承担了宪法责任、由全国人大预备会议来进行追认是否有效等，但是可以肯定的一点是全国人大常委会负有每年召集全国人大会议的义务，其未能履行该义务会产生相应的合宪性问题。

（三）《全国人大议事规则》第 2 条的限制

通过前文所述，可以将《宪法》关于全国人大常委会召集全国人大会议的内容归结为两个方面。一方面，全国人大常委会拥有召集全国人大会议的

---

〔1〕 参见王斗斗："推迟召开全国人大会议不会影响国家机关运转 访全国人大常委会法工委原副主任阚珂"，载《法制日报》2020 年 2 月 25 日，第 5 版。

〔2〕 参见"人大二届三次会议预备会议昨日举行 选出会议主席团和秘书长，通过会议议程等"，载《人民日报》1962 年 3 月 23 日，第 1 版。

权力，其拥有决定会议召开时间的权利，包含了更改会议的召开时间（推迟或提前召开会议）的权力。另一方面，全国人大常委会负有每年召集全国人大会议的义务，其应当穷尽所有可能去使得全国人大会议顺利召开，更改会议的召开时间（推迟或提前召开会议）是实现这一义务的必要补救措施。因此在面对新冠肺炎疫情这样的特殊情况时，全国人大常委会的《推迟决定》符合《宪法》规范的要求，具备相应的规范正当性。

但是，《全国人大议事规则》第 2 条第 1 款规定："全国人民代表大会会议于每年第一季度举行……"这是对于全国人大会议召开时间的限制。首先，"每年第一季度"所指极为明确，即公历年的 1 月 1 日至 3 月 31 日。其次是对于"举行"的理解，这条规范是仅要求会议开幕日在第一季度内即可，还是要求整个会议过程都要在第一季度内？由于全国人大的开会时间短，导致其议程极为紧凑，众多职权的行使（尤其是立法权的行使）都受到影响，因此有着增长开会时间的需要。[1] 如果要求从开幕到闭幕都在第一季度，这必然限制了会期延长的可能性，将不利于全国人大有效地行使国家权力，进而也将损害人民主权这一宪法原则，所以要求整个会议过程都要在第一季度内不太现实。但是，即便只要求会议开幕日在第一季度内，2020 年 2 月 24 日，全国人大常委会才通过了《关于推迟召开十三届全国人大三次会议的决定》，此时还并未确定会议召开的具体时间。而《全国人大议事规则》第 6 条第 1 款还要求召开时间的决定和部分筹备工作完成要至少提前一个月，以及全国人大常委会全体会议的举行周期一般为两个月。[2] 所以，在《推迟决定》作出时就能基本确定，2020 年的全国人大会议不可能在第一季度举行。最终，会议的开幕日为 2020 年 5 月 22 日。

严格意义上讲，全国人大常委会的《推迟决定》违反了《全国人大议事规则》第 2 条的规定，因为该条在修改前并没有对例外情况的规定。那么《推迟决定》是否就不具备规范上的正当性？这实际上还有可讨论的余地。首先可以通过合宪性解释的方法来解决上述问题。法律的合宪性解释原则是指："要求对法律的具体解释和适用，必须时刻关照宪法价值的落实，将宪法作为法律解释的'补充性'和'控制性'因素，使法律的具体操作合于宪法的整

---

〔1〕 参见李林："坚持和完善全国人大的会期制度"，载《当代法学》2004 年第 6 期。

〔2〕 参见焦洪昌主编：《宪法学》，北京大学出版社 2020 年版，第 398 页。

体秩序。"[1] 前文已经论述,《宪法》相关规定承认了全国人大常委会在某些特殊情况下更改会议召开时间的正当性,那么要使得《全国人大议事规则》合乎《宪法》秩序,对于其第2条的规定就要作扩大的解释——即便"第一季度"不存在解释的空间,也可以认为整款规定是原则性规定,隐含的例外特殊情况只是没有明确写出,不能认为对于特殊情况的特殊对待遭到了规范的禁止。还有一种思路是仅以《全国人大议事规则》为基础而进行法律解释。《全国人大议事规则》第1条规定:"根据宪法、全国人民代表大会组织法和全国人民代表大会的实践经验,制定本规则。"可以看到,《全国人大议事规则》的立法根据里有"全国人民代表大会的实践经验"这一项。如果认为《全国人大议事规则》第1条的内容可以对第2条产生体系上的影响,即采取体系解释的方法,那么全国人大的实践经验就可以直接促使对第2条进行相对扩大化的解释。由此,全国人大常委会面对新冠肺炎疫情而作出推迟全国人大会议的决定是一次全国人大的实践经验,这次实践经验需要《全国人大议事规则》在规范上采取相对扩大化的解释。

(四)总结

综上所述,全国人大常委会在新冠肺炎疫情的现实背景下决定推迟召开全国人大会议符合《宪法》第61条及其他规范的要求,并且能够通过法律解释的方法消解《全国人大议事规则》第2条中"第一季度"的限制。但是这并不意味着《全国人大议事规则》第2条的规定失去了对于全国人大常委会的限制,更不意味着全国人大常委会的推迟决定可以任意作出。全国人大常委会应当严格遵照《宪法》《全国人大议事规则》以及相关法律规范,应当在坚持法治原则的基础上召集全国人大会议。

2021年3月11日,第十三届全国人大第四次会议通过了新修的《全国人大议事规则》,其中第2条修改为:"全国人民代表大会会议于每年第一季度举行,会议召开的日期由全国人民代表大会常务委员会决定并予以公布。遇有特殊情况,全国人民代表大会常务委员会可以决定适当提前或者推迟召开会议。提前或者推迟召开会议的日期未能在当次会议上决定的,全国人民代表大会常务委员会可以另行决定或者授权委员长会议决定,并予以公布。"首

---

[1] 张翔:"宪法与部门法的三重关系",载《中国法律评论》2019年第1期。

先，《全国人大议事规则》明确了全国人大常委会对于会议召开时间的决定权；其次，会议于"第一季度"召开仍然属于原则性规定，全国人大常委会在常规情况下应当严格遵守这一规定；最后是根据此次实践经验明确规定了对于特殊情况的应对措施，即全国人大常委会"可以决定适当提前或者推迟召开会议"，使得全国人大会议召集制度在规范上更为完备。由此，全国人大会议召集制度将在法治的基础上不断发展进步。

拓展案例

第二届全国人大第三次会议的延期召开

全国人大会议的延期召开在历史上曾经出现过，2020 年并非首次。在全国人大成立之初的 11 年间，也即 1954 年到 1964 年，全国人大召开了 10 次会议（1961 年没有召开会议）。在 1957 年后有 4 次会议（第一届第四次、第二届第一次、第二届第三次、第二届第四次）召开的时间确定后又更改延期。其中，第二届全国人大第三次会议本应在 1961 年召开，但是经三次延期后，其召开时间最终为 1962 年 3 月 27 日，也就是说 1961 年这一年并未召开全国人大会议。[1] 而在 20 世纪 60 年代至 70 年代的十年间，人民代表大会制度遭到严重损害，全国人大会议不能正常举行。

2020 年的情形与上述大多数历史上的全国人大会议延期召开相类似。因为 1954 年《宪法》第 25 条规定："全国人民代表大会会议每年举行一次，由全国人民代表大会常务委员会召集。如果全国人民代表大会常务委员会认为必要，或者有五分之一的代表提议，可以临时召集全国人民代表大会会议。"这与现行《宪法》第 61 条第 1 款相同。因此，全国人大常委会在决定了会议召开时间后，根据客观现实情况提前或者推迟召开会议，是符合《宪法》规范的。前文已经有所论述。

但第二届全国人大第三次会议的延期召开却有所不同。1961 年 12 月 1 日，全国人大常委会通过了关于延期召开第二届全国人大第三次会议的决

---

〔1〕 参见王斗斗："推迟召开全国人大会议不会影响国家机关运转 访全国人大常委会法工委原副主任阚珂"，载《法制日报》2020 年 2 月 25 日，第 5 版。

议。[1] 由此,1961 年一整年都未召开全国人大会议。这违背了《宪法》当中"每年举行一次"的规定,有可能引发合宪性问题。这个问题在当时显然引起了重视。1962 年 3 月 22 日,第二届全国人大第三次会议预备会议发布决议,追认了全国人大常委会在 1961 年 12 月 1 日通过的延期决议。[2] 全国人大希望通过这一预备会议上的决议解决上述合宪性问题。但是仍然存在很多争议。通过事后追认是否能够赋予延迟决议以合宪性?全国人大预备会议的追认决议是否具备承认全国人大常委会决议合宪性的效力?全国人大常委会未能在一年中成功召集全国人大会议,其不需要承担相应的宪法责任吗?可见,《宪法》及相关法律规范在这方面存在一定的漏洞。

上述争议到现在还未得到解决。《全国人大议事规则》在 2021 年进行了修改,但是其中也没有规定全国人大常委会未能在一年中成功召集全国人大会议所应承担的宪法责任,以及后续的处理程序。而这种情况在现实当中有可能再次发生,特别是在现在突发事件频发的现实背景之下,全国人大无法开会的情形是无法完全排除的。全国人大会议召集制度的形成与实践的有序来之不易,但是制度仍须完善。所以应当在《宪法》第 61 条的规范价值基础上,不断反思和完善会议召集制度,以适应新的时代背景下人民代表大会制度的发展。

专题二　全国人民代表大会的授权立法

知识概要

宪法规定,全国人民代表大会和全国人大常委会行使国家的立法权;《立法法》规定,在必要的时候,全国人民代表大会及其常委会可以进行授权立法。根据《立法法》,我国的授权立法制度基本内容如下:

---

〔1〕　参见"第二届全国人民代表大会常务委员会第四十六次会议简况",载中国人大网,ht-tp：//www.npc.gov.cn/zgrdw/npc/cwhhy/content_5779.htm,最后访问时间：2022 年 8 月 20 日。

〔2〕　参见"人大二届三次会议预备会议昨日举行 选出会议主席团和秘书长,通过会议议程等",载《人民日报》1962 年 3 月 23 日,第 1 版。

（一）授权主体的限定

只有全国人大及其常委会才能成为授权主体。这是因为，根据《宪法》第 58 条规定："全国人民代表大会和全国人民代表大会常务委员会行使国家立法权。"国家立法权具有最高性、主权性、独立性的特点，因此，它可以派生其他立法权。虽然国务院可以制定行政法规，省级人大及其常委会可以制定和批准地方性法规，民族自治地方人大可以制定自治条例和单行条例，国务院各部门和有关地方政府可以制定规章，但行政法规、地方性法规、自治条例和单行条例、规章的制定权不是国家立法权，其本身是《宪法》授予的，不具有派生其他立法权的功能，不能授权其他机关行使立法权。因此，国务院和省级人大及其常委会、民族自治地方的人大、国务院各部门和有关地方政府，不能成为授权主体。

（二）授权立法形式的限定

现行《立法法》只规定了两种授权立法：全国人大及其常委会授权国务院制定行政法规和全国人大授权经济特区人大及其常委会制定经济特区法规。《立法法》第 9 条规定："本法第八条规定的事项尚未制定法律的，全国人民代表大会及其常务委员会有权作出决定，授权国务院可以根据实际需要，对其中的部分事项先制定行政法规，但是有关犯罪和刑罚、对公民政治权利的剥夺和限制人身自由的强制措施和处罚、司法制度等事项除外。"这条规定是指全国人大及其常委会对专属立法权范围内的事项作出决定，授权国务院制定行政法规的活动。《立法法》第 74 条规定："经济特区所在地的省、市的人民代表大会及其常务委员会根据全国人民代表大会的授权决定，制定法规，在经济特区范围内实施。"这一条是对经济特区法规的规定。

（三）授权立法的一般性规定

《立法法》中除了有两种授权立法的特殊规定，还有关于授权立法的一般性规定，主要规定于第 10 条、第 11 条、第 12 条、第 95 条、第 97 条和第 98 条。首先，对于授权决定应当明确规定的内容有所要求：授权的目的、事项、范围、期限以及被授权机关实施授权决定应当遵循的原则等。其次，对于被授权机关，要求其严格按照授权决定行使被授予的权力，并且不得将被授予的权力转授给其他机关。再次，遇到根据授权制定的法规与法律规定不一致，不能确定如何适用的情形，应由全国人大常委会进行裁决。最后，在撤销和备案问题上，均由授权机关加以解决：授权机关有权撤销被授权机关制定的超越授权范围或者违背授权目的的法规，必要时可以撤销授权；根据授权制定的法规应当报授权决定规定的机关备案。

🏛 经典案例

全国人大授权上海市浦东新区立法权

一、基本案情

上海在党和国家工作全局中具有十分重要的地位，浦东开发开放掀开了我国改革开放向纵深推进的崭新篇章。1992 年 10 月 11 日，浦东新区正式设立。[1] 经过 30 余年的发展，背靠超大规模国内市场，浦东新区在科技创新、要素集聚、基础设施、市场体系建设等方面已形成得天独厚优势。支持浦东高水平改革开放，就是要浦东全力做强创新引擎，深入推进高水平制度型开放，为更好利用国内国际两个市场两种资源提供重要通道，打造国内大循环的中心节点和国内国际双循环的战略链接，牵引塑造我国参与国际合作和竞争的新优势。2021 年 4 月 23 日，中共中央、国务院发布了《关于支持浦东新区高水平改革开放打造社会主义现代化建设引领区的意见》（以下简称《意见》），指出为支持浦东新区高水平改革开放、打造社会主义现代化建设引领区，引领带动上海"五个中心"建设，更好服务全国大局和带动长三角一体化发展战略实施，需要强化相应的法治保障、建立完善与支持浦东大胆试、大胆闯、自主改相适应的法治保障体系。2021 年 6 月 7 日，司法部部长唐一军在全国人大常委会会议上作了《对〈关于授权上海市人民代表大会及其常务委员会制定浦东新区法规的决定（草案）〉的说明》（以下简称《草案说明》），指出："为深入贯彻落实党中央、国务院决策部署，按照重大改革于法有据的要求，有必要通过全国人大常委会决定的方式，对浦东高水平改革开放的法治保障工作加以明确。2021 年 5 月，上海市人民政府向国务院报送请示，建议国务院向全国人大常委会报送提请审议关于支持浦东新区高水平

---

〔1〕 参见《国务院关于上海市设立浦东新区的批复》，国函〔1992〕146 号，1992 年 10 月 11 日发布。

改革开放加强法治保障的相关议案。司法部在认真审核并征求有关方面意见的基础上，起草形成了《关于授权上海市人民代表大会及其常务委员会制定浦东新区法规的决定（草案）》（以下简称草案）。草案已经国务院同意。"〔1〕2021 年 6 月 10 日，第十三届全国人大常委会第二十九次会议通过了《关于授权上海市人民代表大会及其常务委员会制定浦东新区法规的决定》（以下简称《授权决定》）。决定指出：全国人大常委会授权上海市人大及其常委会根据浦东改革创新实践需要，遵循宪法规定以及法律和行政法规基本原则，制定浦东新区法规，在浦东新区实施；根据该决定制定的浦东新区法规，应当依照《立法法》的有关规定分别报全国人大常委会和国务院备案；浦东新区法规报送备案时，应当说明对法律、行政法规、部门规章作出变通规定的情况。〔2〕

二、法律问题

在浦东改革开放再出发的背景下，全国人大常委会授权上海市人大及其常务委员会制定浦东新区法规是为了适应现实需求。但是在我国主要由《宪法》以及《立法法》等相关法律建立起来的现有立法体系当中，浦东新区法规并不具备一个特别明确的定位。因此笔者认为，《授权决定》在规范层面仍需要进行相应澄清。首先，全国人大常委会授权上海市人大及其常委会制定浦东新区法规这一行为并不由《立法法》所调整。然后，需要回到《宪法》层面寻找《授权决定》的规范依据。最后，在明确《授权决定》规范定位——不以《立法法》为规范依据的授权立法——的前提下，具体说明浦东新区法规备案的相关情况。

三、宪法分析

（一）《授权决定》的规范依据不在《立法法》当中·

《授权决定》当中没有明确规定此次授权的规范依据。但是，在中共中

---

〔1〕　唐一军（司法部部长）：《对〈关于授权上海市人民代表大会及其常务委员会制定浦东新区法规的决定（草案）〉的说明》，第十三届全国人民代表大会常务委员会第二十九次会议上，2021 年 6 月 7 日。

〔2〕　参见《全国人民代表大会常务委员会关于授权上海市人民代表大会及其常务委员会制定浦东新区法规的决定》，2021 年 6 月 10 日第十三届全国人民代表大会常务委员会第二十九次会议通过。

央、国务院的《意见》以及司法部的《草案说明》（直接援引了《意见》中的相关内容）当中，能够找到与授权规范依据相关的表述："比照经济特区法规，授权上海市人民代表大会及其常务委员会立足浦东改革创新实践需要，遵循宪法规定以及法律和行政法规基本原则，制定法规，可以对法律、行政法规、部门规章等作变通规定，在浦东实施。"[1] 由此可见，授权制定浦东新区法规实际上比照了《立法法》当中有关经济特区法规的规定。

《立法法》第74条规定："经济特区所在地的省、市的人民代表大会及其常务委员会根据全国人民代表大会的授权决定，制定法规，在经济特区范围内实施。"第90条第2款规定："经济特区法规根据授权对法律、行政法规、地方性法规作变通规定的，在本经济特区适用经济特区法规的规定。"这两条规定构成了经济特区法规制定权的主要内容。将《授权决定》的内容与这两条规定相对比，可以明显看出其中的相似性。但是授权制定浦东新区法规"比照经济特区法规"，并不意味着《授权决定》的规范依据即为《立法法》第74条。这很显然，因为浦东新区并不是经济特区。有一种观点是可以对《立法法》中"经济特区"这一概念作扩大化解释，这种观点并不能得到支持。经济特区不属于《宪法》第30条规定的行政区划范畴，其设立需要有独立的规范依据。[2] 例如，广东省三个经济特区的设立依据为《广东省经济特区条例》第1条："为发展对外经济合作和技术交流，促进社会主义现代化建设，在广东省深圳、珠海、汕头三市分别划出一定区域，设置经济特区（以下简称特区）……"这是一部由全国人大常委会通过的法律，因此广东省三个经济特区的设立具备法律依据。而海南经济特区的设立依据是全国人大发布的决议。[3] 全国人大发布的决议虽然不是法律，但是在规范效力上与法律

---

[1] 《中共中央、国务院关于支持浦东新区高水平改革开放打造社会主义现代化建设引领区的意见》，2021年4月23日发布。

[2] 我国一共有5个经济特区，分别位于深圳市、珠海市、厦门市、汕头市和海南省。其中，厦门经济特区的设立依据存有疑问，没有法律或者与法律处于同一位阶的全国人大或全国人大常委会决定（决议）对此作出明确规定。最有可能作为厦门经济特区设立依据的内容出自1980年国务院发布的一个规范性文件："汕头、厦门两个特区，可先进行规划，作好准备，逐步实施。"参见《国务院关于〈广东、福建两省会议纪要〉的批示》，1980年5月26日发布。

[3] 参见《第七届全国人民代表大会第一次会议关于建立海南经济特区的决议》，1988年4月13日第七届全国人民代表大会第一次会议通过。

处于同一位阶。而浦东新区的设立依据是国务院的批复。[1] 这是国务院在行使《宪法》第 89 条第 15 项规定的"批准省、自治区、直辖市的区域划分"这一职权，因此浦东新区属于我国行政区划的范畴。总而言之，完全不可能将浦东新区解释到《立法法》中"经济特区"这一概念之下。

同时，《立法法》中关于授权立法的规定同样不能作为此次全国人大常委会《授权决定》的法律依据。《立法法》当中不止规定了一种授权立法，第 9 条规定了全国人大及其常委会授权国务院立法，第 74 条规定了全国人大授权经济特区立法。另外，《立法法》当中有适用于所有授权立法的一般性规定，例如第 97 条第 7 项关于授权立法撤销的规定以及第 98 条第 5 项项关于授权立法备案的规定。并且第 10 条第 1 款、第 12 条[2] 对于授权立法进行相关要求的规定也有可能是一般性规定，例如授权立法涉及撤销的原因可能会依照上述规定："如果被授权机关制定的法规超越授权的事项、范围、期限，或者违背授权目的和授权决定规定的原则的，授权机关应当有权予以撤销，必要时可以撤销授权。"[3] 由此，既然存在关于所有授权立法的一般性规定，能否就认为《立法法》规定中隐含了一种一般意义上的授权立法，而授权制定浦东新区法规即可将这种一般意义的授权立法作为法律依据？

答案是否定的。一方面从《立法法》规定来看，第 7 条第 1 款规定："全国人民代表大会和全国人民代表大会常务委员会行使国家立法权。"[4] 但是《立法法》当中不存在一条规定，内容为全国人大及其常委会一般性地享有将国家立法权授予出去的权力。这样的规范内容意味着国家立法权原则上应当由全国人大及其常委会行使，任何授权立法都是此原则的例外，因而需要在《立法法》中明确规定并且施加严格限制。需要强调的是，会有一种观点认为授权制定经济特区法规和授权制定浦东新区法规不属于国家立法权的授予，

---

〔1〕　参见《国务院关于上海市设立浦东新区的批复》，国函〔1992〕146 号，1992 年 10 月 11 日发布。

〔2〕　参见《立法法》第 10 条第 1 款："授权决定应当明确授权的目的、事项、范围、期限以及被授权机关实施授权决定应当遵循的原则等。"；第 12 条："被授权机关应当严格按照授权决定行使被授予的权力。被授权机关不得将被授予的权力转授给其他机关。"

〔3〕　郑淑娜主编：《〈中华人民共和国立法法〉释义》，中国民主法制出版社 2015 年版，第 253 页。

〔4〕　这一款根本上源于《宪法》第 58 条的规定："全国人民代表大会和全国人民代表大会常务委员会行使国家立法权。"

因为两者都属于地方立法活动。但这种观点是错误的，因为经济特区法规和浦东新区法规制定权本质均在于立法变通权，即在生效地域和立法事项上受到限定的法律制定权和修改权，这实际上是一种国家立法权。并且授权的基本逻辑是，授权主体只能将自身原本拥有的权力授予出去。由此，既然授权主体是全国人大或者全国人大常委会，那么在授权制定经济特区法规和授权制定浦东新区法规当中授予出去的权力必然属于国家立法权。另一方面，从立法目的来看，授权立法中的被授权主体被认为应当受到限定。《立法法》制定过程中，被授权主体可以被规定为"全国人大及其常委会认为有必要授予的机关"，[1] 这一意见并未被采纳。需要指出的是，上述意见未被采纳的一项理由是："如果是因为个别地方特殊情况的需要，可以对该地方进行授权，但不宜作为一项基本制度确定下来。"[2] 这一项理由也说明，全国人大常委会对制定浦东新区法规的授权没有被《立法法》所规定。

综上所述，全国人大常委会的《授权决定》虽然"比照经济特区法规"，但并不以《立法法》中的相关规定作为规范依据。

（二）《授权决定》的规范依据是《宪法》第58条规定

《授权决定》在法律层面找不到明确的规范依据，因此全国人大常委会授权制定浦东新区法规这一行为的权力来源应当到《宪法》中寻找。此次授权与2000年《立法法》颁布之前全国人大以及全国人大常委会授予经济特区法规制定权所面对的处境相类似：都是在法律层面规范依据不足的情况下，授予了特定地方人大及其常委会以立法变通权，授予的权力内容实质上也相同[3]。因此，本文的论证方法为：先分析授予经济特区法规制定权的规范依据，再对《授权决定》进行验证，即验证两者能否适用同样的规范依据。

---

〔1〕 郑淑娜主编：《〈中华人民共和国立法法〉释义》，中国民主法制出版社2015年版，第51页。

〔2〕 郑淑娜主编：《〈中华人民共和国立法法〉释义》，中国民主法制出版社2015年版，第51-52页。

〔3〕 有观点认为授予的权力内容并不完全一致，经济特区法规的立法事项主要限于经济事项，浦东新区法规的立法事项则没有限定范围。参见王建学："改革型地方立法变通机制的反思与重构"，载《法学研究》2022年第2期。但笔者认为前述不一致不影响本文论证。《授权决定》当中虽然未对浦东新区法规的立法事项作出明确限定，但是需要考虑到此次授权的目的主要是为了满足"浦东改革创新实践需要"，这与授权制定经济特区法规的立法目的基本类似，况且《立法法》也同样未对经济特区法规的立法事项作出明确限定。

全国人大及其常委会能够授权经济特区所在地的人大及其常委会对法律进行变通，那么授权的规范依据在位阶上自然不能低于法律，也就是说授权决定的规范依据至少需要是法律。但实际情况却是，2000年《立法法》第65条才终于将经济特区法规纳入法律规范体系。因此在2000年《立法法》颁布之前，授权决定在法律层面没有任何规范依据。由此，授予经济特区法规制定权的规范依据只可能存在于《宪法》当中。那么是否可以将2000年《立法法》第65条规定看作具有宪制性地位的确认性规定呢？[1] 答案是否定的。《立法法》是否具有宪制性地位这一问题与此处的讨论关联性不大，因此本文不过多探讨。[2] 认同2000年《立法法》第65条是一项确认性规定，其实基本上就等于认同2000年《立法法》第65条具有溯及力。因为所谓"确认性"，就是用事后的法律规定去贴合事前的法律实践，有一种弥补规范正当性的追认之意。在这种情况下，事后的法律规定也会产生规范上的溯及力，只是因其最初的产生目的与事前的法律实践完全贴合，所以并不会在现实中发生因溯及既往而导致法律状态改变的效果。但是2000年《立法法》第65条明显不具备溯及力，因为这一事后的规定将授权主体限于全国人大，并没有包括全国人大常委会；但在事前5次授予经济特区法规制定权的法律实践中，有2次授权决定是由全国人大常委会发布的。因此如果2000年《立法法》第65条具备溯及力，那2次由全国人大常委会发布的授权决定就应当撤销。

虽然前文已经确认了《立法法》并不是全国人大及其常委会授予经济特区法规制定权实践的规范依据，但《立法法》的现行规定有助于理解《宪法》第58条作为规范依据的授权逻辑。这里主要类比了全国人大及其常委会授权国务院对专属立法权范围内的事项制定行政法规的授权逻辑。《立法法》第7条第1款与《宪法》第58条的内容完全一致，第7条的后两款规定分别

---

〔1〕 参见王建学、张明："海南自贸港法规的规范属性、基本功能与制度发展——以《宪法》和《立法法》为分析视角"，载《经贸法律评论》2021年第4期。

〔2〕 对《立法法》是否具有宪制性地位这一问题，笔者同样持肯定态度，但是并不认同王建学、张明一文提出的理由："因为《立法法》本身是由全国人大根据《宪法》第62条第3项所制定的基本法律。"参见王建学、张明："海南自贸港法规的规范属性、基本功能与制度发展——以《宪法》和《立法法》为分析视角"，载《经贸法律评论》2021年第4期。《立法法》具有宪制性地位，或者说《立法法》是"宪制性人大立法"的实质理由是"与《宪法》所涉内容在实质上属于同类事项"。参见黄明涛："形式主义宪法观及其修正——从'宪制性人大立法'说起"，载《中国法律评论》2022年第3期。

是全国人大的立法权限和全国人大常委会的立法权限[1]；《立法法》第 8 条规定了全国人大及其常委会专属立法权；《立法法》第 9 条的内容即是"全国人大及其常委会对专属立法权范围内的事项授权国务院制定行政法规"[2]。前述规范体例非常清晰地展现了一个授权逻辑：全国人大及其常委会行使国家立法权，由此享有专属立法权——这主要是为了解决与国务院行政法规以及地方性法规的权限划分问题[3]，但是其可以在一定例外情形下，将部分专属立法权有限度地授予给国务院行使，本质上就是授予了国家立法权。由此可见，虽然具体的授权程序规定在《立法法》当中，全国人大及其常委会授权国务院对专属立法权范围内的事项制定行政法规这一行为在根源上仍然以《宪法》第 58 条为规范依据。

经济特区法规制定权的授予也遵照相同的授权逻辑，可以说是授权立法共通的授权逻辑：全国人大及其常委会行使国家立法权是一条原则性规定，但是在一定例外情形下，其可以将部分国家立法权有限度地授予其他主体行使。因此，经济特区法规制定权授予的规范依据就是《宪法》第 58 条有关国家立法权的规定。但还会有一个疑问，即既然经济特区法规制定权的授权并非依据《立法法》，那么是否能够将其类比全国人大及其常委会授权国务院对专属立法权范围内的事项制定行政法规呢？会出现前述疑问是因为并未认清，全国人大及其常委会进行授权立法的规范依据在根源上应该是《宪法》第 58 条，《立法法》的相关规定只能说是对《宪法》第 58 条的补充和细化。并且在《立法法》颁布之前，全国人大及其常委会就曾两次决定，对国务院进行授权立法：1984 年 9 月，全国人大常委会"授权国务院改革工商税制发布有关税收条例草案试行"[4]；1985 年 4 月，全国人大"授权国务院在经济体制

---

[1] 《立法法》第 7 条第 2 款规定源于《宪法》第 62 条第 3 项规定；《立法法》第 7 条第 3 款规定源于《宪法》第 67 条第 2 项规定和第 3 项规定。

[2] 郑淑娜主编：《〈中华人民共和国立法法〉释义》，中国民主法制出版社 2015 年版，第 50 页。

[3] 参见郑淑娜主编：《〈中华人民共和国立法法〉释义》，中国民主法制出版社 2015 年版，第 28 页。

[4] 《全国人民代表大会常务委员会关于授权国务院改革工商税制发布有关税收条例草案试行的决定》，1984 年 9 月 18 日第六届全国人民代表大会常务委员会第七次会议通过。

改革和对外开放方面可以制定暂行的规定或者条例"〔1〕。这两次授权立法的实践"对加快立法步伐，促进经济建设和改革开放，起到了积极作用，各方面的反映也是好的。"〔2〕可以看出，这两次前期授权立法实践基本算是受到了认可，并且后一个授权决定仍然现行有效，所以其在规范依据上是具备相应正当性的，即直接以《宪法》第58条有关国家立法权的规定为规范依据。

由此，《宪法》第58条应当作为全国人大及其常委会授权立法的规范依据，授权立法实际上是国家立法权行使的例外情形。经济特区法规制定权的授予和浦东新区法规制定权的授予均属于授权立法，并且均符合授权立法共通的授权逻辑。综上所述，《授权决定》的规范依据是《宪法》第58条规定。

（三）浦东新区法规的备案

在涉及浦东新区法规的备案及说明变通规定情况等内容时，《授权决定》明确了应当依照《立法法》的有关规定分别报全国人大常委会和国务院备案这一要求。〔3〕在得出《授权决定》不以《立法法》有关规定作为规范依据、而应当在《宪法》当中寻找规范依据的结论后，对浦东新区法规的备案需要进行相应说明。

因为授权制定浦东新区法规"比照经济特区法规"〔4〕，因此浦东新区法规备案依据的《立法法》有关规定可能是第98条第5项："根据授权制定的法规应当报授权决定规定的机关备案；经济特区法规报送备案时，应当说明对法律、行政法规、地方性法规作出变通的情况。"上文已经提及过，这是一条适用于所有授权立法的一般性规定。也就是说，即便此次授权在《立法法》当中缺乏规范依据，不是《立法法》明确规定的授权立法，浦东新区法规的备案同样可以适用第98条第5项的规定。而如果承认这一点，就是认为该条一般性规定并不只调整现行《立法法》中明确规定的授权国务院制定行政法

---

〔1〕《中华人民共和国第六届全国人民代表大会第三次会议关于授权国务院在经济体制改革和对外开放方面可以制定暂行的规定或者条例的决定》，1985年4月10日第六届全国人民代表大会第三次会议通过。

〔2〕 郑淑娜主编：《〈中华人民共和国立法法〉释义》，中国民主法制出版社2015年版，第55页。

〔3〕 参见《全国人民代表大会常务委员会关于授权上海市人民代表大会及其常务委员会制定浦东新区法规的决定》，2021年6月10日第十三届全国人民代表大会常务委员会第二十九次会议通过。

〔4〕《中共中央、国务院关于支持浦东新区高水平改革开放打造社会主义现代化建设引领区的意见》，2021年4月23日发布。

规和授权经济特区人大及其常委会制定特区法规这两类授权立法，而是所有授权立法。那么就会有一个疑问：这一结论与之前的一个结论——《立法法》的规定中并没有隐含一种一般意义上的授权立法——是否矛盾呢？其实并不矛盾。一般性规定的"一般性"源于其能够调整的"所有授权立法"，而"所有授权立法"和"一般意义上的授权立法"并非具备相同的内涵。"所有授权立法"是指所有实践中存在的授权立法，而这些授权立法其实全都是"全国人民代表大会和全国人民代表大会常务委员会行使国家立法权"这一原则性规定的例外，并且有可能存在不以《立法法》为规范依据的例外；而"一般意义上的授权立法"则是指在规范层面上承认，全国人大及其常委会一般性地享有将国家立法权授予出去的权力，然而现行《宪法》以及《立法法》等相关规范否认了这项一般性权力，但没有否认可以存在例外——授权立法的实践。

另外，《授权决定》规定："浦东新区法规报送备案时，应当说明对法律、行政法规、部门规章作出变通规定的情况。"这与《立法法》第 98 条第 5 项中经济特区法规对"法律、行政法规、地方性法规作出变通"的规定稍有不同，即存在"部门规章"和"地方性法规"的区别。《授权决定》没有规定地方性法规的原因可能是，浦东新区法规制定权的主体是上海市人大（省级人大），其本身根据《宪法》即享有制定地方性法规的权力，因此浦东新区法规在位阶上并不低于地方性法规，因此对之没有"变通"一说。更为重要的是之前强调过的一点，地方立法的变通权根本上在于能够对法律作变通规定。既然对法律都能进行变通，那么对处于法律位阶以下的行政法规、部门规章、地方性法规自然都可以进行变通，具体规定不同不具备实质性影响。

拓展案例

法国海外领地的地方立法变通

法国在国家结构形式上属于单一制，具有悠久的中央集权传统。这种中央集权单一制国家的特点是，地方自治权较小，中央直接监督、指挥、控制地方政权机关。1958 年，法国制定了现行的《法兰西共和国宪法》，其中包含了地方立法变通的相关规定。因此自 20 世纪 60 年代以来，法国开始借助地方立法变通来激发国家发展活力。由于法国自近代以来形成了相对完善的法律制度体系，因此其地方立法变通的推行一直强调以法律手段的控制。尤其在 2003 年，修宪使得地方立法变通具备了宪法层面的规范依据。

最初，法国的地方立法变通是为了解决其海外领地与本土之间存在巨大差异这一问题。1958 年《法兰西共和国宪法》第 73 条规定："关于海外省的立法制度和行政组织，可以根据它们的特殊情况的需要，采取适合的措施。"可以看出，彼时海外领地拥有非常大的地方立法变通权，并且在事项范围上基本没有受到限制。在这样的宪法规定下，法国的海外领地基本上拥有独立于本土之外的立法权，具备"高度自治"[1] 的地位。虽然法国的海外领地突破了单一制传统，但唯有如此规定才能实现海外领地与本土的统一，有效统合法国的单一性和海外省的特殊性。法国在海外领地实行的地方立法变通经历了 40 余年实践，取得了不错的成效，法国海外领地的统一问题由此得到解决。

2003 年，《法兰西共和国宪法》第 73 条规定的修改弱化了海外领地的特殊性，其内容修改为："法律和行政法规在海外省和海外大区当然适用，但可以参酌海外地方团体的特殊性质和制度而加以变通。变通规定可以由法律和行政法规作出，亦可由海外地方团体在其权限范围内制定，但不得涉及国籍、公民权、公共自由之保障、个人的地位和能力、司法组织、刑法等。"修宪后，海外领地的地方立法变通权仍然存在，但是宪法的授权细致了不少，实质上就是施加了更多的限制。修改后的宪法规定不仅强调了法律和行政法规这些中央立法的原则性地位，还在地方立法变通权可涉及的事项范围上作了明确的排除规定。法国海外领地不再享有独立于本土之外的立法权，而是在本土立法权统一下进行有限制的地方立法变通，这是向单一制的回归。

我国同样是单一制国家，并且也在地方立法上进行了一些的变通权设置。2003 年之前《法兰西共和国宪法》第 73 条规定的海外领地的地方立法变通权，其权限基本类似于我国特别行政区享有的立法权；而 2003 年修宪后的海外领地的地方立法变通权，则实质上更接近我国民族自治地方享有的立法权，在权限上会更大一些。我国还具备更多地方立法变通的实践，例如经济特区法规、海南自由贸易港法规和浦东新区法规。法国在其海外领地进行的地方

---

[1] 参见王建学："改革型地方立法变通机制的反思与重构"，载《法学研究》2022 年第 2 期。

立法变通对于我国具有相应的借鉴意义，特别是所有地方立法变通的实践均在宪法规范控制下进行的经验对我国具有启示意义。

专题三 全国人民代表大会决定特别行政区制度

🔖 知识概要

一、《香港基本法》第 159 条

《香港基本法》的修改规定于第 159 条。首先，修改权主体受到严格限制，《香港基本法》的修改仅能由全国人大进行，其他任何机关包括全国人大常委会均无权进行。其次，《香港基本法》的修改提案权主体也受到限制，只包括全国人大常委会、国务院和香港特别行政区；其中香港特区的修改议案，须经香港特别行政区的全国人大代表 2/3 多数、香港特区立法会全体议员 2/3 多数和香港特别行政区行政长官同意后，交由香港特区出席全国人大的代表团向全国人大提出。再次，还有一项程序限制，即《香港基本法》的修改议案在列入全国人大的议程前，需要先由香港特别行政区基本法委员会研究并提出意见。最后，在修改内容上也进行了限制，要求《香港基本法》的任何修改，均不得同我国对香港既定的基本方针政策相抵触。这条规范调整的范围包括整部《香港基本法》的修改。

二、《香港基本法》附件一和附件二的修改

《香港基本法》附件一《香港特别行政区行政长官的产生办法》（以下简称为"附件一"）和附件二《香港特别行政区立法会的产生办法和表决程序》（以下简称为"附件二"）的修改有相应的特殊规定。在 2021 年全国人大常委会修改附件一和附件二之前，《香港基本法》附件一第 7 条规定和附件二第 3 条分别规定了特殊的修改程序，整个修改程序由特区自身（行政长官和立法会）进行积极推动。修改之后，附件一的修改规定在其中第 10 条："全国人民代表大会常务委员会依法行使本办法的修改权。全国人民代表大会常务委员会作出修改前，以适当形式听取香港社会各界意见。"附件二的修改

在其中第 8 条："全国人民代表大会常务委员会依法行使本办法和法案、议案的表决程序的修改权。全国人民代表大会常务委员会作出修改前，以适当形式听取香港社会各界意见。"可见修改之后，附件一和附件二的修改权主体明确为全国人大常委会，整个修改程序由全国人大常委会所主导。

三、《香港基本法》附件三的"修改"

《香港基本法》附件三《在香港特别行政区实施的全国性法律》（以下简称为"附件三"）的"修改"实际上是指列于附件三中全国性法律的增减，这是由《香港基本法》第 18 条所规定的。一般情况下，增减的基本程序是，全国人大常委会在征询其所属的香港特区基本法委员会和香港特区政府的意见后即可对列于附件三的法律作出增减。同时，能够进行增减的法律也有所限制，限于有关国防、外交和其他按本法规定不属于香港特别行政区自治范围的法律。特殊情形下，即全国人大常委会决定宣布战争状态或决定香港特区进入紧急状态时，中央政府可发布命令将有关全国性法律在香港特区实施。

经典案例

全国人民代表大会通过关于修改香港选举制度的决定

一、基本案情

香港回归祖国后被重新纳入国家治理体系，《宪法》和《香港基本法》共同构成香港特别行政区的宪制基础。香港特别行政区实行的选举制度包括行政长官的产生办法和立法会的产生办法和表决程序，是香港特别行政区政治体制的重要组成部分，应当符合"一国两制"方针，符合香港特别行政区实际情况，确保"爱国者治港"，有利于维护国家主权、安全、发展利益，保持香港长期繁荣稳定。但是 2019 年香港发生"修例风波"以来，反中乱港势力和本土激进分离势力公然鼓吹"港独"等主张，通过香港特别行政区选举平台、立法会和区议会议事平台或者利用有关公职人员身份，肆无忌惮进行反中乱港活动，极力瘫痪香港特别行政区立法会运作，阻挠香港特别行政区政府依法施政；策划并实施所谓"预选"，妄图通过选举掌控香港立法会主导权，进而夺取香港管治权。

香港社会出现的一些乱象表明，香港特别行政区现行的选举制度机制存在明显的漏洞和缺陷，为反中乱港势力夺取特区管治权提供了可乘之机。为此，必须采取必要措施完善香港特别行政区选举制度，消除制度机制方面存在的隐患和风险，确保以爱国者为主体的"港人治港"，确保在香港特别行政区依法施政和有效治理，确保香港"一国两制"实践始终沿着正确方向前进。

2021年3月11日，第十一届全国人大第四次会议审议了全国人大常委会关于提请审议《全国人民代表大会关于完善香港特别行政区选举制度的决定（草案）》的议案，通过了《关于完善香港特别行政区选举制度的决定》（以下简称《全国人大决定》）。上述决定主要规定了修改完善香港特别行政区选举制度应当遵循的基本原则和修改完善的核心要素内容，同时授权全国人大常委会根据该决定修改《香港基本法》附件一和附件二。2021年3月30日，第十三届全国人大常委会第二十七次会议通过了新修订的《香港基本法》附件一和附件二。

二、法律问题

香港特别行政区目前实行的选举制度，是根据《香港基本法》有关规定、全国人大常委会有关解释和决定以及香港本地法例规定确定的。《香港基本法》第45条、第68条等作出了原则性规定，《香港基本法》附件一和附件二以及有关修正案作出了具体明确的规定，而此次仅涉及对《香港基本法》附件一和附件二的修改。中央采取了"决定+修法"的方式，分步予以推进和完成。本文重点分析的是《全国人大决定》的内容，而其中最为核心的内容就是全国人大授权全国人大常委会修改《香港基本法》附件一和附件二。这一授权与香港特区政治制度的核心内容密切相关，涉及重大的宪制问题，由此需要严格合乎《宪法》以及相关法律规范。

为了明晰全国人大授权的规范性，需要对附件一和附件二的修改进行细致的考察。首先需要了解在《全国人大决定》之前，《香港基本法》附件一和附件二的修改是如何规定的，以及与《香港基本法》第159条规定的修改有何不同。其次，全国人大常委会对《香港基本法》附件一和附件二的修改权来自于全国人大的授权，需要找到这一授权的规范依据，明晰其中的规范逻辑。最后，全国人大的授权也有可能在规范上出现逻辑不充分的问题，不能忽视这一授权的潜在争议。

三、宪法分析

（一）《全国人大决定》前《香港基本法》附件一和附件二的修改

此次完善香港特别行政区选举制度，全国人大只是授权全国人大常委会修改《香港基本法》附件一和附件二，没有涉及修改《香港基本法》正文。这是出于"保持香港特别行政区相关制度的连续性和稳定性"[1] 的考虑。那么修改《香港基本法》附件一和附件二与修改《香港基本法》正文有什么不同呢？

《香港基本法》的修改规定于该法第 159 条。该条规定明确了《香港基本法》的修改权属于全国人大，并且明确了修改提案权主体以及对修改的相关程序和实体限制。可见，《香港基本法》的修改在规范上受到了严格限制。但是，修改《香港基本法》附件一和附件二是否等同于修改正文，即同样适用第 159 条的规定呢？答案是否定的。因为在此次修改之前，《香港基本法》附件一第 7 条规定："2007 年以后各任行政长官的产生办法如需修改，须经立法会全体议员三分之二多数通过，行政长官同意，并报全国人民代表大会常务委员会批准"；《香港基本法》附件二第 3 条"二〇〇七年以后立法会的产生办法和表决程序"规定："二〇〇七年以后，香港特别行政区立法会的产生办法和法案、议案的表决程序，如需对本附件的规定进行修改，须经立法会全体议员三分之二多数通过，行政长官同意，并报全国人民代表大会常务委员会备案。"由此在规范上，修改《香港基本法》附件一和附件二比修改正文要更为容易。在实践中，2010 年《香港基本法》附件一和附件二遵照上述规范成功进行了修改。[2] 这是因为，修改行政长官以及立法会的选举办法本就是政治制度发展的客观规律。应该注意到，相关制度在香港特别行政区政治制

---

〔1〕　王晨（全国人民代表大会常务委员会副委员长）：《关于〈全国人民代表大会关于完善香港特别行政区选举制度的决定（草案）〉的说明》，第十三届全国人民代表大会第四次会议，2021 年 3 月 5 日。

〔2〕　参见《中华人民共和国香港特别行政区基本法附件一香港特别行政区行政长官的产生办法修正案》，2010 年 8 月 28 日第十一届全国人民代表大会常务委员会第十六次会议批准；《中华人民共和国香港特别行政区基本法附件二香港特别行政区立法会的产生办法和表决程序修正案》，2010 年 8 月 28 日第十一届全国人民代表大会常务委员会第十六次会议予以备案。

度处于核心地位，而政治制度需要与时俱进。根据《香港基本法》的规定，香港政治制度的发展要"从香港的实际情况出发，循序渐进地发展民主，逐步创造条件，最后实现行政长官以及立法会全体议员均由普选产生的目标"[1]。因此，行政长官以及立法会的产生办法本身就具有不断演进的品格。

从上述规范可以看出，修改《香港基本法》附件一和附件二虽然需要报全国人大常委会批准或备案，但积极推动整个修法程序进行的还是特别行政区自身（行政长官以及立法会）。需要指出的是，全国人大常委会曾对《香港基本法》附件一第 7 条以及《香港基本法》附件二第 3 条作出过解释，明确了相关细节问题，完善了修改的程序。根据这一次的修改意见，行政长官应向全国人大常委会提出报告，由全国人大常委会决定是否要修改《香港基本法》的附件。[2] 这条解释明显加强了中央对香港政治制度发展的控制力度，因为是否需要修改《香港基本法》附件一和附件二要由行政长官报全国人大常委会决定。但全国人大常委会拥有的决定权更多是一种消极意义上的否决权，即该项权力更多地指向全国人大常委会否决特别行政区提出的修改方案这一面。因为全国人大常委会不能积极地启动修改程序、制定修改方案，修改程序的启动、修改方案的制定以及最终上报均靠特别行政区自身启动。

（二）全国人大授权的规范依据

此次《香港基本法》附件一和附件二的修改，全国人大常委会要主导整个修改活动、成为修改权的主体。而这由"决定+修法"的方式加以实现："全国人民代表大会根据《宪法》和《香港基本法》《香港国安法》的有关规定，作出关于完善香港特别行政区选举制度的决定，明确修改完善香港特别行政区选举制度应当遵循的基本原则和修改完善的核心要素内容，并授权全国人民代表大会常务委员会根据本决定修改《香港基本法》附件一和附件二。"[3] 可以看出，全国人大常委会对《香港基本法》附件一和附件二的修

---

〔1〕 许崇德："略论香港特别行政区的政治制度"，载许崇德：《许崇德自选集》，中国人民大学出版社 2007 年版，第 542 页。

〔2〕 参见《全国人民代表大会常务委员会关于〈中华人民共和国香港特别行政区基本法〉附件一第七条和附件二第三条的解释》，2004 年 4 月 6 日第十届全国人民代表大会常务委员会第八次会议通过。

〔3〕 王晨：《关于〈全国人民代表大会关于完善香港特别行政区选举制度的决定（草案）〉的说明》，第十三届全国人民代表大会第四次会议，2021 年 3 月 5 日。

改权来自于全国人大的授权，而这一授权存在相应的《宪法》以及法律规范依据吗？

制定《中华人民共和国香港特别行政区维护国家安全法》（以下简称《香港国安法》）时，采取了"全国人大决定授权全国人大常委会立法+全国人大常委会立法"（以下简称"决定授权+立法"）的模式，与此次修改《香港基本法》附件一和附件二的"决定+修法"方式有一定相似性。"决定授权+立法"中全国人大能够完成授权，主要是依据《宪法》第31条，第62条第14项、第16项以及第67条第22项等规定。[1]《宪法》第31条和《宪法》第62条第14项的规定明确了，通过立法来决定"特别行政区制度"的权力由全国人大享有，《宪法》并未将之赋予全国人大常委会。《宪法》第62条第16项规定的"其他职权"可以解释为包含全国人大可以将对于"特别行政区制度"的立法权授予全国人大常委会这一权力，并且《宪法》第67条第22项规定全国人大常委会可以行使"全国人民代表大会授予的其他职权"。因此，全国人大能够将对于"特别行政区制度"的立法权授予全国人大常委会。此次全国人大授权全国人大常委会修改《香港基本法》附件一和附件二，同样以上述规范为基础。因为《全国人大决定》与2020年全国人大《关于建立健全香港特别行政区维护国家安全的法律制度和执行机制的决定》（以下简称"2020年《全国人大决定》"）相比，除了多出制定《香港国安法》的有关规定，其他明确列出的规范依据完全相同。[2]那么，"决定+修法"中的授权应该与"决定授权+立法"的授权遵循基本一致的规范逻辑。首先，《香港基本法》附件一和附件二规定的行政长官产生办法以及立法会产生办法和表决程序，是香港特别行政区政治制度的重要组成部分，因此当然属于《宪法》第31条和第62条第14项提及的"特别行政区制度"。然后，全国人大仍然是依据《宪法》第62条第16项规定的"其他职权"完成授权。有一点仍需指出，从字面上来看《宪法》第31条，"特别行政区制度"是由全国人大

---

〔1〕　参见《全国人民代表大会关于建立健全香港特别行政区维护国家安全的法律制度和执行机制的决定》，2020年5月28日第十三届全国人民代表大会第三次会议通过。其中明确列出的规范依据有《宪法》第31条和第62条第2项、第14项、第16项的规定以及《香港基本法》的有关规定。

〔2〕　《全国人大决定》中明确列出的规范依据有《宪法》第31条和第62条第2项、第14项、第16项的规定以及《香港基本法》《香港国安法》的有关规定。参见《全国人民代表大会关于完善香港特别行政区选举制度的决定》，2021年3月11日第十三届全国人民代表大会第四次会议通过。

"以法律规定"，没有全国人大有权修改相关法律的内容。但《宪法》第62条第3项赋予全国人大"制定和修改刑事、民事、国家机构的和其他的基本法律"的职权，那么全国人大能够制定关于"特别行政区制度"的基本法律，自然也就拥有相应的法律修改权。[1]"决定+修法"中的授权就是全国人大将《香港基本法》附件一和附件二的修改权授予了全国人大常委会。

（三）全国人大授权的争议

全国人大授予全国人大常委会对于《香港基本法》附件一和附件二的修改权，可以遵照上述规范逻辑，但这并非毫无争议。最为突出的就是，对《香港基本法》附件一和附件二的修改权是否属于全国人大？如果不属于，全国人大又如何将之授予全国人大常委会？这一点关涉到前文已有提及《香港基本法》附件一和附件二的特殊修改程序，在这里再简略说明一下。《香港基本法》第159条规定明确了修改权属于全国人大；但附件一和附件二的修改分别规定在附件一第7条和附件二第3条[2]，修改程序基本由特别行政区主导。《香港基本法》第159条与附件一第7条和附件二第3条是一般规定和特别规定的关系。"《澳门基本法》第144条规定了基本法的修改程序，而附件一第7条和附件二第3条分别规定了行政长官和立法会产生办法的修改程序，前者是基本法修改的一般规定，后者是特别规定。""在法律适用时，如果既有一般规定，也有特别规定，特别规定具有优先适用的地位。"[3] 由于香港和澳门同为特别行政区，并且《香港基本法》与《澳门基本法》具有高度的相似性，那么《香港基本法》第159条与附件一第7条和附件二第3条的关系同样符合以上论述。

那么这样一种一般规定和特别规定的关系是否就意味着全国人大不能行使对《香港基本法》附件一和附件二的修改权呢？也就是说，《香港基本法》第159条的规定是否无法涵盖附件一和附件二的修改，即正文的修改与附件的修改相互独立？将《香港基本法》附件一第7条和附件二第3条与正文割

---

〔1〕 有一种较为官方的观点同样以《宪法》第62条第3项为基础，但将这类全国人大授权统称为"特定立法项目"的授权，2020年关于香港特区维护国家安全的立法授权和2021年关于修改香港基本法附件一和附件二都包含在其中。参见曲颀（全国人大常委会法制工作委员会宪法室干部）："全国人民代表大会授权常务委员会行使相关职权研究"，载《中国法律评论》2021年第2期。

〔2〕 此处附件一第7条和附件二第3条均为2021年修改之前的规定。

〔3〕 乔晓阳："论宪法与基本法的关系"，载《中外法学》2020年第1期。

裂来看待，会很容易得出上述结论。但这样会产生规范层面的逻辑矛盾。《香港基本法》第45条和第68条是分别关于行政长官产生办法和立法会产生办法的总括性规定，可以说附件一和附件二就是对这两条的具体化；如果第45条和第68条的内容发生变化，附件一和附件二的内容也要相应发生变化。而《香港基本法》第159条规定该法的修改权主体是全国人大，如果全国人大可以根据第159条的规定修改第45条和第68条，就自然有权修改附件。如果全国人大有权修改总括性规定，却无权修改附件，这既在逻辑上站不住脚，也不符合全国人大是最高权力机关和最高立法机关的性质。

那么怎么理解《香港基本法》第159条与附件一第7条和附件二第3条之间的关系呢？首先，《香港基本法》附件一第7条和附件二第3条同样由全国人大所制定，即附件一和附件二的修改权最初也是由全国人大通过立法的方式进行授权。然后，《香港基本法》附件一第7条和附件二第3条是特殊规定，因为其规定对于附件一和附件二的修改与第159条规定的修改不同，这种不同的核心本质是修改附件一和附件二比修改正文要更为容易。最后，《香港基本法》第159条第1款规定："本法的修改权属于全国人民代表大会。""本法"应当能够涵盖附件的内容。所以，自然的结论是全国人大应有权修改附件。总而言之，全国人大在《香港基本法》第159条之外，通过制定特殊规定授予了全国人大常委会修改附件一和附件二的权力。

按照以上论述，虽然明确了全国人大具备对《香港基本法》附件一和附件二的修改权，但是同样也会形成这样一个推论：全国人大将附件一和附件二的修改权重新进行授权实际上是在根据《香港基本法》第159条修改《香港基本法》。而全国人大直接通过决定的方式完成授权，《香港基本法》对这一决定作出的程序并未规定。质言之，《授权决定》通过的程序并不如修改《香港基本法》的程序那样严格。由此，全国人大虽然未严格遵照《香港基本法》第159规定的修改程序，但又实质地行使了这一修改权。

当然，全国人大既是最高国家立法机关也是最高国家权力机关，由此《宪法》第62条第16项概括性地赋予其"应当由最高国家权力机关行使的其他职权"。虽然学界一般认为全国人大在行使其职权时也存在一定的法定标准或权力边界,[1] 但在实践中全国人大行使权力时经常援引《宪法》第 62 条的兜底条款为自己辩护。

🔖 拓展案例

2010 年《香港基本法》附件一和附件二的修改

在 2021 年修改之前,《香港基本法》附件一和附件二于 2010 年有过一次成功的修改实践。因为《香港基本法》第 45 条第 2 款规定:"行政长官的产生办法根据香港特别行政区的实际情况和循序渐进的原则而规定,最终达至由一个有广泛代表性的提名委员会按民主程序提名后普选产生的目标";第 68 条第 2 款规定:"立法会的产生办法根据香港特别行政区的实际情况和循序渐进的原则而规定,最终达至全部议员由普选产生的目标。"因此附件一和附件二的内容本就应该随着时间推移、时代发展而进行修改。这构成了香港政治制度改革的主要内容。

2010 年《香港基本法》附件一和附件二的修改在附件一第 7 条和附件二第 3 条[2]以及 2004 年全国人大常委会《关于〈中华人民共和国香港特别行政区基本法〉附件一第七条和附件二第三条的解释》的基础上,遵循了所谓"政改五部曲"的修法步骤。第一步,附件一和附件二是否需要进行修改,香港特区行政长官应向全国人大常委会提出报告;第二步,全国人大常委会依照《香港基本法》第 45 条和第 68 条规定,根据香港特区的实际情况和循序渐进的原则确定是否需要修改;第三步,修改附件一和附件二的法案及其修正案,应由香港特区政府向立法会提出,并且需经立法会全体议员 2/3 多数通过;第四步,获立法会通过的法案及修正案,应由行政长官同意;第五步,特区将相关法案及修正案报全国人大常委会批准或备案。[3] 2010 年 8 月 28 日,第十一届全国人大常委会第十六次会议对附件一的修正案予以批准,对附件二的修正案予以备案,标志着该次香港政治制度改革的方案已完成所有

---

[1] 参见黄明涛:"'最高国家权力机关'的权力边界",载《中国法学》2019 年第 1 期。

[2] 此处附件一第 7 条和附件二第 3 条均为 2021 年修改之前的规定。

[3] 参见《全国人民代表大会常务委员会关于〈中华人民共和国香港特别行政区基本法〉附件一第七条和附件二第三条的解释》,2004 年 4 月 6 日第十届全国人民代表大会常务委员会第八次会议通过。

法律程序。

2010 年附件一的修改的目标是完成 2012 年第四任行政长官的选举。修改之后，行政长官的产生办法主要有以下三点变化：选举委员会的总人数增至 1200 人，每个界别的人数增至 300 人；区议会议员的代表、乡议局的代表进入选举委员会的第四界别，区域性组织代表不再在界别当中；不少于 150 名的选举委员可联合提名行政长官候选人，之前为不少于 100 名。2010 年附件二的修改针对的是 2012 年第五届立法会选举，主要的变化为：立法会议员的总人数增至 70 人，由 35 名功能团体选举的议员和 35 名分区直接选举的议员组成。

2010 年附件一和附件二修改的成功实践，说明香港政治制度改革有希望最终达致行政长官和立法会议员均由普选产生的目标。2014 年，全国人大常委会继续推进香港政治制度改革。[1] 自那之后，香港政治制度改革一直止步不前，直到 2021 年全国人大授权全国人大常委会修改《香港基本法》附件一和附件二。附件一和附件二的修改权主体明确为全国人大常委会，"政改五部曲"的修法步骤正式退出历史舞台。

专题四　全国人大及其常委会对特别行政区制度的创制权

🔖 知识概要

一、创制权的基本概念

创制权在宪法学上又被称为"组织权"，其含义是选择政权组织形式，建立政府并组织政府，制定宪法性根本法的权力，是国家权力中的原始权。[2]创制权所创设的国家机构及其权力范围包括国家一切政权组织机构及其一切政权组织机构的权力。因此，根据《宪法》的规定，特别行政区及其制度也属于创制权所创设的内容。而由于我国是单一制国家，因此中央根据《宪法》

---

　　〔1〕　参见《全国人民代表大会常务委员会关于香港特别行政区行政长官普选问题和 2016 年立法会产生办法的决定》，2014 年 8 月 31 日第十二届全国人民代表大会常务委员会第十次会议通过。

　　〔2〕　参见焦洪昌主编：《宪法学》，北京大学出版社 2020 年版，第 238 页。

的有关规定享有对特别行政区的创制权。这项创制权包含两个方面，一是中央对特别行政区的设立权；另一方面是中央对特别行政区制度的法律制定权。

二、中央对特别行政区的设立权

"一国两制"是设立特别行政区的理论依据。"一国两制"的基本内容是，在一个中国的前提下，国家的主体坚持社会主义制度；香港、澳门、台湾是中国不可分割的组织部分，它们保持原有资本主义制度长期不变，在国际上代表中国的只能是中华人民共和国政府。香港、澳门两个特别行政区的设立，是将"一国两制"理论进行实践的结果。

《宪法》规定了设立特别行政区的规范依据。《宪法》第 31 条第一名规定："国家在必要时得设立特别行政区。"结合《宪法》第 62 条第 14 项的规定，全国人大享有"决定特别行政区的设立及其制度"的职权。由此可见，中央对特别行政区的设立权由全国人大来行使。实践中，香港、澳门两个特别行政区均由全国人大通过决定的方式设立。1990 年 4 月 4 日，第七届全国人大第三次会议决定："自 1997 年 7 月 1 日起设立香港特别行政区"[1]；1993 年 3 月 31 日，第八届全国人大第一次会议决定："自 1999 年 12 月 20 日起设立澳门特别行政区。"[2]

三、中央对特别行政区制度的法律制定权

《宪法》第 31 条第二句规定："在特别行政区内实行的制度按照具体情况由全国人民代表大会以法律规定。"结合《宪法》第 62 条第 14 项的规定，全国人大享有"决定特别行政区的设立及其制度"的职权。由此可见，中央对特别行政区制度的法律制定权同样由全国人大行使。以香港特别行政区为例，全国人大行使对特别行政区制度的法律制定权，首先体现于其制定了《基本法》。1985 年 4 月 10 日，第六届全国人大第三次会议决定成立香港特别行政

---

〔1〕《全国人民代表大会关于设立香港特别行政区的决定》，1990 年 4 月 4 日第七届全国人民代表大会第三次会议通过。

〔2〕《全国人民代表大会关于设立中华人民共和国澳门特别行政区的决定》，1993 年 3 月 31 日第八届全国人民代表大会第一次会议通过。

区基本法起草委员会，负责香港特别行政区基本法的起草工作。[1] 1990 年 4 月 4 日，《香港基本法》由第七届全国人大第三次会议正式通过。需要指出的是，《香港特别行政区驻军法》的制定并不是在行使对特别行政区制度的法律制定权，因为该法律的制定主体是全国人大常委会。而《香港国安法》的制定，采取了"决定授权+立法"的方式，虽然法律制定主体是全国人大常委会，但制定《香港国安法》实际上是中央在行使对特别行政区制度的法律制定权。

经典案例

全国人民代表大会及其常委会就香港国家安全问题
作出有关决定和通过有关法律

一、基本案情

近年来，香港特别行政区国家安全风险凸显。特别是 2019 年香港发生"修例风波"以来，反中乱港势力公然鼓吹"港独""自决""公投"等主张，从事破坏国家统一、分裂国家的活动；公然侮辱、污损国旗国徽，煽动港人反中反共、围攻中央驻港机构、歧视和排挤内地在港人员；蓄意破坏香港社会秩序，暴力对抗警方执法，毁损公共设施和财物，瘫痪政府管治和立法会运作。还要看到，近年来，一些外国和境外势力公然干预香港事务，通过立法、行政、非政府组织等多种方式进行插手和捣乱，与香港反中乱港势力勾连合流、沆瀣一气，为香港反中乱港势力撑腰打气、提供保护伞，利用香港从事危害我国国家安全的活动。这些行为和活动，严重挑战"一国两制"原则底线，严重损害法治，严重危害国家主权、安全、发展利益，必须采取有力措施依法予以防范、制止和惩治。

为此，在香港目前形势下，必须从国家层面建立健全香港特别行政区维护国家安全的法律制度和执行机制，改变香港特别行政区国家安全领域长期"不设防"的状况，在《宪法》和《香港基本法》的轨道上推进维护国家安

---

〔1〕　参见《全国人民代表大会关于成立中华人民共和国香港特别行政区基本法起草委员会的决定》，1985 年 4 月 10 日第六届全国人民代表大会第三次会议通过。

全制度建设，加强维护国家安全工作，确保香港"一国两制"事业行稳致远。

2020 年 5 月 28 日，第十三届全国人大第三次会议审议了全国人大常委会关于提请审议《全国人民代表大会关于建立健全香港特别行政区维护国家安全的法律制度和执行机制的决定（草案）》的议案，通过了《关于建立健全香港特别行政区维护国家安全的法律制度和执行机制的决定》（以下简称为《全国人大决定》）。上述决定主要规定了建立健全香港特别行政区维护国家安全的法律制度和执行机制应当遵循的基本原则和修改完善的核心要素内容，同时授权全国人大常委会就建立健全香港特别行政区维护国家安全的法律制度和执行机制制定相关法律，切实防范、制止和惩治任何分裂国家、颠覆国家政权、组织实施恐怖活动等严重危害国家安全的行为和活动以及外国和境外势力干预香港特别行政区事务的活动。全国人大常委会决定将上述相关法律列入《香港基本法》附件三，由香港特别行政区在当地公布实施。[1] 2020 年 6 月 30 日，第十三届全国人大常委会第二十次会议通过了《香港国安法》。制定《香港国安法》，是为了坚定不移并全面准确贯彻"一国两制""港人治港""高度自治"的方针，维护国家安全，防范、制止和惩治与香港特别行政区有关的分裂国家、颠覆国家政权、组织实施恐怖活动和勾结外国或者境外势力危害国家安全等犯罪，保持香港特别行政区的繁荣和稳定，保障香港特别行政区居民的合法权益。[2]

二、法律问题

此次《香港国安法》的制定，采取了"决定授权+立法"的新模式。因为近年以来香港特别行政区国家安全风险日益凸显，加上香港特别行政区基于《香港基本法》第 23 条进行维护国家安全的立法迟迟未能实现，中央在紧迫的现实情形下才选择了这种立法方式。不过，进行这种重大的立法活动尤其要注意合乎《宪法》以及相关法律规范。在国家层面建立健全香港特别行政区维护国家安全的法律制度和执行机制需要在明晰而坚实的规范基础上进行。

---

〔1〕 参见《全国人民代表大会关于建立健全香港特别行政区维护国家安全的法律制度和执行机制的决定》，2020 年 5 月 28 日第十三届全国人民代表大会第三次会议通过。

〔2〕 参见《香港国安法》第 1 条。

由此，一些《宪法》以及相关法律规范上的问题需要进一步澄清。首先是"特别行政区制度"立法权的主体问题。《宪法》如何规定"特别行政区制度"的立法权主体？"决定授权+立法"的模式符合上述《宪法》规定吗？其次是特别行政区维护国家安全立法的落实问题。《香港基本法》第23条能否作为反对此次《香港国安法》制定的规范依据？以及《香港国安法》制定之后，《香港基本法》第23条还能继续发挥作用吗？最后还需要特别明确《香港国安法》在我国法律体系中的定位，由此才能规范地实施《香港国安法》，发挥其在香港特区维护国家安全的重大作用。

三、宪法分析

（一）"特区制度"立法权的主体问题

"决定授权+立法"这种立法新模式中，最为核心的一点为全国人大授权全国人大常委会制定《香港国安法》。这一授权以《宪法》当中关涉特别行政区的规定《宪法》第31条，第62条第14项、第16项以及第67条第22项等规定为基础。[1]《宪法》第31条规定："国家在必要时得设立特别行政区。在特别行政区内实行的制度按照具体情况由全国人民代表大会以法律规定。"并且《宪法》第62条第14项规定了全国人大的一项职权，"决定特别行政区的设立及其制度"。因此，通过立法来决定"特别行政区制度"的权力由全国人大享有，《宪法》并未将之赋予全国人大常委会。而《香港国安法》规定特别行政区维护国家安全的法律制度，当然属于"特别行政区制度"的一部分，因此本应由全国人大制定该法律，而不是由全国人大常委会来行使立法权。但受全国人大的会期所限，于2020年会议上完成立法任务基本不可能；而彼时香港社会多方面的风险凸显，社会秩序和法治稳定遭到严重破坏，急迫需要中央建立完善特别行政区维护国家安全的法律制度。因而最终由全国人大作出授权决定，全国人大常委会完成立法任务。以上是全国人大授权全国人大常委会进行"特别行政区制度"立法的现实原因。而在《宪法》中同

---

[1]《全国人大决定》中明确列出的规范依据有《宪法》第31条和第62条第2项、第14项、第16项的规定以及《香港基本法》的有关规定。参见《全国人民代表大会关于建立健全香港特别行政区维护国家安全的法律制度和执行机制的决定》，2020年5月28日第十三届全国人民代表大会第三次会议通过。

样可以找到规范基础。《宪法》第 62 条第 16 项规定全国人大可以行使"应当由最高国家权力机关行使的其他职权",全国人大将对于"特别行政区制度"的立法权授予全国人大常委会这一权力可以解释为一项"其他职权";并且《宪法》第 67 条第 22 项规定全国人大常委会可以行使"全国人民代表大会授予的其他职权"。因此,虽然《宪法》没有明确赋权,但全国人大仍然能够将对于"特别行政区制度"的立法权授予全国人大常委会。

但是从我国《宪法》规定来看,全国人大行使对于"特别行政区制度"的立法权是原则性规定。原则性规定意味着两方面含义:一方面,不到万不得已最好不对这项规定加以突破;另一方面,全国人大授权全国人大常委会对于"特别行政区制度"进行立法限于特定单次,即如果全国人大常委会将来要制定另一部关涉"特别行政区制度"的法律,全国人大应当重新进行授权。

如果承认上述原则性规定,那么在遇到特殊情形时,首要思路应当是寻找仍然能让全国人大进行立法的补救措施。对于全国人大会期受到的限制,《宪法》有相应的补救规定。《宪法》第 61 条第 1 款规定了全国人大的"临时会议":"全国人民代表大会会议每年举行一次,由全国人民代表大会常务委员会召集。如果全国人民代表大会常务委员会认为必要,或者有五分之一以上的全国人民代表大会代表提议,可以临时召集全国人民代表大会会议。""临时会议"的功能即为在每年常规例会的补充,可以处理特定的一项或多项事务。而通过"临时会议"的方式进行香港国家安全立法自然也是全国人大在行使对于"特别行政区制度"的立法权,不会造成对原则性规定的突破。不过"临时会议"制度自被规定以来还从未有过实践先例,可能由于实际操作经验的缺乏,关于特区维护国家安全的立法便没有采取这个方式。

另一个比较重要的原因应该是新冠肺炎疫情的影响,为了防疫而要尽量避免大规模的人员聚集。而不管是"临时召集",还是延长会期,都意味着更长时间的大规模人员聚集。全国人大会议因此也推迟召开[1],所以尽量缩短大规模人员聚集的时间是符合科学的决策。即便如此仍旧需要强调,原则上应由全国人大行使对于"特别行政区制度"的立法权。因此当出现特殊情况,

---

[1] 参见《全国人民代表大会常务委员会关于推迟召开第十三届全国人民代表大会第三次会议的决定》,2020 年 2 月 24 日第十三届全国人民代表大会常务委员会第十六次会议通过。

应先穷尽其他补救措施仍然让全国人大进行立法，到了万不得已的地步才能让全国人大授权给全国人大常委会。

（二）特区维护国家安全的立法如何落实？

通过"决定授权+立法"这种模式制定的《香港国安法》是由中央来建立完善特区维护国家安全的法律制度，但是不能忽略的是，《香港基本法》本身早已规定了特区负有维护国家安全的宪制责任和立法义务。因为《香港基本法》第23条规定："香港特别行政区应自行立法禁止任何叛国、分裂国家、煽动叛乱、颠覆中央人民政府及窃取国家机密的行为，禁止外国的政治性组织或团体在香港特别行政区进行政治活动，禁止香港特别行政区的政治性组织或团体与外国的政治性组织或团体建立联系。"那么在这种情况下，中央制定《香港国安法》的规范正当性如何呢？

首先，《香港基本法》第23条是一项中央对于特别行政区的授权性条款。该条规定特别行政区"自行立法"，虽未使用"授权"的字眼，但其实质是授权特别行政区自行立法禁止七种危害国家安全的行为，故属于授权性条款。但是同样不可忽视的是，"自行立法"之前又有"应当"一词，这表明中央对于特别行政区制定维护国家安全法律的权力进行了严格限制。"应当"一词可以引申为两个方面。一方面是说该条款既是授权性条款，也是义务性（命令性）条款，即特别行政区既拥有制定维护国家安全法律的权力，也同样负有该项义务；另一方面则表明特区制定维护国家安全法律时，立法内容受到严格限制，限于七种危害国家安全的行为，不得自行增减。那么根据条款的义务性（命令性），如果特区迟迟不能完成维护国家安全的立法义务，中央自然可以采取相应措施。现实情况是，香港回归20多年来，《香港基本法》23条规定的立法一直没有完成；2003年有过一次立法尝试，却以失败告终。香港特别行政区完成维护国家安全的立法义务实际上已经很困难，加之近年来特别行政区的国家安全风险凸显，由此中央最终选择了自行立法。

在《香港国安法》制定之后，《香港基本法》第23条仍然具备相应效力。中央对于特定制定维护国家安全法律的认识是："香港特别行政区根据香港基本法第23条规定仍然负有维护国家安全的宪制责任和立法义务，应当尽早完成维护国家安全的有关立法。"〔1〕《香港国安法》为香港继续完善维护国家安全法律提供必要的参考和依据。未来，香港仍然有责任尽快以《香港国安法》为指导推动落实香港《基本法》第23条立法，进一步建构和完善本区域的维护国家安全法律制度，以两部关于国家安全的法律为连接点，加强特区与国家主体间之国家安全法治保障体系的联动关系。

（三）《香港国安法》在我国法律体系中的定位

由于"决定授权加立法"模式的特殊性，以及立法内容关涉特别行政区，《香港国安法》在我国法律体系中的定位需要着重加以明确。首先，《香港国安法》不属于基本法律。《宪法》第62条第3项规定全国人大"制定和修改刑事、民事、国家机构的和其他的基本法律"，第67条第2项规定全国人大常委会"制定和修改除应当由全国人民代表大会制定的法律以外的其他法律"。而在"决定授权+立法"的模式下，虽然全国人大发布了授权决定，但最终进行《香港国安法》立法的主体是全国人大常委会，因此《香港国安法》属于由全国人大常委会制定的一般法律。其次，《香港国安法》是全国性法律。对此的认识关涉《香港国安法》发生效力的区域范围问题。《香港国安法》虽然规定了特别行政区维护国家安全的内容，但其仍然在全国范围内发生效力，因为其制定主体是全国人大常委会；并且《香港国安法》的内容并非只涉及特别行政区，很多条款也关涉中央。也正因为《香港国安法》是全国性法律，其不能直接在香港特别行政区实施，而是需要增加至《香港基本法》附件三后才能实施。〔2〕最后，《香港基本法》与《香港国安法》之间是平行和补充的关系。《香港国安法》没有脱离香港《基本法》所确立的香港特别行政区的治理框架，是对《香港基本法》中未能具体规定的维护国家安全方面的内容予以明确，与《香港基本法》的既有内容形成了相互补充的关系，构成了落实"一国两制"完整的制度框架，因而，其位阶、效力与《香

---

〔1〕 王晨（全国人民代表大会常务委员会副委员长）：《关于〈全国人民代表大会关于建立健全香港特别行政区维护国家安全的法律制度和执行机制的决定（草案）〉的说明》，第十三届全国人民代表大会第三次会议，2020年5月22日。

〔2〕 参见《香港基本法》第18条第2款："全国性法律除列于本法附件三者外，不在香港特别行政区实施。凡列于本法附件三之法律，由香港特别行政区在当地公布或立法实施。"

港基本法》并无差异。[1]

拓展案例

澳门特别行政区制定《维护国家安全法》

2009 年，澳门特别行政区立法会颁布《维护国家安全法》，完成了《中华人民共和国澳门特别行政区基本法》（以下简称《澳门基本法》）第 23 条规定的特别行政区维护国家安全立法之义务[2]。虽然澳门特别行政区于 2003 年开展的维护国家安全立法与香港一样未能成功，但这项立法义务在 2009 年得以完成。澳门特别行政区顺利制定《维护国家安全法》的关键在于行政长官能够主导特区维护国家安全的立法。

2003 年立法失败之后，澳门特别行政区行政长官何厚铧明确表示在其第二任期内一定会完成这项重大工作，展现了推动特别行政区维护国家安全立法的积极姿态。澳门特别行政区公布的 2007 至 2009 年度公共行政改革路线图将"跟进《澳门基本法》第二十三条工作"列为重点内容。2008 年 10 月，澳门特区行政长官何厚铧与行政会委员、立法会议员、澳门特别行政区全国人大代表及政协委员、主要社团负责人座谈，公布有关的立法计划及咨询安排。何厚铧明确表示：澳门特别行政区不存在《澳门基本法》第 23 条立不立法的讨论空间。通过行政长官的积极筹划推动，澳门特别行政区维护国家安全的立法在中断六年后再次启动。

除了在特别行政区维护国家安全立法上展现积极、强势的态度，澳门特别行政区行政长官还非常重视民众以及立法会的意见。行政长官积极展开立法咨询，促使民众形成强烈的立法意愿，特别行政区维护国家安全立法的文本内容即在公众咨询的基础上形成。该文本以国家安全为首要和核心原则，兼顾人权保障、符合实际及罪责相当的原则，严格对应《澳门基本法》第 23 条的规定，禁止叛国、分裂国家等七种行为，具体规定了上述行为的客观和

---

[1]　参见姚国建："《香港国安法》的立法依据及其效力"，载《暨南学报（哲学社会科学版）》2021 年第 2 期。

[2]　《澳门基本法》第 23 条规定："澳门特别行政区应自行立法禁止任何叛国、分裂国家、煽动叛乱、颠覆中央人民政府及窃取国家机密的行为，禁止外国的政治性组织或团体在澳门特别行政区进行政治活动，禁止澳门特别行政区的政治性组织或团体与外国的政治性组织或团体建立联系。"

主观要件及法律后果，基本符合《澳门基本法》第 23 条的要求。行政长官较好地协调了立法会议员的立场。通过议员任命的方式，支持特别行政区维护国家安全立法的议员远多于半数。事实上，澳门特别行政区政府提出的《维护国家安全法》法案在立法会获得了 25 席的绝对多数支持。澳门特别行政区立法会的大多数议员都表示，澳门特别行政区自行制定维护国家主权独立、领土完整的《维护国家安全法》，既是一项重要的宪制责任，也是《澳门基本法》赋予澳门特别行政区立法会的一种特殊的权力。

澳门特别行政区成功完成维护国家安全立法的经验表明，作为特别行政区的代表，行政长官应该也必须在立法过程中发挥全面主导的作用。虽然在 2020 年，全国人大授权全国人大常委会制定了《香港国安法》，《香港基本法》第 23 条仍然具备相应效力。未来，香港特别行政区有义务尽快以《香港国安法》为指导推动落实《香港基本法》第 23 条立法，进一步建构和完善本区域的维护国家安全法律制度。而澳门特别行政区的成功经验即可供香港特别行政区借鉴。

专题五　全国人民代表大会向地方人民代表大会的立法授权

📖 知识概要

经济特区法规

一、基本内容

《立法法》第 74 条的规定是制定经济特区法规的法律依据。根据这一条规定，经济特区法规属于《立法法》明确规定的授权立法，这是因为：首先，授权主体受到了严格限定，只有全国人大才能作出授权决定。其次，被授权主体是经济特区所在地的省、市的人大及其常委会。这里需要指出的是，如果某个经济特区所在地是一个市，那么不仅该经济特区所在地的市人大及其常委会享有经济特区法规制定权，其所属的省人大及其常委会也同样享有经济特区法规制定权，例如广东省人大及其常委会也享有深圳经济特区法规制定权。再次，授予的权力内容就是制定经济特区法规，由此，其所属的省、市人大及其常委会，既可以制定地方性法规又可以制定经济特区法规。最后还要指出，经济特区法规的生效范围受到了限定，仅限于经济特区范围内。以市为例，在经济特区的范围与所在地的市的范围不完全重合时，经济特区法规只能在经济特区适用，而不能扩展到全市范围内。实践中存在这种现象，2010年7月之前深圳的宝安区不属于深圳经济特区的范围，当时深圳经济特区法规就不能在宝安区适用。[1]

二、经济特区法规的变通权

全国人大专门授予经济特区所在地的省、市人大及其常委会以经济特区法规制定权，这项权力与《宪法》赋予的地方性法规制定权必然有所不同。此种不同的本质就在于经济特区法规的变通权。《立法法》第90条第2款是经济特区法规变通权的法律依据："经济特区法规根据授权对法律、行政法规、地方性法规作变通规定的，在本经济特区适用经济特区法规的规定。"可见，经济特区法规可以对法律、行政法规、地方性法规进行变通，变通规定在经济特区内具有优先适用的效力。但是经济特区的变通权仍然受到限制，即需要遵循《宪法》的规定，并且不同法律和行政法规的基本原则相抵触。[2] 显然，从上述规定可知，经济特区法规享有的权限比一般地方性法规的权限要大，它可以变通法律、行政法规和地方性法规，将国家给予经济特区的特殊政策具体化，在改革开放方面作出探索试验性规定，起到立法"试验田"的作用。这是全国人大授权经济特区所在地的省、市人大及其常委会制定经济特区法规的目的所在。由于经济特区法规可以对法律、行政法规、地方性法规作出变通，这在一定程度上打破了我国现有法律体系的位阶秩序，因此《立法法》对经济特区法规的备案有特别要求。《立法法》第98条第5项的规定明确要求"经济特区法规报送备案时，应当说明对法律、行政法规、地方性法规作出变通的情况"。这样一来，全国人大常委会在对经济特区法规进行备案时，将更有效率，也更有针对性。

---

〔1〕　参见郑淑娜主编：《〈中华人民共和国立法法〉释义》，中国民主法制出版社2015年版，第205页。

〔2〕　参见郑淑娜主编：《〈中华人民共和国立法法〉释义》，中国民主法制出版社2015年版，第241-242页。

🔖 经典案例

全国人民代表大会向经济特区的立法授权

一、基本案情

我国的经济特区和经济特区立法是改革开放的产物。1980 年 8 月 2 日，国务院向全国人大常委会提出了在广东省的深圳、珠海、汕头和福建省的厦门设立经济特区，并同时将《广东省经济特区条例（草案）》提请审议。同年 8 月 26 日，第五届全国人大常委会第十五次会议批准了国务院提出的《广东省经济特区条例》。这是第一部以经济特区为内容的法律，是经济特区及其相关活动最早的法律依据。

此后，全国人大以及全国人大常委会作出了一系列关于经济特区立法的授权决定。1981 年 11 月 26 日，第五届全国人大常委会第二十一次会议决定："授权广东省、福建省人民代表大会及其常务委员会，根据有关的法律、法令、政策规定的原则，按照各该省经济特区的具体情况和实际需要，制定经济特区的各项单行经济法规，并报全国人民代表大会常务委员会和国务院备案。"[1] 1988 年 4 月 13 日，第七届全国人大一次会议决定划定海南岛为海南经济特区，同时授权海南省人大及其常委会，根据海南经济特区的具体情况和实际需要，遵循国家有关法律、全国人民代表大会及其常务委员会有关决定和国务院有关行政法规的原则制定法规，在海南经济特区实施，并报全国人民代表大会常务委员会和国务院备案。[2] 1992 年 7 月 1 日，第七届全国人大常委会第二十六次会议决定："授权深圳市人民代表大会及其常务委员会根据具体情况和实际需要，遵循宪法的规定以及法律和行政法规的基本原则，制定法规，在深圳经济特区实施，并报全国人民代表大会常务委员会、国务院和广东省人民代表大会常务委员会备案；授权深圳市人民政府制定规章并

---

〔1〕 参见《全国人民代表大会常务委员会关于授权广东省、福建省人民代表大会及其常务委员会制定所属经济特区的各项单行经济法规的决议》，1981 年 11 月 26 日第五届全国人民代表大会常务委员会第二十一次会议通过。

〔2〕 参见《第七届全国人民代表大会第一次会议关于建立海南经济特区的决议》，1988 年 4 月 13 日第七届全国人民代表大会第一次会议通过。

在深圳经济特区组织实施。"〔1〕 1994 年 3 月 22 日，第八届全国人大第二次会议决定："授权厦门市人民代表大会及其常务委员会根据经济特区的具体情况和实际需要，遵循宪法的规定以及法律和行政法规的基本原则，制定法规，在厦门经济特区实施，并报全国人民代表大会常务委员会、国务院和福建省人民代表大会常务委员会备案；授权厦门市人民政府制定规章并在厦门经济特区组织实施。"〔2〕 1996 年 3 月 17 日，第八届全国人大第四次会议决定："授权汕头市和珠海市人民代表大会及其常务委员会根据其经济特区的具体情况和实际需要，遵循宪法的规定以及法律和行政法规的基本原则，制定法规，分别在汕头和珠海经济特区实施，并报全国人民代表大会常务委员会、国务院和广东省人民代表大会常务委员会备案；授权汕头市和珠海市人民政府制定规章并分别在汕头和珠海经济特区组织实施。"〔3〕

经济特区立法开始以来，各经济特区人大及其常委会根据国家法律、法规和政策以及国务院的行政法规的原则，结合经济特区的实际情况，制定了大量的经济特区法规，对于经济特区的经济建设和改革开放，发挥了重要作用。

二、法律问题

全国人大以及全国人大常委会关于经济特区立法的授权决定适应了改革开放背景下经济特区经济发展、制度创新的需要，其存在具备现实的必要性和合理性。但是全国人大以及全国人大常委会应当以宪法以及相关法律为基础，规范地进行权力授予。基于这一考虑，有必要在规范的层面上，对于全国人大以及全国人大常委会的授权决定加以细致的分析。首先要对全国人大以及全国人大常委会授予的权力内容加以明确，即需要回答"经济特区立法

---

〔1〕 参见《全国人民代表大会常务委员会关于授权深圳市人民代表大会及其常务委员会和深圳市人民政府分别制定法规和规章在深圳经济特区实施的决定》，1992 年 7 月 1 日第七届全国人民代表大会常务委员会第二十六次会议通过。

〔2〕《全国人民代表大会关于授权厦门市人民代表大会及其常务委员会和厦门市人民政府分别制定法规和规章在厦门经济特区实施的决定》，1994 年 3 月 22 日第八届全国人民代表大会第二次会议通过。

〔3〕《全国人民代表大会关于授权汕头市和珠海市人民代表大会及其常务委员会、人民政府分别制定法规和规章在各自的经济特区实施的决定》，1996 年 3 月 17 日第八届全国人民代表大会第四次会议通过。

权的本质究竟是什么"这一问题。在明确了授予的权力内容之后，应考虑全国人大以及全国人大常委会这样进行授权是否存在明确的规范依据？如果不存在，能否通过法律解释的方法从已有规范中推导出授权的正当性？最后，不能总是笼统地看全国人大以及全国人大常委会的授权决定，还应认识到数次授权决定之间实际上存在授权省级人大与授权市级人大的区别。这一区别所导致的授权权力内容上的差异以及对授权决定规范正当性的影响都需要细致地加以分析。

三、宪法分析

（一）经济特区立法权的本质：地方立法变通权

全国人大或者全国人大常委会先后五次决定了经济特区立法的授权，授权的基本内容可以概括为：在全国人大或者全国人大常委会的授权后，作为被授权机关的地方人大及其常委会可以根据经济特区的具体情况和实际需要，遵循《宪法》的规定以及法律和行政法规[1]的基本原则，制定法规。但是经济特区立法权的本质究竟是什么？全国人大及其常委会授予的权力内容是什么？也即，地方人大必然获得了在授权之前并不具备的权力，那么，这一权力是什么？

《宪法》第99条第1款规定："地方各级人民代表大会在本行政区域内，保证宪法、法律、行政法规的遵守和执行；依照法律规定的权限，通过和发布决议，审查和决定地方的经济建设、文化建设和公共事业建设的计划。"由此可见，地方人大负有遵守和执行宪法、法律、行政法规的宪法义务。[2]而数次关于经济特区立法的授权决定实际上就是对这一项义务例外化的规定，

---

　〔1〕　需要指出的是，1981年全国人大常委会的授权决定并未规定，广东省、福建省人大及其常委会制定法规需要遵循行政法规的基本原则，这是因为行政法规在1982年才被正式写入《宪法》。参见《全国人民代表大会常务委员会关于授权广东省、福建省人民代表大会及其常务委员会制定所属经济特区的各项单行经济法规的决议》，1981年11月26日第五届全国人民代表大会常务委员会第二十一次会议通过。

　〔2〕　对1981年全国人大常委会的授权决定进行分析应当依据1978年《宪法》，1978年《宪法》当中同样有类似规定。参见1978年《宪法》第36条第1款："地方各级人民代表大会在本行政区域内，保证宪法、法律、法令的遵守和执行，保证国家计划的执行，规划地方的经济建设、文化建设和公共事业，审查和批准地方的经济计划和预算、决算，保护公共财产，维护社会秩序，保障公民权利，保障少数民族的平等权利，促进社会主义革命和社会主义建设的发展。"

经济特区立法权的本质就在于此。授权决定实际上意味着，在不违背法律、行政法规基本原则的前提下，被授权的地方人大制定经济特区法规，可以与法律、行政法规的规定不一致。这一权力经过多年实践之后才拥有法律规范上的认可。《立法法》第 90 条第 2 款规定："经济特区法规根据授权对法律、行政法规、地方性法规作变通规定的，在本经济特区适用经济特区法规的规定。"《立法法》将其与自治条例、单行条例规定在一起，均称为"变通"权。需要指出的是，五次授权决定中规定的都是"遵循宪法的规定"，即对于《宪法》第 99 条的例外化不包括授予对《宪法》进行变通的权力。这是显而易见的，因为《宪法》第 5 条确认了《宪法》的最高效力，连全国人大都不能对之进行变通，更不用说授权给其他主体变通。

经济特区立法的变通权是一项非常大的权力，因为其在一定程度上打破了我国现有法律体系的位阶秩序。经济特区法规虽然由省级或市级的地方人大制定，但其中变通规定的法律位阶可能高于行政法规，甚至高于法律。经济特区法规的变通规定处于如此高的法律位阶，以至于能够在纯粹理论的层面上认为，经济特区立法的变通权是受限定的法律制定权和修改权——生效地域限定于经济特区、立法事项主要限定为经济事项[1]。经济特区立法的变通可以有两种形式：一方面，如果经济特区法规中包含了与现有某部调整经济事项的法律规定不一致的内容，那么经济特区实际上行使了对该部法律的修改权（只是仅在该经济特区内发生效力）；另一方面，如果经济特区法规中规定了调整经济事项的全国性法律都未规定的内容，那么经济特区实际上行使了某种立法权（只是仅在该经济特区内发生效力）。总之，经济特区的立法变通权具有极大的重要性和影响力，其构成了经济特区立法权的本质。

（二）授权决定的规范依据问题

全国人大及其常委会的一系列决定授予了一些地方人大经济特区法规制

---

[1]　1981 年全国人大常委会的授权决定规定的是授权"制定经济特区的各项单行经济法规"，将立法事项限定为经济事项。参见《全国人民代表大会常务委员会关于授权广东省、福建省人民代表大会及其常务委员会制定所属经济特区的各项单行经济法规的决议》，1981 年 11 月 26 日第五届全国人民代表大会常务委员会第二十一次会议通过。根据立法授权的目的也可以看出，立法事项应当主要限定为经济事项：经济特区的立法"应是经济方面的，不包括政治制度、司法制度等方面"。参见乔晓阳："全国人大常委会法制讲座讲稿摘登——完善我国立法体制　维护国家法制统一"，《人大工作通讯》1998 年第 21 期。

定权，而经济特区法规可以在一定程度上对行政法规、法律进行变通。但是，全国人大及其常委会进行授权的规范依据是什么？这一点需要明确。

全国人大及其常委会能够授权地方人大对法律进行变通，那么授权的规范依据在位阶上自然就不能低于法律，也就是说授权决定的规范依据至少需要是法律。但实际情况是，2000 年《立法法》第 65 条才终于将经济特区法规纳入法律规范体系："经济特区所在地的省、市的人民代表大会及其常务委员会根据全国人民代表大会的授权决定，制定法规，在经济特区范围内实施。"因此在 2000 年《立法法》颁布之前，授权决定在法律层面没有任何规范依据。要解决这一问题，可以采取对《宪法》第 62 条进行解释的方法。《宪法》第 62 条第 16 项[1]规定全国人大能够行使"应当由最高国家权力机关行使的其他职权"。[2] 根据此项兜底条款，可以认为全国人大授予地方人大经济特区法规制定权是在改革开放的背景下行使的一项"应当由最高国家权力机关行使的其他职权"。由此，授权决定的规范依据是《宪法》第 62 条第 16 项，全国人大能够授权地方人大对法律、行政法规进行变通。

但如果这样解释，会出现一个很明显的漏洞，即《宪法》第 62 条第 16 项不是全国人大常委会的职权。但是五次授权决定当中，有二次授权决定是由全国人大常委会作出的。因此，全国人大常委会的授权决定缺乏相应的规范依据。其实以上述规范逻辑为基础，如果能够获得全国人大的授权，全国人大常委会的授权决定便具备了正当性。全国人大可以根据《宪法》第 62 条第 16 项将授权地方人大制定经济特区法规的权力转授给全国人大常委会，而《宪法》第 67 条第 22 项[3]规定全国人大常委会可以行使"全国人民代表大会授予的其他职权"，[4]只有这样全国人大常委会授权背后的规范逻辑链条才能补全。但现实是，全国人大常委会授权决定的规范正当性并未得到补正。2000 年《立法法》第 65 条这一滞后的规定将授权主体限于全国人大，也说

---

〔1〕 2018 年《宪法》之前的规定是第 62 条第 15 项。

〔2〕 对 1981 年全国人大常委会的授权决定进行分析应当依据 1978 年《宪法》，1978 年《宪法》当中同样有类似规定。参见 1978 年《宪法》第 22 条第 10 项："全国人民代表大会行使下列职权：……（十）全国人民代表大会认为应当由它行使的其他职权。"

〔3〕 2018 年《宪法》之前的规定是第 67 条第 21 项。

〔4〕 对 1981 年全国人大常委会的授权决定进行分析应当依据 1978 年《宪法》，1978 年《宪法》当中同样有类似规定。参见 1978 年《宪法》第 25 条第 13 项："全国人民代表大会常务委员会行使下列职权：……（十三）全国人民代表大会授予的其他职权。"

明了立法者也意识到只有全国人大的授权决定才具有较为完善的规范正当性。

最后仍需指出，全国人大的授权决定以《宪法》第 62 条第 16 项为规范依据，这一点并非毫无争议。因为同样是地方立法上的变通权，《宪法》第 116 条[1]对于民族自治地方的自治条例和单行条例进行了明确规定，但是经济特区法规一直未能入宪。《宪法》直接授予民族自治地方人大制定自治条例和单行条例的权力，虽然经济特区法规的可规定的事项比自治条例和单行条例少——一般认为主要包括经济体制改革和对外开放方面作出变通规定，[2]但出于对《宪法》秩序统一性的考虑，经济特区法规的制定权同样应由《宪法》直接规定。经济特区法规的制定权是一项非常大的权力，因为根据现行《立法法》第 90 条，经济特区法规与自治条例和单行条例一样能够"对法律、行政法规、地方性法规作变通规定"。这在一定程度上打破了我国现有法律体系的位阶秩序，同时也是突破了宪法中有关中央与地方关系的规定（例如《宪法》第 99 条第 1 款）。经济特区法规的制定权属于我国地方制度中极其重要的内容，与其相关的授权权力配置涉及中央与地方立法权的分配。而关涉中央与地方关系的重大制度安排应当由《宪法》进行规定，不能仅由全国人大通过授权决定就加以改变。

（三）授权省级人大和授权市级人大的区别

五次授权决定总是被归结在一起，笼统地作为全国人大或全国人大常委会关于经济特区立法的授权决定而被讨论。这些授权决定之间的确具备很多共同点，尤其是都授予了经济特区法规对法律、行政法规的变通权。但经过细致考察会发现，授权省级人大及其常委会制定经济特区法规与授权市级人大制定经济特区法规，在授权内容上存在重大的区别，而且这个区别还会对授权决定在规范上的正当性产生一定的影响。

全国人大及其常委会授权省级人大与授权市级人大的区别在于，授予的权力内容是否只有地方立法上的变通权？当全国人大及其常委会对省级人大

---

〔1〕 对 1981 年全国人大常委会的授权决定进行分析应当依据 1978 年《宪法》，1978 年《宪法》当中同样有类似规定。参见 1978 年《宪法》第 39 条第 2 款："民族自治地方的自治机关可以依照当地民族的政治、经济和文化的特点，制定自治条例和单行条例，报请全国人民代表大会常务委员会批准。"

〔2〕 参见全国人大常委会关于 2015 年《立法法》第 72 条的解释和说明。参见乔晓阳主编：《〈中华人民共和国立法法〉导读与释义》，中国民主法制出版社 2015 年版，第 237-248 页。

进行授权时，授权内容只有地方立法上的变通权（生效地域限定于经济特区）。这是因为省级人大本身就拥有地方立法权，即地方性法规的制定权，全国人大及其常委会的授权便只包含变通权，而不包含立法权本身。1988 年全国人大授权海南省人大时，1982 年《宪法》第 100 条已经明确规定了省级人大的地方性法规制定权："省、直辖市的人民代表大会和它们的常务委员会，在不同宪法、法律、行政法规相抵触的前提下，可以制定地方性法规，报全国人民代表大会常务委员会备案。"这里产生的问题是，1981 年全国人大常委会授权广东省和福建省人大时，虽然 1982 年《宪法》还未颁布，但 1979 年《地方组织法》第 6 条[1]已经规定了省级人大的地方性法规制定权："省、自治区、直辖市的人民代表大会根据本行政区域的具体情况和实际需要，在和国家宪法、法律、政策、法令、政令不抵触的前提下，可以制订和颁布地方性法规，并报全国人民代表大会常务委员会和国务院备案。"在这一点上，1979 年《地方组织法》有突破 1978 年《宪法》之嫌，存在合宪性的疑问，但无法否认的是，当时省级人大根据中央立法本身即具备地方性法规制定权，这是客观事实。如果比较 1982 年《宪法》、1979 年《地方组织法》以及两次全国人大常委会对省级人大的授权决定可以发现，这些规范对这一点的表述有明显差别：1982 年《宪法》和 1979 年《地方组织法》的用词是"不同……抵触"和"不抵触"，而授权决定里却是"根据……原则"和"遵循……原则"。由于省级地方在此之前就已经获得了地方立法权，所以全国人大及其常委会授予省级地方的仅限于地方立法上的变通权。

相比之下，全国人大及其常委会对市级人大的授权内容便不止于地方立法的变通权，还包括地方立法权本身。这是因为全国人大及其常委会授权时，各经济特区所在地的市尚不具备地方立法权。《宪法》第 100 条一直到 2018

---

[1]　1979 年《地方组织法》还规定了省级人大常委会在人大闭会期间行使地方性法规制定权。参见 1979 年《地方组织法》第 27 条："省、自治区、直辖市的人民代表大会常务委员会在本级人民代表大会闭会期间，根据本行政区域的具体情况和实际需要，在和国家宪法、法律、政策、法令、政令不抵触的前提下，可以制订和颁布地方性法规，并报全国人民代表大会常务委员会和国务院备案。"

年才修改。1986 年《地方组织法》第 7 条第 2 款[1]规定："省、自治区的人民政府所在地的市和经国务院批准的较大的市的人民代表大会根据本市的具体情况和实际需要，在不同宪法、法律、行政法规和本省、自治区的地方性法规相抵触的前提下，可以制定地方性法规，报省、自治区的人民代表大会常务委员会批准后施行，并由省、自治区的人民代表大会常务委员会报全国人民代表大会常务委员会和国务院备案。"可见，地方性法规制定权的主体有所扩张，但有可能并不包括经济特区所在地的市，因为如果经济特区所在地的市不是省级政府所在地的市，就不会被归入"较大的市"这一范畴。"地方组织法规定的'较大的市'仅指经国务院批准的'较大的市'。"[2] 这一情况直到 2000 年《立法法》出台才有所改变，2000 年《立法法》第 63 条第 4 款规定："本法所称较大的市是指省、自治区的人民政府所在地的市，经济特区所在地的市和经国务院批准的较大的市。"至此，经济特区所在地的市人大制定地方性法规才获得正式的法律授权，而之前经济特区所在地的市人大地方立法活动都不具有法律依据。归纳来看，不同于对省级人大的授权，全国人大及其常委会对市级人大的授权不仅包括地方立法的变通权，还包括地方立法权本身。

　　说明这一区别，能够对全国人大及其常委会关于经济特区立法的授权立法有一个更为清晰的了解。对中央立法的变通权虽然是经济特区立法权的核心本质，但是至少在 2000 年《立法法》颁布之前，全国人大及其常委会对市级人大授予的权力既包括对地方立法权本身的授权，也包括对地方立法变通中央立法的授权。而前者相比后者来说在规范层面存在更多漏洞，因为不仅《宪法》一直没有对此进行规定，1986 年《地方组织法》本身也常遭遇合宪性的诘问[3]。说到底，由全国人大，甚至是由其常委会仅通过授权决定的方

---

〔1〕　1986 年《地方组织法》还规定了省级政府所在地的市和较大的市的人大常委会在人大闭会期间行使地方性法规制定权。参见 1986 年《地方组织法》第 38 条第 2 款："省、自治区的人民政府所在地的市和经国务院批准的较大的市的人民代表大会常务委员会，在本级人民代表大会闭会期间，根据本市的具体情况和实际需要，在不同宪法、法律、行政法规和本省、自治区的地方性法规相抵触的前提下，可以制定地方性法规，报省、自治区的人民代表大会常务委员会批准后施行，并由省、自治区的人民代表大会常务委员会报全国人民代表大会常务委员会和国务院备案。"

〔2〕　向平锋："'较大的市'立法有关情况综述"，载中国人大网，http://www.npc.gov.cn/zgrdw/npc/zt/qt/dfrd30year/2009-04/14/content_1497665.htm，最后访问时间：2022 年 5 月 31 日。

〔3〕　参见韩大元主编：《中国宪法事例研究（二）》，法律出版社 2008 年版，第 283 页。

式直接扩张地方立法权的主体，不仅没有直接的法律依据，还存在合宪性疑虑。

（四）结语

全国人大及其常委会关于经济特区立法的数次授权以当时我国处于改革开放初期为现实背景，当时 1982 年《宪法》还在制定之中，我国的法律体系才刚刚开始形成。来自全国人大及其常委会的授权决定，一方面满足了现实的需要，另一方面也带来了合宪性的问题。2000 年《立法法》第 65 条对全国人大关于经济特区立法的授权进行了明确规定，部分弥补了法律规范依据上的空缺。

不过需要指出的是，经济特区法规虽然已经具备了法律依据，但其合宪性仍然须要论证。虽然经济特区法规可规定的事项比自治条例和单行条例少，但是两者相类似，本质上都具有地方立法变通权的性质。鉴于经济特区法规对中央立法的变通会引发法律体系的变动，经济特区法规的制定权建议应由宪法加以明确。

拓展案例

全国人大及其常委会授权暂时调整或者暂时停止法律部分适用

《立法法》第 13 条是关于暂时调整或停止法律部分适用的规定，这条规定是 2015 年《立法法》修改时新增的内容。立法的现实背景是，为了进一步深化改革、扩大开放，加快政府职能转变，全国人大常委会近年来通过一系列决定确保改革在法治的基础上得以推进。例如 2012 年全国人大常委会决定授权国务院在广东省暂时调整部分法律规定的行政审批[1]、2015 年全国人大常委会决定授权国务院在北京市大兴区等三十三个试点县（市、区）行政区域暂时调整实施有关法律规定[2]等。这些决定均属于中央在地方进行的重大改革特别授权，是为正式立法累积经验的试验立法。对此，党的十八届四中

---

〔1〕 参见《全国人民代表大会常务委员会关于授权国务院在广东省暂时调整部分法律规定的行政审批的决定》，2012 年 12 月 28 日第十一届全国人民代表大会常务委员会第三十次会议通过。

〔2〕 参见《全国人民代表大会常务委员会关于授权国务院在北京市大兴区等三十三个试点县（市、区）行政区域暂时调整实施有关法律规定的决定》，2015 年 2 月 27 日第十二届全国人民代表大会常务委员会第十三次会议通过。

全会决定指出："实现立法和改革决策相衔接，做到重大改革于法有据、立法主动适应改革和经济社会发展需要。实践证明行之有效的，要及时上升为法律。实践条件还不成熟、需要先行先试的，要按照法定程序作出授权。对不适应改革要求的法律法规，要及时修改和废止。"[1] 根据十八届四中全会的要求，总结近年来的实践，2015 年《立法法》修改增加了第 13 条的规定。

《立法法》第 13 条规定了全国人大及其常委会的授权所应受到的限制。首先，暂时调整或者暂时停止法律部分规定的事项，应限于行政管理等领域的特定事项，并且必须是改革发展中的特定事项，不能就不特定事项一揽子授权。其次，全国人大及其常委会的授权决定中必须有"日落条款"的规定，即需要对授权是有一定期限的。因为暂时调整或者停止适用法律的部分规定是根据改革发展的需要进行的先行先试，必须强调其暂时性。最后，在试点期限届满时，被授权机关应当及时对试点工作进行总结评估，向全国人大及其常委会作出报告。这一点在《立法法》第 13 条中并未明确规定，是从全国人大常委会的数次授权决定中总结出来的。实践中，全国人大常委会的授权决定都要求被授权机关及时总结试点工作经验并且报告。[2]

全国人大及其常委会授权暂时调整或者停止法律部分适用与全国人大授权制定经济特区法规有一定相似性，因为两者都是适应我国改革发展现实需要的产物，并且均涉及在地方对中央法律进行变通。不过制定经济特区法规是一项地方立法权，而《立法法》第 13 条并不构成一项地方立法权，因为其规定的每次授权都只能针对特定事项，并且只具有相对较短的授权期限。最为重要的一点是，《立法法》第 13 条虽然规定的也是"授权"，但是实际上并不是由地方主体来行使权力，因为不管从规范内容[3]还是从实践情况[4]来看，暂时调整或者暂时停止法律部分适用的相关决定均由中央作出，也即中

---

〔1〕《中共中央关于全面推进依法治国若干重大问题的决定》，2014 年 10 月 23 日中国共产党第十八届中央委员会第四次全体会议通过。

〔2〕参见郑淑娜主编：《〈中华人民共和国立法法〉释义》，中国民主法制出版社 2015 年版，第62 页。

〔3〕《立法法》第 13 条规定："全国人民代表大会及其常务委员会可以根据改革发展的需要，决定就行政管理等领域的特定事项授权在一定限内在部分地方暂时调整或者暂时停止适用法律的部分规定。"

〔4〕到现在为止，所有全国人大及其常委会授权暂时调整或者暂时停止法律部分适用的实践均采用了由全国人大常委会授权国务院、最高人民法院以及最高人民检察院等中央国家机关的形式。

央决定了法律在地方的变通情况，地方只需要执行中央的决定。但是，经济特区所在地的省、市人大及其常委会是依法享有经济特区法规制定权，对法律如何进行变通由地方人大及其常委会决定，只是在备案时需说明变通的情况。

专题六　全国人民代表大会和全国人大常委会的法律效力

知识概要

我国 1982 年《宪法》第 62 条和第 67 条分别列举了全国人大和全国人大常委会的各项职能。其中，第 67 条第 2 项和第 3 项明确规定，全国人大常委会"制定和修改除应由全国人民代表大会制定的法律以外的其他法律"；"在全国人民代表大会闭会期间，对全国人民代表大会制定的法律进行部分补充和修改，但是不得同该法律的基本原则相抵触"。宪法的这一规定在《立法法》中得到了充分体现。《立法法》第 7 条规定，"全国人民代表大会和全国人民代表大会常务委员会行使国家立法权。全国人民代表大会制定和修改刑事、民事、国家机构的和其他的基本法律。全国人民代表大会常务委员会制定和修改除应当由全国人民代表大会制定的法律以外的其他法律；在全国人民代表大会闭会期间，对全国人民代表大会制定的法律进行部分补充和修改，但是不得同该法律的基本原则相抵触。"而且，《立法法》进一步在其第 97 条第 1 项中明确，"全国人民代表大会有权改变或者撤销它的常务委员会制定的不适当的法律……"

一、全国人大常委会的立法范围

根据上述《宪法》和《立法法》的规定，全国人大常委会的立法受到严格的限制。归纳而言，全国人大常委会的立法受到以下三方面的限制：①时间限制。全国人大常委会制定法律只能在全国人大闭会期间进行；②对象限制。全国人大常委会只能在非基本法律上立法。为了解释什么是"基本法律"，《立法法》专门列举了刑事、民事、国家机构和其他法律予以说明；③内容限制。全国人大常委会只能对全国人大制定的法律进行部分补充和修改，但是不得同法律的基本原则相抵触。概而言之，全国人大常委会对基本法律不能制定，只能部分增补和修改，而且这种增补和修改不能违背全国人大所确立的基本原则。相较于全国人大来说，全国人大常委会的立法权限受到了限制。

值得专门说明的是，全国人大及其常委会是国家立法权行使的唯二主体。这是因为相较于全国人大及其常委会，国务院虽然享有制定行政法规的权力，但此种权力应属于行政权，而非国家立法权。各地方人大及其常委会也享有一定的立法权，但此种权力属于地方立法权，也不是国家立法权。全国人大及其常委会的立法在整个国家权力体系中享有最高的法律效力，其他任何机关制定的规范性文件都不得与宪法和法律相抵触，全国人大及其常委会作为反映全体人民意志和利益的代表机关，由它通过法定程序制定的法律，体现的是人民的意志和国家的主权。

其实，在1982年《宪法》生效以前，我国的立法权是专属于全国人大的。1954年《宪法》规定，"全国人民代表大会是行使国家立法权的唯一机关"，而全国人大常委会只有"解释法律"和"制定法令"的权力。然而，由于全国人大每年仅开会一次，由其垄断国家立法权无法因应现实的需要。正因为此，1955年第一届全国人大第二次会议通过了《关于授权常务委员会制定单行法规的决议》，1959年第二届全国人大第一次会议又通过决议，"授权常务委员会，在全国人民代表大会闭会期间，根据情况的发展和工作的需要，对现行法律中一些已经不适用的条文，适时地加以修改，作出新的规定。"以上两个决议，赋予了全国人大常委会在人大会议闭会期间修改法律的权力。然而，全国人大常委会制定和修改法律作为一项法律制度正式被确立下来是1982年《宪法》出台之后的事。也就是说，是八二宪法赋予了全国人大常委会制定和修改法律的权力。[1]

然而，全国人大和全国人大常委会的权限划分一直存在比较大的争议。首先是全国人大常委会的立法范围不明确。一些研究指出，《宪法》关乎国家

---

〔1〕　彭真同志在1982年《宪法》修改草案报告中对为什么要赋予全国人大常委会以国家立法权，是这样说的："我国国大人多，全国人大代表的人数不宜太少，但是人数多了，又不便于进行经常的工作。全国人大常委会是人大的常设机关，它的组成人员是人大的常务代表，人数少可以经常开会，进行繁重的立法工作和其他经常工作。所以适当扩大常委会的职权是加强人民代表大会制度的有效方法。"参见乔晓阳主编：《〈中华人民共和国立法法〉导读与释义》，中国民主法制出版社2015年版，第68页。

立法权的第一次分配，而《立法法》则是国家立法权的第二次分配，即所谓"第一次授权"和"第二次授权"说。[1] 从这个角度看全国人大及其常委会的立法权分配，可以认为《宪法》对全国人大及其常委会的立法权做了初步划分，全国人大再通过制定《立法法》进一步明确了它的常委会所应享有的立法权。换言之，《立法法》的权力划分是在《宪法》规定基础上的细化和完善。根据这种分析，通过仔细比较《宪法》和《立法法》可知，全国人大常委会的立法对象从《宪法》规定的"应当由全国人大制定的法律以外的其他法律"变成了《立法法》引入的、更为明确的"基本法律以外的法律"。但什么是"基本法律"和"其他法律"，现行法律并未清晰回答，实际上也不太可能划出十分清楚的标准——甚至按照一些学者的观点——"也没有必要划得十分清楚"。[2] 加之全国人大每年参会人数多、会期短、议程多，不可能对各项法律进行补充和修改，而社会生活发展变化快，急需全国人大常委会及时补充和修改法律，再加上我国涉及民事、刑事和国家机构方面的基本法律大多已经制定，种种原因导致的结果是，全国人大的立法越来越少，而全国人大常委会日益成为一个主要的立法机构——有时甚至会侵夺全国人大的立法权。但是，"全国人大常委会"与"全国人大"的立法是不能等同的。[3]

二、全国人大常委会的修法范围

同样地，全国人大常委会的修法范围也是不明确的。《宪法》和《立法法》都规定了全国人大常委会的修法范围是"部分补充和修改"，但何谓之"部分"并不清楚。蔡定剑认为要判断"部分"，应从"质"和"量"两方面予以把握。从质的标准来看，"全国人大常委会不得修改法律的基本原则、核心的内容和最主要的条款"；从量的角度来判断，全国人大常委会所能补充和修改的法律条文总数不得超过原有法律条文的1/3。但连蔡定剑也承认，实践中，全国人大常委会有时修改法律条文的幅度超过50%，[4] 而且直接修改基

---

〔1〕 姚魏："论浦东新区法规的性质、位阶与权限"，载《政治与法律》2022年第9期。

〔2〕 蔡定剑：《宪法精解》，法律出版社2006年版，第333页。

〔3〕 崔敏："关于对基本法律的修改权限问题"，载《人大研究》2007年第4期。

〔4〕 蔡定剑：《宪法精解》，法律出版社2006年版，第333页。

本原则、核心内容和最主要条款的也不少见。

当然，这也是因为法律的基本原则、核心内容和最主要条款的概念都不十分清晰。虽然有的法律用专门章节列举了法律的基本原则，如我国《刑法》将罪刑法定、法律的平等适用、罪罚相当和慎用死刑等明确规定为基本原则，又如《民法典》明确规定了公平原则、诚实信用和合同自愿等原则。但是，仍有许多法律并未明确规定法律的基本原则，甚至更多的基本原则散见于各种法律条文中，虽然有关于基本原则的内容，但并未使用学理上完全相同的概念，导致了认识上的混乱。

另一个棘手的问题是，究竟什么是不得同该法律的基本原则"相抵触"？关于相抵触，学界存在不同看法。有学者认为"相抵触"包括：违反、越权和缺少法律依据三种。[1] 所谓违反，即法律有明确的规定，全国人大常委会在修改法律时作出相反的规定，比如法律明令禁止，但修法时常委会作出允许的规定，就是这里所说的抵触；所谓越权，即法律有明确授权，全国人大常委会超越法律授权的限度，增减权利义务；所谓缺少法律依据，即宪法或法律明确规定一些问题只能由全国人大立法，全国人大常委会若对其修改就是违反法律依据的。比如香港和澳门两个特别行政区基本法的修改，就不能由全国人大常委会进行，再比如全国人大常委会也不能修改废止之前的《中外合资经营企业法》。[2] 另有学者指出，法的抵触只发生在初级规则之间，而其目的是维护国家法制统一和确定合宪性审查的对象范围。[3] 有学者认为，所谓下位规则和上位法的抵触可以分为逻辑抵触和非逻辑抵触，逻辑抵触是因为"规则特定成分间的不一致"，具体又包括规范语词不一致，法律后果不一致，以及构成要件的收缩和交叉等。相较之下，非逻辑抵触则涉及价值的衡量，这一方面的判断尤其困难。[4] 从目前学界的讨论来看，无法对"相抵触"达成一致意见，这也使得在实践中，全国人大常委会对法律的修改在何种程度上构成"同该法律的基本原则相抵触"常常引发争议。

尤其值得指出的是，《立法法》不但未对"相抵触"作出清晰的界定，

---

[1]　蔡定剑：《宪法精解》，法律出版社 2006 年版，第 334 页。

[2]　蔡定剑：《宪法精解》，法律出版社 2006 年版，第 335 页。

[3]　门中敬："不抵触宪法原则的适用范围：规范差异与制度逻辑"，载《法学论坛》2022 年第 1 期。

[4]　俞祺："论与上位法相抵触"，载《法学家》2021 年第 5 期。

反而带来了认识上的进一步混乱。这体现在该法第 97 条第 1 项中。根据该规定，"全国人民代表大会有权改变或撤销它的常务委员会制定的不适当的法律"。从规范角度分析，《立法法》第 97 条并未对第 7 条中全国人大常委会"同该法律的基本原则相抵触"的修改或补充作出清晰的救济措施，反而只是针对常委会"制定的法律"引入了"不适当"这一概念。这至少包含两层意思：其一，全国人大常委会制定或修改的法律不可能和法律的基本原则相抵触，至多是其制定的法律会出现不适当的情况；其二，是否"适当"的判断权掌握在全国人大手中，因为适当与否是一个存在裁量空间的概念。从实践角度看，虽然"改变或撤销"常委会立法被视为保证法制统一的"定海神针"，但全国人大从未公开改变或撤销过全国人大常委会的立法。在过去 30 年的立法实践中，全国人大常委会完成了大量的涉及刑事、民事和国家机构的基本法律的修改工作，面对数量如此巨大的基本法律修改，全国人大均没有作出过改变或撤销的决定。比如我国《刑法》除由全国人大在 1979 年制定和 1997 年修订过一次外，其余的数次修正案均由全国人大常委会通过。《民法通则》2009 年的修正也由全国人大常委会通过，《全国人民代表大会和地方各级人民代表大会选举法》的数次修改也都由全国人大常委会通过。同样的情况还出现在《地方组织法》《法院组织法》《检察院组织法》等重要法律的数次修改上。根据统计，1982 年《宪法》实施以来，我国制定的法律 80%以上是由全国人大常委会审议通过的，但全国人大从未对常委会补充或修改基本法律的决定做出过改变或撤销。[1]

综上所述，学界普遍认为全国人大的立法权行使受到了全国人大常委会能动立法的影响，在目前《宪法》和《立法法》规定不尽完善的情况下，伴随着全国人大常委会立法活动的日益活跃，这一问题愈发突显，这也成为 2022 年《立法法》修改中最大的关注点。

---

〔1〕 周承建："关于全国人大常委会基本法律修改权的思考"，载《人大研究》2017 年第 11 期。

经典案例

《刑事诉讼法》和《律师法》的效力问题

一、基本案情

海南省海口市民林师皇、王明晖，于 2008 年 6 月 3 日被海口市公安局刑事拘留后羁押在海口市第一看守所，一直没有向家属送达拘留通知书。林师皇之妻李小妹委托北京市正海律师事务所律师程海担任林师皇的律师、王明晖亲属委托北京市高博隆华律师事务所律师黎雄兵担任王明辉的律师。2008年 6 月 10 日上午 9 点，两名律师前往海口市第一看守所处，按照 2007 年新《律师法》第 33 条的规定要求会见这两名犯罪嫌疑人，但是遭到拒绝。两位律师在向海口市公安局、检察院等多个部门投诉无果后，程海将海口市公安局告到法院，请求法院判令被告立即依据新《律师法》，安排两名律师会见犯罪嫌疑人。

7 月 28 日，程海律师收到了龙华区人民法院驳回起诉的行政裁定书。法院认为被告对林师皇实施刑事拘留行为，是《刑事诉讼法》明确授权的行为，不属于人民法院行政诉讼的受案范围，遂驳回原告的起诉。程海律师认为，法院认定的事实和适用法律错误。在事实认定上，原告没有就被告对林师皇刑事拘留的行为起诉，起诉的是其下属海口市第一看守所拒绝原告会见被羁押人的行为；被告拒绝律师会见的行为并非《刑事诉讼法》"明确授权"的行为。在法律适用上，程海认为，原告会见权是新《律师法》赋予的，行诉法司法解释实施于 2000 年，并不能涵盖和解释《律师法》规定的律师会见权。用对该司法解释无限扩大的解释来对抗《律师法》关于律师会见的规定，于法无据；把《最高人民法院关于执行〈中华人民共和国行政诉讼法〉若干问题的解释》第 1 条无限扩大解释成只要涉及刑事诉讼的侦查、审查起诉、羁押等行为，甚至包括没有明确授权，一概不受理，完全是适用法律错误。

二、法律问题

该案后被选入"2008 年度十大宪法事例"。有学者评论认为：这一事件的关键在于第十一届全国人大常委会第三十次会议通过的 2007 年《律师法》

第 33 条和第八届全国人大第四次会议通过的《刑事诉讼法》第 96 条第 2 款内容冲突：律师会见一般案件的当事人是否需要批准；律师会见涉及国家秘密案件的当事人是否需要批准；侦查机关是否有权监听。与此相似的冲突还包括对律师阅卷权、调查取证权的相关规定。

具体而言，2007 年《律师法》第 33 条规定："犯罪嫌疑人被侦查机关第一次讯问或者采取强制措施之日起，受委托的律师凭律师执业证书、律师事务所证明和委托书或者法律援助公函，有权会见犯罪嫌疑人、被告人并了解有关案件情况。律师会见犯罪嫌疑人、被告人，不被监听。"而 1996 年《刑事诉讼法》第 96 条第 2 款规定："受委托的律师有权向侦查机关了解犯罪嫌疑人涉嫌的罪名，可以会见在押的犯罪嫌疑人，向犯罪嫌疑人了解有关案件情况。律师会见在押的犯罪嫌疑人，侦查机关根据案件情况和需要可以派员在场。涉及国家秘密的案件，律师会见在押的犯罪嫌疑人，应当经侦查机关批准。"

在理论界和实务界一种颇为流行的观点是：《刑事诉讼法》是全国人大制定的基本法律，《律师法》是全国人大常委会制定的非基本法律，基本法律的效力优于非基本法律的效力，按照"上位法优于下位法"的原则，应该执行《刑事诉讼法》的规定。那么，从宪法学的角度应该如何来理解《刑事诉讼法》和《律师法》的规定呢？

三、宪法分析

（一）全国人大制定的"基本法律"是否一定高于全国人大常委会制定的"一般法律"？

"基本法律"的效力较"法律"高。有学者指出，"在宪法里，'基本法律'与'法律'这两个概念所表达的内容，体现了全国人民代表大会与全国人大常委会在行使国家立法权时的不同范围和两者不同的效力等级"。[1] 其基本的论证思路如下："从我国宪法和立法法的规定来看，全国人民代表大会与全国人大常委会既不是一种并列的平权的关系，也不是一种简单的隶属关系。如宪法规定：全国人大常委会由全国人民代表大会选举产生，它对全国

---

[1] 崔敏："关于对基本法律的修改权限问题"，载《人大研究》2007 年第 4 期。

人民代表大会负责并报告工作，全国人民代表大会有权罢免其常委会的组成人员，全国人民代表大会有权改变或者撤销全国人大常委会不适当的决定，全国人民代表大会有权修改宪法和制定基本法律，全国人大常委会只是全国人民代表大会的常设机关，只能制定'法律以外的法律'，它对全国人民代表大会负责并报告工作，接受其监督；立法法还规定，全国人民代表大会有权改变或撤销它的常委会制定的不适当的法律，有权撤销全国人大常委会批准的违背宪法和立法法第66条第二款规定的自治条例和单行条例等。这一系列规定说明全国人民代表大会的权力是至上的，基本法律的位阶高于法律。"[1]

这种观点认为，全国人大的立法权限是制定和修改基本法律，全国人大常委会的立法权限是制定和修改法律，基本法律的效力较法律高。实际上，全国人大制定的是并非仅仅是"基本法律"，在某些情况下，全国人大制定的基本法律效力有可能低于其常委会制定的一般法律的效力。具体分析如下：

第一，我国对于规范性法律文件的效力位阶关系，由《立法法》来加以规定。《立法法》第78、79条仅仅规定了法律的效力低于宪法，高于行政法规、地方性法规、规章。《立法法》并没有区分全国人大制定的法律和全国人大常委会制定的法律的效力位阶关系，也没有区分基本法律和法律的效力位阶关系。

对全国人大制定的法律和全国人大常委会制定的法律效力不作区分，是贯穿于《立法法》的整部立法之中。如《立法法》第83条规定："同一机关制定的法律、行政法规、地方性法规、自治条例和单行条例、规章，特别规定与一般规定不一致的，适用特别规定；新的规定与旧的规定不一致的，适用新的规定。" 第85条第1款规定："法律之间对同一事项的新的一般规定与旧的特别规定不一致，不能确定如何适用时，由全国人民代表大会常务委员会裁决。" 从这两条可以明显看出，全国人大制定的法律和全国人大常委制定的法律被视为是"同一机关"制定的法律，而且将法律之间不一致的裁决权授予全国人大常委会裁决。再如《立法法》第8条规定："下列事项只能制定法律：（一）国家主权的事项；（二）各级人民代表大会、人民政府、人民法院和人民检察院的产生、组织和职权；（三）民族区域自治制度、特别行政区

---

〔1〕 韩大元、刘松山："宪法文本中'基本法律'的实证分析"，载《法学》2003 年第 4 期。

制度、基层群众自治制度；（四）犯罪和刑罚；（五）对公民政治权利的剥夺、限制人身自由的强制措施和处罚；（六）对非国有财产的征收；（七）民事基本制度；（八）基本经济制度以及财政、税收、海关、金融和外贸的基本制度；（九）诉讼和仲裁制度；（十）必须由全国人民代表大会及其常务委员会制定法律的其他事项。"第9条规定："本法第八条规定的事项尚未制定法律的，全国人民代表大会及其常委会有权作出决定，授权国务院可以根据实际需要，对其中的部分事项先制定行政法规，但是有关犯罪和刑罚、对公民政治权利的剥夺和限制人身自由的强制措施和处罚、司法制度等事项除外"从这两条的规定可以看出，对于一些国家基本制度的规定，第8条所用的词汇仅仅是"法律"，而没有区分"基本法律"还是"非基本法律"，而且第9条还允许全国人大常委会以决定的方式将那些涉及国家基本制度的事项授权国务院制定行政法规。由此可见，《立法法》将全国人民代表大会制定的法律与全国人大常委会制定的法律不作区分，其效力是相同的。

第二，认为全国人大制定的"基本法律"效力高于全国人大常委制定的"法律"的主要论据，在于2004年《宪法》第62条第11项和《立法法》第88条第1项的规定。2004年《宪法》第62条规定："全国人民代表大会行使下列职权：……（十一）改变或者撤销全国人民代表大会常务委员会不适当的决定；……"《立法法》第88条规定："改变或者撤销法律、行政法规、地方性法规、自治条例和单行条例、规章的权限是：（一）全国人民代表大会有权改变或者撤销它的常务委员会制定的不适当的法律，有权撤销全国人民代表大会常务委员会批准的违背宪法和本法第六十六条第二款规定的自治条例和单行条例；……"结合2004年《宪法》第57条规定："中华人民共和国全国人民代表大会是最高国家权力机关。它的常设机关是全国人民代表大会常务委员会"，从上述规定可以看出，全国人大作为最高权力机关，其意志要高于作为其常设机关的全国人大常委会，因此，宪法和法律赋予了全国人大改变或撤销全国人大常委会所制定的不适当的决定或法律的职权。但是，并不能由此推导出：全国人大制定的法律效力就一定高于全国人大常委会制定的法律。这涉及两个层次的判断。

第一个层次，从内部组织上来讲，全国人大常委会并不享有独立于全国人大的意志，全国人大常委会只是全国人大的常设机关。全国人大是最高民意机关和最高权力机关，因为其短期会议的组织形式而设立了一个常设机关，这个常设机关是隶属于全国人大并对其负责和报告工作。因此，全国人大自然有权撤销作为其常设机关的全国人大常委会所发布的不适当的决定或法律。如果全国人大改变和撤销全国人大常委会的法律，那么最终执行的就是全国人大的意志，从而变成了全国人大的立法。如果全国人大没有改变或撤销其常委会的立法，则意味着全国人大以默示的方式同意其常委会的立法。从这角度来看，全国人大常委会的立法仍然执行的是全国人大的立法意志。另外，从法律修改方面全国人大对全国人大常委会的限制，也可以看出全国人大和全国人大常委会之间的意志的一致性。《立法法》第 7 条规定全国人大常委会对全国人大制定的基本法律的补充修改必须受到一定的限制。

第二个层次，从外部效力上来说，全国人大及其常设机关所制定的法律的效力是一样的。作为行使国家立法权的主体，两者是一个整体而不是两个。根据 2004 年《宪法》第 2 条第 1 款、第 2 款"中华人民共和国一切权力属于人民。人民行使国家权力的机关是全国人民代表大会和地方各级人民代表大会"规定的人民主权原则，以及中国实行的全国人民代表大会制度的代议制模式，"国家立法权"是我国最高权力，是主权的象征，主权不可分割，所以作为人民行使主权的机关全国人大的宪定职权"国家立法权"也是不可分割的。全国人大常委会不享有独立于全国人大的国家立法权，其制定的法律当然也是最高权力机关意志的体现，其效力等于最高权力机关制定的法律的效力。作为一个立法主体，《宪法》和《立法法》对全国人大及其常委会的立法权限进行了划分，这种划分只是主体内部的一种分工，这种分工更多地是技术意义上的，而不涉及立法权限的分割。全国人大原则上制定"基本法律"，还可以制定其认定的"应该由全国人大制定的法律"，而全国人大常委会制定"法律"，这种分工是为了保证涉及国家基本制度、重大事务和国民基本权利等重要事项的法律能够得到最广泛民意的支持。

第三，全国人大常委会制定的法律与全国人大制定的（基本）法律不相一致时如何处理，《立法法》已经进行了明确的规定：由全国人大常委会来进行裁决，因为《宪法》还赋予了全国人大常委会解释宪法和法律的权力。如果要解决法律之间的不一致，必然涉及法律解释的问题，由法定的解释机关来充当法律冲突的裁决机关，从法律技术上来说是妥当的；而且从理论上来说，由最高权力机关的常设机关来裁决法律之间的冲突，也符合我国现行的宪制。如果将"基本法律"单列出来，认定其效力高于"普通法律"而低于"宪法"，必然带来法律体系上的混乱。因为全国人大制定的"基本法律"效力高于全国人大常委会制定的"法律"，而《宪法》和《立法法》却规定全国人大常委会"在全国人民代表大会闭会期间，对全国人民代表大会制定的法律进行部分补充和修改，但是不得同该法律的基本原则相抵触"，同时《宪法》和《立法法》将宪法和法律的解释权和法律冲突的裁决权赋予全国人大常委会，这必将导致全国人大常委会僭越全国人大的立法权。

第四，历史地看，1954 年《宪法》只规定"全国人民代表大会是最高国家权力机关"，是"行使立法权的唯一机关"，直到 1982 年《宪法》，才扩大了全国人民代表大会常务委员会的职权，将只属于全国人民代表大会的一部分职权交由全国人大常委会行使。这个嬗变过程说明，随着社会发展和国家事务的繁多，需要立法的事项也逐渐增多，这样 1954 年《宪法》所规定的全国人大是唯一的立法机关，就不免适应不了社会的发展，因此 1982 年《宪法》才将部分职权交给全国人大常委会来行使。可见，现在的全国人大行使的立法职权在内的职权，是全国人大的部分职权"分给"全国人大常委会的结果，其原本就是全国人大的职权，从 1954 年关于立法权的规定和 1982 年《宪法》的规定的对比就能得出这个结论。

第五，在司法实践中，全国人大制定的法律和全国人大常委会制定的法律的效力一般被视为是一致的。在 2005 年云南省"朱某上诉公安交通行政处罚案"中，一审宣判后，原告朱某不服，上诉至云南省昆明市中级人民法院称：一审判决对适用法律的审查认定错误，认为全国人大制定的《行政处罚法》是上位法，全国人大常委会制定的《道路交通安全法》是下位法，交警对其作出的行政处罚只能适用《行政处罚法》，而不是《道路交通安全法》。而按《行政处罚法》的规定，对公民处以 50 元以下罚款的，才可适用简易程序。交警对其处以的罚款金额为 100 元，适用简易程序构成违法，请求撤销一审判决，改判支持其诉讼请求。针对上诉人所诉称的法律冲突问题，云南省昆明市中级人民法院经二审审理认为：在我国的立法体系中，全国人大与全国人大常委会都是法律的制定主体，均为行使最高立法权的国家立法机构，全国人大常委会是全国人大的常设机关，在全国人大闭会期间，其可行使国家最高立法权，两个国家最高立法机构所制定的法律不应存在位阶上的"层级冲突"，即不会产生"上位法"与"下位法"之间冲突的问题，故上诉人朱某在该案中认为全国人大制定的《行政处罚法》系"上位法"，全国人大常委会制定的《道路交通安全法》系"下位法"的上诉理由不成立。其次，全国人大制定的《行政处罚法》是对所有行政处罚作较原则的规范性规定，属于普通法规范；而由全国人大常委会制定的《道路交通安全法》则是对道路交通安全管理的有关事项作具体规定，属特别法规范，按照我国《立法法》第83条的规定，"特别规定与一般规定不一致的，适用特别规定"。故本案应当适用特别规定。

（二）《刑事诉讼法》与《律师法》的效力孰高孰低？

单纯从法条内容上看，律师会见当事人的程序，《刑事诉讼法》和《律师法》两部法律的规定确有不一致，早有学者提出了质疑。2008年3月份的"两会"期间，全国政协委员、致公党天津市委会副主委、天津大学法学教授何悦在一件名为《关于尽快将刑诉法与律师法内容相统一的建议》的提案中，指出了《刑事诉讼法》与新修订的《律师法》在律师会见、阅卷、调查取证等问题上规定不一致的几个方面，如：新修订的《律师法》规定，从侦查机关第一次讯问犯罪嫌疑人时起，律师可凭"三证"直接会见犯罪嫌疑人，但《刑事诉讼法》则规定，如果律师会见犯罪嫌疑人，必须在侦查机关第一次讯问犯罪嫌疑人后（有些案件还需侦查机关批准）方可会见犯罪嫌疑人；新修订的《律师法》规定，律师自审查起诉之日起有权查阅、摘抄和复制与案件有关的所有案卷材料，但《刑诉法》规定，在此阶段律师只能查阅、摘抄、复制本案的诉讼文书，技术性鉴定材料等。

2008年8月初，全国人民代表大会常务委员会法制工作委员会对政协十一届全国委员会第一次会议第1524号（政治法律类137号）提案进行了答复，其中进行了如下确认："依照宪法规定，全国人大常委会对于全国人民代表大会制定的法律，在不与其基本原则相抵触的情况下，可以进行修改和补充。新修订的律师法，总结实践经验，对刑事诉讼法有关律师在刑事诉讼中执业权利的有些具体问题作了补充完善，实际上是以新的法律规定修改了刑事诉讼法的有关规定，对此应按修订后的《律师法》的规定执行。"

仔细分析全国人大常委会法工委的这个批复的内在逻辑，实际上承认了两部法律的关于律师的相关规定的不一致，并认为应该按照《律师法》的规定执行，理由是"实际上是以新的法律规定修改了刑事诉讼法的有关规定"，遵循"新法优于旧法"的原则，所以执行《律师法》的规定。这个批复包含两层意思：

第一，依照《宪法》和《立法法》的规定，在全国人民代表大会闭会期间，对全国人民代表大会制定的法律进行部分补充和修改，但是不得同该法律的基本原则相抵触。全国人大常委会对全国人大制定的法律进行部分补充和修改，既包括对法律本身的修改，也包括以其他法律修改原法律所规范的相同事项，只要不与原法律的基本原则相抵触。

第二，全国人大常委会法工委并没有认为《刑事诉讼法》是全国人大制定的"基本法律"，因而其效力高于全国人大常委会制定的《律师法》，而是将二者视为同一位阶的法律。既然是同一位阶的法律，按照《立法法》第83条的规定："同一机关制定的法律、行政法规、地方性法规、自治条例和单行条例、规章，特别规定与一般规定不一致的，适用特别规定；新的规定与旧的规定不一致的，适用新的规定"，应该按照从新原则适用《律师法》的规定。

这个结论，与本文的分析是一致的。实际上，一些地方出台的"律师会见当事人具体办法"，如北京市2008年6月2日颁布实施的《关于律师会见在押犯罪嫌疑人、被告人有关问题的规定（试行）》，便开始执行2007年《律师法》的规定，如第21条第1款规定："对于不涉及国家秘密的案件，办案机关应当在律师提出会见要求后48小时内开具《安排律师会见非涉密案件在押犯罪嫌疑人通知书》，由律师接待室尽快通知律师并安排律师会见。"第23条第1句规定："律师会见不被干扰、不被监听，侦查机关一般情况下不派员在场。"这些规定都体现了《律师法》的立法精神。

综上，2007年《律师法》与《刑事诉讼法》关于律师会见当事人的规定存在不一致，但两部法律是同一个立法主体制定的，法律效力处于同一位阶，因此并不存在层级冲突，应按照"新法优于旧法"的原则，适用新《律师法》的相关规定。由此，海口市公安局适用《刑事诉讼法》的相关规定拒绝程海律师会见当事人的要求，属于适用法律错误。

专题七　国家元首的选举

知识概要

现代各国宪法均设立国家元首作为国家对内对外的最高代表。国家元首分为虚位元首和实位元首。根据其地位和职权的不同，各国国家元首的产生方式亦有所不同。一般而言，虚位元首仅是国家在礼仪上的最高代表，不掌握国家实际权力，不需要基于全民选举的方式产生，由议会或其他组织间接选举产生即可；实位元首掌握国家实际权力，为了具有具备的民主正当性，一般由选民直接选举产生。当然也有一些国家实行特殊的国家元首选举制度，如美国。

美国总统选举实行选举人团制度，其基本原则根植于美国宪法，在《美国宪法》第 2 条第 1 款中明确规定了选举人团制度运行的基本原则与程序，美国总统和副总统的选举办法具体为："各州应按照该州议会规定的方式选派选举人若干名，其人数应与该州所应选派于国会的参议员和众议员的总数相等；但参议员或众议员或在合众国政府中担任信任职位或高收益职位者不得被选派为选举人。选举人应在本州集会，投票选举 2 人，其中至少应有 1 人不是选举人同州的居民。选举人应开列名单，写明所有被选举人和每人所得票数，计算票数。获得选票最多者如选票超出选举人总数的一半即当选为总统。如不止 1 人获得半数选票且票数相当，众议院应立即投票其中 1 人为总统。如无人获得过半数票，则众议院应以同样方式从名单上得票最多的 5 人中选举 1 人为总统。但众议院选举总统时应以州为单位投票，每州代表有 1 票表决权；以此种方式选举总统的法定人数为全国 2/3 的州各有 1 名或数名代表出席，并须取得所有州的过半数票始能当选。在总统选出后，获得选举人所投票数最多者即当选为副总统；但如有 2 人或数人获得相等票数，参议院应投票选举其中 1 人为副总统。"

美国法院负责解释法律，而且握有"司法审查"（Judicial Review）的权力，可以裁决议会通过的法律因与联邦或州宪法相悖而无效，涉及选举权利，当民众通过政治程序维权受阻时会自然转向法院提出诉求，而要确保选举权利不被剥夺则特别需要得到法院的支持。[1]

📚 经典案例

布什诉戈尔案

一、基本案情

2000 年的美国总统大选主要在共和党候选人布什和民主党人戈尔之间展开。选举双方势均力敌,选情直到选举前一天还是混沌不清,布什和戈尔在民意测验中的支持率非常接近。由于美国总统特殊的选举制度(后文将详细介绍),一些细微的差别将直接影响选举结果,双方争夺最为激烈的地方主要集中在佛罗里达州、宾夕法尼亚州、密苏里州和威斯康星州等州。所以,舆论认为,投票率的高低将是决定选举胜负的关键。

2000 年 11 月 7 日是美国总统大选投票的日期。截止到当天晚上 23:45 分,共有 42 个州公布了选举结果,布什以 237:231 领先于戈尔。到 11 月 8 日凌晨 00:10,布什与戈尔的选举人票比是 246:242。按选举制度,哪位候选人获得 270 张选举人票,他就将获得胜利,而佛罗里达州(以下简称佛州)有 25 张选举人票,所以,谁赢得佛州,谁就将赢得本次总统选举。佛州的选举结果成为全世界瞩目的焦点。

02:18 分,佛罗里达州的选举结果公布,布什赢得该州,这样布什就获得了 271 张选举人票,从而成功地当选为美国下届总统。02:30 分,民主党总统候选人戈尔向布什打电话,向其表示祝贺,承认自己在本次大选中失败。但到 03:10 分,大选出现戏剧性变化。由于两位候选人在佛罗里达州的得票率非常接近,最新的统计结果表明,布什领先戈尔 600 张选票,而不是先前报道的 5 万张,但佛州尚有 2300 多张海外选票需要 10 天时间才能最终得到统计,所以选举结果还不能完全确定。得知这一信息,戈尔立即打电话给布什收回他的祝贺和认输声明。根据该州的法律规定,如果胜负在半个百分点以内,选票就要进行重新统计。

11 月 8 日,佛州选举委员会正式报告布什得票为 2 909 135 张,戈尔得票

---

[1] 张毅:"美国选举制度的缺陷",载《国际政治研究》2020 年第 5 期。

为 2 907 351 张，两人相差 1784 张。根据佛州法律，佛州选举委员会开始重新计票。到 11 日，佛州共 67 个县中除赫南多和棕榈滩两县尚未统计完外，重新计票结果表明两人差距进一步缩小，布什只领先戈尔 300 票。但重新计票是用电脑进行的，民主党要求对选票进行人工统计，因为选票在电脑统计时容易出现误差。11 月 11 日，棕榈滩县开始进行人工重新计票。布什阵营试图阻止人工计票，因而向联邦法院提出请求，要求法院禁止在佛州进行人工计票。13 日，美国佛州迈阿密联邦地区法院法官米德尔布鲁克驳回布什的申请，拒绝下达禁制令阻止佛州以人工重新点票。他指出，出现在州的选举问题属于各州的责任范围，因此，对选举机制提起诉讼属于州的管辖范围，而不是联邦地区法院。佛州点票过程是中立的，他看不出联邦法院有任何理由干预佛州的点票工作。14 日，佛州州务卿哈里斯女士宣布了佛州的官方统计选票结果，确认布什比戈尔多 300 票，并表示，17 日是海外选票截收的最后期限，届时将宣布佛州的最终选举结果。戈尔向佛州利昂县上诉法院提出要求佛州州务卿哈里斯女士考虑人工重新计票的结果，但被法院驳回。戈尔决定向佛州最高法院上诉。

佛州最高法院定于 11 月 20 日举行听证会，就有关该州选票人工重新统计的合法性举行听证。第二天，最高法院的 7 名法官一致作出裁决：佛州必须接受人工重新计票的结果，人工计票将进行 6 天。这一裁决对戈尔有利。

根据《美国宪法》的规定，各州必须在 12 月 12 日之前选出选举人，再由选举人于 18 日选出总统。一旦逾期，该州的选举人票将被作废。根据宪法与佛州法律的规定，为避免本州的选举人票作废，佛州议会可以不考虑选举结果而自行任命 25 名选举人。佛州最高法院也预料到了这种结果，特地规定了人工计票的最后期限。针对佛州最高法院的裁决，布什于 22 日正式向联邦最高法院提出紧急上诉，要求联邦最高法院干涉佛州的人工计票行为。联邦最高法院是否会受理此案尚难预料，但很多人认为其介入的可能很小，因为根据法律规定，选举问题一般应属州的管辖范围。

11 月 26 日，佛州州务卿哈里斯女士正式宣布了该州的计票结果。结果显示，布什领先戈尔 537 张选票。

12 月 1 日，美国联邦最高法院举行佛州选举的特别听证会。在 90 分钟的听证会上，布什和戈尔双方的律师进行了针锋相对的辩论。焦点问题是佛州最高法院推迟计票截止日期并允许将人工计票结果纳入佛州总票数的判决是否违法。布什的律师奥尔森（Olson）主张，佛州最高法院的判决"改变了法律并取代了州议会的作用"，因此是越权行为，违反了《美国宪法》和《美国选举法》，造成了选举后的混乱和争端。但戈尔的律师——哈佛大学法学院的宪法学教授特赖布反对说，两位候选人在佛州的得票非常接近，因此佛州最高法院的裁决可以"确保所有选票得到统计以及计票的准确性"；并且，佛州选票争端属于州的法律范畴，联邦最高法院无权受理该类诉讼。12月4日，联邦最高法院9名大法官作出一致裁决，在判决书中指出：佛州最高法院关于允许人工计票并将人工计票的结果纳入到该州最终选举结果中的判决"缺乏充分的根据"，决定把该案件退回佛州最高法院进行重审。联邦最高法院的这一判决显然对布什有利，因为戈尔要想获胜，就必须在12月12日之前赢得诉讼。

双方在联邦最高法院诉讼的同时，佛州利昂县上诉法院的法官索尔斯也作出了一项裁决，驳回了戈尔要求对迈阿安密、棕榈滩和拿骚三个县有争议的选票重新统计的诉讼。戈尔的首席律师博伊斯当即表示将向佛州最高法院提出上诉。12月8日，佛州最高法院就此作出裁决，推翻了利昂县上诉法院的判决，同意戈尔阵营的要求，即重新统计棕榈滩和迈阿密两县有争议的选票。判决书中指出："这次总统应当经过仔细审查，以明确佛州公民所投的选票，而不应当由与投票过程无关的种种机制来决定。选举的结果由选民的意志来决定这一根本原则，构成了佛州立法机关制定选举法规的基础。法院在解决选举争端的过程中始终坚持这一原则。"这一判决是戈尔阵营的重大胜利，使戈尔又一次看到了获胜的希望，但实际上又使美国总统选举陷入了新的一轮诉讼之中，能否在法律规定的12月12日之前结束尚难预料。

针对佛州最高法院新的判决，布什的律师当天晚上向联邦最高法院提出紧急书面请求，要求阻止在佛州进行人工重新计票。12月9日，佛州的有关各县开始对有争议的选票进行人工计票，以执行佛州最高法院作出的裁决。据测算，重新计票需要5个工作日才能完成，这将无法在12月12日之前完成，但随即联邦最高法院接纳了布什的申请，下令停止在佛州进行的人工点票工作。这一命令是联邦最高法院以5∶4的多数作出的。

12月11日，联邦最高法院再次就佛州总统选举计票工作举行听证会，12

日以 5:4 的投票结果推翻了佛州最高法院关于人工重新计票的判决，从而制止了在佛州重新开始人工计票，并将这一案件退回佛州最高法院重审。这个判决有利于布什。

法院在多数意见的判决书中指出：佛州最高法院的判决违反了《美国宪法》，因为很明显，任何重新计票都将违反《美国宪法》确定的在 12 月 12 日最后期限以前确定选举人的规定。最高法院还指出，佛州最高法院要制定重新统计选票的标准，即规定什么样的选票可以接受，什么样的选票不是有效票。先要有一个公平原则，然后才能决定是否重新统计选票。

但联邦最高法院的裁决不是以全体一致的多数通过的，而是以 5:4 这一最为接近的票数通过判决，这表明最高法院对此问题分歧严重。

12 月 13 日，戈尔指示计票委员会暂停工作，随后发表了电视讲话，表示退出总统竞选，祝贺布什当选为美国第 43 届总统，并承诺这次不再收回他的祝贺。由此，持续了 36 天的总统选举纠纷终于走向了终点，布什成功地当选为下一届美国总统。

二、法律问题

1. 法院对总统选举的纠纷有无管辖权？
2. 如何看待法院对选举事务的司法审查？

三、宪法分析

（一）美国总统的选举制度简介与评价

本届美国总统选举之所以形成久决不下的局面，除了两位候选人的民众支持率过于接近、投票结果不相上下的原因以外，总统选举制度是形成这一局面的另一重要根源。

美国号称世界上民主化程度最为发达的国家，但其总统并不是通过全民投票直接选举产生的。在 1787 年制定宪法时，总统的产生方式曾引起激烈的争议。麦迪逊等人坚持总统必须由民众直接选举产生，而不能由国会议员来选举。因为"如果行政部门依赖立法部门而存在，等于立法部门可以既为立法者又为执法者"，而民选总统可以摆脱国会的控制而具有独立性，只有在此基础上，才可不受立法机关的控制，并且可以形成对立法机关的钳制。但他的观点遭到很多人的反对，理由是人民没有足够的能力判断谁是最合适的总统人选。正如马萨诸塞州制宪会议代表埃尔布里奇·格里所言："人民通常并不懂得政治，很容易为一小撮居心叵测的人所误导。"经过双方的激烈争执，最后形成了一个妥协的方案。根据该方案，各州议会先指定或任命一些选举人，其数量与该州在国会中两院议员人数相等（但不能是议员与联邦政府官员），各州的总统选举人在全国总统候选人中投票选举两人（其中一人必须不得来自于本州），所有选举人的选举结果在参议院公布。得多数票者为总统，如果有两位同时得到多数票者，则由国会众议院进行投票，得多数票者为总统。因投票前总统选举人必须声明他们将选举哪一位总统候选人，人民即可按自己的意愿和选举人的政治倾向来选举总统选举人，所以在当时，选民投票选举的是总统选举人，而不是总统候选人。但这一宪法规定后来得到了修正，选民在投票时，选票上所列的将是各个政党总统和副总统候选人的名字，选民是针对总统候选人进行投票。但总统选举结果并不是根据全国选民的选票来决定，而是在每个州，哪一个政党候选人获得多数选民的选票，该州的选举人就将由那个获胜政党指定。由于党派的倾向性，本党指定的选举人在投票时将把选票投向本政党所推选的总统候选人，此所谓"胜者全得"的规则。美国全国共有 538 张选举人票（美国参众两院议员共 535 人，另外 3 张选举人票属于哥伦比亚特区）。

由于实行这样一种特殊的选举人团制度，在总统选举中，就有可能出现这样的情况：在选民投票中获胜的总统候选人不能当选为总统，相反在选民投票中获少数票的人却能当选为总统。美国历史上共出现过三次这样的情况，2000 年总统大选又是一例。这种制度的合理性越来越受到普遍的质疑。

（二）法院对选举争议的司法审查问题

司法审查的主要功能在于司法机关有权以与宪法相抵触为由，宣布立法机关的行为无效。在现代民主政治体制下，基于人民主权原则，立法机关由民选产生，直接代表民意，它是一个各种利益主体进行政治角逐的合法场所。所以，立法机关的任何最终行为也是政治斗争的结果。作为一个非民选产生无民意基础的司法机关何以能够审查能够反映民意的立法机关行为？这是司法审查理论的一个致命软肋，从杰斐逊到吉布森再到林肯都在不断地提出这个诘问。而从汉密尔顿到马歇尔等竭力主张司法审查的联邦党人也在不断地试图回答这个问题。在马伯里诉麦迪逊案以及后来的一系列司法审查案件中，马歇尔大法官以及其他联邦最高法院的法官们曾系统地论证司法审查的正当性：其一，法院的职责是在具体个案中应用法律，只有解释法律才能应用法律。所以，法律是什么，只能由法院通过针对具体个案的法律解释来决定。如果宪法不能通过司法解释而应用于个案，其存在就毫无意义，而法院解释宪法又无法回避一个基本问题——法律是否与宪法相抵触？其二，司法审查有助于保护处于多数民主之下利益受损的少数社会群体。其三，联邦党人有关司法权特性的论述为司法审查提供了理论正当性。[1] 但是，司法审查的正当性并不能掩盖司法审查的政治性以及司法介入政治纷争的真相。所以，司法审查并非仅为一种法律行为而超脱于政治之外。实际上，将政治纷争纳入司法解决的轨道，是现代民主政治的一种精妙艺术，也是司法权对社会的一大积极贡献。可以说，"政治司法化"是人类制度文明的一大创造。由于法院并不直接介入政治斗争领域，只是根据宪法条文来审理纠纷，运用法律的程序和用语实现其职能，再加上其相对超脱的地位和长期在社会中形成的威信，其裁决结果容易为争端各方所接受。正如本次总统大选中面对联邦最高法院的裁决，戈尔所言：联邦最高法院的判决并不能令他信服，但它应是"不容置疑的"，他会坦然接受它。

那么，由"政治司法化"而引起的"司法政治化"是否有损司法的独立性与公正性，以及会对民意的过分不当干涉？这种担心不是多余的。有相当多的法官、学者和律师认为，不到万不得已时，法院不宜干涉民主过程。联邦最高法院在提出司法审查理论时也意识到司法审查本身就是一把双刃剑，在伤及国会的同时，也有可能造成自伤。所以，如何既恰当地行使司法审查权以确保宪法的准确实施和司法的权威，又不致使自己给公众造成过分侵蚀民意的印象，就成为伴随联邦最高法院的法官们司法生涯的一道难题。这一难题的答案部分地呈现于政治问题理论。马歇尔大法官在马伯里诉麦迪逊案里就指出：有一类宪法案件联邦法院是不能审查的，因为"所涉及的问题是政治性的"。政治问题的不可审查性是联邦法院对司法权自我限制的基本理论。但是，由于"政治问题"本身的弹性内涵，这一理论并没有完全解决司

---

〔1〕　方流芳："罗伊判例：关于司法与政治分界的争辩——堕胎和美国宪法第 14 修正案的司法解释"，载焦洪昌、李树忠主编：《宪法教学案例》，中国政法大学出版社 1999 年版，第 83 页。

法介入民主的理论困惑，尤其是在一些政治性显著的纠纷中。在这些纠纷中，担心过分卷入其中而招致自损一直是悬在联邦最高法院法官们头上的一把达摩克利斯之剑。这里，尤以司法介入选举争议为甚。

由于选举是选民民意的直接表露，是各种政治力量进行较量与整合的第一战场，其政治性比其他任何活动都更为强烈，选举结果亦是各种政治力量对比的直接反映。正如本次总统大选中戈尔一方的基本主张：选举结果应由选民来决定，而不应是由法院决定。司法介入选举结果确认的纷争必将冒更大的自损风险。联邦最高法院显然也意识到了这一点，从最后的判决结果看，除多数判决意见书外，尚有 4 份少数意见书，也表明联邦最高法院对此问题的严重分歧以及掩藏在此之后对联邦最高法院卷入这一争端的深深忧虑。正如持少数意见的大法官史蒂文森尖锐指出的：本案中最终出现的联邦问题不是实质性的，联邦最高法院应否受理才是本案决定性的问题。"对掌管司法体制的人们的信赖是法治的真正脊梁。"然而，"对本院多数所采取的那一立场的认可只会把对全国法官工作的评价由充满信心而转变为愤世嫉俗"。所以，"尽管我们可能从来没有完全的把握知道今年总统选举的胜利者是谁，但失败者是谁是完全清楚的。失去的是国民对于作为法治的不偏不倚的捍卫者的法官的信赖"。但应注意的是，就是在联邦最高法院的多数意见中，大法官们也并没有打算自己扮演选举结果最终裁决人的角色，而是从选举统计的技术性角度裁定撤销佛州最高法院的判决，将选举的最终结果留给选民自己决定。

专题八　国务院职权

◈ 知识概要

国务院即中央人民政府，其性质是"最高权力机关的执行机关"，"最高国家行政机关"。依照我国《宪法》的规定，国务院享有广泛的职权，其中最主要的职权包括规定行政措施，制定行政法规，发布决定和命令；统一领导各部、各委员会的工作，统一领导全国地方各级国家行政机关的工作等；同时作为最高行政机关，国务院有权管理的"行政"范畴的事项囊括了经济工作、城乡建设、生态建设、科教文卫体及计划生育、民政、公安、司法行政、外交、国防、民族事务、侨务、机构编制与内部人事管理等广泛的方面。

如果从中央国家机关职权关系的横向角度来分析，国务院所享有的是最高行政权，相对于全国人大及其常委会而言，国务院的法定职权表现出执行性的特质。全国人大及其常委会通过立法活动将全体人民的意志与利益凝结为法律，并就国家重要事项作出决定，而国务院则依据其享有的广泛的职权，负责执行全国人大及其常委会制定的法律与作出的决定。如果从行政机关体系的纵向维度来看，国务院作为最高行政机关并非负责管理全国所有的行政事务，其职权主要涉及全国范围内最重要的行政事项。国务院享有的行政立法权以及作出行政措施、发布行政命令的权力，可以确保其对某一领域、某一方面行政事务作出总体性的统一的规定。

城乡土地资源管理依其性质，属于国务院依照宪法所享有的职权范畴，并且在国务院各组成部门的职权分工中具体由自然资源管理部门负责行使。依照现行《土地管理法》的规定，"国务院自然资源主管部门统一负责全国土地的管理和监督工作"。不过，国务院作为最高行政机关也当然享有就土地资源管理方面的重要事项作出行政措施的权力。

🔖 经典案例

1990 年农村宅基地有偿使用制度的合宪性分析

在 20 世纪 50 年代，经过农业农村的社会主义改造之后，土地的集体所有制在中国广大乡村确立起来。农民在农村土地上自建住宅的历史传统逐渐被确认为农村集体成员的"宅基地使用权"。1963 年发布的《中共中央关于各地对社员宅基地问题作一些补充规定的通知》明确农村建有住宅或空白的宅基地均属于集体所有，但允许各户长期使用，集体成员新建住宅时可以提出宅基地申请，一律不收取地价。中华人民共和国成立之初，伴随土地集体所有而确立的宅基地使用制度以"一户一宅、无偿使用"为原则。

改革开放之后，随着经济的发展和农民收入水平的提高，农村出现了兴建住房的热潮，不仅造成宅基地用地范围扩大、大量耕地资源被挤占，也因违法违规占地与交易而发生了大量的宅基地纠纷。为了加强农村宅基地管理，引导农民节约、合理使用土地兴建住宅，严格控制耕地占用，1990 年《国务院批转国家土地管理局关于加强农村宅基地管理工作的请示的通知》（以下简称《通知》）提出了"农村宅基地有偿使用"试点的工作要求。《通知》确认了山东德州及其地区乡村试行宅基地有偿使用的效果，并进一步提出如下要求。

（一）切实加强领导，选择经济基础较好、耕地资源紧张的县、乡、村，有组织、有步骤地进行试点。

（二）确定宅基地有偿使用收费标准时，对在规定用地标准以内的，既要体现有偿原则，又要照顾群众的经济承受能力，少用少交费，多用多交费；超标准用地的，应规定较高的收费标准；对级差收益较高地段，收费标准要适当提高。

（三）建立和完善土地使用费管理制度。宅基地使用费要本着"取之于户，收费适度；用之于村，使用得当"的原则，实行村有、乡管、银行立户制度。专款专用，主要用于村内基础设施和公益事业建设，不得挪作他用。

随后，农村宅基地有偿使用制度在全国逐渐推广开来。不过仅在《通知》作出的三年后，农村宅基地有偿使用因为加重了农民负担而被撤销。1993年7月发布的《中共中央办公厅、国务院办公厅关于涉及农民负担项目审核处理意见的通知》，"农村宅基地有偿使用收费"位列取消项目的第一项。

二、法律问题

1. 宅基地的有偿使用收费是否合理？农村土地的集体所有权作为一项权利是否包含着农民个体正当居住使用的权能？

2. 监督管理土地是否属于国务院的法定职权？

3. 国务院是否有采用设立"宅基地有偿使用"的制度来行使其监督管理的职权？

三、宪法分析

（一）"集体所有土地"与宅基地有偿使用的合理性

宅基地有偿使用包含两个宪法方面的问题：一是土地所有制以及在集体所有土地上确立的宅基地使用权；二是国务院及国务院土地管理部门是否有权设定宅基地的有偿使用。

首先从土地所有制来看，我国现行《宪法》第10条规定，"城市的土地属于国家所有。农村和城市郊区的土地，除由法律规定属于国家所有的以外，属于集体所有；宅基地和自留地、自留山，也属于集体所有"。这一条款确认了在我国存在的两种土地所有制形式，即国家所有（简称国有）和集体所有。集体所有是指"劳动群众的集体所有"，集体所有与国有性质相同，均属于社会主义公有制的所有制形式。不过区别在于两者在所有权的主体上存在差异。集体所有的权利主体不是"国家"或"全民"，而是一定范围内的"集体成员"。这些集体成员最初通过组成"集体经济组织"来实现农民、土地等生产资料的集聚，以"集体经济组织"作为集体所有权的行使主体。在计划经济时代，集体经济组织是指在自然乡村的范围内由农民自愿联合而形成的经济组织，农民集体依托人民公社、生产队等组织形式共同所有生产资料——包括土地、农具、耕畜等，共同组织集体劳动与分配。在改革开放之后，广大农村逐步实行"统分结合的双层经营体制"，所谓"分"即家庭分散经营，例如农村土地的家庭联产承包；而"统"则是依旧应当由集体所有与经营的部分，其中便包括了最重要的农业生产要素——土地。无论是承包地还是用于居住用途的宅基地，在所有制上依然实行集体所有。

"集体经济组织"虽然在改革后淡化了组织农民集体劳动的作用，但依然作为农村土地所有权的行使主体而存续了下来。《民法典》的"物权编"对"集体所有权"的权利主体及行使主体作出了细致规定，第262条规定，"对于集体所有的土地和森林、山岭、草原、荒地、滩涂等，依照下列规定行使所有权：（一）属于村农民集体所有的，由村集体经济组织或者村民委员会依法代表集体行使所有权；（二）分别属于村内两个以上农民集体所有的，由村内各该集体经济组织或者村民小组依法代表集体行使所有权；（三）属于乡镇农民集体所有的，由乡镇集体经济组织代表集体行使所有权"。可见，农村土地的"集体所有"在所有权主体上是指"农民集体"的所有。只是根据乡镇农村各自不同的情况，"农民集体"表现为村农民集体、村内农民集体或乡镇农民集体等不同的主体范围。而"农民集体"对所有权的行使又借助于各类集体组织来实现。

依照"所有权"的定义，权利主体对自己的不动产、动产依法享有占有、使用、收益和处分的权利。土地的集体所有也就意味着农民集体享有对土地的占有、使用、收益和处分的权利。对于农民而言，土地的占有、使用、收益主要即是指在土地上的农业劳动及居住生息，这种使用一直可以上溯到久远的自然经济时代。也就是说，土地的承包经营以及本案例所涉及的在土地上设置的宅基地，属于农民对土地最为基本的利用形式。并且依照所有权的权利性质，所有人之外的其他人都负有不得妨碍所有人获取对物的占有、使用利益的义务。《民法典》第 331、362 条即分别确认了土地承包经营权与宅基地使用权这两种物权形式：土地承包经营权是指权利人"依法对其承包经营的耕地、林地、草地等享有占有、使用和收益的权利，有权从事种植业、林业、畜牧业等农业生产"；宅基地使用权是指权利人"依法对集体所有的土地享有占有和使用的权利，有权依法利用该土地建造住宅及其附属设施"。

在这里我们注意到以上条款所表述的权利主体的差别，集体所有的"农民集体"与享有权利的农民个体或个别家庭是有所不同的，农民集体的占有、使用与农民个体或家庭的占有、使用也并不完全相同。例如《民法典》即将"宅基地使用权"以及"土地承包经营权"规列在"用益物权"的分编下。依照民法学的通说，两种权利属于"用益物权"，即非所有人对"他人"所有之物享有的占有、使用和收益的权利。这种用益物权的定性实际将用益物权人视为区别于所有权人的不同主体，例如居住权中的承租人就是绝对区别于所有权人的主体。不过宅基地使用权（以及土地承包经营权）的特殊之处在于，享有权利的个人或家庭同土地的所有者——"农民集体"并不是可以绝对分离开来的。"农民集体"是由个体农民或个别家庭集合而成的，农民集体所有权所内含的占有、使用最终也要透过个体或家庭对分配土地的占有、使用来实现。这也就意味着，农民占有使用宅基地与居住权人作为租客支付租金有着并不相同的性质。由于"集体"与"个体"之间这种不可分割的黏连，农民个体对宅基地的占有与使用并不能当作建立在他人之物上的用益，而是由他们共同的集体所有所派生的正当利用。由此，1990 年推广的农村宅基地有偿使用制度可以视为对农民个体占有、使用土地的限制，最终也可以视为施加在农民集体所有权之上的某种限制。

从宅基地制度确立以来的历史来看，农民对宅基地的占有、使用一直被视为由土地集体所有而派生的正当利益，一户一宅、无偿取得长期被确立为宅基地分配的原则。即便《民法典》以及民法学均将宅基地使用权归并为用益物权，民法学学理上一般也认为宅基地使用权具有若干区别于其他用益物权的特征，例如宅基地使用权主体上具有集体成员的限制；宅基地使用权的取得一般是无偿的；宅基地使用权的期限没有限制，只要集体成员的身份持续且没有发生权利消灭的法定事由，使用权便可世代继承。这些特征决定了宅基地使用权具有承担社会保障职能的福利属性。宅基地的占有、使用对于本集体经济组织成员而言具有保障基本居住生存的功能，因此宅基地的取得并不适宜以等价交换为原则。更何况，宅基地申请的等价交易排除了农民正当利用集体所有土地的权益。

因此根据以上分析，我们可以得出这样的结论：当宅基地有偿使用采纳市场机制、以等价交易为原则，或者有偿使用收费已经实质限制了农民在集体所有土地上建宅定居的正当利益时，这一制度是欠缺合理性的。它实质侵犯了农民对土地的集体所有权，尤其是所有权连带的农民对集体所有土地的正当占有与使用。即便承认"农民集体"作为所有权人有权决定土地的分配、利用方式，这一集体决定是否可以实质限制或排斥部分集体成员正当占有、使用集体土地的权利也是值得商榷的。农村宅基地有偿使用制度虽然经由1990年国务院的《通知》获得确认和推广，但很快就随着它带给农民群体的负担而被撤销，宅基地的分配使用重新回归到了无偿取得的传统。

（二）宅基地有偿使用制度与国务院的职权范围

1. 集体土地所有权是否可以受到限制？

如前所述，1990年国务院的《通知》实质构成了对农民集体所有权及个体的宅基地使用权的限制，并且设置宅基地有偿使用制度的政策意图在于加强农村宅基地的管理、节约合理利用土地等。如果此处不再考虑有偿使用收费本身是否合理，那么另一个必须回应的问题便是国务院1990年《通知》的内容是否符合其职权范围。这一问题可以具体细分为以下三个环环相扣的问题。

首先，农民集体所有的土地作为一项财产，集体所有权与宅基地使用权作为财产权是否可以受到一定的限制。"财产权"是一项宪法的基本权利，例如我国《宪法》第12条、第13条即规定了"社会主义公共财产"与"公民合法的私有财产"的不可侵犯。在世界立宪史与宪法学说史上，财产权一直被视为个人人格与自由的基础而被当作一项根本性的权利。在17、18世纪西方立宪之初，财产权被当作天赋不可剥夺的权利之一，立宪的目的在于确保天赋权利免受国家与公权力专横的侵犯。兴起于 20 世纪 70 年代的三代人权说将这一时代的人权称为"消极权利",在国家权力刻意被要求持守消极立场的情况下,财产权更多表现出不受公权限制的特征。在 20 世纪之后,随着社会主义与福利国家思潮的兴起,财产日益凸显了社会与公共福利的价值属性。财产权不再被当作私人性的不受限制的绝对权利,它必须要回应并服务于社会平等、公平以及保障公民获得舒适生活的社会福利的需求。依照三代人权说的界分,这一时代的人权为"积极权利",即它依赖公权力主动、积极的行使才能实现。基于这些观念,财产权开始扭转其不受限制的绝对性,而是基于公共利益的需要由政府及公权力施加一些合理的限制。例如政府可以基于公共利益需要对私有财产加以征收和征用,可以通过规定工资和工时标准干预契约自由。[1]

由此可见,财产及财产权在现代宪法中凸显了其社会公共性的一个面向,同时也可以基于公共利益的需要而受到法律的限制或调整。在本案所牵涉的集体所有土地的问题上,我国现行《宪法》也为基于公共利益的财产权限制作出了明确的规定,"任何组织或者个人不得侵占、买卖或者以其他形式非法转让土地。土地的使用权可以依照法律的规定转让","一切使用土地的组织和个人必须合理地利用土地"。[2] 这实质上是对财产权的权利者——无论是土地的所有者抑或是使用者——所施加的宪法上的义务。作为宪法下位法的《土地管理法》正是对"合理利用土地"这项财产权义务的具体展开。《土地管理法》(2019 年修正)第 1 条对立法目的做出了原则性的说明:"为了加强土地管理,维护土地的社会主义公有制,保护、开发土地资源,合理利用土地,切实保护耕地,促进社会经济的可持续发展,根据宪法,制定本法。"《土地管理法》对土地利用规划、耕地保护以及宅基地的分配原则、程序等作出了具体规定。1990 年农村宅基地有偿使用制度的目的,在于加强农民宅基

---

〔1〕 具有"现代宪法"标志性意义的《魏玛宪法》(1919 年)第 153 第 3 款规定,"所有权为义务,其使用应同时为公共福利之役务",第 155 条第 3 款规定"土地之耕种及开拓,为土地所有者对于社会之义务。土地价值之增加非由投资或人工而来者,其福利应归社会"。《苏维埃共和国宪法》(1918 年)也同样赋予土地等财产以社会公共及福利属性,与《魏玛宪法》不同的是它以大规模的生产资料的公有化来实现这一目的,而这也成为我国宪法所规定的土地全民所有制、集体所有制的历史渊源:"为实现土地社会化,废除土地私有制,宣布全部土地为全民财产,并根据土地平均使用的原则无偿地交付劳动者使用"

〔2〕《宪法》(2018 年修正)第 10 条第 4、5 款。

地的管理、引导农民合理使用土地、节约耕地资源，属于对"土地"这项财产的占有、使用所施加的义务限制，并且这种限制——仅就"限制"而言——合乎现代宪法关于财产权的定位，也合乎我国《宪法》与《土地管理法》的规定。

2. 监督管理土地是否属于国务院的职权范围？

既然农民集体所有土地也应当基于公共利益的需要而施加一定的限制，那么在本案中，国务院是否是一个适格主体，换言之，国务院是否有权监督管理农村宅基地的分配与使用，也就成为必须回应的第二个问题。这实质上涉及国务院职权范围的确定。

公权力范围的确定有着一个众所周知的原则：法无授权不可为。国家机关所享有的公权力应当具有明确的宪法依据，并以宪法规定的范围为限界。依照现代宪法所普遍确立的人民主权原则，国家机关及公权力的产生有着一条明确的以"人民"及"权利"为起点的逻辑线索。例如在经典的契约论中，自然状态下享有自然权利的个人通过互相订立契约的形式让渡权利，从而构设出国家与政府。"宪法"一方面确认公民原所享有的人权，另一方面则派生政府所行使的公权。由此，公权力经由宪法的规定而产生，自然也以宪法规定的范围为界限。"有限政府"虽然本义指的是严格制衡权力、保障人权的立宪主义，但字面词义也表明了政府公权力存在明确的界限。我国《宪法》同样规定了人民主权的原则——"中华人民共和国的一切权力属于人民"，全国人大和地方各级人大由人民选举产生，国家行政机关、监察机关、审判机关等经由人大选举而产生。[1] 因此，国务院所享有的权力最终要通过作为主权者的"人民"所制定的"宪法"来产生并确定。同时，国务院的权力也应受到产生它的最高权力机关所制定的法律的调整。依照《宪法》的规定，国务院即中央人民政府，是我国"最高权力机关的执行机关，是最高国家行政机关"。[2] 现行《宪法》第89条对国务院所享有的属于"行政"范畴的职权进行了详细列举：第1项，国务院有权"根据宪法和法律，规定行政措施，制定行政法规，发布决定和命令"；第3项，"规定各部和各委员会的任务和职责，统一领导各部和各委员会的工作，并且领导不属于各部和各委员会的

---

[1]《宪法》（2018年修正）第2条、第3条。
[2]《宪法》（2018年修正）第85条。

全国性的行政工作"；第6项，国务院有权"领导和管理经济工作和城乡建设、生态文明建设"。[1] 土地资源的管理与监督，包括宅基地的规划、分配使用与监督均属于行政性质的工作，属于"行政权"的权力范畴。依照《宪法》对国务院职权的规定，国务院有权进行统一领导与管理，也有权发布决定或命令等规范性文件。

《土地管理法》对国务院、国务院下属的土地管理部门以及地方各级人民政府的职权作出了更加细致与明确的"授权"。1988年修正的《土地管理法》第3条规定，"各级人民政府必须贯彻执行十分珍惜和合理利用土地的方针，全面规划，加强管理、保护、开发土地资源，制止乱占耕地和滥用土地的行为"；第5条规定，"国务院土地管理部门主管全国土地的统一管理工作。县级以上地方人民政府土地管理部门主管本行政区域内的土地的统一管理工作，机构设置由省、自治区、直辖市根据实际情况确定。乡级人民政府负责本行政区域内的土地管理工作"。国家土地管理局作为当时专门负责土地统一管理的国务院组成部门，依照《土地管理法》也享有管理职权。不过，国务院作为行政机关系统中最高层级的中央人民政府，当然对土地管理部门及各级人民政府监督管理土地的行政工作负有总体的领导职权。在我国《宪法》所确定的上下级国家机构的职权关系中，上下级行政机关以"领导"与"被领导"作为关系原则，这并不同于审判机关"监督"与"被监督"的职权关系。在"领导"与"被领导"的职权关系中，上级机关可以命令执行或撤销、更改下级机关的决定，上级机关对下级机关所负责的行政事务享有最终的管理权限。由此可见，国务院作为最高的行政机关也同样负有监督管理土地资源使用的行政职责。

并且更重要的是，1988年修正的《土地管理法》明确授权国务院可以针对集体所有土地的使用权转让作出规定："国有土地和集体所有的土地的使用权可以依法转让. 土地使用权转让的具体办法，由国务院另行规定"[2]。这一条款实际上赋予了国务院在农村宅基地分配使用问题上制定抽象性规范的立法权力。依照现行《立法法》的规定，国务院可以制定行政法规的事项主要限于两个方面：一是《宪法》第89条规定的属于国务院行政管理职权的事

---

〔1〕《宪法》（2018年修正）第89条。
〔2〕《土地管理法》（1988年修正）第2条第4款。

项；二是"为执行法律的规定需要制定行政法规的事项"〔1〕。《土地管理法》中"由国务院另行规定"即符合第二种事项，基于法律的规定由国务院行使"执行性立法权"。

1990 年国务院《通知》批转的土地管理局工作请示，以加强农村宅基地管理、合理利用土地和严格控制占用耕地为目的，具体的措施包括深入宣传《土地管理法》及节约用地的国策，完善村镇建设规划，控制用地计划指标，严格宅基地用地审批手续，加强干部建房用地管理和进行有偿使用试点。这些事项就其性质而言属于农村土地资源的监督与管理，合乎国务院依照《宪法》与《土地管理法》所享有的职权范围。而《通知》中设立农村宅基地有偿使用制度一项，仅从事项类型与职权性质来看，也属于国务院的法定职权范围。

3. "宅基地有偿使用制度"是否妥当？

那么接下来的第三个问题便是：国务院是否有权采用"宅基地有偿使用"的措施来行使其监督管理土地的职权。换言之，设立宅基地有偿使用制度是不是一种较为妥当的行使职权的方式。

农村宅基地有偿使用制度所引致的第一个争议，体现在国务院《通知》这一规范性文件的性质上。我国的立法体系呈现出由宪法、法律、行政法规等自上而下的、效力位阶递减的金字塔体系。一般而言，调整事项及法律关系的性质与法律渊源位阶呈现出正向的相关关系，事项及法律关系越是重要，一般也就越应当由高位阶的立法加以调整。《立法法》关于法律保留尤其是绝对保留的规定即体现了这种特征。在本案中，农村宅基地有偿使用事关农村集体所有土地的占有、使用，事关广大的农村集体经济组织成员的利益，事项性质虽然并未达到法律保留的程度，但也具有相当的重要性。1990 年国务院批转的《通知》就其效力位阶而言，与宅基地使用制度的事项性质并不相匹配。1987 年发布实施的《行政法规制定程序暂行条例》对"行政法规"的制度程序及规范形式作出规定，这些规定与现行的《立法法》《行政法规制定程序条例》也大体相同。行政法规的制定程序总体上包括制定年度立法计划，有关部门或国务院法制机构起草，法规草案向社会公布并征求意见，国务院

---

〔1〕《立法法》（2015 年修正）第 65 条第 2 款。

法制机构审查，国务院常务会议审议或国务院审批，国务院总理签署以及由国务院令公布。在形式要件中，国务院行政法规也应当具有章、节、条、款、项等规范的形式，并以"条例""规定""办法"命名。1990 年国务院批转的土地管理局的《通知》无论从制定程序还是外观形式来看，都不具有"行政法规"的规范性质。如前所述，依照《土地管理法》第 2 条第 4 款的规定，国务院有权就农村宅基地这一集体土地的使用权转让问题"另行规定"。考虑到宅基地使用制度的事项性质，国务院制定"行政法规"加以调整、规范才是更恰当的方式。

第二个争议则在于《土地管理法》的条文解释并不能给予农村宅基地的有偿使用以特别充分的法理支撑。1988 年修正的《土地管理法》第 38 条对宅基地分配、使用的审核、批准程序做出规定，其中并没有支付相应使用费用的规定。该法第 2 条第 3、4 款对国有土地、集体所有土地的使用权转让以及转让办法作出总体规定。对于国有土地的使用权，《土地管理法》规定实行"有偿使用"，而集体所有土地则缺少这一规定。如果从《土地管理法》体系解释的立场出发，如果考虑到这部 1986 年制定通过的《土地管理法》是要在法律层面确认行之有年的宅基地无偿分配制度，那么可以说，这部法律并没有为国务院转而确立农村宅基地的有偿使用辟出太多的可能空间。

更值得关注的问题是，确立宅基地有偿使用这一公权力行为涉及对公民权利与利益的限制，这就要求前者应当具有更加充分的合理性，换言之必须在具足合法性的基础上符合"比例原则"。虽然宅基地使用权更多作为一项民法权利而非宪法学所类型化的典型的基本权利，但它依然有着《宪法》上的依据。1982 年《宪法》第 8 条第 3 款规定，"国家保护城乡集体经济组织的合法的权利和利益，鼓励、指导和帮助集体经济的发展"。通过前文的分析我们也知道，宅基地使用权并非一项单纯的用益物权，而是一个依附于农民集体所有权的正当利益。并且从制度的历史沿革来看，20 世纪 50 年代农业合作社改革之后即在农村集体所有土地上确立了无偿分配宅基地的传统，行政机关要限制一项具有历史性并且为集体组织内的农民所现实享有的权利或利益，那么也就应当为其所采取的措施提供更加充分的合理论证。

公权力行为对权利的限制或者说克减一般都有着一个固定程式的论证结构：首先，权利的限制必须具有宪法、法律的依据；其次，这种限制的目的是保障他人的自由、权利或是社会公共利益，公权力的行为必须有助于实现这一目的的，并且权利克减与通过克减所实现或保障的法益应当达到一定的比例关系，即要"得偿所失"；最后，当公权力行为存在多种方式可供选择时，应当采用对权利限制最小的方式。这种公权力行为合理性论证的程序就是行政机关在作出行政行为时应当坚持的"比例原则"。1990 年国务院批转的《通知》大体上满足论证的前两项要件。统一监督管理土地属于国务院的职权范围，并且集体土地所有权及其内含的占有、使用权能也可基于公共利益的需要而受到一定的限制。"宅基地有偿使用制度"的确也有助于达成"节约、合理使用土地"和"严格控制占用耕地"的行政目的。不过"宅基地有偿使用制度"并不符合权利限制的第三项要件。国务院《通知》所针对的是超标准等违规占用宅基地的行为，那么完全可以严格执行省、自治区、直辖市所确定的宅基地分配标准，严格落实宅基地审批尤其是占用耕地时的行政审批；合理利用土地、节约耕地资源的目的也完全可以在村镇建设规划环节进行着手，从土地利用规划的源头确保土地资源的合理利用。对于历史原因所形成的超标准占用宅基地的，也可以对标准之外的土地适时收回或实行有偿使用收费。这些措施已经完全可以达成合理利用土地、保护耕地资源的行政目的，因此并无必要对所有使用宅基地的农民普遍征收使用费用，相比于前述措施——它们也同样为 1990 年国务院《通知》所采纳——"宅基地有偿使用收费"并不是一个对权利限制最小的可行选择。因此可以说，就实现合理利用农村土地的目的而言，对所有农村集体成员一体采用宅基地有偿使用制度并不是一个充分恰当的行政行为。也正是因为考虑到宅基地有偿使用为农民群体所带来的经济负担，在《通知》作出的两年后，国家便及时取消了这一收费项目。虽然农村宅基地有偿使用制度被撤销，不过"节约、合理使用土地"和"严格控制占用耕地"依然是现实必要的。国务院、土地行政管理部门以及地方各级人民政府并未放弃履行监督管理土地的职责。在 2010 年之后，农村集体所有土地的所有权、使用权确权登记以及宅基地制度的改善完善都在有序推进。不过与 1990 年前后的改革相比，新近的宅基地制度改革十分妥当地平衡了合理利用土地资源的行政目的与农村农民的权利保障。集体经济组织成员对农村集体土地的所有权、使用权的利益得到国家的切实保障，这主要可以表现为以下几个方面。

首先是农村集体所有土地上相关所有权、使用权的确权登记。确权登记的实质是行政机关对农民集体经济组织、农民家庭与个体所享有的合法权利的行政确认，这些权利涵盖了农村集体土地上的集体所有权、集体建设用地使用权、宅基地使用权等权利。依照 2011 年由国土资源部、中央农村工作领导小组办公室、财政部、农业部等联合发布的《关于农村集体土地确权登记发证的若干意见》，农村集体土地所有权确权登记发证要覆盖到全部农村范围内的集体土地，要确认到每个具有所有权的农民集体，宅基地使用权也应当按照规定的面积标准依法确认给本农民集体成员。集体所有土地上的确权登记彻底理顺了"土地所有权"与"土地使用权"、"农民集体"与"农民个体"的逻辑关系，是对农民集体经济组织与农民个体的土地权益的充分保障，具有重要的法治进步意义。此外，集体土地上的确权登记可以进一步清查土地的权属、面积、用途、规划等情况，对于强化农村土地资源管理、落实耕地保护制度、落实节约用地制度具有重要的意义。

其次，对合乎标准面积之内的、初期分配的农村宅基地实行无偿原则，而对超出标准的宅基地探索有偿使用。2010 年之后宅基地制度改革并没有像 1990 年前后那样对所有集体农民、所有宅基地一并推行有偿使用，而是更加精细化地区分了农民合理合法的土地使用权能和超出标准之外的部分。2015 年由中共中央办公厅、国务院办公厅联合发布的《关于农村土地征收、集体经营性建设用地入市、宅基地制度改革试点工作的意见》提出科学确定"一户一宅"的分配原则，保证实现"户有所居"；同时又提出，对因历史原因形成的超标准占用宅基地、一户多宅以及非本集体经济组织成员通过继承房屋占有宅基地等情形，探索实行由农村集体经济组织主导的"有偿使用"。这种"无偿分配"与"有偿使用"相结合的分配使用制度，一方面切实保障了农民对集体所有土地的合法合理的使用权能，同时又实现了超出福利性之外的农村土地利用的经济价值。

最后，当前的宅基地制度改革也因应社会发展的情势变化表现出新的趋向，例如 2018 年中央 1 号文件作出了探索宅基地所有权、资格权、使用权"三权分置"的改革部署，三权分置虽然尚在研究、试点推进的阶段，但这项改革无疑可以落实集体经济组织作为所有权人管理、监督宅基地的权利，同时又可以扩展出租、抵押、入股等土地利用方式，充分激活和释放土地的财产价值。此外，改革还包括了探索宅基地自愿有偿退出机制，这也可以进一步释放宅基地使用权的财产价值属性，可以补齐并形成完整的宅基地分配、使用与退出制度。虽然这些改革措施并不在本文主题探讨的范围之内，但从侧面也可以反映出当前农村宅基地制度改革对"权利"及权利实现的切实保障。

专题九 国家监察委员会的职权

📚 知识概要

2016 年，全国人大常委会决定在北京、山西、浙江开展国家监察体制改革，而后监察体制改革又在全国各级地方全面推开。2018 年，第十三届全国人大第一次会议表决通过了《宪法修正案》与《监察法》，标志着国家监察机关以及监察制度正式获得宪法与基本法律的确认。监察体制改革是近些年来涉及国家宪制制度的重大变革，原有的"一府两院"的国家机关架构转变成为"一府一委两院"的形式，"监察权"成为一项并立与行政权、审判权、检察权等国家权力的独立类型。

依照《宪法》对监察委员会机关性质的定性，监察委员会是国家的"监察机关"。监察委员会具体司职国家监察职能，对所有行使公权力的公职人员进行监察，调查职务违法、职务犯罪行为，开展廉政建设和反腐败工作。监察委员会的组织体系分国家、省级、市级、县级四级，上下级监察委员会之间为领导关系，国家监察委员会作为最高监察机关领导地方各级监察委员会的工作。依照《监察法》第 11 条的规定，监察委员会的职权主要是监察监督、监察调查、监察处置三项，具体而言：①对公职人员开展廉政教育，对其依法履职、秉公用权、廉洁从政从业以及道德操守情况进行监督检查；②对涉嫌贪污贿赂、滥用职权、玩忽职守、权力寻租、利益输送、徇私舞弊以及浪费国家资财等职务违法和职务犯罪进行调查；③对违法的公职人员依法作出政务处分决定；对履行职责不力、失职失责的领导人员进行问责；对涉嫌职务犯罪的，将调查结果移送人民检察院依法审查、提起公诉；向监察对象所在单位提出监察建议。与《国务院组织法》《法院组织法》《检察官组织法》对行政立法、审判解释、检察解释的规定相比，《监察法》对监察机关及其职权的规定缺少制定抽象性规范的权力，这也使得国家监察委员会在不断深入推进监察改革与监察实务工作的过程中面临着一些职权不足的难题。

经典案例

全国人大常委会授权国家监察委员会制定监察法规

在监察体制改革全面推开之后，监察工作中的一些深层次的问题逐渐显现，全国人大制定的《监察法》虽然为监察工作提供了最高的法律指引，但容组织、实体、程序为一体的综合法典也不免规定得较为原则抽象，需要在监察活动中进一步具体明确。为了便于各级监察机关更好地执行法律，国家监察委员会拟出台《监察法实施条例》，因此在 2019 年向全国人大常委会致函，同时建议全国人大常委会修改《立法法》或是作出相关决定，为国家监察委员会制定监察法规提供法律依据。

2019 年，全国人大常委会发布《全国人民代表大会常务委员会关于国家监察委员会制定监察法规的决定》（以下简称《决定》），全国人大常委会为确保国家监察委员会依法履行最高监察机关的职责，根据监察工作的实际需要，授权国家监察委员会在必要时制定监察法规。《决定》对监察法规的事项范围、制定及备案程序作出了一些简要的规定：

"一、国家监察委员会根据宪法和法律，制定监察法规。

监察法规可以就下列事项作出规定：

（一）为执行法律的规定需要制定监察法规的事项；

（二）为履行领导地方各级监察委员会工作的职责需要制定监察法规的事项。

监察法规不得与宪法、法律相抵触。

二、监察法规应当经国家监察委员会全体会议决定，由国家监察委员会发布公告予以公布。

三、监察法规应当在公布后的三十日内报全国人民代表大会常务委员会备案。

全国人民代表大会常务委员会有权撤销同宪法和法律相抵触的监察法规。"

实际上，早在全国人大常委会授权制定监察法规之前，国家监察委员会已经制定出台了一些规范性文件。例如在 2018 年 4 月至全国人大常委会作出决定之间陆续发布、实施的《国家监察委员会管辖规定（试行）》《公职人员政务处分暂行规定》《中央纪委国家监委检查审查调查措施使用规定（试行）》《监察机关监督执法工作规定》等。

二、法律问题

1. 全国人大常委会授权制定的"监察法规"的性质是什么？

2. "监察法规"是否有其存在的必要性，监察立法对国家监察委员会而言是否是一项必要的职权？

3. 全国人大常委会授权监察立法的《决定》的合法性是什么？

三、宪法分析

（一）"监察法规"的性质

对于全国人大常委会授权制定"监察法规"之《决定》的合宪性分析，首先需要澄清"监察法规"的性质。"法规"在我国的法律渊源体系中指的是在效力位阶上低于宪法、法律的一类具有普遍约束力的抽象性规范，例如行政法规、地方性法规、经济特区法规、军事法规等。"法规"的制定主体是全国人大及其常委会之外的其他国家机关，法规及法规的制定权属于广义上的"法律"和"立法权"的范畴。"监察法规"在性质上首先是"法规"，也就是说具备普遍约束力和抽象性这两个之所以称其为"法律"的特征。其次，"监察"既限定了这类法规的制定主体，同时也限定了这类法规所可以调整的法律关系的范围及领域。正如同"行政法规"是由国务院制定的就其行政职权范围内履行法律规定或行使其职权之需要而制定的规范，监察法规的制定主体是国家监察委员会，监察法规所调整的范围则限于与监察委员会履行监察职责相关的事项。

通过对全国人大常委会授权《决定》的文本分析，也可以发现"监察法规"是一个与行政法规、军事法规等具有相同性质的抽象性规范。《决定》首先规定国家监察委员会有权根据宪法和法律制定监察法规，并且监察法规可以就两类事项作出规定：其一，为执行法律的规定，需要制定监察法规的事项；其二，为领导地方各级监察委员会工作的职责，需要制定监察法规的事项。这表明，国家监察委员会首先具有执行性立法权，它可以就执行全国人大及其常委会有关监察领域的法律制定法规；此外，国家监察委员会还具有职权性立法权，可以就其对地方各级监察委员会的领导职权制定法规。《决定》对监察法规事项范围的规定十分类同《立法法》第 65 条第 2 款对制定行政法规的规定，后者也同样规定了执行性和职权性这两种立法权限。[1] 其次，就制定程序来看，监察法规的制定具备行政法规、地方性法规等法律渊源之立法程序的严格与正式。监察法规应当经过国家监察委员会全体讨论决定，并经由国家监察委员会发布公告予以公布，并且在公布后一定期限内，需要报请全国人大常委会备案。最后，《决定》中"根据宪法和法律，制定监察法规"以及"监察法规不得与宪法、法律相抵触"的规定，也指明了监察法规具有一定的效力位阶。鉴于《决定》中的这些措辞、国家监察委员会的机关地位以及与行政法规事项范围相类似的规定，部分学者认为"监察法规"具有与"行政法规"相同的效力位阶，并且就监察法规与行政法规发生冲突时的裁决机制进行理论构设。

在《立法法》修改之前，国家监察委员会制定监察法规的职权依据在于全国人大常委会作出的授权决定。但《决定》的授权与"授权立法"并非一回事情。一般而言，获得授权立法的主体并非行使其依照宪法、法律所本有的立法权，因此授权立法并不涉及立法权的创设，授权立法的期限也受到一定的限制。例如依照《立法法》第 9 条至第 12 条，国务院可以对应由全国人大及其常委会制定法律的部分事项先行制定行政法规，但这种授权立法受限于授权事项、范围、期限的限制，条件成熟时则应当由全国人大及其常委会及时制定法律。不过全国人大常委会关于制定监察法规的《决定》并没有体现出授权立法的暂时性特征。

由此可以得出结论，监察法规是一项与行政法规、地方性法规、军事法规等具有相同性质的正式法律渊源。全国人大常委会《决定》的目的在于赋予国家监察委员会一定的监察立法权，在于创设一个独立的正式法律渊源的类型，并将监察立法权、监察法规纳入到《立法法》所构建的多层次的立法

---

[1]《立法法》第 65 条第 2 款："行政法规可以就下列事项作出规定：（一）为执行法律的规定需要制定行政法规的事项；（二）宪法第八十九条规定的国务院行政管理职权的事项。"

体系与法律渊源体系之中。

（二）授权制定监察法规的必要性

在明确了"监察法规"的性质以及《决定》创设一个新型立法职权的目的之后，就有必要探究"监察法规"存在的必要性。"监察法规"存在的必要性，实质上决定了全国人大常委会的《决定》是否必要且合理。"监察法规"的必要性可以从以下几个方面来探析与证成。

第一，授权制定监察法规是推进监察体制改革持续深入进行的需要。2016 年试点展开的监察体制改革并不是一项牵涉狭窄的局部改革，而是涉及国家宪制的顶层设计的重大调整。整合了行政监察、预防腐败以及检察机关反贪、反渎等人员、机构、职权而形成的"监察机关"是一个独立于行政、审判、检察、军事等国家机关之外的全新的国家机关，原有"一府两院"的国家机关格局转化成为"一府一委两院"的形态。这种宪制的顶层设计的改革涉及方方面面的调整与构设，例如监察机关建设方面需要建立自国家监察委员会之下的各级监察机关，需要明确领导关系、监察官及等级、任免、考评、晋升等一整套的人事管理制度；在与其他国家机关的关系方面需要明确与人大及其常委会的关系，需要确定与审判机关、检察机关、行政执法部门的工作衔接、协调与配合、制约；在监察工作程序方面需要形成监察管辖、监察监督、监察调查、监察处置以及党纪处分程序衔接协调的贯通程序；在监察职权方面需要构建监察范围、权利保障以及包括讯问、留置、搜查等众多调查措施的监察制度。

可以说，监察体制改革涉及的是一个独立的国家机关的组织机构、工作程序、职权职能等一整套体系化的法律制度的构建与完善。监察体制改革的持续深入和制度完善，需要国家规范的源源不断的供给。而恰是在这个方面，全国人大及其常委会的"立法"无法满足其迫切的需要。2018 年制定出台的《监察法》虽然对监察职责、范围、权限、程序等涉及监察工作的各个方面进行了规定，但融和监察主体、监察职权、监察程序为一体的综合性法典对于具体实务的监察工作而言依然过于原则和抽象。虽然全国人大常委会也已经制定出台《监察官法》《政务处分法》等构成监察法体系之主干的部分法律，但限于全国人大常委会较为繁杂的立法事务和严格的立法程序，立法活动并不能及时有效满足具体的监察实务对规范的需求。并且相比于全国人大常委会，国家监察机关更能基于其对监察工作的总体领导职责及时发现与回应监察工作中出现的问题。

在"监察法体系"逐渐跃出成为一个相对独立的法律门类的情况下，宪法、法律作为上位法只能就综合性、原则性以及法律制度的重要方面作出规定，监察法体系尚还需要位阶较低，但数量更为众多、规范更为精细的"法规"形成梯次搭配、规定完善的法律体系。正如行政法体系赖由行政法规、政府规章等的构成，诉讼法体系赖由司法解释加以完善一样，监察法体系中监察法规的补足也不可或缺。因此授权国家监察委员会制定"监察法规"是一个在监察改革方兴未艾之际填补规范空白的最优选择。在《宪法》及《监察法》已经为监察委员会的职权作出授权规定的前提下，国家监察委员会可以通过制定监察法规为履行监督职责进一步赋能，增强职务违法犯罪监督及处置的手段和力度，将《宪法》《监察法》等其他上位法律的相关规定真正落到实处。

第二，授权制定监察法规同样也是监察委员会正常履行职责的需要。一方面如上所述，宪法、法律的规定只能构成监察法体系的主干部分，监察法体系的完善尚还需要低位阶的大量的法规进一步细化上位法中较为原则性、总体性的规定，监察法体系的丰富完善是监察委员会可以正常履行职责的前提。另外，若从《宪法》《立法法》所规定的立法权配置来看，与国家监察委员会平行的国家机关几乎都在其职权范围内享有一定的立法权。例如国务院可以就执行法律的需要或根据宪法规定的职权制定行政法规；最高人民法院、最高人民检察院可以就审判、检察工作中具体适用法律的问题制定司法解释——虽然司法解释就性质而言属于法律解释体系的构成，但实质上也具有抽象性法律规范的性质；军事委员会也可以制定军事法规。这种立法权的分散配置实质上是将制定抽象性规范的立法权能视为行政权、审判权、检察权、军事权等国家权力的不可或缺的组成部分。在一应反贪反渎、预防腐败等机构与职权整合转隶之后，国家监察机关已经成为一个平行于行政、审判、检察等机关的独立的国家机关，负责的职务违法与犯罪的监督、调查及处置等事务也形成了一个独立的职权与事务领域。因此，国家监察机关及"监察权"也同样需要被配置一定的立法权能。"监察权"与行政权、审判权、检察权的权能配置相同，均需要以制定一定的抽象性规范作为职权行使的一种形式。

从机关沿革的历史来看，转隶之前的监察部具有部门规章的制定权，反贪反渎作为检察系统的组成部门也可以分享检察解释的制定权。在整合转隶这些监察力量之后，国家监察机关的监察权责并非弱化，而是要更进一步强化。因此按照常理，上述机关的规范制定权也同样应当为国家监察机关所享有。缺乏抽象性规范制定权的监察权并不适配它所承担的构建集中统一、权威高效的监察体制，以及深入开展反腐工作、实现监察全覆盖的重大职责与使命。

如果从监察体制改革以来的现实情况来看，监察权的行使实际上也根本无法脱离制定抽象性规范这种形式。在全国人大常委会作出《决定》之前，国家监察委员会实际上已经开始了制定监察法规的实践。例如在 2018 年 4 月发布实施的《国家监察委员会管辖规定（试行）》《公职人员政务处分暂行规定》，2018 年 11 月发布实施的《中央纪委国家监委立案相关工作程序规定（试行）》，2019 年 7 月发布实施的《监察机关监督执法工作规定》等。监察委员会履行监察职责必然需要对《监察法》等较为宏观、原则的规定进行细化，制定监察法规实际是监察权行使必不可少的方式。如果从公权力机关"法无授权不可为"这项原则出发去审视，国家监察委员会制定上述规范性文件的行为的确存在合法性的瑕疵，毕竟无论是《宪法》抑或是起到监察法典意义的《监察法》，并没有规定国家监察委员会享有制定监察法规的权力。不过"法律"与"事实"的关系并非仅仅存在于法律规范调整社会事实这一维度，"法律"的发展及其生命的扩张还在于它不断吸纳具有必然性的社会事实，将后者转化为为法律所确认与认可的法律事实。因此可以说，2018 年《宪法》修正与《监察法》对监察立法权规定的阙如实际将监察委员会置放在了一个"合宪合法性"与"现实必要性"发生龃龉的尴尬境地。2019 年全国人大常委会授权制定监察法规的《决定》具有事后追认的意义，可以视为对《监察法》立法遗漏的填补。

第三，授权国家监察委员会制定监察法规还有着一个明显的助益：监察法规可以作为国家法律与党内法规衔接协调的重要平台。监察体制改革的一个结果是国家监察委员会与中央纪律检查委员会的合署办公，合署办公的结果并不仅仅是形式上的合一，而是组织结构、工作程序方面实质的合一。"纪委监委"一边必须依据宪法、法律制定与上位法不相抵触的监察法规，另一边又需要遵从党内法规的制定程序及权限制定有关党内法规。"监察法规"虽然就其性质而言属于国家法律体系，与党内法规体系并不能混同，但鉴于"纪委监委"这一实质合一的主体也享有党内法规的制定权力，国家法律与党内法规的衔接协调在"纪委监委"的立规立法活动中实际是一个必然发生的结果。

（三）授权制定监察法规的合法性及其瑕疵

基于以上的分析可以得知，监察法规及制定监察法规的授权具有存在的必要性。全国人大常委会的授权《决定》就其所欲达到的目的、意图而言是正当合理的。但除此之外，全国人大常委会的授权《决定》还必须具有合法性。因此，《决定》是否合乎宪法、法律所规定的全国人大常委会的职权也就成为值得分析的另一个问题。

由于监察委员会的职权主要是由《宪法》以及全国人大制定的《监察法》进行规定，而两者均没有对"监察法规"作出规定。因此，国家监察委员会的监察立法可以经由《宪法》修正或修改《监察法》的方式来授权。不过更为理想的方式则是修改《立法法》。由全国人大制定的《立法法》对我国广义上的立法体制、立法职权及立法程序进行了系统的规定，从行政法规、地方性法规再到司法解释、军事法规，《立法法》无所遗漏地对所有抽象性规范的制定作出规定。"监察法规"作为一项具有重要意义的法律渊源，自然也应当经由《立法法》完成授权规定。法工委主任沈春耀向全国人大常委会所作的关于《决定》的说明也承认了这一点，只不过考虑到《立法法》修改还涉及其他方面的问题，且《立法法》的修改在近期并未提上立法工作日程，因此"通过修改《立法法》来明确国家监察委员会制定监察法规的职权，时间上恐难以适应国家监察委员会的实际工作需要"。[1] 有鉴于此，全国人大常委会最终选择了通过"决定"的形式对国家监察委员会完成授权。

现有的官方资料以及学者的研究成果大致给出了两种证明全国人大常委会《决定》具有合法性的论证。其一，如关于《决定》的说明所称的那样，"采取由全国人大常委会作决定的方式，对机构职责问题作出规定，以往是有

---

〔1〕 参见《关于〈全国人民代表大会常务委员会关于国家监察委员会制定监察法规的决定（草案）〉的说明》。

过先例的"。[1] 例如在改革开放之初，鉴于经济特区探索经济发展的需要，全国人大常委会作出了授权广东省、福建省人民代表大会及其常委会制定在所属经济特区使用的单行经济法规的决定。《立法法》所规定的"经济特区法规"，作为一种独立的法律渊源类型最初是经由全国人大常委会的"决定"而出现的。这种先例之所以合宪合法，离不开部分学者所给出的第二种论证，论证的关键在于全国人大及其常委会作为最高国家权力机关及其常设机关的特殊的权力地位。

在人民代表大会制这一政权组织形式中，全国人大及其常委会相比于其他国家机关及国家权力而言处于始源的地位，它是人民当家作主的形式，是人民主权原则得以落实的要具。因此全国人大及其常委会可以就涉及国家机关、职权调整等关乎宪制的重大事项作出决定。关于《决定》的说明虽然只是提及先例，但背后所隐含的合法性论证显然隐含着对全国人大及其常委会所享有的特殊权力地位的认知。另有学者对其间的论证逻辑给出了更为清晰透彻的说明。依照《宪法》的规定，全国人大制定和修改刑事、民事、国家机构等方面的基本法律；全国人大常委会制定和修改基本法律之外的法律，并可就基本法律进行补充和修改。作为享有特殊权力地位的机关，全国人大及其常委会的立法权并非仅限于制定法律，它还可以延展出向其他国家机关分享制定抽象性规范的权力。所有其他国家机关的法规制定权最终都经由全国人大及其常委会的分派而获得，最终都须在全国人大及其常委会的授权行为那里寻找最终的合法性。这种立法体制所依循的原则，可以称为"人大的法规创造力原则"。

这种论证通过对全国人大及其常委会的特殊机关地位的强调，绕过了宪法、法律规定的阙如而为全国人大常委会的授权行为找到合法性依据。不过这也产生了更多难以解答的疑问：全国人大及其常委会的"意志"与它所制定的"法律"究竟如何协调。在全国人大及其常委会制定出明文规定的法律之外，它是否还可以越出法律明文规定的范围自行其事？换言之，全国人大及其常委会是否可以越出它在先前所制定的法律的约束？如果作出肯定的答

---

〔1〕　参见《关于〈全国人民代表大会常务委员会关于国家监察委员会制定监察法规的决定（草案）〉的说明》。

案，那么"法律"也就失去了成其为"法律"的稳定性。在《宪法》已经确定全国人大及其常委会有权修改法律及废止法律的前提下，全国人大及其常委会不同于明文法律规定的意志也应当基于合乎宪法与法律规定的程序来表达。因此可以说，全国人大常委会授权制定监察法规的《决定》的确存在着一些值得探讨的瑕疵。

首先，国家机关所享有的权力的范围应当以宪法、法律的明确规定为界限。在《宪法》以及对监察机关、职权作出总体性规定的《监察法》中，并无法找到国家监察委员会可以制定监察法规的职权规定。《立法法》对我国的立法体制作出了详细的规定，这些规定涉及立法主体、职权、事项、程序；涉及法律、行政法规、地方性法规、政府规章、自治条例、单行条例、经济特区法规、司法解释、军事法规等所有的法律渊源，其间也并没有关于监察法规的规定。因此可以说，现行宪法及法律并未赋予国家监察委员会以监察立法权。其次，无论是《监察法》还是《立法法》，均属于由全国人大制定的有关国家机关的基本法律，全国人大常委会并没有权力以"决定"的形式作出超出《监察法》及《立法法》的明文规定之外的规定，这种"决定"也并非基本法律部分补充或修改的立法程序。最后，《宪法》第 67 条对全国人大常委会的职权进行了列举规定及限定，全国人大常委会的"决定权"涉及特赦、动员、紧急状态等几个方面，其中并没有调整国家机关职责的决定权，也没有决定其他重要事项的兜底条款。

综合以上分析，全国人大常委会的《决定》的确存在某些方面的瑕疵。若考虑到监察立法之于监察体制改革及监察工作顺利开展的迫切需要，《决定》的瑕疵实属于迫不得已的合法性瑕疵。正如关于《决定》的说明所坦诚的那样，也恰如大多数学者在关于监察法规的研究中所给出的建议：对监察法规作出规定，最为理想的方式是通过《立法法》的修改。可以预期，《立法法》的修改将仿照行政法规等的规定，详细规定监察法规制定的主体、职权、事项范围及程序，也将为"监察法规"的存在提供最恰切的合法性依据。

专题十　最高人民法院的职权

知识概要

人民法院从国家机构的性质来说属于《宪法》规定的"审判机关"，依照现行《宪法》第 131 条的规定，"人民法院依照法律规定独立行使审判权，不受行政机关、社会团体和个人的干涉"。《人民法院组织法》第 2 条第 2 款对人民法院的机构性质与职权作出详细规定："人民法院通过审判刑事案件、民事案件、行政案件以及法律规定的其他案件，惩罚犯罪，保障无罪的人不受刑事追究，解决民事、行政纠纷，保护个人和组织的合法权益，监督行政机关依法行使职权，维护国家安全和社会秩序，维护社会公平正义，维护国家法制统一、尊严和权威，保障中国特色社会主义建设的顺利进行。"刑事、民事及行政诉讼法详细确定与区分了各级人民法院与专门人民法院的管辖职权，可以说，审理各类性质的诉讼案件并作出裁判是人民法院最主要的职权。在由基层人民法院、中级人民法院、高级人民法院和专门人民法院所组成的法院体系中，最高人民法院作为国家最高审判机关，还肩负着监督地方各级人民法院与专门人民法院审判工作的职责。

审判机关以及作为法律监督机关的检察机关行使职权的方式是"适用法律"，因此它们也被并称为"司法机关"。所谓"适用法律"，在狭义上指的就是国家的司法机关依据法定职权、经过法定程序，运用法律来解决案件纠纷。从国家机构及其职权的关系来看，全国人大及其常委会负责制定法律，各级人民法院则负责"依据法律"对各类诉讼案件进行审理并作出公正裁判。广义上的法律解释发生于法律实施的一切场合，人民法院基于审判活动中适用法律的需要更是不可避免地涉及对法律的解释，司法审判基于其职权本性与法律解释有着密不可分的关联。全国人大常委会基于审判、检察工作中适用法律所不可避免出现的解释法律的问题，授予最高人民法院、最高人民检察院在审判、检察工作中就"具体应用法律"作出"司法解释"的职权，最高审判机关、最高检察机关作出的司法解释分别被称为"审判解释""检察解释"。[1] 司法解释与全国人大常委会的立法解释、国务院的行政解释等共同构成了我国的法律解释体系，同时也成为我国一类正式的法律渊源。虽然法律解释体系明确仅能就具体应用法律问题作出"司法解释"，且将法律漏洞、条文明确界限等法律条文本身的问题交由"立法解释"加以解决，但"司法解释"在我国现实的法律解释制度中依然占据着重要的地位。依照规定，最高人民法院不仅可以针对个案作出"批复"，同时还可以作出"解释""规定""规则"等明确具有抽象性规范意义的司法解释。在现实中，司法解释与全国人大常委会的立法权、立法解释权的权力界分是一个值得关注的问题。

📑 经典案例

最高院关于"齐玉苓案"的批复及其废止

一、基本案情

齐玉苓与陈晓琪均是山东省滕州市第八中学 1990 届毕生生，齐玉苓在毕业当年考取了山东省济宁市商业学校并获得委培生资格。济宁商校随后向齐玉苓发出录取通知书，通知录取其为 1990 级财会专业委培生。陈晓琪考试成绩不合格，但为能继续升学，在其父亲陈克政的策划和操作下从滕州八中领取了齐玉苓的录取通知书，后以"齐玉苓"的名义顶替进入济宁商校就读。1993 年，陈晓琪从济宁商校毕业后被分配至中国银行滕州市支行工作。1999 年，齐玉苓在发现陈晓琪冒名顶替入学并就业后，以陈晓琪、陈克政、滕州八中、济宁商校侵犯本人的姓名权、受教育权为由，向山东省枣庄市中级人民法院提起民事诉讼。枣庄市中院认为被告姓名权受到了侵犯，但不支持侵犯受教育权的主张。而后，齐玉苓不服一审判决并向山东省高级人民法院提起上诉。山东省高院在案件审理中认为该案存在适用法律方面的疑难问题，因此于 2001 年报请最高人民法院进行解释。经最高人民法院审判委员会讨论通过，最高院作出有关该案的批复："经研究，我们认为，根据本案事实，陈晓琪等以侵犯姓名权的手段，侵犯了齐玉苓依据宪法规定所享有的受教育的基本权利，并造成了具体的损害后果，应承担相应的民事责任。"而后，山东

---

[1] 参见《全国人民代表大会常务委员会关于加强法律解释工作的决议》（1981 年发布实施）。

省高院依照《宪法》第 46 条[1]、最高人民法院批复作出侵权损害赔偿的终审判决。

齐玉苓案作为人民法院在司法审判中援引《宪法》裁判的第一案，在宪法学界与司法实务中产生了重大影响。宪法学界围绕宪法司法化、宪法适用、违宪审查、宪法的私人效力等问题展开了广泛的学术讨论，在司法实务中也不断出现人民法院援引《宪法》条款作出裁判的案例。而后在 2008 年，最高人民法院审判委员会通过并公布《最高人民法院关于废止 2007 年底以前发布的有关司法解释（第七批）的决定》，齐玉苓案的批复被废止。这一决定目录列明了 27 项决定废止的司法解释，所给出的理由大多是"情况已变化，不再适用"，或者是相关法律已经修改、与法律有关规定冲突、已经被新法或司法解释取代。与之不同，齐玉苓案批复的废止理由仅仅写明"已停止适用"。

二、法律问题

1. 最高人民法院对齐玉苓案作出的批复是否存在瑕疵。具体而言，批复是否是一个合格的"司法解释"，它是否超越了最高人民法院作出司法解释的职权？

2. 最高人民法院对齐玉苓案批复的废止是否合理，又存在着什么样的瑕疵？

三、宪法分析

（一）齐玉苓案批复与"法律解释"

对齐玉苓案批复的作出及废止的法理分析，首先需要确定最高院之"批复"的性质。

在 1981 年发布的《全国人民代表大会常务委员会关于加强法律解释工作的决议》[2] 中，全国人大常委会对我国法律解释体系作出规定，凡是"属于法院审判工作中具体应用法律、法令的问题"可以由最高人民法院进行解释，

---

〔1〕《宪法》（1999 年修正）第 46 条规定："中华人民共和国公民有受教育的权利和义务。国家培养青年、少年、儿童在品德、智力、体质等方面全面发展"。

〔2〕1981 年全国人大常委会通过《全国人民代表大会常务委员会关于加强法律解释工作的决议》可以视为最高人民法院对具体应用法律的问题作出司法解释的最早授权。

最高院与最高检就审判、检察工作中具体适用法律而作出的"解释"被统称为"司法解释"。最高院的批复是针对齐玉苓起诉陈晓琪等侵犯姓名权、受教育权这一具体个案而作出;并且,批复是要回应在《民法通则》并未规定"受教育权"这一民事权利及侵权责任的情况下,如何选择并适用法律从而救济被侵害的权利的难题。因此从内容来看,齐玉苓案批复符合"司法解释"的形式特征。同时,批复也符合"司法解释"作出的规定程序。2021 年修正的《最高人民法院关于司法解释工作的规定》对"司法解释"的类型与制定程序作出细致规定。就具体形式而言,司法解释包括"解释""规定""规则""批复"和"决定"五种。[1] 最高人民法院对高级人民法院、军事法院就审判工作中具体应用法律问题的请示所制定的司法解释,采取"批复"的形式。各高级人民法院提出应用法律问题的请示,依照规定属于最高院制定司法解释的立项来源之一,立项后的司法解释经起草、报送等程序,最终经由最高人民法院审判委员会讨论通过。因此,齐玉苓案的批复从性质上的确属于最高人民法院所作出的"司法解释"的一种。

那么接下来的一个问题便是,齐玉苓案的批复究竟是不是一个合格的司法解释,具体又存在哪些方面的瑕疵? 自齐玉苓案二审判决作出以来,宪法学界虽然对"宪法司法化"问题的探讨莫衷一是,但大多数意见还是倾向于认为在当前人民代表大会制度体制下,齐玉苓案根据《宪法》条款作出判决的确存在一些瑕疵。瑕疵的问题本质是批复没有准确依循宪法解释、法律解释与司法解释的界限,或者说,是在人民代表大会的体制下全国人大及其常委会所享有的"立法权"与最高人民法院的"司法权"之间的权力界分。

首先我们可以抛开我国现实的宪法与法律解释制度不论,纯从学理上探讨法律解释的成因及解释的主体。法律解释的主体存在着立法机关、司法机关解释等不同的主体形式,但司法机关在个案审理裁判中的解释无疑是一种更为主流的制度设计。法律解释之所以发生,即在于成文法需要以恰切的意义被运用到每一个案件中,或者在于法律规范的条文内容在现实的适用中发

---

[1] 齐玉苓案批复作出时有效的《最高人民法院关于司法解释工作的若干规定》(1997 年发布并实施,现已失效)规定司法解释的形式分为"解释""规定""批复"三种,司法解释的立项、起草、通过、备案等程序基本与现行有效的《最高人民法院关于司法解释工作的规定》(2021 年修正)相同。

生了模糊、矛盾、滞后等情形从而引发法律适用的疑难。因此可以说，法律解释与司法审判中的法律的个案适用是如影随形的，正是司法活动提供给法律适用、法律解释以及法律本身以旺盛不息的生命。在普通法系国家，"法官造法"是一项悠久且广受认可的传统，这项传统赋予法官在处理个案时可以斟酌灵活解释法律、再造法律直至弥补法律漏洞从而以实现个案的公平正义的权力。例如在美国，国会制定的法律是在法院的司法审判中发生解释与适用，国会只能通过法律修正等立法行为来扭转它所不赞同的解释。大陆法系有着浓厚的制定法传统，将司法活动与创制法律的立法严格区隔，并且更倾向于通过立法来解决法律适用中所遇到的疑难问题。不过大陆法系的学者也逐渐倾向于认同法官在司法活动中解释法律从而填补法律漏洞的能动性，例如法国即规定了当法律规定不明确或不完备之时，法官不能拒绝作出判决。[1]

司法机关与法律解释活动的关联还可以通过各国流行的违宪审查模式来审视。在由普通法院或宪法法院承担由个案争讼而引发的违宪审查的国家，普通法院或宪法法院担负着通过解释宪法从而适用宪法的责任，同时在针对立法机关所制定的法律进行审查的活动中，普通法院或宪法法院也不可避免地涉及对法律条文的解释，这种法律解释几乎可以视为合宪性审查的前置程序。例如合宪性法律解释即要求普通法院或宪法法院在法律规范存在多种解释可能时应当选择符合宪法的法律解释。

不过在我国，人民代表大会制度这一根本的政体决定了一种以最高立法机关为轴心的法律解释体系，人民法院并不具有类似上述"法官造法"或宪法解释、法律合宪性审查的能动性与权威。无论是宪法解释，还是针对立法机关所制定法律的解释都不属于人民法院的职权。依照我国《宪法》的规定，宪法解释与法律解释的权力均由全国人大常委会享有。[2] 1981 年全国人大常委会通过的《全国人民代表大会常务委员会关于加强法律解释工作的决议》对我国的法律解释体系进行了概括规定，同时也在总体上界分了不同主体之间的解释权限。

---

〔1〕　参见张志铭：《法律解释操作分析》，中国政法大学出版社 1999 年版，第 251-253 页。

〔2〕　"法律"的外延存在广狭的不同区别，"法律解释"也同样如此。本文所指的"法律解释体系"是指包含着宪法解释、立法解释、司法解释、行政解释和地方权力机关解释等多层的解释制度。而与"司法解释"或"宪法解释"相区别的"法律解释"，则仅指全国人大常委会对狭义上的"法律"的解释。

第一，全国人大及其常委会作为最高立法机关，负责制定法律。因此，"凡关于法律、法令条文本身需要进一步明确界限或作补充规定的"由全国人大常委会进行解释。

第二，最高人民法院与最高人民检察院分别享有审判权、检察权，属于国家规定的司法机关，最高院与最高检的解释权被限定在了具体的司法工作之内："凡属于法院审判工作中具体应用法律、法令的问题，由最高人民法院进行解释"；"凡属于检察院检察工作中具体应用法律、法令的问题，由最高人民检察院进行解释"。

第三，除立法解释、司法解释之外涉及其他法律、法令如何具体应用的问题，由国务院及主管部门进行解释；地方性法规条文本身需要进一步明确或作补充规定的，由制定法规的人大常委会进行解释。

这种法律解释权的分配可以抽绎出两条原则。其一，"立法的归立法，实施的归实施"；其二，"有权制定法律，就有权解释法律"。[1] 全国人大常委会的决议实际上严格界分了"立法权"与"司法权"的界限，所有需要进一步澄清、确定法律条文语义或是需要填补法律漏洞的"解释"都被视为一种准立法性质的工作，被归入全国人大常委会的职权范围。现行的《立法法》也在"法律解释"一节作出了相同的规定，第45条规定，"法律的规定需要进一步明确具体含义的"或是"法律制定后出现新的情况，需要明确适用法律依据的"，只能由全国人大常委会负责解释。与之相比，最高人民法院的司法解释权则被明确排除在了"法律、法令本身"的相关问题之外，只能就立法解释范畴之外的"审判工作"中"具体应用"法律的问题作出解释。如果我们对照"法官造法"或是以普通法院、宪法法院作为违宪审查机关的模式，就会发现我国的审判机关在解释法律的问题上并没有太多自由斟酌的空间。[2]

---

〔1〕　参见张志铭：《法律解释操作分析》，中国政法大学出版社1999年版，第246-251页。

〔2〕　在实践中，这种法律解释权的界分也产生了一些的问题。其中对法律解释主体的争议就指出，全国人大常委会保留法律解释权使得"法律解释"无法与"立法"相区别。当面对法律条文的含混、矛盾或是法律漏洞时，立法机关可以通过同样灵活的法律修改或法律制定来解决问题。并且，立法机关又与容易出现并发现上述问题的法律适用环节相区隔，这使得"立法解释"作为一种技术要具缺少被频繁使用的动机与可能，法律解释的研究者也注意到了立法解释在我国法治中长期的虚置。不过在全国人大常委会决议与《立法法》的规定之外，现实中的"司法解释"却也出现了自由空间过大以致侵蚀"立法"的趋向。部分司法解释并非是就具体适用法律的问题作出的解释，而已经具有了创制规则的意味。"司法解释的立法化"也成为一个备受争议的问题。

如果我们回到齐玉苓案审视在这一姓名权、受教育权受到侵犯的案件中山东省高院与最高人民法院如何选择具体适用法律，那么就会发现，批复与判决的确实现了司法的使命，它们在个案的审理中妥当地实现了权利救济与公平正义，但这种结果却是以逾越"司法解释"的权力界限为代价的。这也正是批复广受争议与被认为具有一定瑕疵的原因。

在齐玉苓案中，陈晓琪冒用齐玉苓的姓名，并借此侵占了本可能由齐玉苓享有的教育机会。本案的实体问题是齐玉苓的姓名权、受教育权受到侵犯，并且正如最高人民法院在《批复》中所认定的那样，陈晓琪等是以侵犯姓名权为手段侵犯了齐玉苓的受教育权。但是在 1990 年年侵权行为发生之时，有效适用的法律缺少对"受教育权"的具体规定。1987 年施行的《民法通则》在"人身权"一节只列举规定了部分类型化的民事权利，例如生命健康权、姓名权、名称权、名誉权、肖像权等，"受教育权"并非是一项被《民法通则》类型化且加以保障的民事权利，并且第 120 条关于侵犯人格权的民事责任的规定也缺乏对受教育权侵权的救济。1995 年全国人大通过的《教育法》以第 81 条规定，侵犯受教育者的合法权益造成损失、损害的应当依法承担民事责任。但基于法不溯及既往的原则，《教育法》并不能适用于齐玉苓案的裁判。简单来说，当山东省高院认定齐玉苓未曾放弃的受教育机会被非法侵夺时，它便面临着一个存在法律漏洞的无法可依的难题。因此，山东省高院以存在适用法律方面的疑难问题为由将报请最高人民法院进行司法解释。最高院在批复中认定齐玉苓的受教育权受到侵犯，造成了具体的损害后果应当承担民事责任，并且为本案的裁判确定了法律依据——我国《宪法》第 46 条第 1 款，"中华人民共和国公民有受教育的权利和义务"。

正如前面所述，中国的法律解释体系对"司法解释"的权力空间进行了较为严格的限定。"凡关于法律、法令条文本身需要进一步明确界限或作补充规定的"，或者是说当法律制定后出现新的情况导致出现法律漏洞的，应当由全国人大常委会通过立法解释加以解决。虽然齐玉苓案的法律适用难题出现在一个个案的司法审判活动中，但案件所涉及的法律漏洞的填补却在性质上属于应当由"立法解释"加以处理的事项。最高人民法院通过援引《宪法》弥补法律漏洞的解释，已经逾越了"司法解释"的界限，触及了依法应当归由全国人大常委会享有的解释权。针对齐玉苓案的法律适用难题，有学者主张通过民法中的"一般人格权"来容纳齐玉苓受到侵害的受教育权利，这种充分扩张条款语义的解释方法可以弥补法律文本的漏洞，同时也赖由全国人大常委会的立法解释加以实现。

（二）批复是否侵犯了全国人大常委会的宪法解释权？

齐玉苓案批复存在瑕疵的另一个原因，在于最高人民法院在司法解释中援引《宪法》作为裁判依据。对于这种做法，学者产生了不同的认识与观点分歧。一者认为，批复对《宪法》的援引是一种宪法解释，最高人民法院侵犯了全国人大常委会的宪法解释权；另者认为，批复只是如实转述了《宪法》所保障的公民的受教育权，并没有对《宪法》条文增添新的意义。最高人民法院的批复究竟是否侵犯了全国人大常委会的宪法解释权，要回答这一问题，我们可以依次展开如下分析。

首先需要明确什么是"宪法解释"，最高人民法院在作出"司法解释"或行使其他职权的活动中是否可以解释宪法、援引宪法。

"宪法解释"依其字面词义就是指主体依照宪法的原则、精神对宪法条文的涵义所做的说明。广义上的宪法解释的主体含括了国家机关、法官、法学家、公民个人等，因此宪法解释在学理上又可以区分出"有权解释"与"无权解释"。与无权解释相比，宪法规定的有权机关所作出的解释具有最终的和排他的宪法约束力。现行《宪法》第67条第1项规定，"解释宪法"是全国人大常委会的职权。从国家机关职权划分的角度来看，这一条款排除了行政、审判、检察等机关对宪法的解释权。不过这种排除并不能理解为对全国人大常委会解释之外的一切宪法解释活动的排除，因为这种排除在现实中是不可能达成的。宪法的解释与宪法的适用、遵守和发生效力是始终如影随形的，而后者显然不仅限于全国人大常委会的职权活动。所以，《宪法》条文所规定的"宪法解释"是一个狭义的概念，是专指全国人大常委会作为有权机关可以作出的"有权解释"，这种有权解释的确可以产生最终的宪法约束力，但却并不能排斥一切基于宪法且合乎宪法的其他主体的解释。

基于这种理解，最高人民法院当然可以解释宪法。并且从最高人民法院的职权及其特性来看，解释宪法与解释法律一样几乎是一项必不可免的活动。最高人民法院有权就审判工作的法律适用问题作出司法解释，其中的"解释""规定""规则"就其内容而言已经具有抽象性规则的意义，虽然"司法解释"并没有被视为一项正式的法律渊源，但是它当然需要符合宪法、法律这些上位法的规定，当然应当置列于由宪法、法律自上而下形成的金字塔式的规范体系之中。最高人民法院在作出司法解释时不仅需要解释法律，同时还必须通过理解与解释宪法确保司法解释合乎宪法的原则、精神与具体规定。并且，我国的合宪性审查还赋予最高人民法院提出审查要求的权力，而启动合宪性审查的规定情形——认为行政法规、地方性法规、自治条例、单行条例同"宪法"或者"法律"相抵触，也意味着最高人民法院在处理其他法律渊源的问题上不可避免地涉及对宪法的解释。[1]

这样，齐玉苓案批复的争议就不再是批复是不是解释了宪法，而是这种解释是否侵犯了应当由全国人大常委会享有的宪法解释权。最高人民法院的批复援引了公民受教育的基本权利受到保障的《宪法》规定，这种引述只是如实陈述了宪法事实上的规定，"转述"虽然是一种对于宪法的解释，但它并没有解决宪法文本内在的模糊、矛盾、空白或者为宪法条文增添或限缩意义，因此这种解释并没有威胁到全国人大常委会有权解释的职权。争议的焦点并不在于最高人民法院在批复中援引了《宪法》，而在于它将受教育权的《宪法》规定应用到一个具有争议性的问题领域——民事诉讼及私人间的法律关系。

在齐玉苓案所引发的宪法学争论中，"宪法适用"是一个被学者广泛探讨和审视的概念。有观点认为"宪法适用"大体与宪法实施、宪法遵守同义。不过更多的学者认为，与"法律适用"一样，"宪法适用"是一个更为精准的概念术语，是指特定的国家机关依照法定程序具体应用宪法来处理宪法性争议的活动，也有观点将这一概念视为"违宪审查"的同义语。所以一般而言，宪法的适用往往与它的"公法"性质息息相关。公权力与公权力、公权力与公民权利之间的法律关系以及在这些关系中所发生的争讼才是宪法适用的关键特征。从宪法史的历程看来，"宪法"作为一种法律，最初是被用于确认并保障公民的基本权利、授权并限制国家的公权力。可以说，对私主体之间的法律关系的调整并不是立宪主义的初衷，宪法在私人间的效力依然是一个在学理上存在争议的问题。在扩展宪法适用效力的问题上，美国与德国分

---

[1] 此外，在诉讼案件审理这一最核心的职权活动中，宪法作为一种效力位阶最高的法律当然也存在其适用与发挥效力的空间。比如判决文书可以在说理部分援引宪法证成判决结果的正当性。

别发展出了"政府行为"和"间接效力"理论，它们承认在特定的条件下，宪法的基本权利条款对部分私主体之间的关系可以发生效力。如果站在"直接效力说"的立场认为宪法对私人间的关系具有直接效力，的确可以发现一些可以证成这一观点的理据。"宪法"不仅仅是"公法"，同时也是具有最高法律效力并派生出所有下位规范的"母法"。宪法规定的基本权利并不是被限定的只可能会被国家公权力侵犯的权利，而是人之为人所必须具备的"人权"，这一定义已经指明了宪法的权利条款同样也是私法权利的源泉。从宪法史的整体发展历程来看，的确可以将"宪法"视为所有法律、权利——无论是公法抑或是私法——的价值判断的最终依据。

因此，依据宪法条款救济在齐玉苓一案中受到侵害的受教育权并非存在不可逾越的理论障碍。只不过，接受"间接效力""直接效力"的理论，并不是最高人民法院可以享有的职权。在《宪法》明确规定只有全国人大常委会负责解释宪法的情况下，全国人大常委会所享有的宪法解释权与最高人民法院基于司法权而连带的宪法解释显然是不成比例的。后者作为无权解释的主体，只能在《宪法》文本无所疑义地框定的意义空间之内解释宪法、运用宪法，它并没有就宪法条文本身所存在的问题通过解释进行完善的权力。而齐玉苓案批复恰恰造成了一种最高人民法院无权左右的结果，它在事实上扩张了受教育权条款的宪法意义，在事实上扩张了宪法适用的效力空间。因此可以得出这样的结论：最高人民法院关于齐玉苓案的批复实际上处理了依性质应当属于由全国人大常委会处理的事项，侵犯了后者的宪法解释权。

(三) 停止适用批复的正当性分析

最高人民法院的批复虽然带有越出司法解释的规定权限的瑕疵，不过在齐玉苓案这一存在法律漏洞与法律适用难题的案件中，批复为山东省高院的判决提供了依据，恰当地救济了齐玉苓被侵害的受教育权，实现了个案的正义与公平。批复虽然在学理上引发争议，但在被制定通过并提交全国人大常委会备案直到被最高院主动废止，批复一直存在司法解释的合法效力。最高人民法院依照法律规定有权作出"司法解释"，同样也有权修改或废止"司法解释"。《最高人民法院关于司法解释工作的规定》对司法解释的"废止"只作了一些较为笼统的规定：废止司法解释应当采用"决定"的形式，废止的程序参照司法解释的制定程序办理，并需经由最高院审判委员会讨论通过。

从形式上看，最高人民法院对齐玉苓案批复的废止符合上述的笼统规定。2008 年 12 月，最高人民法院经过审判委员会的讨论与通过，公布施行《最高人民法院关于废止 2007 年底以前发布的有关司法解释（第七批）的决定》（以下简称《决定》），决定废止共计 27 项司法解释，齐玉苓案批复也位列其中。

不过从《决定》的具体内容表述来看，《批复》的废止也存在一些正当性方面的瑕疵：与同时被废止的其他司法解释相比，对齐玉苓案批复的废止并没有给出正当的理由。

最高人民法院的《决定》明确给出了废止司法解释的"废止理由"，废止其他司法解释的理由是：情况已变化，不再适用；已被《物权法》取代；与《物权法》规定冲突；《民事诉讼法》已经修改；已被新的司法解释所取代。如果进行归纳，司法解释废止的理由大致有以下几类：其一，基于上位法优位的原则，法律修改或新制定，旧的司法解释为新法吸收或与法律规定相冲突；其二，基于新法与旧法的关系，旧的司法解释被新的司法解释所取代；其三，随着历史与社会发展，法律关系发生变化致使旧的司法解释失去适用空间。与这些正当合理的理由相比，齐玉苓案批复的废止并未给出一个恰当的理由。"已停止适用"陈述的是批复已经不再具有作为规范适用的效力，而这与"废止"所表明的法律效力的停止具有相同的语义，所以"已停止适用"并不能作为"废止"的正当理由。废止批复的正当理据要求继续回答，究竟是什么什么原因导致了"已停止适用"。因此可以说，最高人民法院在废止齐玉苓案批复的《决定》中并没有给出正当合理与充分的理由。有学者认为，批复废止的未曾言明的目的在于排除人民法院直接依据《宪法》条款裁判案件的做法。正如齐玉苓案在所谓"宪法司法化"问题上的历史意义，批复的废止也具有界标的意义。

专题十一　人民检察院及其职权

知识概要

我国《宪法》第 134 条规定，"中华人民共和国人民检察院是国家的法律监督机关"，这一定性实际明确指明了检察院的职权即是"法律监督"。《人民检察院组织法》第2条也规定，"人民检察院是国家的法律监督机关。人民检察院通过行使检察权，追诉犯罪，维护国家安全和社会秩序，维护个人和组织的合法权益，维护国家利益和社会公共利益，保障法律正确实施，维护社会公平正义，维护国家法制统一、尊严和权威，保障中国特色社会主义建设的顺利进行"。而2021年6月15日发布的《中共中央关于加强新时代检察机关法律监督工作的意见》对检察院及其职责作出了这样的表述："人民检察院是国家的法律监督机关，是保障国家法律统一正确实施的司法机关，是保护国家利益和社会公共利益的重要力量，是国家监督体系的重要组成部分，在推进全面依法治国、建设社会主义法治国家中发挥着重要作用。"这个定义对"法律监督"概念下人民检察院的职权做了更进一步的阐述，基本可以分为三个部分："保障国家法律统一正确实施的司法机关""保护国家利益和社会公共利益的重要力量"和"国家监督体系的重要组成部分"。这三类职权，在《人民检察院组织法》第20条中又被具体阐述为8项，其中前4项"依照法律规定对有关刑事案件行使侦查权"（侦查权）、"对刑事案件进行审查，批准或者决定是否逮捕犯罪嫌疑人"（批捕权）、"对刑事案件进行审查，决定是否提起公诉，对决定提起公诉的案件支持公诉"（公诉权）、"依照法律规定提起公益诉讼"（公益诉讼权）主要起到"保护国家利益和社会公共利益的重要力量"这一职能，也就是通过"追诉犯罪"来"维护国家安全和社会秩序，维护个人和组织的合法权益，维护国家利益和社会公共利益"；"保障国家法律统一正确实施的司法机关"则主要通过第5项"对诉讼活动实行法律监督"（诉讼监督权）和第6项"对判决、裁定等生效法律文书的执行工作实行法律监督"（抗诉权）实现；至于"国家监督体系的重要组成部分"这一职权，则体现在第5项的诉讼监督权和第7项"对监狱、看守所的执法活动实行法律监督"（监所监督权）。

2016年以来，人民检察院的职能在司法体制改革中受到较大的调整，增加了公益诉讼的职能，但是原有的反渎职侵权部门、反贪污贿赂部门和职务犯罪预防部门则转隶于新成立的监察委员会。这一方面是为了建立高效、统一的国家监察新体系，另一方面也是对于人民检察院"法律监督"职能的回归；通过对过去庞大的检察院的"瘦身"，使人民检察院成为一个更加专注于

"公诉"和"监督司法"的国家机构。这是对于人民检察制度的中国化的新探索，也是符合时代发展需要的法律职业专业化的新成就。

经典案例

最高人民法院、最高人民检察院和司法部联合颁布
《国家司法考试实施办法（试行）》

一、基本案情

2001 年 10 月 30 日，最高人民法院、最高人民检察院和司法部联合发布公告，颁布《国家司法考试实施办法（试行）》。以此为标志，作为取得律师资格、担任初任法官、检察官的入门考试的司法考试正式诞生。而这一制度自其诞生之日，一方面被视为是我国司法改革的一大成果，体现出司法制度的进一步完善；另一方面，针对这一制度也存在着不少批评和质疑的声音，甚至包含着对制度合宪性的怀疑。

这些质疑主要集中在两个方面：

第一，彼时我国并未设立专门机构负责国家司法考试的组织工作，其组织工作名义上由最高人民法院、最高人民检察院与司法部共同负责，实际上由于司法部长期组织此前的律师资格考试而积累了较为丰富的经验，而国家司法考试在形式上与原律师资格考试并无较大差异，使得其组织工作大部分由司法部独力承担。在这样的情况下，最高人民法院、最高人民检察院是否应当作为《国家司法考试实施办法（试行）》的发布部门，负责国家司法考试是否有超出两个部门宪法规定权力界限之嫌疑？这是在国家机构职权层面的问题。

第二，《国家司法考试实施办法（试行）》限制了司法考试的报名资格，即除个别地区外，至少必须具备大学本科学历才被许可参加考试，这种行为是否是一种不平等？而考虑到参与司法考试是取得律师资格、担任初任法官、检察官的必要条件，这种限制部分公民参与司法考试的行为是否是对这部分公民通过担任国家公职进而参与管理国家事务的权利的一种剥夺？

二、法律问题

1. 最高人民法院、最高人民检察院是否应当作为《国家司法考试实施办法（试行）》的制定主体？

2. 司法考试以学历限制公民报名，这是否剥夺了宪法所赋予公民的参政权？

三、宪法分析

根据现行《宪法》的规定，人民法院是国家的审判机关，人民检察院是国家的法律监督机关；最高人民法院是最高审判机关，监督地方各级人民法院和专门人民法院的审判工作；最高人民检察院是最高检察机关，领导地方各级人民检察院和专门人民检察院的工作。从这样的表述中似乎难以找到最高人民法院、最高人民检察院拥有和司法部联合颁布《国家司法考试实施办法（试行）》的职权依据。不过，考虑到并非所有国家机关的职权都能在《宪法》中被一一列举，全国人大及其常委会制定的法律也同样可以成为行使职权的依据，那么将法律也纳入行使职权的渊源进行分析就是一种合理且必要的做法。

而在全部和检察院、法院，以及检察官、法官职权相关的法律中，2001年修正的《检察官法》与《法官法》均提及"司法考试"，并将原本初任检察官（审判员、助理审判员）采用考试、考核的办法，按照德才兼备的标准，从具备检察官（法官）条件的人员中择优提出人选的规定改为，初任检察官（法官）采用严格考核的办法，按照德才兼备的标准，从通过国家统一司法考试取得资格，并且具备检察官（法官）条件的人员中择优提出人选。然后，加入了国家对初任法官、检察官和取得律师资格实行统一的司法考试制度。国务院司法行政部门会同最高人民法院、最高人民检察院共同制定司法考试实施办法，由国务院司法行政部门负责实施。看起来，最高人民法院和最高人民检察院颁布《国家司法考试实施办法（试行）》于法有据。

但是，如果仅仅因为《检察官法》与《法官法》中的规定，就认定"国务院司法行政部门会同最高人民法院、最高人民检察院共同制定《国家司法考试实施办法（试行）》"是对最高人民法院、最高人民检察院职权的合宪扩张，那么就产生了两个令人十分费解的矛盾。其一，根据宪法与相关法律规定，检察院的职权为刑事案件的侦查权、批捕权、公诉权和对司法过程的监督权，无论从其中任何一项都无法引申出颁布关于司法考试的法律文件这一权力；其二，对于检察院职权范围的规定集中于《人民检察院组织法》而非《检察官法》，那么职权的重新配置也应该在《人民检察院组织法》而非《检察官法》中加以确认。

因此，从合法性角度而言，最高人民法院、最高人民检察院和司法部联合颁布《国家司法考试实施办法（试行）》的行为虽然有相应的法律依据，但是这种立法存在有明显的瑕疵；仅从合法性角度进行分析不足以给出明确的结论。

确定了最高人民法院、最高人民检察院颁布《国家司法考试实施办法（试行）》具有有瑕疵的宪法与法律依据的前提下，下一步要判断最高人民法院、最高人民检察院同司法部一样作为《国家司法考试实施办法（试行）》的发布部门是否具有现实中的合理性。而这要从司法考试的性质加以判断。

《国家司法考试实施办法（试行）》中对司法考试给出了明确的定义，其第2条第1款规定，"国家司法考试是国家统一组织的从事特定法律职业的资格考试"。而从这一规定可以推定该考试具有三种性质："其一，它是国家统一组织的考试，这一性质强调司法考试绝非由有关行业协会自行组织，也非由某一国家机关以自身名义或由各地方国家机关单独地、分别地组织，这突出了司法考试的统一性与权威性；其二，它是从事特定法律职业的考试，这一性质一方面将国家司法考试区别于普通高考、研究生入学考试等非职业考试，另一方面将其区别于注册会计师考试等其他职业考试，所谓"特定"的法律职业包括担任法官、检察官、律师三种；其三，它是一种资格考试，即与选拔性考试不同，资格考试旨在认定应试者从事某种特定活动的资质、能力，凡具备此种能力者便应获得资格，不排除所有应试者通过考试的可能；而选拔性考试旨在甄别应试者能力、水平的高下，其目的在于存优去劣，一般定有取录人数的名额或比例，在一般情况下，排除所有应试者通过的可能。"[1]

---

〔1〕 韩大元主编：《中国宪法事例研究（一）》，法律出版社2005年版，第310页。

在明确了司法考试的性质后，应当注意到，其中只有第二项"从事特定法律职业"这一性质与最高人民法院、最高人民检察院的职权存在一定关联。据此，有观点认为最高人民法院和最高人民检察院应当作为组织司法考试的核心机构；甚至认为司法考试关乎公民初任法官、检察官的授予资格，这种重要的人事权在实际中为司法行政部门左右实际更进一步弱化了司法机关的权力地位。这种观点明显忽略了我国检察官、法官的任命机制。通过司法考试仅仅是拥有了"担任初任法官、初任检察官，申请律师执业和担任公证员"的资格，不代表可以直接担任初任法官、初任检察官等职务。而想要进一步成为初任法官、初任检察官，则还需要通过相应的公务员考试以及司法机关系统内部的考核。将司法部参与组织司法考试视为行政权力对于司法权力的侵蚀显然是一种过度而不必要的担忧。

恰恰相反，从司法部、最高人民检察院、最高人民法院公布的数据来看，截至 2017 年，我国共有 88.8 万人通过司法考试，而近几年员额法官数量大约在 12 万左右、员额检察官数量则仅为 6.9 万余名；相比而言，执业律师的数字，截至 2021 年，则高达 57.48 万多人。可见，通过司法考试的合格法律职业人才中，绝大多数并非如一些观点认为的那样加入法院、检察院工作，而主要流向律师、公务员等岗位。如果说要成为法官、检察官必须通过司法部参与组织的司法考试是行政权力对于司法权力的侵蚀，那么更多的通过司法考试的公务员和律师是否也受到司法机关的影响呢？可见仅仅是初任法官、初任检察官需要通过司法考试并不足以成为支持最高人民法院和最高人民检察院参与颁布《国家司法考试实施办法（试行）》的依据。

当然，在这个地方不妨多做一些分析，将"国家统一组织的从事特定法律职业的资格考试"命名为"国家司法考试"究竟是否合理？笔者认为这一名称显然存在不妥之处，理由有三：首先，"司法"和"法律职业"概念不同，司法权是具有专属性的公权力，虽然部分行使公权力的司法者需要通过司法考试，但相较于数量远多于司法者的通过"司法考试"的"法律职业人"，将"法律职业考试"称为"司法考试"显然是对司法概念的混淆与滥用；其次，"司法考试"所考的内容包含法理学、宪法、法制史、经济法、国际法、国际私法、国际经济法、司法制度与法律职业道德、刑法、刑事诉讼法、行政法与行政诉讼法、民法、商法、民事诉讼法等领域，是对于法律知识的全面性考核，而在这种"大水漫灌"式的考试中，往往不会涉及《法官法》《检察官法》等，或者只是象征性地出一两道题目，所以仅仅只通过"司法考试"是不足以证明一个人足以担任法官、检察官职业的；最后，通过"司法考试"不代表可以成为司法者，初任法官与检察官的选拔考试一般是各地的公务员考试，是在所有通过司法考试的候选人中优中选优的结果，相较于司法考试，法官、检察官，甚至是公安等司法机关的公务员考试也许更配得上"司法考试"的称呼，而这种国家统一组织的从事特定法律职业的资格考试，被称为"法律职业资格考试"才更为合理。当然也许正是出于这种考虑，在 2018 年的"司考改革"中，"国家统一法律职业资格考试"取代了"国家司法考试"，做到了名实相副。

需要注意的是，我国的司法体制不同于西方所谓"三权分立"下的"司法权"，这一点在检察机关设置上得到了充分的体现。美国的检察系统分为联邦检察系统和地方检察系统：联邦检察系统由司法部和联邦地区检察署组成，其职能主要是调查、起诉违反联邦法律的行为，并在联邦作为当事人的民事案件中代表联邦政府参与诉讼；地方检察系统以州检察机关为主，一般由州检察长办公室和州检察署组成，同时在部分城市也有独立于州检察系统的市检察机关。而我国的检察院则是司法机关的组成部分，具有代表国家行使检察权的法律监督机关性质。我国的最高人民检察院由全国人民代表大会产生，对全国人民代表大会及其常委会负责并受它监督；地方各级人民检察院由同级人民代表大会产生，对同级人民代表大会及其常委会负责并受它监督；下级人民检察院还要对上级人民检察院负责。检察机关并不像美国一样从属于政府或从属于法院，而是直接对权力机关负责。各级人民检察院均有"依照法律规定对有关刑事案件行使侦查权""对刑事案件进行审查，批准或者决定是否逮捕犯罪嫌疑人""对刑事案件进行审查，决定是否提起公诉，对决定提起公诉的案件支持公诉""依照法律规定提起公益诉讼""对诉讼活动实行法律监督""对判决、裁定等生效法律文书的执行工作实行法律监督"和"对监狱、看守所的执法活动实行法律监督"等职权。不难看出，除了和美国检察机关类似的侦查权和公诉权，对公安机关的侦查、人民法院的审判工作、司法行政机关的监狱工作进行监督的权力则是我国人民检察院"法律监督机关"特点的鲜明体现。从某种意义上说，正是因为检察院有权力对法院作出的判决、裁定提出抗诉这种监督、影响司法最终结果的权力，因此无论从我国的公安、检察、法院、司法、安全机关所组成司法体制来看，还是按照西方"三权"的分类，我国的人民检察院都是毫无疑问的司法机关。

回到最高人民法院、最高人民检察院是否应当作为《国家司法考试实施办法（试行）》的发布部门这一案件中，前文已经分析过，最高人民法院、最高人民检察院颁布《国家司法考试实施办法（试行）》这一行为，在合法性层面仅有存在一定争议的法律渊源。在合理性层面，从考试性质中也无法天然得出需要最高人民法院、最高人民检察院参与的必要性。那么进一步分析，最高人民法院、最高人民检察院参与颁布《国家司法考试实施办法（试行）》是否有助于发挥行政效能呢？答案也是否定的。

彼时我国并未设立专门机构负责国家司法考试的组织工作，其组织工作名义上由最高人民法院、最高人民检察院与司法部共同负责，实际上由于司法部长期独立组织律师资格考试而积累了较为丰富的经验，而国家司法考试在形式上与原律师资格考试并无较大差异，使得其组织工作大部分由司法部独力承担。在这样的情况下，对于目的在于选拔合格法律职业人才而非直接选拔法官、检察官的司法考试，恰恰应当是以长期以来从事考试组织工作的司法部为主体展开工作。

总而言之，最高人民法院、最高人民检察院在是否是颁布《国家司法考试实施办法（试行）》的适格主体问题上，立法依据不够充分，也没有必须参与颁布的理由，更不具备组织考试工作的相关经验，很难将其视为制定司法考试相关办法的适当的主体。而之所以会有最高人民法院、最高人民检察院和司法部联合颁布《国家司法考试实施办法（试行）》的情况发生，更多可能是彼时国家法制建设尚不成熟，对于检察院、法院与行政机关的职权划分不够清晰的结果。不过，这种情况在 2018 年进行司法考试改革，颁布《国家统一法律职业资格考试实施办法》时已经得到了纠正——司法部是《国家统一法律职业资格考试实施办法》唯一发布部门，最高人民法院、最高人民检察院则依据《国家统一法律职业资格考试实施办法》，与司法部组成国家统一法律职业资格考试协调委员会，就国家统一法律职业资格考试的重大事项进行协商，继续在尊重《宪法》规定的国家机构职权的前提下，为我国的法治建设与司法教育提供积极的指导作用。

对于第二个问题，《国家司法考试实施办法（试行）》第13条规定应试者的积极条件为；具有中华人民共和国国籍；拥护《宪法》享有选举权和被选举权；具有完全民事行为能力；符合《法官法》《检察官法》和《律师法》规定的学历、专业条件；品行良好。其中第4项规定的学历与专业条件在《法官法》《检察官法》和《律师法》中为"法律专业本科以上或其他专业本科以上学历具有法律专业知识"；此外，适用上述条件有困难的地方，经审核确定，在一定时期内可以将学历条件放宽为高等院校法律专业专科学历，这里的部分地区主要包括国家扶贫开发重点县与民族自治地方。

同时，《国家司法考试实施办法（试行）》第14条对司法考试应试者的消极条件也作了明确规定，即因故意犯罪受过刑事处罚的；曾被国家机关开除公职，或曾被吊销律师执业证的，不能报名参加司法考试，已经办理报名手续的，报名无效；此外，不得报名的人员还应包括该办法第18条规定的，曾被处以2年内或终身不得报名参加司法考试的人。

此间，司法考试报名资格最大的违宪嫌疑在于其对应试者学历的限制，即除个别地区外，应试者至少必须具备大学本科学历。有学者认为该规定直接剥夺了部分公民的参政权，即剥夺了部分公民通过担任国家公职而参与管理国家事务的权利。

针对这一问题，事实上世界多数国家的司法考试制度均对应试者的报名条件作了学历上的要求。大陆法系国家德国与法国均要求其法官、检察官与律师必须拥有法学学士学位，法国的律师甚至必须拥有法学硕士学位；而英美两国则要求司法考试的应试者必须是毕业于相关机构认定的法学院的学生，这些要求都远远高于我国司法考试制度的要求。

反过来说，如果司法考试以学历限制公民报名是剥夺了宪法所赋予公民的参政权，那么在应试者必然会担任公职人员的公务员考试中对于报名学历的限制，显然是一种更加直接的限制参政权的行为。司法考试是一项资格认定考试，其目的在于选拔出合格的法律职业人才，而非选拔出特定的公职人员。因此笔者认为，司法考试对应试者学历所提出的基本要求并不足以影响公民的参政权。

第二节　地方国家机关

专题一　我国地方单位的建立与行政区划的变更

📚 知识概要

行政区划在我国有着十分悠久的历史，自古就是国家治理的重要方式，是经济发展和社会进步的调节手段。根据《宪法》第30条的规定，我国地方行政区域划为：①全国分为省、自治区、直辖市；②省、自治区分为自治州、县、自治县、市；③县、自治县分为乡、民族乡、镇。而随着城镇化的日趋深入，通过行政区划调整促进区域协同发展已经成为推进国家治理体系和国家治理能力现代化的重要举措，[1] 在此背景下，我国近年来启动了大规模的行政区划调整，数据显示，在2010-2018年间，我国进行了276项县级以上行政区划调整，其中的调整如撤县设市、撤县设区、区县合并等表现出了较强的经济导向；[2] 但并非所有的行政区划调整均是基于经济发展的考虑，如2012年海南省设立三沙市，2014-2016年对西藏日喀则、林芝等地撤地设市等，更多是基于边境治理和维护民族区域稳定的考虑。由此可以看出，行政区划是我国国家治理的重要方式，具有促进经济协同发展和维护区域稳定等多重功能，基于一定的考虑对行政区划依法科学进行调整是推进国家治理体系和治理能力现代化的重要手段。

📚 经典案例

北京市行政区域调整

一、基本案情

2010年7月国务院正式批复了北京市政府关于调整首都功能核心区行政

---

[1] 叶林："专栏：政府迁移与行政区域调整"，载《公共行政评论》2020年第4期。
[2] 匡贞胜："中国近年来行政区划调整的逻辑何在？——基于EHA-Logistic模型的实证分析"，载《公共行政评论》2020年第4期。

区划的请示，同意撤销北京市东城区、崇文区，设立新的北京市东城区，以原东城区、崇文区的行政区域为东城区的行政区域；撤销北京市西城区、宣武区，设立新的北京市西城区，以原西城区、宣武区的行政区域为西城区的行政区域。

批复要求北京市要尽快明确新设区政府驻地位置，并按程序报批。行政区划调整涉及的各类机构要按照"精简、统一、效能"的原则设置，涉及的行政区域界线要按规定及时勘定，所需人员编制和经费由北京市自行解决。要严格执行中央关于厉行节约的规定和国家土地管理法规政策，加大区域资源整合力度，优化总体布局，促进区域经济社会协调健康发展。

二、法律问题

1. 北京市市辖区的行政区域的调整应按何种法律程序进行？
2. 新成立的北京市东城区和西城区的国家机关如何组建？

三、宪法分析

行政区划是指国家为治理的需要，按一定原则、标准和程序将国家分为若干层次和区域的管理区域。我国行政区划的层次多，共分为 4 级地方行政区域；类型多，如在省级行政区划中，即有省、自治区、直辖市和特别行政区四种类型，而在县级，则有县（旗）、自治县（自治旗）、不设区的市、市辖区等多种类型。近些年，我国现行的行政区划中存在诸多不适应社会经济发展需要的因素，各地方纷纷在调整本行政区域内的行政区划。

按照我国宪法和法律的规定，行政区划调整决定权的主体有 3 个，分别是全国人民代表大会、国务院、省一级人民政府。其中，全国人民代表大会的职权为：批准省、自治区和直辖市的建置和特别行政区的设立及其制度。国务院的职权为：省、自治区、直辖市的行政区划的变更，省、自治区人民政府驻地的迁移；自治州、县、自治县、市、市辖区的设立、撤销、更名和隶属关系的变更，以及自治州、县、自治县、市人民政府驻地的迁移；自治州、自治县的行政区域界线的变更，县、市的行政区域界线的重大变更以及涉及海岸线、海岛、边疆要地、重要资源地区及特殊情况地区的隶属关系或行政区域界线的变更；批准省、自治区、直辖市设立派出机关。省、自治区、直辖市人民政府的职权是：县、市、市辖区的部分行政区域界线的变更和乡、民族乡、镇的设立、撤销、更名和行政区域界线的变更及政府驻地的迁移，其中前者是基于 1985 年通过的《国务院关于行政区划管理的规定》（已失效）中国务院进一步对省一级人民政府的授权。

但是，以上各规定都是有关行政区划变更的决定权的归属，法律目前尚无这方面的程序性规范。如在新旧行政区划调整的过程中调整程序如何启动，调整决定作出后，新旧行政区划的国家机关，包括人民代表大会、人民政府、人民法院和人民检察院如何衔接等问题均没有规定；而在新组建某一行政区域时，由谁负责筹建新成立的行政区域的国家机关也不明确。

如在北京市行政区域调整中，2010 年国务院下发国函〔2010〕55 号文，正式批复了北京市人民政府关于调整首都功能核心区行政区划的请示。但国务院的批复只涉及北京市现有行政区域的变更，而没有涉及在过渡时期，被撤销的行政区域原有国家机构如何行使职权的问题。由于此前北京市在 2007 年完成了区县人民代表大会代表的换届选举，北京市人大遂决定 2011 年下半年进行新区换届选举。从 2010 年 6 月底到 2011 年下半年选举前将是过渡时期，在过渡期内，北京市人大设立"人民代表大会（临时）"代为新成立的行政区域的权力机关。我国现行《宪法》《全国人民代表大会和地方各级人民代表大会代表法》《地方各级人民代表大会和地方各级人民政府组织法》和《全国人民代表大会和地方各级人民代表大会选举法》对临时召开人大会议有明确规定，但只涉及本级人民代表大会。对于因行政区域变更导致临时召开人大会议的并没有明确的法律文本依据。

所以，为了更有效地规范行政区划调整中国家机关的组建和衔接问题，有权决定行政区域变更的全国人大常委会及省级地方人大常委会，有必要依据《宪法》《地方各级人民代表大会和地方各级人民政府组织法》来发布决定，说明过渡时期国家机关如何继续依法行使职权、如何处理国家机关之间的关系、如何正确处理国家机关（特别是公、检、法机关）与公民之间的关系等事项。同时，人大应当通过筹备组发布公告，向社会公众正式宣告行政区域变更过渡期的起止期间，便于法院和检察院依法有效地履行职权，同时也有利于保护公民权利。另外，行政区域变更过程中如何征求所涉及公民的意见也是值得重视的问题。在北京市的行政区域调整过程中，没有经过事先严格的可行性论证，公开性和透明度不够。

拓展案例

（一）海南省三沙市的组建

2012 年 6 月 21 日，民政部网站刊登《民政部关于国务院批准设立地级三沙市的公告》。国务院于近日批准，撤销海南省西沙群岛、南沙群岛、中沙群岛办事处，设立地级三沙市，管辖西沙群岛、中沙群岛、南沙群岛的岛礁及其海域。三沙市人民政府驻西沙永兴岛。

17 日上午，中国海南省人民代表大会常务委员会经过表决通过成立了三沙市第一届人民代表大会筹备组，这标志着三沙市的政权组建正式启动。

新成立的筹备组将批准设立选举委员会主持三沙市人大代表的选举，负责召集三沙市第一届人民代表大会第一次会议，并由代表大会选举产生三沙市人民代表大会常务委员会和市人民政府市长、副市长，市中级人民法院院长和市人民检察院检察长。三沙市人民代表大会代表名额为 60 名，由选民直接选举产生。

拓展案例

（二）天津市行政区划调整

2009 年 10 月 21 日，国务院同意撤销天津市塘沽区、汉沽区、大港区，设立天津市滨海新区，以原塘沽区、汉沽区、大港区的行政区域为滨海新区的行政区域。滨海新区人民政府驻新港街道新港二号路。

【法律问题】

1. 三沙市的组建与北京市东城区、西城区的组建在法律程序上有何不同？
2. 为什么近些年各直辖市纷纷调整自己的行政区划？

专题二　我国地方人大代表的选举问题

知识概要

选举权与被选举权是公民的基本政治权利，《宪法》第 34 条规定："中华人民共和国年满十八周岁的公民，不分民族、种族、性别、职业、家庭出身、宗教信仰、教育程度、财产状况、居住期限，都有选举权和被选举权；但是依照法律被剥夺政治权利的人除外。"选举权与被选举权是《宪法》规定的公民基本权利，也是公民参与国家事务的重要政治基础。

人民行使国家权力的机关是全国人民代表大会和地方各级人民代表大会。具体而言，不设区的市、市辖区、县、自治县、乡、民族乡、镇的人民代表大会代表由选民直接选举产生，而全国人民代表大会的代表以及省、自治区、直辖市、设区的市、自治州的人民代表大会代表由下一级人民代表大会选举。

选举制度作为国家民主政治的基石，关系着国家民主建设的成败。而在现代社会中，尤其是在我国较大人口数量的国情下，公民直接行使民主权力的成本过高，民主效率也不甚理想，因此不可能事事亲自行使国家权力。[1]因此，公民依法行使选举权和被选举权以及各级单位依法有序组织选举，成为我国民主政治的重中之重。

📚 经典案例

衡阳、辽宁两地破坏选举案

一、基本案情

据媒体报道，2012年12月28日至2013年1月3日，湖南省衡阳市第十四届人民代表大会第一次会议召开，共有527名市人大代表出席会议（应出席529人）。经湖南省纪委查明，在差额选举湖南省人大代表的过程中，共有56名当选的省人大代表存在送钱拉票行为，涉案金额人民币1.1亿余元，有518名衡阳市人大代表和68名大会工作人员收受钱物。[2]

根据《全国人民代表大会和地方各级人民代表大会选举法》（以下简称《选举法》）和《全国人民代表大会和地方各级人民代表大会代表法》（以下简称《代表法》）的有关规定，湖南省第十二届人大常委会第六次会议确认并公告56名贿选产生的湖南省人大代表当选无效，并通过了《关于成立衡阳

---

〔1〕 龙志芳、王国宁、刘婷："地方人大选举制度发展的瓶颈与突破——基于衡阳贿选案的反思"，载《石家庄铁道大学学报（社会科学版）》2015年第1期。

〔2〕 "湖南严肃查处衡阳破坏选举案件"，载《人民日报》2013年12月29日，第2版。

市第十四届人民代表大会第三次会议筹备组的决定》，成立衡阳市第十四届人民代表大会第三次会议筹备组，负责筹备衡阳市第十四届人民代表大会第三次会议的有关事宜。据此，5名失职的湖南省人大代表、512名受贿和3名失职的衡阳市人大代表均在12月28日当天完成了辞职程序。2014年8月18日，北京和湖南12家法院分别对包括湖南省政协原副主席童名谦在内的69人一审判处有期徒刑、拘役或剥夺政治权利等刑罚。在涉案人员中，共有466人被给予纪律处分。

在2013年的辽宁省全国人大代表选举中，该省当选的102名全国人大代表中有45人涉嫌拉票贿选，涉及523名省人大代表。2014年9月和2016年2月中央巡视组两次巡视辽宁，逐渐发现辽宁破坏选举案的线索，才慢慢查清这一事件。2016年9月13日，张德江委员长主持召开了十二届全国人大常委会第二十三次会议，表决确定45名全国人大代表因拉票贿选当选无效。[1]与此同时，全国人大常委会决定成立辽宁省第十二届人民代表大会第七次会议筹备组，负责筹备辽宁省第十二届人民代表大会第七次会议的相关事宜。

二、法律问题

辽宁、衡阳破坏选举案均涉及范围广、人数多，其性质严重、影响恶劣。全国人大常委会委员长张德江指出："辽宁拉票贿选案是新中国成立以来查处的第一起发生在省级层面、严重违反党纪国法、严重违反政治纪律和政治规矩、严重违反组织纪律和换届纪律、严重破坏人大选举制度的重大案件，是对我国人民代表大会制度的挑战，是对社会主义民主政治的挑战，是对国家法律和党的纪律的挑战，触碰了中国特色社会主义制度底线和中国共产党执政底线……"[2]

那么，地方人大代表贿选究竟有什么危害呢？如何理解张德江委员长对辽宁贿选的定性？

---

〔1〕　参见《全国人民代表大会常务委员会公告（十二届）第二十一号》，载《中华人民共和国全国人民代表大会常务委员会公报》2016年第5期。

〔2〕　参见"辽宁45名全国人大代表因贿选当选无效"，载《新京报》2016年9月14日，第A07版。

三、宪法分析

从宪法的角度看，辽宁、衡阳破坏选举案是对我国根本政治制度的公然挑战，损害了社会主义民主政治的合法性，在一定程度上也反映出我国人大代表选举与相关制度的漏洞。

这两起破坏选举案都涉及极为复杂的法律问题，甚至可能导致"宪法危机"，需要高度关注，并在宪法上给予及时的回应。基于宪法视域，这两起案例的问题主要集中在《选举法》。例如，破坏选举案发生之后，如何在宪法上应对已无法正常履行职责的省/市人大及其常委会。对此，这两起案例都决定成立筹备组，代替原人大常委会履行相应职责，但筹备组的产生与设立合法性等问题，都是应该予以关注的重点问题。此外，这两起案例不仅暴露出人大选举制度上的漏洞，更是直接损害了我国人民代表大会制度的权威。

（一）关于临时筹备组的法律分析

1. 临时筹备组的设立原因。衡阳破坏选举案发生后，湖南省人大常委会通过《关于成立衡阳市第十四届人民代表大会第三次会议筹备组的决定》，设立筹备组代替衡阳市人大常委会。2016年辽宁破坏选举案也采取了设立筹备组的方式。深究其成立的原因，是原有的人大及其常委会无法满足正常开会的法定人数，已无法正常履行职责，而法律上对此情形没有作出相应的规定，于是创造性地成立了临时机构。

我国县级以上各级人大代表实行间接选举制度，即下级人大选举上一级人大代表。根据《选举法》的规定，县级以上的地方各级人大常委会行使主持本级人民代表大会代表的选举，召集本级人民代表大会会议等职权。据此，应该由衡阳市人大常委会主持市辖区县人大选举市人大代表，召集本市人民代表大会。在衡阳破坏选举案中，共有人大代表总额529人，其中516名人大代表因涉及贿选辞职而代表资格终止，最后仅剩不足20名的人大代表，在辽宁破坏选举案中亦是如此。在这两起事件中，相应人大常委会成员在内的几乎所有代表都参与了贿选，进而使得环环相扣的间接选举无法进行。《选举法》第57条规定仅明确了代表在任期内因故出缺情形下进行补选的选举主体是"原选区或原选举单位"。该条文所涉及的情形主要是零星式的补选，没有考虑到较大规模代表的补选活动。比如在衡阳破坏选举案中，市级以上较大数量人大代表补选的主持机构为本级人大常委会。然而由于补选的人大代表数量过大，以至于原本可以主持选举的常委会也因组成人员的代表资格多数被终止而陷入瘫痪，人大代表补选工作因主持机构缺位而无从召集。[1]

简而言之，人大常委会的成员大多参与受贿，已不具备主持相应的人大代表选举的合法性基础，也无法由它召集人大会议，再去补选因贿选被确认资格无效的人大代表空缺出来的名额。根据我国法律的规定可知，上届人大常委会主持本级后届人大的代表选举，但我国《选举法》并未考虑到这一常设机关可能出现履职不能的情况导致无法主持选举，也就出现了应对这一现象的法律空白。

这两起事件的发生造成了衡阳市人大常委会、辽宁省人大常委会无法召开常委会会议履行职责的情形，现有的《选举法》《全国人民代表大会组织法》等法律也无法应对，选举组织上出现了法律"真空"状态，湖南省人大常委会设立衡阳筹备组正是创造性地填补了真空，可视为"在适当的期限内作出了积极应对的尝试"。[2] 从某种意义上说，衡阳贿选案所首创的人大筹备组开启了处置集体贿选的基本模式，在2016年辽宁贿选案中为全国人大常委会再次使用。[3]

2. 临时筹备组的设立依据。辽宁、衡阳破坏选举案设立筹备组的做法，从当时的情形来看是权宜之计，但从法治角度来看，却值得商榷。对于筹备组的设立问题，也引发了学术界不少的思考。李月军认为，"从现有法律的规定来看，省人大常务委员会的职权中，并不包括'筹备下级人大会议的权力'，各级人大常委会应由同级人大选举产生，所以湖南省人大常委会的做法没有法律依据，其成立的筹备组及其行使的职权与行为，也没有合法性。"[4] 郑磊认为，"补选主持机构缺位是必须解决的问题，否则衡阳市第十四届人大将无法恢复运作，在这个意义上，湖南省人大常委会的决定在适当的期限内

〔1〕　郑磊："危机中的自新契机——从衡阳贿选事件的三层处理方案谈起"，载《法学》2014年第7期。

〔2〕　郑磊："危机中的自新契机——从衡阳贿选事件的三层处理方案谈起"，载《法学》2014年第7期。

〔3〕　王建学："论处置集体贿选的法治化方案——以衡阳贿选案和人大筹备机构为中心"，载《公法研究》2017年第1期。

〔4〕　李月军："理性选择制度主义视角下的'衡阳贿选省人大代表案'"，载《人大研究》2014年第6期。

作出了积极应对的尝试。但现实迫切性并不是可以搪塞法律依据缺位的借口，衡阳贿选事件所涉及的解散式补选中的选举机构属于《立法法》第8条第2项所明确列举的法律保留事项。"[1]

基于全国人大常委会和湖南省人大常委会最高国家权力机关和地方最高权力机关的性质，其成立临时筹备小组的行为理应作合宪性推定。同时，全国人大常委会副委员长李建国在有关辽宁人大临时筹备小组的决定草案说明中指出："经全国人大常委会党组报请党中央同意，经委员长会议讨论，一致认为，由全国人大常委会决定成立辽宁省十二届人大七次会议筹备组，代行省人大常委会部分职权，是必要的，是可行的，符合宪法精神，符合选举法和组织法的原则。"[2] 但法治原则要求公权力机关的行为必须于法有据。依照筹备组的性质和职能来看，筹备组具有《选举法》所规定的选举机构性质，其代为行使相应人大常委会的部分职权。根据《立法法》的规定，选举机构的设置应当属于法律保留事项。纵观现有的《选举法》《全国人民代表大会和地方各级人民代表大会代表法》《全国人民代表大会组织法》《全国人民代表大会议事规则》等法律法规对筹备组的设立均没有规定。从目前现有的各项规定来看，由全国人大常委会、湖南省人大常委会分别作出决定来分别成立"辽宁省十二届人大七次会议筹备组""衡阳市第十四届人大第三次会议筹备组"，其法律上的依据不充分，甚至有明显超越职权的嫌疑。通过对这两起案件的分析，我们必须重视集体性质贿选行为的善后处理，对此应当建立完备、合法、有效的处理机制以应对此类事件的发生，坚持任何处理措施依法有据，实现应对选举事件于法有据，这也是全面推进依法治国的必然要求。

（二）关于人大代表贿选危害性的法律分析

人民代表大会制度是我国的根本政治制度，在人民代表大会制度下，人大代表受人民的委托直接行使国家权力，其作用异常重要。各级人大代表被定位为人民派往各级人大的使者，是代表人民行使当家作主权力的人。[3] 选举作为现代民主制度的重要机制，是连接选民与国家之间的核心纽带，一旦

---

〔1〕 郑磊："危机中的自新契机——从衡阳贿选事件的三层处理方案谈起"，载《法学》2014年第7期。

〔2〕 "辽宁45名全国人大代表因贿选当选无效"，载《新京报》2016年9月14日，第A07版。

〔3〕 秦前红：《走出书斋看法》，上海三联书店2015年版，第45页。

选举的公正和民主受到污染，那么整个国家的权威与公信力将被极大损害。衡阳、辽宁破坏选举案，不仅直接破坏了选举的民主，而且严重损害了我国人大制度的权威性。这种性质的宪法危机对于我国根本政治制度——人民代表大会制度本身的制度自信的冲击和伤害是致命性的。这一事件的发生，不得不让人们思考现行人大选举制度所暴露的缺陷。

第一，现有人大代表选举制度的监督机制不畅，约束贿选的监督效能不佳。具体表现在以下方面：其一，从监督主体来看，我国《选举法》并没有明确履行选举监督职能的专门机构。根据《选举法》第49条规定，全国和地方各级人民代表大会的代表，受选民和原选举单位的监督。然而，选民一般无法具有充分的动力和足够的能力来监督人大代表，因此在选举实践中主要以原选举单位作为监督机构，对于这种组织与监督机构同体的内部自我监督，在实践中难以实现监督效果。另外，选举组织机构在监督方面的专业性、独立性明显不足，加之缺乏对监督失职的规定，监督效能较差。从辽宁、衡阳破坏选举事件的处理结果来看，事后的外部监督效果最为明显，但由于外部监督主体对信息掌握的局限性，并非所有的贿选事件都能得到中纪委的关注。其二，缺乏对人大代表失职的责任追究。在法律上明确规定的代表人民行使国家权力的人大代表有其特定的义务，但在实践中却少不了一些代表怠于履责的情况，虽然在我国《选举法》中对此有罢免代表的规定，但没有明确规定该如何操作。《代表法》对人大代表怠于行使职责的行为也缺乏责任追究机制的规定，使得人大代表这一身份的职责更加流于形式。

第二，现有人大代表选举制度对于处理贿选程序的规定不够健全。一方面，现行法律并没有明确规定关于人大代表补选活动的选举机构。两次贿选案通过极端情形暴露了《选举法》没有针对补选专门规定选举机构的制度空白。[1]《选举法》第57条规定仅明确了代表在任期内因故出缺情形下进行补选的选举主体是"原选区或原选举单位"，并没有涉及补选的选举机构。在这一权力出现真空的状态下，一旦这类贿选案发生，人大机构也就无法获得及时有效的合法性修复，甚至会导致人大制度危机。另一方面，对于涉及贿选的人大代表，应当在何时以何种程序进行处理，法律也没有作出明确规定。

---

〔1〕　郑磊："从辽宁贿选案看选举制度完善"，载《中国社会科学报》2016年10月12日，第5版。

第三，对于辽宁、衡阳破坏选举案的发生，我们必须认真总结经验教训。一方面，这类事件的发生说明了我国现有的宪法制度在实际运行中存在着一定的漏洞；另一方面，我们必须从法理上认真总结这类贿选事件的法律问题。法治体现在每一个法律实践的细节之中，其通过合法的制度形式得以体现。《宪法》明确规定了法治原则，这不意味着贿选就再也不会存在，但它要求当贿选等违法事件发生时，法律层面应有相应的机制能及时有效地回应，避免其破坏人大制度的权威性以及社会主义民主政治建设的成果。因此，要从辽宁、衡阳破坏选举案等事件中总结教训，坚持和完善人民代表大会制度，以达到我国全面推进依法治国的改革目标。

专题三　我国地方人大代表权利保障问题

📚 知识概要

为了能充分保障人大代表依法行使其代表人民当家作主的职权，履行其基本职责，有效参与国家政治生活，我国《宪法》《全国人民代表大会和地方各级人民代表大会代表法》等在经济、人身和法律责任等方面都给予了充分的保障。根据宪法和相关法律的规定，人大代表具有特别的权利保障，具体而言有：其一，发言和表决免责，即人大代表在人民代表大会各种会议上的发言和表决不受法律的追究；其二，保护人身自由的特别权利，即县级以上各级人民代表大会代表，非经本级人民代表大会主席团许可，在本级人民代表大会闭会期间，非经本级人民代表大会常务委员会许可，不受逮捕、刑事审判或采取其他限制人身自由的措施，乡、民族乡、镇的人民代表大会代表如受逮捕、刑事审判或采取其他限制人身自由的措施，执行机关应当立即报告乡、民族乡、镇的人民代表大会；其三，履行职务的专门保护，即在人大代表的履职过程中，相关单位和个人都应积极配合协助代表开展工作，不能拒绝代表提出的与履职相关的合理要求，否则将可能受到不同程度的惩罚；其四，时间保障，即人大代表所在的工作单位不得以任何理由阻碍人大代表履行代表职责，必须要给予充分的时间保障；其五，人大代表遭罢免时有出席与罢免代表有关的会议及提出申诉的权利；其六，经济保障，一方面，人大代表按规定执行代表职务期间，所在单位按正常出勤对待，享受工资和其他待遇，对于无固定薪资收入的人大代表给予一定的补贴，另一方面，人大代表履职的活动经费由财政预算予以支持，专款专用；其七，执行职务提供服务的保障，如有计划地组织代表参加履职学习、制发代表证等。

经典案例

福建人大代表醉驾案

一、基本案情

2014年8月12日福建省周宁县在上海经商的人大代表张裕明涉嫌醉驾，上海警方就此向周宁县人大常委会发函，提请批准对其采取刑事拘留强制措施。周宁县人大常委会召开主任会议进行了研究，并提交常委会会议审议进行依法表决。常委会组成人员21名，实到会17名，表决结果：赞成8票，反对1票，弃权8票，因赞成票数未及常委会组成人员的半数，该议案未获通过。周宁县人大常委会主任认为出现此结果有两个原因：一方面是个别委员与张裕明代表熟悉，掺杂私人感情因素；另一方面，一些委员法律意识不强，不能正确履职。后上海警方再次提请许可申请，会议审议通过了《再次提请议案》，许可上海市公安局松江分局对张裕明采取刑事拘留强制措施，并暂时停止张裕明执行代表职务。

二、法律问题

《全国人民代表大会和地方各级人民代表大会代表法》（以下简称《代表法》）第32条确立了人大代表特别人身保护权制度，非经法定程序不受拘留逮捕的原则性规定保障了代表更好地履行职责。法律面前人人平等是现代国家的基本法治理念，人大代表涉嫌犯罪，依然要受到法律制裁，人身特别保护权不是人大代表免罪的"护身符"，制度设计的最初目的是保障人大代表依法履行职权，防止遭受不正当的打击报复，而非方便代表犯罪，对代表的保护也要在法律框架下进行，人大代表同普通公民一样需要遵守法律，不能有超越法律的特殊权力，代表只有以法律为行为标准，行使权力时才会尽职尽力。[1] 从目前的司法实践看，存在两种截然相反的情形，如警方对文水县第十五届人大代表王永安、温州市第十二届人大代表叶际宣等提出刑事强制措施遭否决。另一种相反情形是全国人大代表陈妙真，新洲区人大代表蔡耀章等，相关部门以妨害公务、办法制学习班等为由对人大代表履职行为实行打击报复。此类现象的发生彰显了背后制度存在的瑕疵，制度的设立需要降低人为因素的影响，不能单纯地指望每一个人都能遵守法律，任何一个人都不能保证人大常委会组成人员不考虑私人因素且绝对不会徇私。福建周宁县人大代表醉驾案引发我们对完善人大代表人身保护权制度的思考，为我们重新审视该制度提供了契机，如人大常委会或主席团不予批准，是否会导致间接纵容、包庇犯罪，提请机关对人大常委会作出的不予许可逮捕的决定，是否可以再次申请，是否可以向上一级人大常委会申诉重新审议，都有待深入探讨。主旨理念是制度构建的核心，人大代表人身保护权制度的构建核心应当是让人大常委会许可拘捕人大代表的权力在宪法和法律框架内规范运行，同时应当加强对人大常委会的监督和制约，才能既保证人大代表依法履行职责，又不包庇纵容人大代表的违反犯罪行为。

三、宪法分析

（一）人大代表人身特别保护权制度的基本内容

我国 1954 年《宪法》对全国人大代表的人身自由保护作出明确规定，但在"文化大革命"时期遭到破坏。改革开放后，拨乱反正，反思不足，经多次修改，形成了以 1992 年《代表法》第 32 条为核心的人大代表人身特别保护制度。

1. 报告方式。《代表法》第 32 条第 1 款、第 3 款确立了对人大代表采取强制措施报告人大或人大常委会或人大主席团的制度，主要包括两种情形：其一，拘留现行犯的执行机关无需事先征得人大常委会的许可，可以径行拘留，但应立即向同级人大主席团或人大常委会报告。此处将条件限制为拘留现行犯，是为了立即制止违法行为，防止损失的扩大和证据的毁损，紧急情况下无法及时认定行为人身份，只得事后报告。[2] 其二，对于乡级人大代表

---

〔1〕 韩兵、陈纯柱："人大代表人身特别保护权研究"，载《广西社会科学》2008 年第 12 期。

〔2〕 屠振宇："人大代表人身特别保护的合宪性解释"，载《理论月刊》2015 年第 9 期。

采取限制人身自由的强制措施，应立即报告该级人大。现行《代表法》对乡级人大代表和县级以上人大代表实行差别保护，县级以上人大代表通过事先许可的方式获得保护，而乡镇人大代表则实行事后报告制度；《代表法》起草小组曾解释：乡镇一级没有对应的司法机关，不存在司法机关打击报复的情形，然人大代表并非只遭受司法机关的打击保护，行政机关等拥有限制人身自由强制措施的机关都可能对人大代表实行打击保护，对乡级人大代表规定事后报告制度保护性相当弱，难以起到防止公权力机关滥用权力对乡级人大代表打击报复的作用。乡级人大代表与县级以上人大代表同样履行代表职责承担遭受报复风险，理应获得与县级以上人大代表同样的人身保护权，《代表法》日后的修订中有必要对齐乡、县人大代表人身保护权。

2. 申请许可方式。《代表法》第 32 条第 2 款确立了对人大代表限制人身自由的强制措施应经该级人大主席团或常委会许可的制度。为了保障代表的言论自由和防止对人大代表打击报复，规定县级及以上的人大代表非经同级人大主席团或常委会许可，不受逮捕或刑事审判等限制人身自由的强制措施。

《代表法》针对不同的行为类别、不同级别的人大代表规定了不同的通知方式和同样的审查标准，即形式审查，审查是否存在因代表在人大会议的言论而被追究或因履行职务遭受打击报复，而非审查人大代表是否构成犯罪、案件的证据是否充足等，这是一种正确的思路，但有代表在执行中掺杂个人感情，未能贯彻该制度，有待于从制度层面完善。

（二）人大代表人身特别保护权制度程序缺位

《代表法》对于人大代表人身特别保护权规定了提请主体、许可主体、涉案类型，但细节性内容缺失，操作实践性较弱。人大常委会审查许可决定采取多数决，是 2/3 以上多数，还是过半数，没有予以规定，直接影响人大代表人身保护的门槛。人大常委会的审查是否存在次数限制没有法律规定，周宁县人大常委会迫于舆论压力二次表决才批准对该县人大代表的拘留，如二次表决后，公众依然不满意，是否可以进行三、四次表决，可以肯定的是多次表决势必会削弱人大的公信力。提请主体的提请方式、提请期限、提请内容，特别是跨区域的提请程序，提请主体提供的证据需要达到什么证明标准，人大主席团或常委会在什么期限内作出决定，提请未被批准有什么救济途径，主席团或常委会作出许可或不予许可的决定后，人大代表对此有疑义是否有救济渠道，以上问题《代表法》都未予规定，实践中只有广东省、吉林省、上海市等省份通过制定实施办法对详细程序予以规定，其余省份没有作出规定。由于缺乏上位法的指导，各地实践规定情况不一，有违合理原则和国家法制的统一。

（三）规范人身特别保护权制度的救济程序和审查许可程序

人大代表的身份和职责决定了其在履职的过程中会侵害第三人利益，对于履职过程中的行为是否属于犯罪，一般都是由执法机关予以评价，而执法机关可能会怀有私益而打击报复人大代表。因此有必要建立人大代表救济制度，赋予人大代表对主席团或常委会的决定不服时申请复议的权利，保障代表正常履职。一些人大常委会基于地方保护主义或人大代表与涉案代表私交甚密，可能会作出不许可的决定。健全提请机关的救济程序对于惩治犯罪至关重要，未来的细则中，提请机关在补充证据后可先向作出决定的机关申请复议，根据《地方各级人民代表大会和地方各级人民政府组织法》第50条的规定，上级人大常委会可以撤销下一级人大及其常委会的不适当的决议，因此对复议决定不服的可向上一级人大常委会进行复核，避免地方保护主义的干预。有些学者认为执行机关不服人大主席团或常委会的许可决定时，可以向本级人大复议，此种建议在实践中可操作性弱，人民代表大会一年召开一次，如果由此处理许可的复议申请，存在纵容犯罪的可能，不能及时制止违法行为；其次，以本级人大常委会的决定作为最后救济手段，不可避免地存在人情关系，无形导致了反对许可决定的人数增加，不利于许可决定的依法通过。通过向上一级人大常委会复核可以有效地降低不利因素的影响。

对于人大常委会对许可决定的审查，有观点主张实质审查，有观点主张形式审查，根据《代表法》及司法实践来看，将人大常委会的审查定位为形式审查较为妥当，人大是权力机关，非专业的执法机关，对于人大代表的行为是否构成犯罪的判断不具有专业性，如采取实质性审查，会延迟打击犯罪、不利于及时制止违法行为，主席团或常委会应着重审查限制人身自由的强制措施是否会有碍代表履职，是否存在打击报复情况即可。人大常委会对许可申请的表决方式法律没有规定，现行做法是采取绝对多数决的表决方式，且将缺席、弃权等其他情况均视为反对票，非此即彼的表决方式，不利于反映不同利益，为充分发挥民主，借鉴国外议员制度有益经验，相对多数决更为可取。[1]

专题四　基层行政机关负责人的产生

❖ 知识概要

基层行政机关负责人是指在基层行政区域内对该区域内行政事务负有主要责任的长官。基层行政机关负责人主要通过中央或上级任命、地方代议机关选举、任命或聘任以及居民直接选举产生。基层行政机关负责人的产生方式取决于地方民主的发展水平，也与地方自治等基本价值理念存在着密切的关系，不同产生方式各具优缺点：首先，由中央或上级政府任命的行政负责人往往与中央或上级政府关系密切，如此提升了处理行政事务的权威和影响，也有利于中央或上级政府对地方的控制，缺点在于其不依赖当地居民和区域权力机关，导致对当地行政事务的关注力缺失；其次，地方代议机关选举的行政负责人有利于实现地方权力机关对该区域的控制，有利于提高对该区域内行政事务的关注力，缺点在于地方行政首长常常为了与地方代议机关形成一致的意见而无法有效地实施行政方案；最后，直接选举能更大程度、更广范围地集中民意，唤起选民对地方事务、选举竞选的关注，使地方行政首长投入更大精力完成对选民的承诺，但缺点在于往往选举成本过高。

❖ 经典案例

四川步云直接选举案

一、基本案情

2001-2002 年乡镇换届选举中，在 20 世纪 90 年代末出现的乡镇一级竞争性选举试验在全国其他地区基本处于停滞状态的情况下，四川省却出现了约 2000 个乡镇实施竞争性选举的巨大发展。所谓竞争性选举，是指在乡镇长、

---

[1] 郑文阳："论我国人大代表的法律保护——我国人大代表和外国议员法律保护的比较研究"，载《人大研究》2017 年第 8 期。

副乡镇长的选举过程中引进了竞争性因素的新做法。一般的做法是，县委决定乡镇长、副乡镇长候选人，通过乡镇党委，这些候选人交由乡镇人民代表大会主席团向乡镇人大提名，乡镇人民代表大会投票表决通过并予任命。而乡镇人民代表大会的代表基本上是由乡镇党委提名，并在乡镇党委政府的帮助下当选的。这样乡镇长、副乡镇长的选举就在县党委、乡镇党委、乡镇人民代表大会之间形成了一个闭合的流程，其中没有开放的竞争。

乡镇一级的竞争性选举是在旧做法的基础上增加了几个环节，引进竞争的因素，并在一定程度上使得乡镇长、副乡镇长的产生成为一个开放的系统。增加的环节主要有两个，即在县党委决定候选人之前，由一个选举人团在公开报名的众多候选人预备人选中选举若干名，由县党委确定为正式的候选人。然后再按过去的做法完成乡镇政府领导班子的选举。

在四川省广泛实行乡镇长公推公选的情况下，遂宁市市中区步云乡是一个特例。1998 年 11 月至 12 月底，遂宁市市中区步云乡第一次举行了乡长由全体选民直接投票产生的竞争性选举。这次选举也是中华人民共和国成立以来乡镇长直接选举的首批案例之一。步云乡长的直接选举，比所有其他乡镇的公推公选都更为开放，主要表现以下几个方面：①步云乡长选举没有干部身份的限制，普通群众也可以报名参加乡长的竞选；②对候选人预备人选的选举不是选举人团的“测评”，而是全乡有投票权的公民的投票；③候选人的竞选运动是允许的。以上就是“四川省乡镇竞争性选举系列案”。

二、法律问题

1. 四川省推行的乡镇长的新型选举方式是否合法？

2. 如何认识我国一些地方出现的各种形式的乡长、镇长竞争性选举的现象？它对我国的民主政治发展的意义如何？

三、宪法分析

我国实行的是人民代表大会制度，这是我国的根本政治制度。该制度的基本含义是人代表大会是我国的权力机关，其他国家机关由人民代表大会产生，受人民代表大会的监督，对人民代表大会负责。《地方各级人民代表大会和地方各级人民政府组织法》规定，乡长、副乡长，镇长、副镇长由同级人民代表大会选举产生；乡镇长的人选，由本级人民代表大会主席团或者十人以上代表联合提名。根据上述法律的规定，四川省推行的乡镇长的竞争性选举中步云乡的情况是不合法的，其他地区的选举中，只要候选人由大会主席团向人民代表大会提出，最后由人民代表大会依法选举就是合法的。

（一）乡镇一级竞争性选举发展的原因

我们可以清楚地看到，乡镇竞争性选举的实施者是县党委，在一些地方，是出于市党委的大力推动。从改革设想的提出、具体方案的设计、组织和操作选举的每一个程序，到选举结果的确认、其后执行剩余的所有程序，全部都在县、区委的领导、规范、参与甚至具体操办下进行。选举的竞争性和开放性的增强和减弱，选举面的扩大或缩小，选举所指向的职位的高低，等等，都在县委或市委的掌握之中。从体制日常运行的实际逻辑来看，这是自然的。党管干部、下管一级，任命谁为乡镇党委政府领导干部，是县的权限。这个权限同时也包括在中央规定的选任干部的条例范围内，用什么样的具体方法任命下一级的干部由各级自主决定。

在当地有关人员谈到推行乡镇长竞争性选举的原因时，其中之一就是出于挽救乡镇的危机，即有的乡镇出现了干部贪污、挪用集资款和公款的案件以后，群众对乡镇干部产生了强烈的抵触情绪。群众拒绝缴纳税费，对乡镇政府提倡的几乎所有的公共事业都采取抵制的态度，工作很难开展，必须通过有群众参与的竞争性选举来重新赢得农民的信任和支持。其二，有的乡镇想通过竞争性选举提高乡镇工作能力和运转效率。四川省南部县，经济生活在20世纪90年代以后发生了很大的变化，市场的作用越来越大，在这种形势下，起核心作用的乡镇党委如何工作，是关键的问题。他强调要有新的人才、新的思维、新的工作方法才能解决问题。因此通过新的干部产生方式，把一部分公共事业建设的责任分配到体制外去。其三，为了探索基层干部产生机制的创新与改革。

（二）乡镇竞争性选举的意义

第一，竞争性选举符合人民主权的原则，顺应了群众要求扩大基层民主的强烈愿望。经济权力和政治权力是公民最根本的权力，农民在经济发展到一定程度时，对民主政治权力的需求越来越明显。过去，乡镇干部习惯于埋头抓农业生产、催粮催款，在农民手中"拿"走的多，但给予的较少，尤其是群众的民主政治权利没有得到充分保障，心里有怨气，导致一些地方出现了新矛盾、新问题。让群众直接选举自己的当家人，使他们对公民的尊严和权利有了亲切而深刻的感受，为自己成为社会的主人而骄傲和自豪，增强了选民的社会责任感。

第二，竞争性选举使选举地区乃至地区外都受到了良好的民主教育。在我国，人民是国家的主人，人民代表大会是人民管理国家和社会事务的基本形式。另外，人民还通过各种形式行使这种权利。但由于各种原因，我国公民尤其是农村中的广大居民的民主意识还相当淡薄，他们不了解自己的民主权利，更不懂得自己是社会与国家的主人。通过这样的乡镇长竞争性选举，广泛而深刻地将广大农村居民的政治积极性、主动性调动起来，让他们直接选出本地的"行政长官"，充分尊重了他们的主人公地位，从而激发了他们的政治责任感。

第三，竞争性的选举为我国民主制度的推进注入了新的因素与活力。我国是人民当家作出的国家，我国通过各种民主制度来保证人民享有充分的民主。但是因为历史与观念等方面的原因，目前我国的民主化仍处于发展阶段。四川等省所推行的乡镇长竞争性选举为我国正在推定的以民主为核心的政治体制、行政体制改革提供了新的内容与视点。

目前发生的乡镇长竞争性选举试验对于我国政治与经济的进步具有重要的意义。但是所有的改革都必须在宪法规定的范围之内，都不能超越法律的规定，不能为了改革而牺牲法治，步云乡的直接选举就突破了法治的范围。我们并不是否认直接选举的意义，而是认为直接选举必须有法律的支撑。另外，我们也不能指望，有了这种自下而上的乡镇的竞争性选举改革，就能推动中国走向全面的直接民主化改革。因为，这种改革有其本身的局限性，只有自下而上与自上而下相结合才是改革进一步推进的正确路径。

拓展案例

（一）深圳市大鹏镇镇长选举案

大鹏镇是位于广东省深圳市的一个经济较为发达的地区。1999年中共大鹏镇党委决定实行镇长选举改革。改革后的选举分为以下几个步骤：①由镇党委提出推选镇长的基本办法和镇长候选人的基本条件；②将全镇按党政机关、镇属企事业单位、行政村、居民委员会等划分为 17 个推选小区；③在广泛宣传、发动群众的基础上，首轮选举由全镇所有选民每人一票直接推荐镇长候选人的初步人选，获得 100 票以上的将成为镇长候选人的初步人选；④召开由全镇全体党员、干部、职工和农村户代表参加的竞选演讲大会，候选人初步人选在会上发表竞选演讲，然后从其中选出一人作为镇长的正式候选人；⑤镇长候选人经主持会议的镇党委审议确认后，正式将其向镇人民代表大会提名推荐为唯一的候选人；⑥镇人民代表大会召开会议，正式选举镇长。

1999 年 1 月 18 日至 4 月 29 日，按上述程序进行了改革后的首次镇长选举。全镇选民投票率超过 95%，获 100 张选票以上提名的有 6 人，有 1 人年龄已超过 50 周岁，不符合参选条件。主持选举的镇党委确定人选并报区委同意，其余 5 人成为镇长候选人的初步人选。随后召开竞选演讲大会，与会者有 1068 人。5 位候选人初步人选发表竞选演说后，全体与会者当场投票推选出一位候选人。经投票，李伟文得票最多，成为镇党委审议确认并正式向镇人民代表大会提名推荐的镇长唯一候选人。1999 年 4 月 29 日大鹏镇第十一届人民代表大会第一次会议召开，李伟文以 45 票全票当选为新一届政府镇长。

🗂 拓展案例

（二）四川绵阳选乡镇长选举案

四川省绵阳市从 1998 年 11 月起，在全市 10 个县（市、区）的 11 个乡镇进行了乡、镇人民代表大会代表直接提名选举乡、镇长的改革探索。其主要思路分为两大步骤：第一步是根据《全国人民代表大会和地方各级人民代表大会选举法》有关"各政党、各人民团体，可以联合或者单独推荐代表候选人。选民或者代表，十人以上联名，也可以推荐代表候选人"的规定，在试点的 11 个乡镇充分发动群众，以选民自己联合提名候选人的方式，使所有的代表均由选民直接提出，再由选民对乡、镇人民代表大会代表的候选人直接进行差额选举，产生乡、镇人民代表大会。第二步是根据《地方各级人民代表大会和地方各级人民政府组织法》关于"乡、民族乡、镇的人民代表大会代表十人以上书面联名，可以提出本级人民代表大会主席、副主席，人民政府领导人员的候选人"的规定，在市委的领导下，制定乡长、镇长的任职资格条件，在乡、镇人民代表大会通过后，使所有的乡长、镇长候选人都由本乡镇的人民代表大会代表联名提出，共提出候选人23人，除有3个乡、镇的人民代表只提出1个候选人而在人民代表大会选举乡长、镇长时是等额选举外，其余的8个乡镇人民代表大会在乡长、镇长选举中都进行了差额选举。

【法律问题】

1. 前述各案中乡（镇）长直接选举有何不同？与《宪法》中有关乡（镇）长产生方式的规定有抵触吗？

2. 如何在乡长选举中既能直接体现人民又可与人民代表大会制度协调？

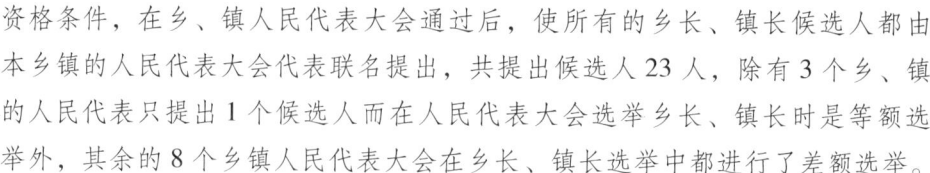

专题五 地方人民代表大会和地方人民政府的关系

知识概要

根据我国《宪法》的相关规定，中华人民共和国的一切权力属于人民，人民行使国家权力的机关是全国人民代表大会和地方各级人民代表大会，国家行政机关、监察机关、审判机关、检察机关都由人民代表大会产生，对它负责，受它监督，而地方各级人民政府是地方各级的国家行政机关，因此，地方各级人民政府由地方各级人民代表大会产生，对地方各级人民代表大会负责并受其监督。

第一，地方各级人民代表大会有权选举或罢免本级人民政府的负责人，在我国，地方各级人民政府实行省长、市长、县长、区长、乡长、镇长负责制，而地方各级人民代表大会分别选举并且有权罢免本级人民政府的省长和副省长、市长和副市长、县长和副县长、区长和副区长、乡长和副乡长、镇长和副镇长。

第二，地方各级人民代表大会有权对本级人民政府的工作进行监督，我国2022年3月新修正的《地方各级人民代表大会和地方各级人民政府组织法》规定，县级以上人民代表大会有权审查监督政府债务、监督本级人民政府对国有资产的管理等，乡、民族乡、镇的人民代表大会有权监督本级人民政府预算的执行、审查和批准本级人民政府预算的调整方案等。

第三，地方各级人民代表大会可以撤销本级人民政府不适当的决定和命令。

经典案例

福建省县人大常委会审查纠正政府的规范性文件

一、基本案情

2017 年，北京大学、上海财经大学、浙江财经大学、人力资源和社会保障部劳动科学研究所 4 家单位的学者联名提出了一项审查建议，认为广东、云南、江西、海南、福建、辽宁、贵州七个省的地方立法中关于"超生即辞退"的相关规定违反法律规定，建议予以审查。在收到审查建议后，全国人大常委会法工委对地方人口与计划生育法规进行了全面梳理，并依照《立法法》99 条的规定对审查建议提出的问题进行了研究，同时书面征求了有关部门的意见。经研究，全国人大常委会法工委认为，近年来，我国人口发展呈现出重大转折性变化。为了适应人口和经济社会发展新形势，促进人口长期均衡发展，地方立法应当积极主动适应党中央关于计划生育改革发展的政策精神，用法治思维探索新形势下落实计划生育基本国策的体制机制和方式方法，按照改革完善计划生育服务管理的要求，对地方人口与计划生育法规中与改革方向和政策精神不相符的有关规定及时进行调整。[1]

随后，全国人大常委会法工委分别向广东、云南、江西、海南、福建 5 个地方人大发函，建议修改"超生即开除"的规定。根据全国人大常委会法工委的研究意见，上述省份陆续修改了本省的计划生育条例。其中，福建省人大常委会于 2016 年 2 月、2017 年 11 月对《福建省人口与计划生育条例》进行了修改。在本案中，福建省某某县早年间为了落实本省的计划生育条例，专门制定了《某某县贯彻〈福建省计划生育条例〉实施办法》（以下简称《办法》）。根据 2016 年修改以前的条例规定，对于违反计划生育义务的公民，《办法》规定了"超生即开除公职"的处罚。然而，在福建省人大常委会修改计划生育条例之后，地方政府并未及时作出相应调整，便有公民以提

---

〔1〕 "地方性法规为'超生即辞退'支撑时代行将终结"，载民主与法制网：http://www.mzy-fz.com/cms/fazhixinwen/xinwenzhongxin/fazhijujiao/html/848/2017-10-24/content-1298517.html，最后访问时间：2022 年 5 月 31 日。

起审查建议的方式，将该实施办法提请某某县人大常委会审查。[1]

2019 年，福建省某某县人大常委会法工委根据公民审查建议对该县人民政府颁布的《办法》进行了审查。经审查，某某县人大常委会认为，该《办法》系于 1993 年根据当时的《福建省计划生育条例》制定的，在当时的历史条件下，该文件符合中央文件精神和相关法律法规，是合法有效的文件。但随着社会的发展，我国的计划生育政策已进行了重大调整。《福建省计划生育条例》历经多次修正，根据 2016 年 2 月 19 日《福建省人民代表大会常务委员会关于修改〈福建省人口与计划生育条例〉的决定》，现已全面实施两孩政策，该文件与上位法律法规相抵触，已经不再适用，应当予以清理，建议某某县政府法制办及时对《办法》进行修订。2019 年，某某县政府法制办已按照某某县人大常委会的相关建议开展清理修订工作。[2]

二、法律问题

党的十九届四中全会通过的《中共中央关于坚持和完善中国特色社会主义制度 推进国家治理体系和治理能力现代化若干重大问题的决定》提出，加强备案审查制度和能力建设，依法撤销和纠正违宪违法的规范性文件。对有关国家机关制定的规范性文件进行备案审查，是宪法和法律赋予地方各级人大的一项监督职权，也是地方各级人大督促行政机关依法行政、司法机关公正司法的重要途径之一。[3]

"福建省县级人大常委会审查纠正本级政府关于因超生开除公职的规范性文件"被评为 2019 年度中国十大宪法事例之一，这一事件能在一定程度上展现地方备案审查制度的现状。在该事件中，福建省某某县人大常委会审查该县政府规范性文件的行为反映了规范性文件备案审查制度在地方运行的一些问题，在宏观上也呈现了地方人大与地方政府之间的监督与被监督关系。现实中，备案审查职权并未得到地方人大常委会应有的重视，规范性文件与上

---

〔1〕 朱学磊："事例 6：备案审查制度的地方途径——福建省县级人大常委会审查纠正本级政府关于因超生开除公职的规范性文件事例评析"，载胡锦光主编：《2019 年中国十大宪法事例评析》，法律出版社 2020 年版，第 96 页。

〔2〕 "全国人大常委会法工委：备案审查典型案例"，载微信公众号"明德公法"，2019 年 12 月 14 日。

〔3〕 吴绍奎："对规范性文件备案审查的探讨"，载《中国人大》2005 年第 1 期。

位法不一致，超越法定权限设置行政许可、行政处罚、行政强制、行政收费的情况偶有发生，造成了非常不好的社会效果。[1] 比如在本案中，自 2016 年福建省人大常委会修改计划生育条例到 2019 年本事例备案审查的发生，某某县政府没有主动采取措施自行修改实施办法，直至公民提出了审查建议，该事件才进入某某县人大常委会的审查视野。对这些问题进行分析有助于更好地理解备案审查制度的运行。

三、宪法分析

（一）本事例是地方人大对地方政府履行监督职责的表现

在我国的监督体系中，人大监督具有核心地位。陈斯喜认为："与其他监督不同，人大及其常委会的监督权是直接来自于人民的授权（通过直接选举或者间接选举的形式），是从人民当家作主权利直接转化而来的一种国家权力，是人民当家作主权利上升为国家权力的一种表现形式。因此，人大及其常委会监督的实质，是直接代表人民对行政权、审判权、检察权的行使所进行的一种监督，是一种人民当家作主权利对管理权（治权）的监督，是权利对权力的监督的最高形式。"[2] 地方人大监督是人大监督的一种具体类型，地方人民代表大会是地方各级国家权力机关，地方同级其他国家机关由它产生，向它负责，受它监督。依据宪法制定的《各级人民代表大会常务委员会监督法》（以下简称《监督法》）明确规定人大监督对象是"一府两院"，并具体规定了地方人大及其常委会可以通过听取和审议"一府两院"专项工作报告；审查和批准决算，听取和审议计划、预算执行情况的报告和审计工作报告；检查法律法规的实施情况；规范性文件的备案审查；询问和质询；特定问题调查等形式进行监督。概括起来为两种：一是法律监督，二是工作监督。[3]

其一，关于法律监督。法律监督是指地方人大对宪法、法律在本地区实施的情况进行监督，主要是对行政机关、审判机关、检察机关违反宪法、法

---

[1] 陈淑娟："地方人大规范性文件备案审查的实践与建议"，载《人大研究》2016 年第 11 期。

[2] 陈斯喜："人民代表大会制度概论"，中国民主法制出版社 2008 年版，第 274 页。

[3] 彭真：《论新时期的社会主义民主与法制建设》，中央文献出版社 1989 年版，第 270 页。

律的抽象行为与具体行为进行监督，[1] 一般来说主要是检查法律法规的实施情况，以及对规范性文件备案审查。其二，工作监督，主要是通过听取和审议"一府两院"的专项工作报告、执法检查等形式，确保宪法和法律得到正确实施，确保行政权、审判权、检察权得到正确行使，确保公民、法人和其他组织的合法权益得到尊重和维护。[2] 可见，从体系上来看，地方人大的监督方式有很多种，这些具体监督方式是相辅相成的，通过不同监督形式行使监督权，以实现对权力运行的制约和监督，保障人民群众的利益。本事例中，福建省某某县人大常委会法工委根据公民审查建议对该县人民政府颁布的《办法》进行审查的行为，即是县人大常委会履行法律监督的表现，通过备案审查的监督形式，清理了与上位法相抵触的规范性文件，不仅是对我国法制统一的维护，也是对我国公民权利的保障。

本案是地方人大对地方政府的一种监督。根据我国政治体制的设计以及法律的相关规定，我国地方各级政府由同级地方人大选举产生，受其监督，对其负责，并向其报告工作。根据我国宪法和有关法律的规定，我国地方各级人民政府享有广泛的规范性文件制定权，包括规章、决议、决定和命令等。为了维护我国法律体系的统一性，我国宪法和有关法律赋予了地方人大及其常委会广泛的规范性文件监督权，以保证地方各级政府制定的规范性文件不与其上位法相抵触。除了对地方政府制定的规范性文件的监督以外，地方人大对地方政府的监督权，还体现在人事监督、财政监督。人事监督是人大监督的重要内容，以保证政府人员依法履行法定职责。财政监督也是人大监督的重要环节，我国宪法和有关法律赋予了地方人大及其常委会对政府的财政活动进行监督的权力。此外，地方各级人大及其常委会还可以通过听取和审议政府工作报告、执法检查、特定问题调查、询问和质询等方式对同级政府的重大行政行为进行监督。

（二）本事例是地方规范性文件备案审查制度现状的参照

规范性文件的备案审查，实际上包括两个法律行为：一是备案，其指制定规范性文件的国家机关按照规定要求，将规范性文件依法报送有审查权的

---

〔1〕 吴建依："论地方人大监督权"，载《江汉论坛》2000年第5期。

〔2〕 杨景宇主编：《监督法辅导讲座》，中国民主法制出版社2006年版，第14—15页。

国家机关。二是审查，是指具有审查权的机关依法对报送备案的规范性文件进行审查。[1]"对规范性文件进行备案审查，是宪法赋予人大常委会的法律监督职权，对于维护法制统一，至关重要。"[2] 事实上，备案审查不仅是全国人大常委会的一项重要职责，同时也是地方各级人大的一项重要职责。为了维护国家法制统一、尊严、权威，地方必须提升备案审查工作能力，完善对地方备案审查制度的建设。

1. 提高地方机关的备案审查水平，督促地方完善规范性文件清理制度。本事例在一定程度上反映出我国地方国家机关的备案审查工作还存在一些问题。一方面，就行政机关内部而言，某某县政府作为本事例所涉《办法》的制定机关，在福建省人大常委会于2016年完成相关法律的修改工作后，直至2019年都没有及时主动清理其制定的规范性文件。根据福建省人民政府于2010年发布的《福建省行政机关规范性文件备案审查办法》的第16条的规定，[3] 某某县政府应当每隔2年对规范性文件进行清理，但是从2016年到2019年的3年时间里县政府都没有据此完成对《办法》的清理工作。另外，2010年发布的《福建省行政机关规范性文件备案审查办法》第6条规定，各级人民政府发布的以及经县级以上人民政府批准以办公厅（室）名义发布的规范性文件，应当报送上一级人民政府备案。第18条规定，备案机关定期对发布机关的规范性文件报送备案工作进行检查。但从本事例来看，上一级人民政府并没有及时采取措施。

另一方面，对政府规范性文件的备案审查，除了下级政府规范性文件报送上级政府备案审查的内部监督以外，地方县级以上政府规范性文件还要报同级人大常委会备案。前者是行政机关的内部监督，后者是权力机关的外部监督。两种监督方式可以相互补充，意味着对规范性文件监督的双重保险。根据《福建省各级人民代表大会常务委员会规范性文件备案审查规定》第5、10、11条的规定，本事例的规范性文件应当在发布之日起30日内报送本级人

---

〔1〕 徐平："浅谈规范性文件备案审查监督的几个问题"，载《人大研究》2008年第8期。

〔2〕 王腊生："规范性文件备案审查制度及其完善建议——从国家权力机关监督的角度"，载《南京工业大学学报（社会科学版）》2008年第1期。

〔3〕《福建省行政机关规范性文件备案审查办法》第16条规定："发布机关应当每隔两年对规范性文件进行清理，并向社会公布清理结果，同时将清理结果书面报告备案机关。清理结果应当包括继续有效、修改、废止或者宣布失效的规范性文件目录。"

大常委会备案，同时县级以上地方人民政府、人民法院、人民检察院认为该规范性文件存在审查不适当情形时，有权要求本级人大常委会对其进行审查。因此，就本案来看，该县法院和检察院均有权针对本案《办法》与修改后的《福建省人口与计划生育条例》相抵触的情形，要求县人大常委会进行审查。但从 2019 年公民提起审查建议的结果来看，两院并没有提出，县人大常委会也没有主动审查。

通过以上分析可见，就本事例发生的所在县来看，地方备案审查工作效果不佳。对此，随着我国经济社会的快速发展和法治建设的逐步完善，我国地方国家机关必须提高备案审查工作水平，适时处理"过时"规范性文件，保障公民的合法权益。首先，应强化地方工作机关对备案审查工作重要性和必要性的认识。可以通过备案审查工作培训、备案审查研讨会、交流会等方式，提高地方机关人员的备案审查工作意识。另外，为了避免因要求本地人大常委会审查政府的规范性文件而与政府之间发生"不愉快"的现实考量情形，还可以将规范性文件的合法性审查纳入地方党组织全面从严治党的工作安排中，通过压实党内责任来推动备案审查制度真正落实到行动中。[1] 现实中，由政府、法院、检察院向本级人大常委会提出审查要求的情况非常少，主要原因就是"一府两院"作为规范性文件的主要制定机关，很难由自己发现问题、提出审查要求。但人大的规范性文件备案审查属于人大监督的范畴，是人民代表大会统一行使国家权力，"一府两院"由人大产生、对人大负责、受人大监督的重要内容，更有权威性。[2] 因此人大应进一步加强主动审查，强化人大、政府备案审查工作之间的协作配合，建立审查建议互通、研究意见交流等常态化的信息联系渠道。此外，还可以考虑通过必要的制度改革，降低国家机关因为提起审查要求而与被审查规范的制定主体发生对峙的可能性。[3] 当然，基于基层工作的繁琐与备案审查工作的专业性，应当考虑到地方工作人员的配置问题，保证地方能有足够的法律专业人员应对审查工作。

2. 完善公民参与备案审查制度的机制。本事例作为备案审查典型案例之

---

〔1〕 朱学磊："事例 6：备案审查制度的地方途径——福建省县级人大常委会审查纠正本级政府关于因超生开除公职的规范性文件事例评析"，载胡锦光主编：《2019 年中国十大宪法事例评析》，法律出版社 2020 年版，第 110 页。

〔2〕 陈淑娟："地方人大规范性文件备案审查的实践与建议"，载《人大研究》2016 年第 11 期。

〔3〕 林彦："法规审查制度运行的双重悖论"，载《中外法学》2018 年第 4 期。

一，很重要的一个特点就是审查建议的启动方式是由公民提起的。对于公民提起备案审查这一行为，我们应当予以肯定，同时也要针对公民参与备案审查制度进行优化，进一步释放公民参与备案审查的动力和能力。

第一，公民参与备案审查有充分的宪法和法律依据。根据我国《宪法》的规定，人民依照法律规定通过各种途径和形式管理国家和社会事务，同时公民享有批评建议权、申诉控告检举权。《立法法》第99条第2款也明确规定了其他国家机关、公民和社会组织审查建议权。与本事例相关的是福建省人大常委会于2007年制定的《福建省各级人民代表大会常务委员会规范性文件备案审查规定》，该规定第11条参照《立法法》第99条的规定，赋予县级以上地方人民政府、人民法院、人民检察院针对规范性文件的审查要求权，赋予其他国家机关、社会团体、企业事业组织以及公民相应的审查建议权。该条规定构成了本事例中公民针对某某县《办法》提起审查建议的重要依据。

第二，从备案审查的实践运行来看，公民提起备案审查建议起到了重要作用。全国人大常委会法工委主任沈春耀在2017年向全国人大常委会所作的报告中指出："十二届全国人大以来，法制工作委员会共收到公民、组织提出的各类审查建议1527件，其中2013年62件，2014年43件，2015年246件，2016年92件，2017年1084件……没有过有关国家机关提出的审查要求。"[1]"2018年来自公民或组织的审查建议迅速增加，共计4578件，可以明确为审查建议的有1229件……没有收到有关国家机关提出的审查要求。"[2]2019年的年度报告只提到"对公民、组织提的138件审查建议进行了审查研究，提出了处理意见并向建议人作了反馈"，[3]没有涉及是否收到有关国家机关提出的审查要求。"2020年，共收到公民、组织提出的审查建议5146件，其中属于全国人大常委会审查范围的有3378件……没有收到有关国

〔1〕沈春耀："全国人民代表大会常务委员会法制工作委员会关于十二届全国人大以来暨2017年备案审查工作情况的报告——2017年12月24日在第十二届全国人民代表大会常务委员会第三十一次会议上"，载《中国人大》2018年第1期。

〔2〕沈春耀："全国人民代表大会常务委员会法制工作委员会关于2018年备案审查工作情况的报告——2018年12月24日在第十三届全国人民代表大会常务委员会第七次会议上"，载《中国人大》2019年第3期

〔3〕沈春耀："全国人民代表大会常务委员会法制工作委员会关于2019年备案审查工作情况的报告——2019年12月25日在第十三届全国人民代表大会常务委员会第十五次会议上"，载《中国人大》2020年第5期。

家机关提出的审查要求。我们对审查建议逐一进行了研究，提出处理意见，并向审查建议人作了反馈。"[1] "2021年，共收到公民、组织提出的审查建议6339件……没有收到国务院、中央军委、最高人民法院、最高人民检察院和省、自治区、直辖市人大常委会提出的审查要求，收到1件国务院有关部门提出的合宪性审查建议。"[2] 根据近几年备案审查报告的数据显示，在推动备案审查工作方面，公民和组织的积极主动性明显强于国家机关。同时，经研究处理反馈的比例呈现上升趋势。处理反馈的全比例实现，既是《立法法》第101条规定的"应当"向审查建议人反馈的职责要求，也体现了法工委审查研究能力建设的成效。这对于保持公民、组织提出审查建议的热情，拓展、维系并优化备案审查的审查建议来源是具有积极意义的。[3]

虽然公众在备案审查方面的专业性可能弱于国家机关人员，但由于规范性文件数量过多，国家机关的审查力量有限，而公众因规范性文件或多或少影响到其权利和义务而具有较强的提起审查建议的内在动力，能够很好地补足主动审查的缺陷。此外，从备案审查制度的实践来看，公民、社会团体、企业事业组织和其他国家机关提出的审查建议对维护国家法制统一也发挥了重要作用。例如，根据2016年浙江省1位公民提出的审查建议，对有关地方性法规在法律规定之外增设"扣留非机动车并托运回原籍"的行政强制的问题进行了审查研究，经与制定机关沟通，相关地方性法规已于2017年6月修改。[4] 本案的事例同样也是通过公民提出的审查建议，使得与上位法相抵触的规范性文件被有权主体予以审查纠正，可见这一方式在一定程度上推动了备案审查工作进展，有助于维护社会主义法治统一和权威。

因此，应当进一步畅通人民利益表达渠道，保障人民群众依法行使立法

---

〔1〕 沈春耀："全国人民代表大会常务委员会法制工作委员会关于2020年备案审查工作情况的报告——2021年1月20日在第十三届全国人民代表大会常务委员会第二十五次会议上"，载《中华人民共和国全国人民代表大会常务委员会公报》2021年第2期。

〔2〕 沈春耀："全国人民代表大会常务委员会法制工作委员会关于2021年备案审查工作情况的报告——2021年12月21日在第十三届全国人民代表大会常务委员会第三十二次会议上"，载《中华人民共和国全国人民代表大会常务委员会公报》2022年第1期。

〔3〕 郑磊、王翔："2020年备案审查工作报告评述"，载《中国法律评论》2021年第4期。

〔4〕 沈春耀："全国人民代表大会常务委员会法制工作委员会关于十二届全国人大以来暨2017年备案审查工作情况的报告——2017年12月24日在第十二届全国人民代表大会常务委员会第三十一次会议上"，载《中国人大》2018年第1期。

监督权，健全完善人民群众与最高国家权力机关直接联系的平台与载体，释放公民推动备案审查制度发展的动力和能力。一方面，应当为公民参与备案审查工作提供便利。比如可以为审查建议书制定统一的格式文本。同时，目前法律对公民提起建议的内容和程序缺乏详细的规定，可以扩展公民提起建议的渠道，简化公民提起建议的程序。另一方面，建立完善的审查建议处理和反馈机制。审查机关应该重视公民提起的审查建议，必要时将公民的审查建议与国家机关的审查要求同等看待。当工作人员的配备较为充足时，可以考虑对公民提起的审查建议开展预先审查，积极向公民反馈预审结果。[1] 重点审查人民群众集中反映的、影响老百姓切身利益、直接涉及公民权利义务的法规、司法解释等规范性文件，同时在给公民的反馈意见中应当充分展开说理。例如，在本事例中，某某县人大常委会在的审查结论中，最核心的观点是"该文件与上位法律法规相抵触"。对抵触这一结论可以适当进行解释，不仅有利于提高公众对于审查结论的可接受性，而且也有助于提高公众的法治意识，营造社会法治氛围。

3. 综合运用多种监督形式。党的十九大报告明确指出，加强宪法实施和监督，推进合宪性审查工作，维护宪法权威。这对新形势下开展备案审查工作提出了更高的要求。要更好地实现规范性文件备案审查制度的目标，应当注重综合运用各种不同的监督形式，结合不同监督形式的优势，保障备案审查工作更加有效推进。在现行的规范性文件监督模式中，除了地方人大常委会对规范性文件进行备案审查这一监督模式外，还有行政机关对规范性文件的备案审查制度、行政复议制度对抽象行政行为的监督。地方人大常委会规范性文件备案审查制度应当整合有关资源，打通制度互通渠道，取得制度效益最大化。针对立法、监督工作中发现的规范性文件存在的问题，地方人大常委会针对立法监督工作中发现的问题，应主动开展审查工作，同时有关机构可以结合法规立项论证、立法后评估、听取和审议专项工作报告、执法检查、代表议案督办、代表建议办理等工作，对有关规范性文件进行审查。[2]

---

〔1〕　秦前红、李雷："人大如何在多元备案审查体系中保持主导性"，载《政法论丛》2018 年第 3 期。

〔2〕　陈淑娟："地方人大规范性文件备案审查的实践与建议"，载《人大研究》2016 年第 11 期。

专题六　地方人民代表大会和监察委员会的关系

🔖 知识概要

根据我国《宪法》的规定，国家行政机关、监察机关、审判机关、检察机关都由人民代表大会产生，对它负责，受它监督。地方各级监察委员会对本级人民代表大会和上一级监察委员会负责，受本级人民代表大会监督。有的观点认为，《宪法》规定人民代表大会监督监察委员会，而监察委员会对人民代表大会实行监察，构成了监督上的冲突，而人民代表大会监督监察委员会与监察委员会的监察活动并不矛盾，二者关系的互动具体体现在：

第一，人民代表大会通过对监察委员会人员的选举和罢免实现对监察委员会的监督。我国《监察法》规定，地方各级监察委员会由本级人民代表大会产生，各级监察委员会主任由本级人民代表大会选举，副主任、委员由监察委员会主任提请本级人民代表大会常务委员会任免。

第二，监察委员会对人民代表大会的所谓"监督"实质上是对人民代表大会人员的监察，即《监察法》第15条规定的，监察机关对人民代表大会及其常务委员会机关的公务员依法进行监察，而并非对人民代表大会这一整体进行监察。

第三，监察委员会若发现人民代表大会及其常务委员会公务员确实存在违法行为的，可以依据一定的程序对违法行为进行处理，若人民代表大会及其常务委员会拒不执行监察机关的处理决定或无正当理由拒不采纳监察建议，由其主管部门、上级机关责令改正，并对单位及负有责任的领导人员和直接责任人员依法予以处理。

🔖 经典案例

江苏省市两级监察委员会向本级人大常委会做专项工作报告案

一、基本案情

2021年12月27日，无锡市第十六届人大常委会第四十四次会议听取该市监委关于开展反腐败国际追逃追赃工作情况的报告。自该年5月25日省监委率先向省十三届人大常委会第二十三次会议报告专项工作以来，江苏省市两级监委已全部向本级人大常委会报告专项工作。

监委向本级人大常委会报告专项工作，是深化国家监察体制改革的重要内容。江苏各级监委深入学习领会习近平总书记重要指示精神，认真落实《关于规范地方各级监察委员会向本级人大常委会报告专项工作的指导意见》和省委部署要求，积极稳妥、有序有效开展监委向本级人大常委会报告专项工作，把报告专项工作的过程作为监委自觉接受人大监督的过程，通过认真报告专项工作、积极办理审议意见，促进依法有效履行监察职责，提升监察工作法治化规范化水平。

2020年10月，江苏省纪委监委向中央纪委国家监委、省委报送《江苏省各级监委向本级人大常委会报告专项工作总体方案》（以下简称《总体方案》），明确江苏报告专项工作的选题和提纲、时间和程序安排，经中央纪委国家监委、省委批复同意后组织实施。根据《总体方案》，省市监委严格按照确定选题、拟定提纲、深入调研、撰写报告，征求本级人大有关专门委员会意见，提交报告，作专项报告，办理审理意见6个程序，依法依规开展报告专项工作。江苏省委高度重视，坚决扛起政治责任，加强对报告专项工作选题、程序、方式等全过程、各环节的领导把关。同时，从选题到内容，从时间安排到组织实施，江苏省纪委监委对设区市监委报告专项工作进行全流程跟进指导。

江苏省市两级监委紧紧围绕党中央高度重视、《监察法》作出明确规定、人大监督职责范围内、群众广泛关注、有充分实践基础的工作，科学合理确定报告题目和内容。其中，省监委以及无锡市、淮安市监委作关于反腐败国际追逃追赃工作情况的报告，南京、徐州、常州、南通、连云港、扬州、镇江、泰州、宿迁9市监委选题为整治群众反映强烈的问题工作情况，苏州、盐城市监委选题为开展廉政教育工作情况。

二、法律问题

1. 地方监察委员会依据《监察法》及其实施条例的规定向同级人大常委会做专项工作报告是否违反《宪法》规定？

2. 监察委员会是否应当向同级人大常委会做专项工作报告？

3. 专项工作报告和工作报告的区别？

三、宪法分析

（一）工作报告和专项工作报告的区别

就字面含义来讲，工作报告和专项工作报告都是国家机关的负责人就本机关上年度的工作向监督机关做的汇报，然后监督机关应当就汇报内容进行表决，判断其上年度工作是否合格。虽然广义的工作报告应当包括专项工作报告，二者的目的也是交叉重合的，但是二者区别更大。工作报告和专项工作报告在报告内容、听取报告主体、报告主体、议题选取和法律依据等方面有所区别。

1. 二者的报告内容不同。工作报告的报告内容具有综合性，其涉及报告机关上一年度主要工作内容，是对上一年度工作的概括和总结。专项工作报告具有针对性、经常性和及时性等特点。专项工作报告不是针对一府一委两院的全部工作，而是职责范围内的特定的具体工作，监督所针对的是"关系改革发展稳定大局和群众切身利益、社会普遍关注的重大问题"，监督议题也正是围绕"重大问题"而确定的，解决和纠正这些问题的监督程序也不同于其他工作报告。而且，工作报告的内容有时还会包括本机关下年的工作计划或者工作展望，如北京市高级人民法院2022年的工作报告就包括下年度的工作展望。专项工作报告主要围绕"重大问题"展开，报告后也是根据同级人大常委会的审议意见或者决议进行研究和整改。

2. 听取报告主体和报告主体的不同。根据《地方各级人民代表大会和地方各级人民政府组织法》的规定，听取工作报告的主体是人民代表大会，而听取专项工作报告的主体是人大常委会；做工作报告的主体是人大常委会、法院、检察院、政府，并没有将监察委员会囊括在其中，而做专项工作报告的主体包括法院、政府、检察院和监察委员会，并不包括人大机关。由上述规定可以看出，听取工作报告的主体是不同的，且主体的层级也存在差别；监察委员会并不向同级人大常委会做工作报告，而人大常委会则只需要向人民代表大会做工作报告。

3. 议题选取的不同。工作报告的议题选取具有自主性和综合性。做工作报告的主体可以自主决定工作报告的议题内容，且工作报告的内容更加广泛和综合，相对来说不是突出重点的汇报，更像是交上一份答卷。专项工作报告的议题选取具有针对性，其不是针对一府一委两院的全部工作，而是职责范围内的特定的具体工作，监督所针对的是"关系改革发展稳定大局和群众切身利益、社会普遍关注的重大问题"，监督议题也正是围绕"重大问题"而确定的。《监督法》实施至今，全国人大常委会选取和确定专项工作报告议题，集中体现了监督机关意志，表现为以下几点：其一，年度计划公布前无需向社会公开征求意见，专项工作报告议题在"全国人大常委会年度监督工作计划"中公布，选取和确定议题的过程未向社会公开征求意见。其二，年度计划中确定的议题可做调整。例如，发生重大事件后，可以新增报告议题。其三，被监督对象没有主动要求确定专项工作报告议题。《地方各级人民代表大会和地方各级人民政府组织法》规定，一府一委两院可以主动要求向同级人大常委会报告专项工作，但是其没有选取报告主题的空间。其四，接受代表建议的议题较少。实践中，根据代表建议确定的专项工作报告的议题较少，提出和采纳的具体程序也没有公开。

4. 二者的历史渊源和性质的不同。1954 年《宪法》实施后，国务院就向全国人大常委会做工作报告或其他专门性的工作报告。1982 年《宪法》实施后，六届全国人大常委会把听取和审议"一府两院"工作报告作为监督的基本形式，这些报告关注的问题与人民群众生活息息相关，报告审议前还要开展调查研究工作。此后的七届、八届、九届全国人大常委会听取和审议专项工作报告，监督工作由"逐渐提上议事日程"到经过"程序化""制度化"的发展，监督理念和思路不断创新，监督方式综合运用，专项监督产生了良好的监督效应。[1] 2007 年 1 月《监督法》进一步明确规定了人民政府、人民法院和人民检察院的专项报告工作，并详细规定了议题选取、报告内容、审议意见处理及其具体监督程序。2022 年新修正的《地方各级人民代表大会和地方各级人民政府组织法》规定监察委员会也要向人大常委会做专项工作报告。

法律监督和工作监督是权力机关监督内容与监督形式的一种高度概括，

---

〔1〕 参见杨志勇："稳健前行的人大监督——全国人大常委会改革开放三十年监督工作回眸（一）"，载《中国人大》2008 年第 22 期。

对具体监督行为的监督属性应准确把握。[1] 法律监督主要是审查一府一委两院是否履行了宪法和法律规定的职权，而工作监督是针对一府一委两院的工作的一种监督方式。工作报告主要围绕报告机关上年度工作的完成情况来展开，其主要报告法定职权的完成度，应当是法律监督。而"听取和审议专项监督工作报告"是《监督法》明确授权的一种监督途径，是对以往多种监督形式的统一规范。且其是全国人大常委会听取审议多种工作报告中的一种，是开展工作监督的一种主要形式。专项工作报告针对已经确定的议题进行报告，并根据人大常委会审议意见或者决议进行研究和改正，这实质上既是监督，又是一种支持。其完全是针对报告机关的工作进行的，目的也是促进报告机关工作的完善。因此，一府一委两院做专项工作报告应当属于工作监督。

5. 二者审议的程序及审议后的结果不同。人民代表大会审查工作报告的程序主要规定在全国人大以及地方各级人大议事规则中。对一府一委两院的工作报告都是先由各代表团会议审议，而后再由大会全体会议进行审议。一府一委两院专项工作报告的审议程序则有所不同：专项工作报告应当在人大常委会举行会议的20日前，由报告主体的办事机构将报告送交本级人大有关专门委员会或者常务委员会有关工作机构征求意见；而后报告主体将报告修改后，在常务委员会举行会议的10日前送交常务委员会；常务委员会办事机构应当在常务委员会举行会议的7日前，将专项工作报告发给常委会组成人员；最后，常委会开会进行审议，做出审议结果。人大常委会审查专项工作报告的程序主要规定在《监督法》及各机构组织法中。

人民代表大会针对一府一委两院提出的工作报告，经各代表团审议后，会议可以作出相应的决议。而同级人大常委会针对专项工作报告的审议意见要交由本级人民政府、人民法院、人民检察院或者监察委员会研究处理。人民政府、人民法院、人民检察院或者监察委员会应当将研究处理情况由其办事机构送交本级人民代表大会有关专门委员会或者常务委员会有关工作机构征求意见后，向常务委员会提出书面报告。常务委员会认为必要时，可以对专项工作报告作出决议；本级人民政府、人民法院、人民检察院或者监察委

---

[1] 段鸿斌："全国人大常委会专项工作监督的法律实效——以'听取和审议专项工作报告'为分析对象"，载《人大研究》2018年第12期。

员会应当在决议规定的期限内，将执行决议的情况向常务委员会报告。常务委员会听取的专项工作报告及审议意见，人民政府、人民法院、人民检察院或者监察委员会对审议意见研究处理情况或者执行决议情况的报告，向本级人民代表大会代表通报并向社会公布。对人民代表大会审议工作报告的程序和针对审议结果的后续处理，法律规定较为简易。而对人大常委会审议专项工作报告的程序和审议结果的后续处理，法律规定较为详细。

（二）《宪法》《监察法》和《监察法实施条例》相关规定解读

我国《宪法》中只有监察委员会向人民代表大会负责，受其监督的规定，并没有规定监察委员会要向人大及其常委会做专项工作报告。《监察法》第53条第2款规定："各级人民代表大会常务委员会听取和审议本级监察委员会的专项工作报告，组织执法检查。"同时，《监察法实施条例》第252-254条规定了监察委员会向同级人大常委会做专项工作报告的程序和细节。《宪法》并没有明确规定监察委员会需要向同级人大常委会做专项工作报告，其直接的法律依据在《监察法》及其实施条例中，这样规定是否违宪是一个值得探讨的问题。

我国《宪法》只是规定监察委员会向人大负责，受人大监督，且监察委员会独立行使监察权，不受任何行政机关、社会团体和公民个人的干涉。并没有监察委员会做专项工作报告的表述，这样规定究竟是立法的疏漏，还是立宪者有意为之，值得深入探讨。监察权是对国家权力的行使进行监察的权力，其就是为了制约权力和利益的无限扩张而出现的。监察委员会是专责行使监察权的机关，这是我国监察体制改革的一个重要方面。监察权自我内生的强大的制约性决定其必须有足够独立的生存空间，因此对监察权的制约就要少于对行政权的制约。故宪法相关规定不存在立法疏漏的可能，其只是立法者凸显监察委员会独立性、尊重监察权行使的宪法设计。

任何一部法律的产生都是多方利益角逐、妥协的结果，地方人民代表大会及其常务委员会作为立法权的行使主体，其自然是地方各种利益的集合体。监察权是国家权力的一部分，其实质上带有制约利益集团无限和违法扩张的功能，其与地方带有天然自私性的利益体之间存在固有的冲突，那么，让地方监察委员会受到同级人大常委会的制约是否妥当？专项工作报告具有针对性和及时性，而且其主要起的是支持的作用，即支持监察委员会工作的顺利开展。基于专项工作报告的以上特性，其反而能够调和监察权和地方立法权之间的冲突，减弱监察权和地方立法权之间的掣肘。而且，其能够推进地方监察事业的进步、法治化的提升和经济的发展。

有观点认为，宪法作为国家的根本法，其规范的性质具有原则性，国家的立法机关可以以普通立法的形式对宪法的原则规定进行具体化。这种观点有其合理性，但这种合理性是有界限的，即不能以普通立法的形式实质性地修改宪法的规定。普通立法不得与宪法相抵触是立法的一个根本原则。普通立法与宪法相抵触包括两种情形：一是普通立法与宪法规范直接抵触；二是普通立法与宪法精神相抵触，宪法精神包括宪法原则、立宪意图等。《宪法》并没有明确规定监察委员会要向同级人大常委会做专项工作报告，因此，《监察法》相关规定似有违宪的嫌疑。但是《宪法》规定监察委员会向人民代表大会负责，受其监督，且监察委员会独立行使监察权。以上规范就内含了对监察委员会要进行制约的意思，但是不能逾越"监察权的独立性"的界限。宪法的精神就是对权力的制约以及对公民基本权利的保障。专项工作报告具有针对性，报告主题也仅限于"重大事项"，以及其报告的主题要报经上级监察委员会和同级党委批准，且专项工作报告主要起到支持监察委员会工作的作用。以上特点揭示出，《监察法》及其实施条例的相关规定既贯彻了《宪法》中"对监察委员会监督"的原则要求，又没有逾越"监察权独立行使"的藩篱，同时又体现了"权力制约和基本权利保障"的宪法精神。综上，《监察法》及其实施条例中关于"监察委员会向同级人大常委会做专项工作报告"的规定并没有超出《宪法》的意思范围，同时又体现了法律体系的一致性和协调统一性。

（三）监察权的性质

关于国家监察权的属性，学界分别从国家监察权与国家监察委员会的关系、国家监察权对五种权源的整合方式、国家监察权的职权内容等不同角度形成了不同的争鸣。有观点认为监察权是现代公共权力"第四权"。有学者从域外现代监察权的品性选择和基准定位出发，提出监察权作为"第四权"对于我国正在全面推进的国家监察体制改革具有重要借鉴意义。但是基于监察权属性与国家监察委员会定位之间的密切联系，国家监察委员会作为"国家反腐败工作机构"的定位，"否定了监察委员会的对事监督权，造成监察权作用场域退缩、权力的固有属性发生变化，导致监察权在面对公权力为权不为、为权不彰与为权低效时的无能为力"。[1] 还有的观点认为其是完全异于其他权力的"监察权"。该种观点认为，国家监察委员会是由国家权力机关设立的监察机关，与公安、检察机关等执法和司法机关性质完全不同。监察机关调查职务违法和职务犯罪适用国家监察法，案件移送检察机关后适用刑事诉讼法。这一观点肯定了国家监察权"宪法性权力"的地位，但是其完全割裂了国家监察权与其来源权能之间的继承性。若这一观点为真命题，那么依据我国刑事司法现状，讯问和询问作为刑事诉讼的方式之一，具有司法专属性，国家监察委员会的调查权不具备这一属性，其依据询问、讯问措施所取得的调查笔录在刑事诉讼中也就无法作为证据使用。[2] 这就给后续的起诉和审判带来极大的不便。另有学者认为，监察权是五种权源加总之和。其认为国家监察委员会与党的纪律检查委员会合署办公，"将呈现出党纪检查、廉政调查和反腐侦查相互独立、相互衔接和相互配合的崭新格局"，[3] 监察委员会的权力至少是现有的纪检委权力加行政监察权，再加检察院反贪局的贪腐等职务犯罪侦查权之总和。但是该观点忽视了权力运行的体制环境，易造成国家权力行使的混同。我国"侦查权"具有专属性，是指公安机关、人民检察院在办理案件过程中，依照法律规定进行专门调查工作和适用有关法定刑事强制性措施，刑事侦查权的行使主体仅包括公安机关、国家安全机关和人民检察院；而法定调查权则是指由宪法、法律规定的国家公权力机关行使的调查权，广泛存在于权力机关、行政机关、审判机关和检察机关之中，包括人大常委会的专门调查权，行政机关调查权以及审判机关、检察机关的调查权，国家监察机关反腐败特别调查权等。作为反腐败特别调查权行使主体的国家监察委员会，其并不属于职务犯罪侦查权的法定主体，并且其权力行使方式和手段已经发生质的变化，将二者予以完全等同并不妥当。

监察权应当是一种复合性权力。国家监察体制改革对原隶属于政府的行

---

〔1〕 参见魏昌东："国家监察委员会改革方案之辨正：属性、职能与职责定位"，载《法学》2017年第3期。

〔2〕 参见秦前红、石泽华："监察委员会调查活动性质研究——以山西省第一案为研究对象"，载《学术界》2017年第6期。

〔3〕 吴建雄："国家监察体制改革的前瞻性思考"，载《中国社会科学报》2017年2月15日，第5版。

政监察权、行政预防权，原隶属于检察机关的反贪污贿赂、反渎职侵权等职务犯罪侦查权、职务犯罪预防权的整合，其实质是国家政治资源的重新调整与分配，是对既有政治资源的再整合再分配。[1] 国家监察体制改革推动了国家制度的发展，是新的国家监察制度取代"传统分散反腐败模式"的必然要求，也是符合社会经济发展规律的必然选择。《监察法》既规定有监察委员会组织架构和组织建设的内容，又规定有监察委员会的行为规范，同时还规定了监察委员会行使监察权的程序，最后还规定了救济性的内容。因此，《监察法》兼顾组织法、行为法、程序法以及救济法的性质，是一部综合性的法律。国家监察体制改革对人民政府的行政监察权、预防腐败局的腐败预防权及人民检察院的职务犯罪查处与预防权这几种不同形态及属性的权力重合或者融合在一起产生了国家监察权，且并非简单地将不同权力的属性合并为一个整体权力，而是区别于原形态属性的新权力形态。并且在以往权力属性基础上进行改造、扬弃，进而带来该权力属性质的飞跃，形成国家监察权作为新型复合性国家权力的本质属性。

国家监察权作为新型复合性国家权力，包含了行政监察权的某些特征，因此其也就带有行政权的一些特性。如国家监察委员会实行上下级领导体制，下级监察委员会要接受上级监察委员会和同级党委的领导。行政权作为执行权，理所当然向产生其的立法权做专项工作报告。因此，专责行使国家监察权的监察委员会应当向同级人大常委会做专项工作报告。同时，应当明晰行政权特性只是监察权复合权力属性中的一种，监察权仍有保持独立性等要求。而基于专项工作报告的针对性和支持性等特征，监察委员会向同级人大常委会做专项工作报告符合监察权的复合性权力属性。

（四）监督监察委员会行使监察权的需要

国家监察机关是对国家公职人员进行监督的机关。然而监督者本身也应该接受监督，因为监督权同样是一种公权力，任何公权力，如果没有监督和制约，都必然导致滥用和腐败，这是一条万古不易的规律。《监察法》规定，监察委员会采用自我监督的方式监督监察权的行使。国家监察机关行使国家监察权，应当牢牢树立监督者要接受监督和加强自身监督的意识，同时把加

---

[1] 徐汉明："国家监察权的属性探究"，载《法学评论》2018 年第 1 期。

强自身监督作为一项重要的制度安排予以贯彻落实，切实解决"灯下黑"问题。党的十八大之后，中纪委专门设立了对纪委工作人员实施监督的内设机构——纪检监察干部监督室，以解决自我监督领域机构设置空白的问题。然而，监察机关自己监督自己的实效性难以保证，不能自己既当运动员，又做裁判员。丹宁勋爵说过："绝对的权力导致绝对的腐败。"如果单纯只由监察机关自我监督，将会导致监督机关内部腐败，且降低监察权行使的效率和规范性。并且，由于对监察委员会的高度权力配置，监察权现今有隐隐高于其他国家权力的趋势。因此，寻求对监察权行使的外部监督就具有重大意义。

人民代表大会制度是我国的根本政治制度。我国《宪法》明确规定，中华人民共和国的一切权力属于人民，人民行使国家权力的机关是全国人民代表大会和地方各级人民代表大会，国家行政机关、审判机关、检察机关、监察机关都由人民代表大会产生，对它负责，受它监督。国家监察体制改革也必须遵守国家的根本政治制度，在人民代表大会制度的前提下进行。因此，国家权力机关是对国家监察权进行制约与监督的主体，而且是非常重要的主体。监察委员会向同级人大常委会做专项工作报告正是人民代表大会监督方式的一种，同时，其也是监督监察机关行使监察权的需要。

（五）监察委员会能否监督人大代表的一切行为？

《监察法》第3条规定，各级监察委员会是行使监察职能的专责机关，依法对所有行使公权力的公职人员进行监察，调查职务违法和职务犯罪，开展廉政建设和反腐败工作，维护宪法和法律的尊严。该条明确监察委员会的监督是对人监督，且监督对象是行使公权力的公职人员。而后在第15条采取列举加概括的立法例将第3条的规定进行了具体化。第15条的规定明确将人民代表大会及其常务委员会的公职人员纳入监察的范围，但是监察委员会能够监察人大代表的一切行为吗？

人民代表大会及其常务委员会是我国的权力机关，人民通过它们行使管理国家和社会的权力。其他一切国家机关都有它产生，对他负责，受它监督，它在我国权力结构体系中拥有最高的地位。国家监察体制改革也必须遵守国家的根本政治制度，在人民代表大会制度的前提下进行。作为国家权力机关的组成部分，人大代表自然也具有优越的地位，对其进行监察应持谨慎的态度。在代议机关自治原则之下，作为代议机关的人大亦应当有其相应范围的

"自留地"，此一范围应当成为监察权行使的禁区。代议机构的自律与自治是代议政治的基本原则，其目的在于确保国会行使职权的自主性与独立性，使其免于受其他国家机关之干预。[1] 具体而言，代议自治性原则的内涵为就其内部事务，它当然有独立于行政权、司法权之外的自律权，而不受行政权、司法权之干涉。具体包括规则自律权、管理自律权、财物自律权、内部纪律惩戒权等，以及言论免责权、人身保护权和生活保障权等议员特权。因此，监察机关在对人大代表进行监察时要表现得谦抑和谦卑，尤其要注意对人大代表行使代表权利的尊重。监察机关不得介入权力机关职权的核心领域，核心领域的权力主要有立法权、任免权、决定权和监督权等。人大代表参与行使人大及其常委会核心领域的权力时，监察委员会不能对人大代表进行监察。在人大内部，并非所有的人员皆为民意代表。严格来说，唯有人大代表才是人大之构成因子，故人大代表之外的其他人员，仍属监察对象之列，监察委员会能够监察其全部的行为。监察委员会应当尊重人大代表行使代表权利、履行代表职责的行为，但诸如贪污受贿等职务违法和职务犯罪行为，因与履行代表职责并无直接关联，故应为监察委员会监察对象。

监察委员会规定其监察对象是行使公权力的公职人员，并没有将国家机关纳入监察范围。但是国家机关由其公职人员组成，行使公权力的行为也是由公职人员代为做出，归根结底，国家机关是人的行为。因此，监察委员会在对公职人员进行监察的同时，间接地起到了监督国家机关的作用。对公职人员的监察，能够提高国家机关的廉洁率以及办事效率。

我国人大代表大多是兼职代表，其除人大代表身份外，往往还是国家机关的领导人员，这两种身份都属于监察委员会的监督范围。人大常委会的组成人员大都是国家机关的领导人员，因此，监察委员会向同级人大常委会做专项工作报告的监督方式，有时会有沦为个别领导人员对监察委员会监察权行使的掣肘或打击报复的嫌疑。因此，要严格专项工作报告的做出程序、坚持民主集中制的组织和议事规则、增强报告过程的民主性和议题选取的科学性，以确保该监督手段真正发挥监督实效。

---

[1]　许宗力：《国会议事规则与国会议事自治》，月旦出版公司 1993 年版，第 308 页。

拓展案例

广西壮族自治区、市、县三级全部向同级人大常委会做专项工作报告

一、基本案情

2021年12月30日，桂林市七星区监委就民生领域监察监督工作情况向该区人大常委会报告专项工作。自该年5月24日自治区监委向自治区人大常委会报告开展脱贫攻坚监察监督专项工作以来，自治区、14个设区市、111个县（区、市）监委全部向本级人大常委会报告专项工作，实现了三级全覆盖。

监委向本级人大常委会报告专项工作，是深化监察体制改革的重要内容，是落实《宪法》《监察法》、运用法治思维法治方式开展反腐败工作的重要措施。2020年以来，在中央纪委国家监委和自治区党委领导下，广西认真贯彻落实党中央关于监委向本级人大常委会报告专项工作的决策部署，依规依法、自上而下，积极稳妥、有序有效开展监委向本级人大常委会报告专项工作。

各级监察机关坚持科学确定选题。按照中央纪委国家监委《指导意见》明确的选题原则，从8个主题中提出选题建议，与本级人大常委会充分沟通一致后，再将拟选主题和报告提纲层报同级党委、上级纪委监委审批确定，做到选题符合党中央精神，符合同级党委、上级纪委监委要求，符合本级人大常委会期待。在自治区本级，考虑到广西作为全国脱贫攻坚主战场之一，脱贫攻坚工作连续5年在国家考核中获得综合评价"好"的等次，选择脱贫攻坚监察监督作为报告主题。在市县两级，不搞"一刀切""一般粗"，指导市、县监委科学选题。梧州市监委在扫黑除恶、民生领域专项监督成效明显，选择整治群众身边腐败问题为主题。环江县监委专项报告开展医疗保障领域欺诈骗保等违规违法行为集中整治工作情况。

各级监察机关纷纷表示，人大对监委的监督有利于促使监察工作更加规范高效，有利于推动健全党统一领导、全面覆盖、权威高效的监督体系，自觉接受监督意识明显增强，正确对待监督，依法履行监察职权，获得各方面一致肯定和好评。同时，各级监察机关积极根据同级人大常委会的审议意见和决议进行调研和整改，将其落到实处，最后还将调研和整改情况形成书面

报告反馈给相关人大专门委员会或者同级人大常委会工作机构。（材料来自广西纪检网）

二、法律问题

如果监察委员会的专项工作报告没有获得通过，监察委员会应当承担什么样的责任？具体的责任主体是哪个？

专题七　地方公安、检察和法院在办理刑事案件中的关系

知识概要

我国《宪法》第 140 条规定："人民法院、人民检察院和公安机关办理刑事案件，应当分工负责，互相配合，互相制约，以保证准确有效地执行法律。"基于本条，"分工负责，互相配合，互相制约"成为人民法院、人民检察院和公安机关办理刑事案件时的基本准则。考虑到我国的刑事案件绝大部分由地方国家政权机关侦查、起诉和审理，这一规则对于地方公安机关、检察机关和法院正确行使职权尤为重要。

第一，"分工负责"表明了地位的独立性和权力的有限性。"分工"意味着三个机关有不同的权力范围，三者相互独立，各司其职，审判权、检察权和侦查权具有专属性，相互之间不越位、不错位、不缺位。"分工基础上的负责"意味着三机关要在各自权力范围内承担宪法和法律责任，权力范围是有限的，要求所分之工合乎宪法原则和司法规律，行使公权力时体现地位的独立性和权力的有限性。[1]

第二，"互相配合"体现工作程序上的衔接关系。三个机关相互配合，互相不迁就、不服从，而仅共同服从于宪法和法律。三机关相互配合的目的在于实现国家权力运转的有效性，而非互设障碍、故意刁难或随意配合。

第三，"互相制约"是处理三机关关系的核心，正确把握这一原则有助于从根本上协调三者的关系，在我国人民代表大会制度的基础和背景下，要求

---

[1]　韩大元、于文豪："法院、检察院和公安机关的宪法关系"，载《法学研究》2011 年第 3 期。

国家权力之间的制约和对人权的保障，因此，应当通过合法和有效的制约，防止权力滥用，确保审判权、检察权和侦查权规范和公正的行使。

经典案例

佘某林案

一、基本案情

2005 年 3 月 31 日，《武汉晚报》报道："佘某林，男，1966 年 3 月 7 日生，京山县雁门口镇某某村某某人，捕前系京山县公安局原马店派出所治安巡逻员。1994 年 1 月 20 日，佘某林的妻子张某玉失踪后，张某玉的亲属怀疑张被佘某林杀害。同年 4 月 11 日，雁门口镇吕冲村一水塘发现一具女尸，经张某玉亲属辨认死者与张某玉特征相符，公安机关对此立案侦查。1994 年 4 月 12 日佘某林因涉嫌犯故意杀人罪被京山县公安局监视居住，同年 4 月 22 日被刑事拘留，4 月 28 日经京山县检察院批准逮捕。1994 年 10 月 13 日原荆州地区中级人民法院一审判处佘某林死刑，佘某林提出上诉。湖北省高级人民法院 1995 年 1 月 6 日作出裁定，以事实不清、证据不足发回重审。1995 年 5 月 15 日原荆州地区人民检察分院将此案退回补充侦查。1996 年 2 月 7 日，京山县人民检察院补充侦查后再次退查。1997 年因行政区划变更，京山县人民检察院于 1997 年 11 月 23 日将此案呈送荆门市人民检察院起诉。同年 12 月 15 日，荆门市人民检察院审查后认为佘某林的行为不足以对其判处无期徒刑以上刑罚，将该案移交京山县人民检察院起诉。1998 年 3 月 31 日，京山县人民检察院将此案起诉至京山县人民法院。1998 年 6 月 15 日京山县人民法院以故意杀人罪判处佘某林有期徒刑 15 年，附加剥夺政治权利 5 年。佘某林不服提出上诉，同年 9 月 22 日，荆门市中级人民法院裁定驳回上诉，维持原判。之后，佘某林被投入沙洋监狱服刑至今。"2005 年 3 月 28 日，佘妻张某玉突然从山东回到京山。4 月 13 日，京山县人民法院经重新开庭审理，宣判佘某林无罪。2005 年 9 月 2 日佘某林领取 70 余万元国家赔偿。

二、法律问题

从宪法学的角度观察，造成佘某林错案的原因是什么？

三、宪法分析

我国《宪法》第140条规定，人民法院、检察院和公安机关在办理刑事案件中应当分工负责、互相配合、互相制约，以保证准确有效地执行法律。我国《刑事诉讼法》也有完全相同的规定。这一规定在本质上是一个刑事诉讼的机制问题。那么，为什么一个刑事诉讼的机制问题要规定在宪法中呢？

刑事诉讼的实质是国家公权力按照一定的程序追究犯罪嫌疑人或被告人的刑事责任，将对公民权利造成重大影响。在刑事诉讼进行过程中，基于侦查案件的需要，可能会对嫌疑人进行监视居住、扣留或逮捕，这会影响公民的人身自由；可能会对公民的通讯进行监听，这会影响公民的隐私权；可能会对公民财产实行扣押或查封，这会影响公民的财产权。而在定罪后，法院有权一般会对被告施以自由刑或财产刑的处罚，甚至会剥夺公民的生命（死刑）。所以，刑事诉讼一旦出现冤假错案，将会对被告及其亲属造成难以挽回的损失。正是基于刑事诉讼对公民权利的重大影响，法治国家都极其强调刑事追诉权必须谨慎行使。而保证刑事追诉权的谨慎行使的一个举措就是在《宪法》中确认刑事诉讼必须遵循的各项制度及原则，如有些国家从嫌疑人或被告权利的角度规定嫌疑人或被告人有沉默权、不得被施加残酷的刑罚、遵循正当法律程序等。我国《宪法》第140条是从办理刑事案件的三个机关之间的关系的角度来保障。

《宪法》中的这些规定不仅是三个机关在办理案件中应该遵循的准则，更重要的是作为宪法规范直接制约着国家刑事诉讼的立法权，即国家立法机关在制定有关刑事诉讼的法律时应该贯彻这些宪法规范，通过具体的程序制度设计真正使三个机关在刑事诉讼中遵循以上原则。

近年来，我国发生了几起刑事冤假错案，都因被害人"复活"或真凶归案才使被告人冤情得以洗刷。这些案件在很多细节上都有着相似之处：在案件侦办过程中都存在着严重的刑讯逼供现象；在证明标准上都没有达到"事实清楚，证据确实充分"的程度。原因在于两个方面：一是我国刑事诉讼立法中未能完全体现《宪法》规范的要求；二是执法机关在办理这些案件的过程中并没有真正遵循《宪法》及《刑事诉讼法》有关规范。尤其是，我国长期以来即有"命案必破"的执法要求，这使得一些办案机关在缺乏直接物证的情况下，通过刑讯逼供的方式获取言辞证据，这就给冤假错案提供了可能性。

拓展案例

（一）聂某斌案

1994 年 8 月 5 日，河北省石家庄市西郊孔寨村附近发生一起强奸杀人案，当时的石家庄市郊区公安分局组成"8·5"专案组并将犯罪嫌疑人聂某斌抓获，不久后，警方即宣布破案。之后，石家庄市中级人民法院一审分别以强奸罪、故意杀人罪判处聂某斌死刑。河北省高级人民法院二审予以改判，以强奸罪判处聂某斌有期徒刑 15 年，以故意杀人判处死刑，数罪并罚决定执行死刑。

1995 年 4 月 27 日，经省高级人民法院复核，聂某斌被执行死刑。2005 年 1 月 18 日，河南省荥阳警方在当地某砖瓦厂内抓获一名可疑男子，经审讯该男子供出自己的真实姓名叫王某金，河北广平人，曾在河北省强奸多名妇女并将其中 4 人杀害。

河北广平县公安局将王某金押回河北并带其到所交代的作案现场进行指认。在石家庄郊区（现属裕华区）孔寨村附近指认当年作案现场时，受害人康某的亲友告知：这起案件早被当地警方宣布告破，聂某斌已于 10 年前被执行死刑。

拓展案例

（二）赵某海案

1998 年 2 月 15 日，商丘市柘城县老王集乡赵楼村赵某晌的侄子赵作亮到公安机关报案，其叔父赵某晌于 1997 年 10 月 30 日离家后已失踪 4 个多月，怀疑被同村的赵某海杀害，公安机关对此进行了相关调查。1999 年 5 月 8 日，赵楼村在挖井时发现一具高度腐烂的无头、膝关节以下缺失的无名尸体，公安机关遂把赵某海作为重大嫌疑人于 5 月 9 日刑拘。5 月 10 日至 6 月 18 日，赵某海做了 9 次有罪供述。2002 年 10 月 22 日，商丘市人民检察院以被告人赵某海犯故意杀人罪向商丘市中级人民法院提起公诉。2002 年 12 月商丘市中级人民法院作出一审判决，以故意杀人罪判处被告人赵某海死刑，缓期二年执行，剥夺政治权利终身。省高级人民法院经复核，于 2003 年 2 月 13 日作出裁定，核准商丘市中级人民法院上述判决。

2010 年 4 月 30 日，赵某晌回到赵楼村。商丘中级人民法在得知赵某晌在本村出现后，立即会同检察人员赶赴赵楼村，经与村干部座谈、询问赵某晌本人及赵某晌的姐姐、外甥女等，确认赵某晌即是本案的被害人。同时从赵某晌本人处了解到：1997 年 10 月 30 日夜里，其携自家菜刀在杜某某家中朝赵某海头上砍了一下，怕赵某海报复，也怕把赵某海砍死，就收拾东西于 10 月 31 日凌晨骑自行车，带 400 元钱和被子、身份证等外出，之后以捡废品为生。因去年得偏瘫无钱医治才回到村里。2010 年 5 月 5 日下午，河南省高级人民法院在听取了商丘中级人民法院关于赵某海案案例情况汇报后，决定启动再审程序。

🗀 拓展案例

（三）刘某林案

1990 年 10 月 28 日，吉林省东辽县会民村村民修河，在地里挖出一具女尸，死者是失踪 1 年多的少女郑某某。随后当时 22 岁的刘某林被指认是杀人嫌犯。10 月 29 日，22 岁的刘某林因涉嫌故意杀人罪被东辽县公安局拘传，10 月 30 日被收容审查；11 月 8 日被批准逮捕。

1994 年 7 月 11 日，刘某林被辽源市中级人民法院一审判处死刑，缓期二年执行。1995 年 8 月 8 日，吉林省高级人民法院核准死缓判决。从一审到核准阶段，刘某林不曾有过辩护律师，并多次否认杀人。在服刑期间，刘某林在姐夫王某贞的帮助下持续申诉 7 年。2012 年 3 月 28 日，吉林省高级人民法院对该案宣布再审。2016 年 1 月 22 日，48 岁的刘某林被刑满释放，此时距吉林省高院作出再审决定已过去近 4 年。2016 年 4 月 25 日案件再审开庭。

历经近 2 年后，2018 年 4 月 20 日上午 9 点，刘某林案再审宣判，吉林省高级人民法院认定原审判决中刘某林杀死被害人郑某某事实不清，证据不足，原公诉机关指控的犯罪不能成立，宣告刘某林无罪。

2018 年 5 月 23 日，因被误判故意杀人罪蒙冤 28 年的刘某林向吉林省高级人民法院赔偿委员会递交了《国家赔偿申请书》，请求辽源市中级人民法院向其支付侵犯人身自由赔偿金、精神损害抚慰金、伸冤费用支出、后期治疗费等各项赔偿共计人民币 16 674 199.96 元，并公开赔礼道歉。

2019 年 1 月 7 日上午，吉林省辽源市中级人民法院作出国家赔偿决定，对刘某林进行 460 万国家赔偿，其中包括 197 万余元精神损害赔偿，该两项赔偿数额均创下平反冤案的最高值。

【法律问题】

从宪法角度观察，应怎样有效地防止上述各种错案的发生？

专题八　人民法院对地方性法规的审查

🔹 知识概要

我国人民法院在审理案件时，偶会遇到判决所依据的法律文件内容相冲突的情形，在此情况下，应当注意以下问题：

第一，根据《立法法》的规定，宪法的效力大于法律，法律的效力大于地方性法规，因此在地方性法规的规定与宪法、法律的规定相冲突时，应当适用宪法和法律的规定，而不适用地方性法规的规定。

第二，人民法院对地方性法规进行合法性审查是"隐含的"而非"公开的"，人民法院只能在司法审判中对法律的具体适用中的问题进行司法解释，[1] 选择不适用与上位法相冲突的地方性法规，而不能对法律本身进行司法解释，更无权宣布地方性法规无效，而应形成意见提请制定机关等修改或废除。

🔹 经典案例

河南洛阳种子案

一、基本案情

2003 年 5 月 27 日，洛阳市中级人民法院在审理一起种子赔偿纠纷案时，

---

〔1〕　莫纪宏："地方性法规合宪性审查中的几个法理问题探讨"，载《山西师大学报（社会科学版）》2020 年第 4 期。

遭遇法律冲突问题。在庭审中，就赔偿损失的计算办法，原告（汝阳县种子公司）与被告（伊川县种子公司）争议激烈，原告主张适用《种子法》，以"市场价"计算赔偿数额；被告则要求适用《河南省农作物种子管理条例》，以"政府指导价"计算。经审判，洛阳市中级人民法院下达（2003）洛民初字第26号民事判决书，原告和被告都不服判决，向河南省高级人民法院提起上诉。洛民初字第26号民事判决书写道："《种子法》实施后，玉米种子的价格已由市场调节，《河南省农作物种子管理条例》作为法律位阶较低的地方性法规，其与《种子法》相抵触的条（款）自然无效。"

洛阳市中级人民法院判决书的这一表述激起了河南省人民代表大会的强烈反响，河南省人民代表大会认为"洛民初字第26号民事判决书中宣告地方性法规有关内容无效，这种行为的实质是对省人大常委会通过的地方性法规的违法审查，违背了我国人民代表大会制度，侵犯了权力机关的职权，是严重违法行为"。2003年10月18日，河南省人民代表大会常务委员会办公厅下发了《关于洛阳市中级人民法院在民事审判中违法宣告省人大常委会通过的地方性法规有关内容无效问题的通报》，要求河南省高级人民法院对洛阳市中级人民法院的"严重违法行为作出认真、严肃的处理，对直接责任人和主管领导依法作出处理"。洛阳市中级人民法院党组根据要求作出决定，撤销判决书签发人民事庭赵某云的副庭长职务和李某娟的审判长职务，免去李某娟的助理审判员，该决定最终未履行。

河南省高级人民法院受理此案后，向最高人民法院进行了请示。最高人民法院于2004年3月30日作出《关于河南省汝阳县种子公司与河南省伊川县种子公司玉米种子代繁合同纠纷一案请示的答复》，指出《立法法》第79条规定："法律的效力高于行政法规、地方性法规、规章，行政性法规的效力高于地方性法规、规章"。《最高人民法院关于适用〈中华人民共和国合同法〉若干问题的解释（一）》第4条规定："合同法实施以后，人民法院确认合同无效，应当以全国人大及其常委会制定的法律和国务院制定的行政法规为依据，不得以地方性法规和行政规章为依据。"根据上述规定，人民法院在审理案件过程中，认为地方性法规与法律、行政法规的规定不一致，应当适用法律、行政法规的相关规定。河南省高级人民法院作出终审判决，维持洛阳市中级人民法院的原判。这就是"河南种子案"。

二、法律问题

洛阳市中级人民法院是否有权认定本地的地方性法规与全国性法律相冲突或无效而不予适用?

三、宪法分析

1. 中国法律体系结构的复杂性决定着各种法律渊源之间的效力并不等同。当法院在审理案件中有不止一个法律规范可予适用时，法院就必须对各种法律渊源的效力作出认定。根据我国《行政诉讼法》的规定，法院在审理行政诉讼案件时要根据法律、行政法规和地方性法规，参照规章。而《立法法》规定，法律的效力高于地方性法规。宪法也规定，地方人民代表大会在制定地方性法规时，不得与宪法、法律和行政法规相抵触。所以洛阳市中级人民法院、酒泉地区人民法院在审理案件时，必然要确定本省地方性法规的有关规定是否与《中华人民共和国行政处罚法》《中华人民共和国种子法》的规定相冲突。这是法院在审理案件时不可回避的程序，无此，则不能有效地行使审判权。

2. 《宪法》规定，人民法院依法独立行使审判权，不受行政机关、社会团体和个人的干涉。人民法院受人民代表大会监督，但监督的方式是以不危及法院的独立审判为原则。

在任何国家，法院审理案件的唯一依据是法律，这是司法权运行的根本准则。但适用法律的规则是什么，在各国则有很大的不同。这与各国的法律传统、法律体系的特色、司法权的角色等都有很大的关系。

中国宪法本身肯定自己的最高性，并且规定一切法律、行政法规和地方性法规都不得同宪法相抵触。但在实践中，宪法本身并没有在司法过程中被适用。[1] 法律的合宪性是由全国人民代表大会常务委员会予以确定。所以在理论上，中国法官在审理案件时是不需要考虑其所适用的法律的合宪性的。而且这些法律渊源的效力并不等同。《立法法》对此有详细的规定。宪法规定，法律、行政法规和地方性法规都不得同宪法相抵触；行政法规要根据宪

---

〔1〕　关于这方面的问题，可参阅本书中齐某苓诉陈某琪一案中的有关论述。

法和法律制定；地方性法规不得同宪法、法律和行政法规相抵触。宪法规定了具体的审查机制，如全国人民代表大会常务委员会可以撤销同宪法、法律相抵触的行政法规；地方性法规在生效前的备案制度。如果这些机制能够正常运行，中国的法院所面对的就是一整套事先得到合宪性确认的、相互协调的法律体系，法院也就不会陷入因不同法律相互抵触而无所适从的窘境。但在本案发生的年代，这一套审查机制并未充分发挥作用。所以在实践中，不同渊源的法律规范之间的冲突并不鲜见。法院就必须在此作出抉择。而理性的选择标准当然是根据宪法和立法的有关规定，在相互冲突的法律渊源中选择适用效力高的法律规范，而放弃效力低的法律法规。

问题还不仅于此。如在两种法律效力等同或无法确定的法律渊源发生冲突时，法院自己就无法解决这一问题了。如地方政府的规章和国务院的部门规章之间、地方性法规和国务院的部门规章之间等，哪种法律规范的效力为高，实是难题。此时，就必须要有另外的解决途径。《行政诉讼法》规定，地方政府规章和国务院部委规章不一致的，由最高人民法院送请国务院裁决。《立法法》规定了法院如认为地方性法规和部委规章不一致时的解决途径。

如果否认人民法院在审理案件过程中可以自行在效力等级不同且相互冲突的法律规范中选择适用规范，从现实角度而言，案件的审理将无法继续下去。在理论上，法律规范的选择适用技术和法律解释技术、法律推理技术及程序运用技术一起构成了法官职业的专门技术。当然，法官是否有权直接宣布地方性法规无效是值得商榷的，尤其是在我国合宪性审查制度日益完善的时代背景下。在发生类似案件时，地方人民法院的法官的理性选择是根据《立法法》将地方性法规的合宪合法性争议提请全国人大常委会解决。

◈ 拓展案例

甘肃酒泉中级人民法院案

1998 年 3 月 15 日，酒泉市民马某琴就其与酒泉地区惠宝制冷设备有限公司（以下简称惠宝公司）之间的冰柜维修纠纷向地区技术监督局投诉。地区技术监督局经过调查取证之后认定，惠宝公司没有家电维修证书，而且大多数维修人员也没有技术证明书，于是以违反了《甘肃省产品质量监督管理条例》第 13 条和第 30 条为由，作出行政处罚决定，要求惠宝公司立即免费维修冰柜并赔偿马某琴经济损失 3000 元。

惠宝公司对该处罚不服因而向法院提起行政诉讼，酒泉市初级人民法院（（1998）酒法初字第58号行政判决书）以事实证据及处罚决定送达手续不合法为由，判决撤销了酒泉地区技术监督局的处罚决定。后者不服一审判决而向酒泉市中级人民法院提起上诉。1998 年 2 月 15 日，酒泉市中级人民法院作出终审判决，认为《甘肃省产品质量监督管理条例》第 13 条和第 30 条关于产品质量监督管理部门对维修者实施行政处罚的规定与《产品质量法》及《行政处罚法》的有关规定相冲突，不能作为行政处罚的依据。故此，作出撤销酒泉地区技术监督局的行政处罚决定。

针对酒泉地区中级人民法院的判决，甘肃省人大认为，酒泉中院无权认定省人大法规无效，并称这是一起"全国罕见的超越审判职权的严重违法事件。"这就是"酒泉中级人民法院'宣判'甘肃省地方性法规违法案"。

【法律问题】

在上述两案中，河南、甘肃两省人民代表大会分别认定洛阳、酒泉两市中级人民法院的判决"严重违法"，其中河南人民代表大会要求河南省高级人民法院对洛阳市中级人民法院的"严重违法行为作出认真、严肃的处理，对直接责任人和主管领导依法作出处理"的行为是否适当？

专题九　人民代表大会对人民法院的监督

知识概要

人民代表大会作为国家权力机关，对由其产生的国家司法机关的监督是宪法规定的一项重要权力。人民代表大会对人民法院的监督，实质上就是对审判权的监督，即人民代表大会按照宪法和法律赋予的职权，对国家审判权进行监督，以保障人民法院按照人民的意志需要和法律的规定运转。全国人民代表大会及其常务委员会和地方各级人民代表大会及其常务委员会作为国家权力机关，应当认真行使宪法赋予的职权，对本级人民法院实行有效的监督。

人民代表大会对人民法院的监督具有诸多方面的价值，其首先是权力制约的需要，我国的权力体系需要建立有效的监督制约机制，如果缺乏该机制，必然会使权力行使者向着腐败和滥用的方向发展，只有通过国家权力监督制约审判权，才能保障司法的公平和正义；其次，人民代表大会实现对人民法院的监督，有利于维护国家的法制统一，通过人民代表大会的有力监督，确保审判机关公正裁判，从而达到政治、经济和社会效果的高度统一，维护国家法制统一。

◈ 经典案例

全国人民代表大会常务委员会制定"个案监督条例"

一、基本案情

2000 年，全国人民代表大会常务委员会拟定了《全国人民代表大会和地方各级人民代表大会常务委员会对具体案件监督的若干规定》（有学者将其简称为"个案监督条例"）。该规定提出，为了加强各级人民代表大会对人民法院和人民检察院的监督工作，促进司法公正，各级人民代表大会常务委员会可以对法院和检察院办理的具体案件进行监督（理论上将此种监督称为"个案监督"）。该规定同时规定了各级人民代表大会常务委员会对具体案件进行监督的若干原则及监督的程序。因争议太大，最终这一规定并未制定出来（出台）。

二、法律问题

各级人民代表大会常务委员会有权对人民法院和人民检察院正在办理的案件进行监督吗？

三、宪法分析

从学者们所表述的观点来看，[1] 多数学者认为，"个案监督"是指权力机关可以对司法机关办理的具体案件进行监督。但实际上，由于目前个案监

---

〔1〕 有关这方面的论述，可参看周启后："权力机关监督具体案件刍议"，载《人民检察》1994年第 3 期；宁乃如："小议权力机关对两院的监督"，载《法制日报》1995 年 2 月 16 日；翟峰："关于地方人大常委会个案司法监督形式的探讨"，载《现代法学》1993 年第 4 期。

督的内涵都是学理解释，尚有一系列问题仍待明确：①监督的主体问题。可能的主体有人民代表大会、人民代表大会常务委员会、委员长会议或主任会议、人民代表大会或人民代表大会常务委员会下设的工作机构。②监督的对象问题。如果对司法机关办理的所有案件进行监督肯定不可能。这样，以何标准确定受监督的对象？③监督的时间问题。监督是在审理前实施，还是在审理中或审理后实施；是一审之后实施，还是二审终结后实施？④监督的提起方式问题。是由当事人向监督主体要求其监督，还是由监督主体主动监督？⑤监督的形式问题。是仅对案件的审理过程及审理结果提出一般性的意见和建议，还是作出有法律效力的决议或决定，甚至采取宪法和组织法赋予的组织重大问题调查委员会进行调查？⑥监督的法律责任问题。包括被监督者的法律责任和监督者的法律责任。对于这些问题，学者们并无一致见解，甚至观点迥异。

在实践中，虽然全国人民代表大会及其常务委员会尚未开展具体案件的监督，但各级地方人民代表大会已广泛开展了此项工作。但有以下理论和实践问题尚需探讨：

第一，关于个案监督的法律依据问题。由于现行的法律对此没有作任何具体规定，学界和实务界殚精竭虑，从所有的法律中寻找任何与此有关的规定，以论证监督的合法性。除了多数人列举的宪法中关于司法机关对权力机关负责、全国人民代表大会议事规则和代表法中关于代表的质询和听取最高人民法院和最高人民检察院工作报告、地方人民代表大会组织法中人民代表大会听取人民法院和人民检察院的工作报告和代表的质询外，还有人认为人民检察院组织法中关于各级人民代表大会常务委员会对检察院讨论的重大案件的决定权的规定和地方组织法中关于各级人民代表大会可以组织特定问题调查委员会的规定也是个案监督的法律依据。归结于一点，所有这些引经据典、解释发挥都没有抓住问题的实质。问题的实质就是行政权、审判权、检察权都是由权力机关通过宪法赋予的，行政机关、审判机关、检察机关又都是由权力机关产生并对它负责的，理所当然要接受它的监督。但从权力机关对司法机关可以进行监督能否推断出权力机关可以对司法机关的具体案件进行监督尚需进一步探讨。

第二，我国《宪法》与《人民检察院组织法》都规定，人民检察院是我国的法律监督机关。根据有关诉讼法的规定，人民检察院对人民法院审理案件中的违法行为进行监督，如果认为人民法院的判决不合法，可以通过法定途径提出抗诉。如果法律规定人民代表大会也可以对法院办案的合法性进行监督，这两种监督体制如何协调？如果两者对同一案件的合法性发生争议，那么哪一组织的认定具有终极决定效力法律并无明确规定。

第三，正如我们在论述人民代表大会对法院的质询时所指出的，人民代表大会是一个以召开会议的方式行使权力的民主代议机关。而司法机关是以法律为基准结合具体案件，依严格的程序对当事人的行为进行合法性判断的机关。以人民代表大会来监督司法机关的个案审理，无疑是以民主的方式解决技术的问题，这与权力机关的性质是不相符的。

基于以上这些问题，我们认为，从法理上讲，虽然不能否定个案监督的合法性（毕竟，人民代表大会对司法机关的活动有监督权，而个案监督是监督的一种形式），但如果说其有充分的法律依据，也难以令人信服。国家机关的职权法定，这是法治国家的一个重要法治原则。个案监督既是权力机关对司法机关监督的一种形式，但其本身也是权力机关的一种重要权力，因为这直接关系到权力机关对司法机关的控制问题。一旦实行，其对司法机关的独立性负面影响是不可小视的。

基于以上分析，以下各要素是必须遵循的：

第一，坚持人民代表大会组织集体行使职权的方式。对何种案件提起监督、监督程序的启动、决定监督的方式、对监督后果所作的决议都要人民代表大会或常务委员会以会议决议的方式作出处理，而绝不能将此变相为人民代表大会常务委员会负责人等少数人或人民代表大会下设职能部门的行为。

第二，严格掌握监督对象。只能对那些社会影响较大、人民群众反映强烈的重大典型、明显违法的案件进行监督。

第三，应严格遵守事后监督的原则。只能对那些当事人已经穷尽司法救济手段、法院判决已经发生法律效力的案件进行监督。不可以防患于未然为借口，对人民法院或人民检察院正在办理或审理或法院判决还没有发生法律效力的案件进行监督。

第四，监督的形式，只能是在人民代表大会或常务委员会的全体会议上以会议决议的方式对司法机关提出建议或询问，要求其予以答复或建议其启动审判监督程序对案件进行再审，并对人民代表大会或常务委员会全体会议汇报结果。

◈ 拓展案例

（一）某市人民代表大会对法院的质询案

山东省某市人民代表大会代表王某是一家国有公司的总经理。在一次召开的人民代表大会会议上，王某联合其他代表向该市人民法院提出了一份质询案，要求法院院长就该院所审理的一起两公司之间的合同纠纷案向人民代表大会作出说明。在法院院长作出说明后，其他代表认为其解释合理，但王某仍不满意，并试图与其他人民代表大会代表联名提出对该院长的罢免案。后来经查实，王某任职公司系该案件的原告，在诉讼中败诉。王某对法院的判决极为不满，遂决定在人民代表大会举行会议时联合其他代表通过对法院院长的质询向法院施加压力，迫使法院改变判决。

◈ 拓展案例

（二）四川夹江打假案

刘某是四川省成都彩虹电器集团（以下简称彩虹集团）的法定代表人，同时兼任四川省人民代表大会代表。1995 年 7 月 28 日，彩虹集团向四川省技术监督局举报说，他们发现四川省夹江县彩印厂未经他们的允许擅自印刷他们公司的产品包装盒。四川省技术监督局在彩虹集团的协助下，在成都市成华区公安分局几位警察陪护下，派员去夹江县彩印厂查封了该厂印制的近 2 万个彩虹牌电热灭蚊药片包装盒（该种药片是彩虹集团产品），同时查封了有关的印刷设备和厂房，并于 1995 年 10 月上旬对该彩印厂及其法定代表人万某华作出分别罚款 5 万元和 4 万元的处罚决定；因对该行政强制措施和行政处罚不服，夹江县彩印厂和万某华先后在夹江县人民法院和成都市中级人民法院提起了行政诉讼（这两场诉讼均是被告四川省技术监督局胜诉）；该案在审理时，四川省正在召开人民代表大会会议，在会议上，刘某联合其他代表向四川省高级人民法院院长提出质询案，要求高级人民法院院长说明为什么夹江县人民法院和成都市中级人民法院要受理一个造假者的起诉。代表们不顾高级人民法院院长的解释，纷纷指责法院受理制假人的起诉是对造假者的保护。

【法律问题】

人民代表大会代表能否就法院所受理审判的案件进行质询？

专题十　联邦制国家联邦中央与州的关系

◈ 知识概要

联邦制是由几个成员单位（如邦、州等）联合组成统一国家的政治体制，它是国际交往中的主体，联邦同成员单位间的关系和权限划分由联邦宪法规定。以美国为例，联邦政府是在州的基础上组成的，州的权限较大，有自己的法律、税收、警察、教育等。

联邦政府的权力和职责范围由联邦宪法规定，属于联邦政府的核心权力大致包括：各州间的外交、国防、移民、贸易等；而州政府不是联邦政府的下属，各州享有自主权，没有服从联邦政府的责任，但当联邦宪法与州法律相抵触时，州法律必须服从于联邦宪法，不得与联邦宪法相抵触。

◈ 经典案例

美国英民地产充公案

一、基本案情

1783 年美国独立战争胜利后，弗吉尼亚州（以下简称弗州）的法律规定对在战争期间效忠英国的人进行驱逐，并对其土地实行充公。马丁从一位英国贵族那里继承了地产，但州政府根据这项法律，宣称该项地产已归州所有，并于 1789 年将其由州政府转移给一个名为亨特的人，亨特将该土地出租。马丁遂依据美国和英国在 1783 年签订的"和平条约"和 1794 年的杰伊条约，拒绝放弃该地产。亨特的租户依据弗州的法律起诉至法院，要求驱逐马丁，并在弗州的最高法院获得胜诉。根据 1789 年《司法法》的授权，马丁上诉到联邦最高法院，并获得了有利于他的法院命令，但弗州上诉法院拒绝承认联邦法院有权审理州法院的决定。于是联邦最高法院再次发表意见，阐述联邦最高法院对此问题的见解。这就是美国早期的"英民地产充公案"。

二、法律问题

在联邦体制下，联邦最高法院是否有权审查州法院的判决？

三、宪法分析

联邦最高法院认为自己有权审查州法院的判决。作为美国司法史上的里程碑，地产充公案确立了联邦最高法院是联邦法律的最终阐释者的作用，从而为合众国统一各州对联邦法律的解释奠定了基础。美国联邦最高法院的法官霍姆斯曾经指出："假如我们失去了宣布国会法案无效的权力，我并不认为合众国就会寿终正寝。但如果我们不能对各州的法律作出如此宣告，我却真的认为联邦将受到威胁。"在美国宪法史上，该案与马伯里诉麦迪逊案一样重要。联邦最高法院通过马伯里诉麦迪逊案确立了横向司法审查的原则，而纵向司法审查原则是通过本案确立的。这一原则有效地保证联邦司法权的统一。

（一）美国联邦法院对州法院判决的司法审查问题

美国是一个联邦制国家。联邦宪法在各州的"原始主权"上建立了全民政府，所以形成了联邦与州的双重政府结构。在法律体系上，有联邦和州两整套相互独立的法律体系。在法律效力上，《美国宪法》第6条确立了《美国宪法》为联邦最高法的原则，各州的法官同联邦法官一样受其约束，并要求所有联邦和州的法官宣誓遵守这一规则。同时，《美国宪法》还规定各州要忠实于任何为维护联邦宪法而制定的联邦法律。在司法组织系统上，在《美国宪法》正式生效以前，当时的13个州已建立了完整的司法体系，它们负责审理全州的绝大部分刑事和民事案件。对于这些案件，州最高法院有最终管辖权，也就是说，州最高法院对州法律的解释是最终的；作为联邦政体和有限政府的一部分，联邦法院对此无权问津。而联邦法院的设置在制定宪法以及后来的行宪初期一直是一个有争议的问题。在制宪会议上，围绕联邦法院的管辖范围，制宪者产生了严重分歧。以汉密尔顿为首的联邦党人要求宪法同时规定联邦最高法院和下级法院系统，从而形成完整、严密的联邦司法权力系统。但是，以杰弗逊为代表的民主派只准备建立一个不带下级法院的联邦最高法院，从而架空联邦司法权力，使司法权实质上归于各州。而争议的结果则是《美国宪法》第3条，即宪法只明确规定设置联邦最高法院，联邦下级法院则由国会予以立法设置。在司法管辖权上，《美国宪法》第3条规定了联邦法院的管辖范围：根据宪法、联邦法律和条约产生的诉讼；涉及大使、公使和领事的案件；一切海事案件；不同州公民间的诉讼案件；联邦政府为一方的诉讼案件；2个或2个以上州的诉讼案件；同州公民之间同州转让土地所有权的诉讼；一州或其公民与外国或外国公民间的诉讼。根据《美国宪法》第3条的授权，国会于1789年制定了第一个《司法法》。《司法法》设置了联邦地区法院，并规定联邦地区法院有权审理涉及联邦法律的刑事案件，并在联邦政府是一方时，与州法院同时具有管辖权。1891年国会立法建立联邦上诉法院，并取消了对上诉权的限制；同时规定联邦最高法院有是否受理上诉的自由裁量权。所以联邦司法管辖权有两个源头——联邦问题管辖权和不同州问题管辖权。

　　但联邦和州之间的司法权力并不是绝对分开的。宪法只是给予了概括性规定，联邦司法权的具体范围，仍需国会以法律规定。正如有学者指出：对于这个问题，"宪法供给汽油，但控制油门的是国会"[1]。另外，前已述及，联邦宪法、联邦法律和以联邦名义缔结的条约对整个联邦有约束力；而且，联邦法院和州法院对某些案件具有"同时管辖权"。这样，就必然产生一个问题：应该是由州法院还是由联邦法院来负责对这些法律的解释？1789年美国国会制定的《司法法》部分地解决了这一问题。《司法法》规定，联邦最高法院对州法与联邦法有冲突的案件有终审权。另外，州法院在大多数由联邦法律引起的案件中可以保留与联邦法院合议的权力，凡涉及不同州公民之间的案件，既可以由州法院审理，也可以由联邦法院审理。第25条规定：一切涉及联邦宪法、联邦法律与联邦条约的案件的终审权都将掌握在联邦最高法院手中；联邦最高法院有权对所有经过州法院审理的、但其审理结果被认为是没有给予联邦宪法和联邦法律最完全尊重的案件进行"复审，或推翻原来的决定"。这一规定在本案中经受了司法考验。也正是通过本案，联邦法院对

---

〔1〕〔美〕杰罗姆·巴伦、托马斯·迪恩斯：《美国宪法概论》，刘瑞祥等译，中国社会科学出版社1999年版，第13页。

州法院判决的纵向司法审查最终确立起来。

在本案中，弗州最高法院在判决中声称：根据对联邦宪法的正确解释，联邦最高法院的上诉管辖权不能扩展到本院。而且，建立联邦法院的国会立法[1]第25条中的扩展联邦法院管辖权部分是违背联邦宪法的。所以联邦最高法院对本院的诉讼议程完全没有管辖权，因此本院拒绝服从它的训令。

针对弗州最高法院的辩称，联邦最高法院指出：这项判决所涉及的问题是极其重要且敏感的，对它们的正确解答，决定着维护宪法本身最为坚实的原则。联邦宪法的制定和建立者，并非处于主权的各州，而是如宪法前言所表明的，是"合众国的人民"。人民能够把所有他们认为合适而必要的权力授予联邦政府，并根据他们的爱好，扩展或限制这些权力。同样无疑的是，如果认可各州普遍契约，那么他们就有权禁止各州使用这些权力。联邦政府不能声称它具有宪法未曾赋予的权力，它只具有宪法明示或隐含的权力。但另一方面，由于宪法本身的原则性，不可避免地采用广义文字。因为宪法并非被设计来适应区区几年的紧急需要，而是将承受漫长岁月的流逝。所以宪法权力表达于广义的文字中，允许立法机构不时自行采取手段去实现合法目标。以上这些原则将对解决本案具备指导意义。

根据《美国宪法》第6条，各州法官在审理案件时，不仅要根据本州的宪法和法律，还要根据"国土的最高法律"，亦即联邦宪法、法律和条约。所以必须承认宪法授权审理某些案件：它们虽然属于联邦司法权力范围，但受到各州法官审理。这表明，联邦司法的上诉权必须扩展到州法院。

宪法是用来运作于各州主权之上的。宪法中的一系列条款都在实质上限制了各州的主权。所以，当各州被剥夺了某些最高方面的主权，当各州的立法受到国会的某些限制之时，联邦最高法院就难以认同这样的观点：处于各州法院之上的上诉权不符合我们政体的特色。联邦法院无疑能够修正各州的立法和执法行为，并在它们违反宪法的时候，宣布它们欠缺法律效力。不能将联邦法院的这种权力理解为限制和削弱了州法官的独立性。对于联邦政府授予的权力，导致各州的法官并不独立，他们受制于联邦宪法。如果他们超越或曲解了宪法，就没有理由再给他们的判决以绝对和不可抗拒的权力。

---

　　[1]　即指1789年的《司法法》——笔者注。

联邦司法管辖权的理论基础在于：各州的法官出于对本州的依恋、对他州的嫉妒以及本州利益的纠葛，有时确实可能会阻碍或控制司法的正常管辖。因此，对于各州之间、不同州的公民之间等类型的案件，宪法允许当事人在国会权威之下，寻求联邦司法权的管辖。对于其他案件，如起因于联邦宪法、法律和条约的案件，由于涉及民族安全、和平与主权，也必须由联邦法院管辖。

联邦司法管辖权的另一个根据是：为了在全国范围内对宪法问题形成统一决定。在不同的州，联邦法律、条约甚至宪法本身会受到州法官的不同解释。如果不存在一种权力以修正这些冲突并使它们和谐一致，那么宪法在各州就将不一样，甚至有完全不同的解释或效力，而这将是危险的。解决这一问题的途径是赋予联邦法院对州法院的司法审查权。

还有一点证明了联邦上诉管辖的必要性：联邦宪法对各州公民提供了平等保护。如果联邦法院对州法院无上诉管辖权，则在一个具体案件中，原告可以选择对其有利的州法院进行起诉，而被告将被剥夺所有宪法意欲保障的权利。为了避免出现这种情况，只有寻求国会的权力，把州法院的诉讼转移到联邦法院。

联邦上诉管辖权的最后一个理由是：联邦法院的法官由总统提名，由国会通过而获得任职资格，并且终身任职。所以，在行使司法权力时，只需要考虑法律，而无须去探求一时的民意。但有些州的法官是由民选而产生的，基于不可避免的谋求连任的心理，在审理案件时他们必须考虑到民意的倾向，法律也就不是判决所需考虑的唯一因素了。

所以联邦法院的上诉管辖权可以有效地纠正州的法官因受民意的干扰而可能出现的判决错误。所以，联邦法院的上诉权力确实扩展到了州法院之上。因而1789年《司法法》第25条的规定并不违宪。

（二）本案的意义

在美国宪法史上，本案是一个里程碑式的案件，与马伯里诉麦迪逊案齐名，但是，本案所确立的联邦法院对州法院的判决进行司法审查的原则并不是从一开始就得到普遍接受的。相反，这一原则受到很多方面，尤其是州的抵制。从美国建国到19世纪六七十年代，至少有7个州的最高法院明确拒绝这一原则。他们的根据是州权理论，即各州作为独立主权实体，自己有权审查联邦法律是否合宪，如果不合宪，则可以宣布其无效。此所谓"废弃理论"。直至美国内战结束以后，这种理论才终遭"废弃"。在此后，如果州政府官员，包括法官，如果拒不执行联邦法院的判决，联邦法院即可以蔑视法庭罪处罚之。而本案"一直是联邦最高法院对州法院行使管辖权的关键依据"[1]。

专题十一　我国立法权配置中的中央和地方关系

📑 知识概要

我国《立法法》对地方立法权限进行了明确的规定，既包括立法机关的权限划分，也包括地方立法的事项权限的设定。这些内容在一个侧面反映了我国的中央和地方的关系。

第一，我国《立法法》第72、80、82条对有权进行地方立法的行政机关进行了规定，即省、自治区、直辖市的人民代表大会及其常务委员会根据本行政区域的具体情况和实际需要可以制定地方性法规；设区的市人大及其常委会根据本市的具体情况和实际需要，可以对城乡建设与管理、环境保护、历史文化保护等方面的事项制定地方性法规。国务院各部、委员会、中国人民银行、审计署和具有行政管理职能的直属机构，可以根据法律和国务院的行政法规、决定、命令，在本部门的权限范围内，制定规章。省、自治区、直辖市和设区的市、自治州的人民政府，可以根据法律、行政法规和本省、自治区、直辖市的地方性法规，制定规章。

第二，我国《立法法》第73、82条对地方立法的事项作出了规定，即地方性法规可以就为执行法律、行政法规的规定，对需要根据本行政区域的实际情况作具体规定的事项及属于地方性事务需要制定地方性法规的事项作出规定；部门规章规定的事项应当属于执行法律或者国务院的行政法规、决定、命令的事项；地方政府规章可以就为执行法律、行政法规、地方性法规的规

〔1〕〔美〕杰罗姆·巴伦、托马斯·迪恩斯：《美国宪法概论》，刘瑞祥等译，中国社会科学出版社1999年版，第12页。

定需要制定规章的事项及属于本行政区域的具体行政管理事项作出规定。

经典案例

《某省实施〈代表法〉办法》关于主任会议许可
对代表采取限制人身自由强制措施的规定

一、基本案情

《某省实施〈中华人民共和国全国人民代表大会和地方各级人民代表大会代表法〉办法》（以下简称《实施代表法办法》）第23条第3款规定，本级人民代表大会常务委员会闭会期间，在紧急情况下，如果确需对县级以上的地方各级人大代表采取逮捕或者刑事审判以及法律规定的其他限制人身自由措施时，可以由主任会议决定许可，报人民代表大会常务委员会下一次会议确认。而《中华人民共和国全国人民代表大会和地方各级人民代表大会代表法》（以下简称《代表法》）第32条的规定，对县级以上各级人大代表予以逮捕、刑事审判或者采取法律规定的其他限制人身自由的措施，除了因现行犯被拘留的情况外，应当经该级人民代表大会主席团或者人民代表大会常务委员会许可。该规定与代表法的规定相抵触，也与地方组织法对地方人大常委会主任会议规定的法定职责不符，超越了地方立法权限。

全国人大常委会法制工作委员会1989年和1994年答复有关地方人大常委会法律询问时曾表示，对于《代表法》中现行犯被拘留后逮捕的特殊批准情况主要针对代表因现行犯被拘留后，因拘留期限已满必须逮捕，而又不能及时召开常委会的情况，并不能将该答复的适用对象扩大至对非现行犯，也不能将适用范围扩大至刑事审判以及采取法律规定的其他限制人身自由的措施。《实施代表法办法》第23条第3款的规定将主任会议决定许可的条件放宽为"确需对县级以上的地方各级人大代表采取逮捕或者刑事审判以及法律规定的其他限制人身自由措施"，不符合代表法的规定，应当予以纠正。

二、法律问题

《宪法》第3条第4款规定："中央和地方的国家机构职权的划分，遵循在中央的统一领导下，充分发挥地方的主动性、积极性的原则。"根据这条原则,《宪法》《地方组织法》和《立法法》确定了我国的"统一而又分层次"的立法体制,总体上是两级立法。[1] 统一包含两个方面,一是所有立法都必须以宪法为依据不得同宪法相抵触;下位法不得同上位法相抵触。二是国家立法权由全国人民代表大会及其人民代表大会常务委员会统一行使,法律只能由全国人民代表大会及其人民代表大会常务委员会制定;分层次是指是在保证国家法制统一的前提下,国务院、省级人民代表大会及其人民代表大会常务委员会和设区的市人民代表大会及其人民代表大会常务委员会、民族自治地方人民代表大会及其人民代表大会常务委员会、国务院各部委、省级人民政府和设区的市政府,分别可以制定行政法规、地方性法规、自治条例单行条例和政府规章。现行立法体制非一蹴而就,特别是地方立法权主体自中华人民共和国成立到 2015 年《立法法》修改不断更新迭代,对地方立法权的变迁过程有一个清晰、准确的认识,有助于从本质上把握理解实践中存在的地方性法规、地方政府规章违反中央法规的现象。地方法规与中央法规相冲突本质上是中央和地方事权划分模糊导致的结果,如何平衡地方立法积极性和国家法制统一的关系是研究地方立法权不可回避的问题。法规备案审查是宪法规定的事后监督方式之一,主要是合法性审查功能,2018 年机构改革后的宪法和法律委员会负责推进合宪性审查,法规备案审查和合宪性审查都是保障宪法权威、维护法制统一的手段,合宪性审查目前处于初始阶段,法规备案审查依然是宪法监督的主要方式,现行法律规定的五大提请备案审查程序的主体,较少会主动履行职责,公民向全国人大常委会提请的情形频繁多见且多伴随法院审理个案,法院在备案审查中的地位和作用有必要重新认识。

三、宪法分析

(一)地方立法权的变迁过程

我国的地方立法权不仅与单一制的国家结构形式有关,还和我国各阶段的国情密不可分。明晰我国地方立法权的变迁过程对于全面认识地方立法权问题具有重要意义。我国地方立法权的变迁可以概括为三个方面

1. 1949 年-1954 年:地方立法多元期。从中华人民共和国成立到 1954 年

---

[1]　杨景宇:"关于立法法和监督法的几个问题",载《北京人大》2013 年第 6 期。

《宪法》颁布期间，我国的立法权主要归属于中央，中华人民共和国成立后，国民党六法全书被废除，仅依靠中央立法无法满足秩序重建、巩固政权的需要，战争导致各地区发展不平衡，情况复杂，单一立法权无法适应现实需要，赋予地方立法权可以弥补治国理政中立法的缺失。1954 年《宪法》颁布前，尚未组建各级人民代表大会及其人民代表大会常务委员会，地方立法权主要在县级以上的政权机关和自治乡以上的民族自治机关。县级以上的地方各级人民政府委员会可以制定暂行法令条例或单行法规，自治乡以上的民族自治机关有权制定单行法规。多元立法对巩固新生政权，保障运动开展发挥了重大作用。

2. 1954 年-1979 年：地方立法否定期。从颁布 1954 年《宪法》到 1979 年出台《地方人民代表大会和地方各级人民政府组织法》，受苏联立法模式影响及计划经济保障中央对全国资源的统一调配需要，我国实行中央集中制立法权，全国人民代表大会行使专有国家立法权，除保留民族自治地方的立法权外，原有地方政府享有暂行法令条例和单行法规制定权被取消。1966 年以后，法制事业停滞，民族自治地方的立法权也被虚置，地方立法权进入停滞期。立法权集中于中央保障了政权的凝聚力，但有损地方积极性，不利于法制建设。

3. 1979 至今：地方立法扩容期。从 1979 年《地方组织法》到 2015 年《立法法》修改至今，地方立法权的主体发生了深刻的变化，横向和纵向不断扩容。横向：1982 年《地方组织法》赋予省、自治区、直辖市以及省会市、经国务院批准的较大的市的人民政府根据法律和国务院行政法规制定规章的权力，[1] 将地方立法权主体由权力机关拓宽至行政机关，是地方立法权主体范围的重大突破；纵向：1979 年《地方组织法》规定省、自治区、直辖市的人民代表大会及其人民代表大会常务委员会可以制定地方性法规，这是中华人民共和国成立以来首次通过立法的形式赋予省级人民代表大会及其人民代表大会常务委员会地方立法权，是对我国立法体制的重大变革，后 1982 年《地方组织法》修订时将地方性法规的立法权主体扩大至省会市和国务院批准的较大的市的人民代表大会常务委员会。2000 年《立法法》将市一级的地方

---

[1] 参见《地方组织法》（1982 年）第 35 条第 1 项。

立法权，统称为较大的市，对地方立法权较为深刻的变革是 2015 年《立法法》的修改，设区的市获得普遍立法权，可就城乡建设与管理、环境保护、历史文化等事项制定地方性法规和政府规章。城市化迅猛发展，原有的立法权限划分无法满足高速发展城市对立法的需求，并且我国法律大多都是在 20 世纪 80 年代制定的，规定得较为笼统，存在法律漏洞，中央立法难以及时弥补立法缺陷，加之地方发展变化大，赋予设区的市地方立法权可以更好地适应地方发展需求，完善法律体系。通过立法权下放，享有地方立法权的城市从 49 个增加到 284 个，这是规模最大的一次权力下放。[1] 2018 年《中华人民共和国宪法修正案》第 100 条正式将设区的市地方立法权在宪法层面确立。设区的市地方政府享有规章制定权，不再像过去肆意制定规范性文件。通过立法程序制约立法权，保障阳光下立法，更有利于保障行政相对人权益。

（二）中央与地方立法事权划分

2015 年《立法法》修改将设区的市纳入立法主体范围，明确了央、地立法权限，通过规定法律保留事项、不抵触原则以及专属事项立法，将设区的市地方立法权局限于城乡建设与管理、环境保护、历史文化保护等事项，以理清中央和地方立法权限划分，维护国家法制统一。现行《宪法》和《立法法》对央地立法权限的划分主要分以下三个方面：

1. 法律保留事项。法律保留是指某些事项只能由法律予以规定，除取得国务院授权外其他立法主体无权对此作出规定和限制。法律保留分为相对保留和绝对保留。相对保留是指事项的设定权属于法律，但国务院可以在取得全国人民代表大会及其人民代表大会常务委员会授权的前提下制定行政法规，《立法法》第 8 条规定了国家主权事项、对非国有财产的征收、征用等 6 条相对保留事项。绝对保留是指某些事项只能制定法律，不能授权行政机关。《立法法》第 9 条规定犯罪和刑罚、对公民政治权利的剥夺和限制人身自由的强制措施和处罚、司法制度等事项只能制定法律。明确国家的基本事项、涉及公民的权利只能由中央立法权予以管辖，间接划分了中央和地方立法权限，有利于保障法制的统一。

2. 不抵触原则。不抵触原则是指下位法不得违背上位法。《宪法》第 100

---

[1] 参见季长龙："从较大市到设区市：地方立法权下放的意义与反思"，载《河南工业大学学报（社会科学版）》2015 年第 4 期。

条规定，省级地方性法规不得与宪法、法律、行政法规相抵触；设区的市级地方性法规不得与宪法、法律、行政法规和省级地方性法规相抵触。《立法法》第87、88、89条构建了自宪法、法律、行政法规、地方性法规（部门规章）到地方性政府规章的法律效力位阶体系，体系中的下位法与任意上位法相抵触都是无效的，但下位法不得抵触上位法原则在实践运行中还没有真正落实，依然缺乏有效的制度约束力，特别是备案的事后审查机制无法及时有效纠正抵触现象，迫切需要确立下位法无效审查机制以推进合宪性审查工作。

3. 专属事项立法。法律保留事项为中央和地方立法权限划分提供了一个相对宏观的标准，不抵触原则是提供了一个立法过程中的指导原则，而专属事项立法是明确界定了地方立法权的界限。《立法法》第72、82条明确规定设区的市可以针对城乡建设与管理、环境保护、历史文化保护等方面制定地方性法规和地方政府规章。通过界定立法范围，可以有效地限制地方权无序扩张，但立法法采用的"列举+兜底"的方式为地方立法留下足够的空间，从各地立法实践来看，设区的市立法权的扩张成为趋势，等外立法实践广泛存在实质上否定了等内立法[1]，没有起到预期制约地方立法权扩张的效果。如何把握地方权扩容的限度，保证法制统一，成为央地立法权配置的关键。

辅助性原则是解决平衡和谐共生关系的一种新思路，辅助性原则是指特定主体无法自主实现目标时，更高级的主体应当接入，但介入仅限于保护的目的，且高级主体只能处理那些低级主体无法独立处理且由高等级主体处理更好完成的事务[2]。在央地立法权配置中，对地方自己所属范围内的事项由地方立法，地方无法处理的事项由中央立法，在地方能够因地制宜更好地处理时，中央不应介入干预；对于全国性的事项，应当由中央立法，如军事、外交、海关等，既牵涉中央也涉及地方利益的事项，可以有步骤地探索央地共享立法。辅助性原则只是提供一种原则性思路，不可僵化适用，有待于实践中灵活运用。

（三）法规备案审查与合宪性审查的关系

法规备案审查与合宪性审查是我国宪法监督制度的重要组成部分，是人

---

〔1〕 周伟："论设区的市立法权收与放的统一"，载《法学》2017 年第 7 期。

〔2〕 参见熊光清："从辅助原则看个人、社会、国家、超国家之间的关系"，载《中国人民大学学报》2012 年第 6 期。

民代表大会制度和单一制国家结构形式下的一项特殊制度。相较法规备案审查，合宪性审查是近几年的最新提法。党的十九大报告首次提出："加强宪法实施和监督，推进合宪性审查工作，维护宪法权威。"从宪法层面确立合宪性审查制度。合宪性审查与违宪审查是一体两面。合宪性反映了立法者审查的立场即是推定合宪，是法治文化的体现；而违宪审查是基于性本恶的基本理念出发，不信任公权力，推定其存在违宪情况。除此，二者没有本质的区别，都是特定机关经宪法授权依照法定程序判断公权力行为是否符合宪法并作出相应处置措施。[1] 而法规的备案审查是指根据宪法和相关法律规定，行政法规、地方性法规、自治条例和单行条例、规章、司法解释在制定、批准或通过后，需在法定期限内提请有关国家机关备案，接受备案的国家机关审查。全国人民代表大会常务委员会在对地方的地方性法规、自治条例和单行条例备案审查的过程中应限于合法性审查，而不包括适当性审查，按照宪法精神，全国人民代表大会与地方人民代表大会是监督与被监督关系，而非领导关系。地方性法规是否适当属于地方自治范围内的事项，按照辅助性原则，由其自己把握更好，全国人民代表大会常务委员会不宜予以评价，有助于充分发挥地方的积极性。[2]

1. 合宪性审查与法规备案审查之间存在密切联系。合宪性审查和备案审查都是党的主张上升为国家意志的表现，是党中央对宪法监督实施作出的重要部署。无论是合宪性审查还是合法性审查都包括审查内容，其目的都是按照规定的程序对规范性文件是否同宪法、法律、法规相抵触。世界各国的违宪审查模式主要有三种，一种是司法机关审查，第二种是专门机关监督宪法实施，第三种是立法机关审查模式，人民代表大会制度决定了我国宪法监督模式采用立法模式，即由最高国家权力机关负责审查。

2. 合宪性审查与法规备案审查之间的区别。合宪性审查与备案审查都是推进宪法实施的重要制度，但二者依然有别。首先，二者宗旨不同，合宪性审查的目的是维护宪法的权威，保证宪法的最高法律地位，而备案审查主要依据下位法不得抵触上位法原则审查，其直接目的是维护法制的统一。其次，二者范围不同，合宪性审查原则上不仅需要审查法律在内的规范性文件是否

---

〔1〕 胡锦光："论法规备案审查与合宪性审查的关系"，载《华东政法大学学报》2018 年第 4 期。

〔2〕 葛洪义："关于我国地方立法的若干认识问题"，载《地方立法研究》2017 年第 1 期。

合宪，还需审查公权力机关的行为是否符合宪法，目前我国的合宪性审查主要是规范性文件审查，还不包括行为审查。备案审查的范围有所缩窄，主要是对行政法规、地方性法规、规章和司法解释是否符合法律进行审查，侧重的是合法性审查，非合宪判断。再次，承担的职能部门不同。2018年国家机构改革，全国人民代表大会的专门委员会宪法和法律委员会负责推进合宪性审查工作；全国人民代表大会常务委员会的立法工作机构法制工作委员下设的备案审查室会负责法规备案审查工作，合宪性审查在机构上提升级别，是党中央为维护宪法权威作出的重大部署。

就目前阶段，法规的备案审查与合宪性审查是密不可分的整体，应当建立二者的衔接机制，避免重复审查，法规的备案审查应当起到前置筛查作用，法工委在审查中发现存在违宪可能性的行政法规、地方性法规等规范性文件时移交宪法和法律委员会审查，同时宪法和法律委员会负责审查全国人民代表大会及其人民代表大会常务委员会制定的法律是否合宪，可以全面覆盖所有规范性法律文件，保证宪法秩序的统一。

（四）法院审查补强法规备案审查

从法规备案审查实践看，《立法法》第99条第1款的实施效果并不明显，现有五个法定的审查主体鲜有提出审查建议，反而第2款规定的公民等其他主体审查建议权被频繁使用。违法性规范文件的提出多在个案诉讼中提起，法院在法规备案审查中扮演重要角色。根据现行法律和司法实践，法院在法律规范冲突中的审查权主要体现为以下两个方面：

1. 选择适用法律。我国的人民代表大会制度和单一制的国家结构形式决定了我国各级法院只适用全国人民代表大会及其人民代表大会常务委员会制定的法律及符合法律的规范性文件，不适用违背上位法的下位法，这是依宪治国的体现。2009年最高人民法院制定的《最高人民法院关于裁判文书引用法律、法规等规范性文件的规定》第7条确立了对于规范性文件存在冲突的情形，人民法院有权依照《立法法》确定的原则选择适用法律的权力。法院的不予适用不等于裁判依据被撤销无效，我国是成文法国家，判例不是法的渊源，不遵循先例原则不予适用只有个案效力，仅表明法院的态度，不具有实质、普遍约束力。[1]

2. 提请有关机关。面对法律规范冲突的情形，法院无法确定应该适用哪一规范性文件时，需要提请至有关机关审查裁决。根据司法实践，法院审查不能确定适用规范性文件时，应中止诉讼，逐级向最高人民法院提请，最高人民法院提请全国人民代表大会常务委员会。这一过程中，基于上下级法院是监督关系，各级法院扮演着过滤者角色，上级法院认为合法，即可终止提请，回复下级法院。

法院在解决法律冲突时，应避免陷入违宪审查陷阱，直接宣布抵触的规范性文件违法，抵触上位法而无效的做法不可取，应充分发挥法院在补强备案审查工作的角色，推动审判中法院提请与人民代表大会审查相衔接，法院审判适法错误时，公民审查建议、人民代表大会审查与法院再审相衔接，实现人民代表大会与法院的良性互动。

专题十二　我国中央与特别行政区的关系

📚 知识概要

《香港基本法》和《澳门基本法》均对中央政府和特别行政区的关系进行了规定，即香港和澳门特别行政区直辖于中央人民政府。中央对香港和澳门特别行政区拥有全面管治权，而"全面管治权"一词词意丰富，具体而言：[2]

第一，全面管治权的法理基础是主权，主权与管治权互为表里，但两者又有所不同，主权是原始的、最高的、绝对的和不受控制的权力，它的核心特征在于强调国家权力的最终归属；而管治权则是派生的、相对的和受到主权控制的治理国家和社会的权力，因而其核心特征在于权力的操作模

---

〔1〕　马得华："'反多数难题'在中国：法院有权审查地方性法规吗"，载《政治与法律》2016年第10期。

〔2〕　杜磊："论中央对特别行政区全面管治权的'全面性'特征"，载《港澳研究》2022年第2期。

式上。[1]

第二，全面管治权的作用对象范围广泛：一是自然人；二是政权机关和非政府组织，中央政府管理特别行政区以行政长官为核心的行政、立法和司法等政权机关体系，享有政制设定和发展决定权及主导权、高级官员任命权，以及政权机关职权、法定人员任职资格决定权等；三是资源和财税；四是各类行为和活动，包括外交活动等。

📚 经典案例

（一）香港特别行政区诉马某昆案

一、基本案情

马某昆等3人于1995年8月11日被当时的港英政府指控串谋妨碍司法公正，1997年1月3日，港英政府正式以串谋妨碍司法公正的普通法罪名向法院提交公诉书，法院于1997年6月16日开始审理此案。1997年7月1日，中国政府恢复对香港行使主权，英国对香港的管制正式结束，香港成为中华人民共和国的一个特别行政区，《香港基本法》开始生效。1997年7月3日新的特别行政区法院重新开始审理此案。但是，被告人的大律师突然要求政府撤销指控，理由是：虽然《香港基本法》第8条规定，香港原有法律，即普通法、衡平法、条例、附属立法和习惯法，除同本法相抵触或经香港特别行政区的立法机关作出修改者外，予以保留。但这种"保留"要经过全国人民代表大会经过它的常务委员会或者香港特别行政区立法机关采取"主动的"采纳行为，明确把这些"原有"法律采纳为香港特别行政区法律才行。但是全国人民代表大会常务委员会不仅没有这样做，反而以和《香港基本法》抵触为由，废除了《英国法律应用条例》（香港法例第88章）。虽然香港特别行政区临时立法会于1997年7月1日通过了《香港回归条例》，把原有法律采用为香港特别行政区法律，但由于香港特别行政区临时立法会不是一个根据《香港基本法》产生的组织，所以根本不是香港特别行政区的立法机关，其所

---

[1] 邓莉、杜承铭："'一国两制'下中央对特别行政区全面管治权之释义分析——兼论全面管治权与高度自治权的关系"，载《吉首大学学报（社会科学版）》2018年第5期。

通过的《香港回归条例》也就自然无效。所以，香港回归中国后普通法不能继续在香港特别行政区生效，原来提交香港高等法院的政府公诉书已经自动失效，也就是说特别行政区成立前的犯罪已经不应被继续视为犯罪。由于案中涉及的问题关系重大，因此主审法官径直将这个案件转交高等法院上诉法庭审理裁决。

二、法律问题

1. 香港特别行政区成立以后，普通法在特别行政区是否还有法律效力？
2. 如何认识香港特别行政区临时立法会的性质？

三、宪法分析

（一）法院意见

香港特别行政区高等法院上诉法庭经过审理，于1997年7月29日作出判决。该判决也成为香港特别行政区成立以后第一个涉及《香港基本法》实施问题的重要判决。香港高等法院上诉法庭认为，根据《香港基本法》第8条、第18条及第160条的规定，在中国恢复对香港行使主权后，"原有"的普通法仍然有效。因此，回归前港英政府的公诉书并没有在1997年7月1日随着中国政府恢复对香港行使主权而自动失效。《香港基本法》第8条十分明确指出："香港原有法律，即普通法、衡平法、条例、附属立法和习惯法，除同本法相抵触或经香港特别行政区的立法机关作出修改者外，予以保留。"高等法院上诉庭的法官们认为，《香港基本法》第8条使用"予以"一词，表示特别行政区政府不需作出任何专门的采用程序，在1997年7月1日政权交接之时，香港的原有法律，除同香港《香港基本法》相抵触者外，自动采用为香港特别行政区的法律，这是毫无疑问的。

法院在判决中认为，《香港基本法》是具备至少国际、国家及宪法三层面（意义）的独特文件。《香港基本法》不单是国际条约即《中英联合声明》下的成果，也是中国全国性法律和香港特别行政区的"宪法"。《香港基本法》落实《中英联合声明》已阐明的基本方针政策，重点在于保持香港现行的社会、经济和法律制度50年不变。《香港基本法》的目标是保障这些基本方针政策的实施，使香港特别行政区保持稳定繁荣。因此，主权移交后的延续性是至为重要的。《香港基本法》是一份独特文件，既反映两国所订条约，也涉及主权国与实行不同制度的自治区的关系，订明政府不同分支的架构和功能，并罗列公民的权利和责任。由此可见，《香港基本法》具备至少国际、国家和宪法三个层面的意义。此外，需要注意的是，《香港基本法》不是由接受普通法训练的律师所拟定的。《香港基本法》以中文拟就，也备有法定英文文本。不过如果两者出现分歧，则以中文文本为准。从上述有关《香港基本法》的背景和特点可见，要解释《香港基本法》条文，殊不容易。

香港特别行政区高等法院上诉法庭的这些论述表明，《香港基本法》严格遵守了《中英联合声明》的精神，其整体意旨是，除了中国恢复对香港行使主权所需的改变外，香港过渡力求平稳，原有制度得以延续。因此，本案中被告所主张的香港特别行政区必须通过正式程序才能"保留""采纳"原有法律的论点不是《香港基本法》的原意，法院不予采纳。

至于香港特别行政区临时立法会的法律地位问题，上诉法庭认为临时立法会是由全国人民代表大会管辖下的香港特别行政区筹备委员会成立的特别行政区临时组织，这是中国作为香港的主权国家作出的行为，香港特别行政区法院作为地区法院无权去质疑主权国通过的法律和作出的行为。即使在回归以前香港法院也不可以审查英国议会或者女王会同枢密院对香港所作出的立法或者行为。根据《宪法》的规定，全国人民代表大会是中国的最高国家权力机关，与全国人民代表大会常务委员会一起行使国家立法权。据此，上诉法庭一致认为，临时立法会是由香港特别行政区筹备委员会行使全国人民代表大会按照中国法律授予的权力依法成立的机构，香港法院作为中国的一个特别行政区的地方法院，无权质疑这一主权国的国家行为以及成立这一组织的背后原因。香港特别行政区法院在本案中可以行使管辖权的事项包括：是否全国人民代表大会有任何决议或者决定建立特别行政区筹委会；是否特别行政区筹委会有任何决定或者决议建立特别行政区临时立法会；特别行政区筹委会是否确实成立了临时立法会，临时立法会的成立是否确实依照全国人民代表大会和特别行政区筹委会的决定或者决议。只要上述这些事项没有问题，那就不能质疑临时立法会的合法性。况且，1997 年 3 月 14 日，全国人民代表大会在审议香港特别行政区筹委会工作报告后，事实上"决定批准这个报告"，认可了临时立法会的合法地位，尽管《香港基本法》上并没有临时立法会的设置。

因此，基于上述事实，法院认为，特别行政区临时立法会是一个根据全国人民代表大会有关决定、决议而合法成立的立法机构，临时立法会通过的法例，包括 1997 年 7 月 1 日通过的《香港回归条例》也就当然具有法律效力。因此，香港回归前原来提交香港高等法院的政府公诉书在中国恢复对香港行使主权后仍然有效，有关触犯以前"原有"法律的行为仍然应该追究其法律责任。

（二）临时立法会合法性中的中央与地方关系

特区法院在本案中的判决，尤其是其对于临时立法会的合法性的肯定，对于保证香港的稳定起了重要的作用。正如当时的香港特别行政区律政司司长梁爱诗所言："1997 年 7 月，特别行政区政府成立不久，在马某昆一案，被告人挑战临时立法会的法律地位，如果不是法院在很短的时间内，肯定了它的地位，特区的立法机关通过的法律的合法性将会受到长期的质疑，必然影响特区的稳定。"[1] 它是 1997 年 7 月 1 日香港特别行政区成立后，立即出现的一个特殊的里程碑式的案件，从司法上直接检验《香港基本法》和"一国两制"的可行性的标准案件。本案争论的焦点问题是普通法在香港特别行政区的效力问题，而要解决这一问题首先又要确定香港特别行政区临时立法会的法律地位问题。

在香港回归初期的一段时间，香港特别行政区临时立法会的合法性都是一个备受争议的问题。对临时立法会持否定立场的人士的一个基本依据是无论是《中英联合声明》还是《香港基本法》都没有有关临时立法会的规定，因此它是一个没有法律根据的机构，所以它作出的一切决定都是没有效力的。那么，临时立法会是如何产生的？它是一个合法的机构吗？

1. 临时立法会产生的背景。1990 年 4 月 4 日通过的《香港基本法》附件二规定：香港特别行政区第一届立法会按照《全国人民代表大会关于香港特别行政区第一届政府和立法会产生办法的决定》产生。同日，全国人民代表大会通过《全国人民代表大会关于香港特别行政区第一届政府和立法会产生办法的决定》，该决定规定，"全国人民代表大会设立香港特别行政区筹备委

---

〔1〕　梁爱诗司长致词，载肖蔚云、饶戈平主编：《论香港基本法的三年实践》，法律出版社 2001 年版，第 1 页。

员会，负责筹备成立香港特别行政区的有关事宜，根据本决定规定第一届政府和立法会的具体产生办法"。而且，全国人民代表大会采纳了香港方面相关人士在港英政府授意下所提的建议，在该决定中规定，"原香港最后一届立法局的组成如符合本决定和香港特别行政区基本法的有关规定，其议员拥护中华人民共和国香港特别行政区基本法、愿意效忠中华人民共和国香港特别行政区并符合香港特别行政区基本法规定条件者，经香港特别行政区筹备委员会确认，即可成为香港特别行政区第一届立法会议员"。此所谓"直通车"式的衔接方案。根据港英政府立法局议员的任期情况，1995 年香港立法局就进行了换届，而正常情况下此届立法局议员的任期将为 4 年，即跨越 1997 年。为了实现上述决定中的"直通车"方案，该决定进一步规定，"香港特别行政区第一届立法会议员的任期为两年"。

但"直通车"方案的实行有一个前提，那就是港英政府最后一届立法局议员的产生方式与香港特别行政区第一届立法会的议员的产生方式相同。在议员的产生方式上，香港回归以前的很长一段时间内，港英立法局的议员是由香港总督委任的。直至 1985 年，港英立法局首次有部分议员由选举产生，但不是普选产生（在选举产生的 24 名议员中，12 名由功能团体选举产生，另 12 名由选举团选出）。港英当局为了在撤退前在香港留下自己的政治遗产以博取香港人的好感，以"还政于民"为口号，决定在 1988 年实行立法局议员全部由选民选举产生。但中方认为，考虑到香港的历史和现实，发展香港的民主必须循序渐进，匆忙搞直接选举将超出香港的承受能力，对香港的繁荣和稳定不利。另一方面，规定未来香港权力体制的《香港基本法》要到 1990 年才能制定出来，如果英方在《香港基本法》制定之前，在 1988 年仓促改革，就有可能在 1997 年香港回归、《香港基本法》实施时要对议员的产生方式作重大改变，这将有可能使香港人误以为中方没有在香港实行民主的诚意而影响香港的稳定和政权的顺利交接。所以，中国方面反对在香港过早地实行直接选举。经过谈判，中英双方同意，英方放弃 1988 年进行直接普选的计划，1991 年立法局议员换届时设立 18 个由分区直接选举的议席，1995 年增至 20 个，其他 40 名中，30 名由间接选举产生，[1] 10 名由选举委员会选举产

---

[1] 间接选举是指将香港的各行业进行分类，划为若干个界别，如保险、劳工界等，选民投票选举产生各个界别的代表，再由每个界别的代表投票选举若干名议员。

生，[1] 并按照《香港基本法》规定的有关内容改组立法局，以便同 1997 年特别行政区的权力结构相衔接。中方承诺 1997 年第一届立法会设立 20 个直接选举的议席，选举委员会选举产生议员 10 人，功能团体选举产生议员 30 人（这一承诺在 1990 年 4 月 4 日的《全国人民代表大会关于香港特别行政区第一届政府和立法会产生办法的决定》中得到了落实）。这样，双方的协议使"直通车"方案的实现变为可能。正如许崇德教授所言："'直通车'方案的最大优点是平衡过渡，避免震动，从而有助于保持香港繁荣发展的势头。虽然从原则上说，它是一种妥协，但既然'一国两制'，港人治港，前后都是资本主义，只要 1995 年港英能严格按照基本法的要求组织选举，那么，1997 年换班的必要性不太大。"[2]

但希望保持"直通车"方案只是中国人的善良愿望，英国政府并没有信守诺言。1992 年，上任不到半年的香港末代总督彭定康在没有和中方事先磋商的情况下抛出了自己的政改方案。这一方案与中英达成的协议及《香港基本法》的相关规定相差甚远，主要体现在两个方面：其一，在间接选举方面，政改方案提出了新增加 9 个功能团体，但其划分类别的内容与中英曾达成的协议完全不一致；另外，中英协议中的功能团体选举的含义是由各界别的选民选举产生本界别的代表，再由本界别的代表选举产生立法会议员。但彭定康的政改方案将其改变为以职业界别划分选民的直接投票选举立法会议员。其二，关于选举委员会的组成，中英协议中的委员来自 4 个类别，各占 25%，但政改方案将其改为全部由直接选举产生的香港各区的区议员组成。

彭定康的政改方案一经提出，即遭致中方的强烈反对。英国政府被迫提出与我国政府进行谈判以解决矛盾。从 1993 年 4 月到 11 月，中英两国共进行了 17 轮谈判，除在一些小的问题上达成协议外，在以上重大问题的分歧方面并没有出现转机。彭定康在没有与中方达成协议的情况下，于 1993 年 12 月 10 日正式公布其政改方案，并于 15 日提交香港立法局讨论通过。1995 年 9

---

〔1〕 在中国和英国政府达成的协议中，选举委员会包括 800 名委员，由四个方面的人士组成：①工商、金融界（200 人）；②劳工、社会服务、宗教等界（200 人）；③专业界（200 人）；④立法会议员、区域性组织代表、香港地区全国人民代表大会代表、香港地区全国政协委员的代表。这一点在《香港基本法》附件一里得到了具体规定。

〔2〕 许崇德：《学而言宪》，法律出版社 2000 年版，第 373 页。

月，港英最后一届立法局议员即按此方式选举产生。

彭定康政改方案的正式实施标志着《香港基本法》和全国人民代表大会通过的《全国人民代表大会关于香港特别行政区第一届政府和立法会产生办法的决定》中所确立的"直通车"方案遭致破坏，无法实施。面对此情况，中方只能放弃这一方案，全国人民代表大会于 1993 年 3 月授权全国人民代表大会常务委员会设立香港特别行政区筹备委员会预备工作委员会，提前规划成立特别行政区的有关事宜。1994 年 8 月 31 日，全国人民代表大会常务委员会通过《关于郑耀棠等 32 名全国人民代表大会代表所提议案的决定》，又一次授权筹备委员会"负责筹备成立香港特别行政区的有关事宜，规定香港特别行政区第一届立法会的具体产生办法"。如前所述，1990 年全国人民代表大会已通过了一个《全国人民代表大会关于香港特别行政区第一届政府和立法会产生办法的决定》，授权香港特别行政区筹备委员会"规定第一届政府和立法会的具体产生办法"。为何此处需要又一次授权？原因就在于根据前次授权，香港特别行政区筹备委员会根据全国人民代表大会的决定只能在"直通车"方案框架内规定第一届立法会的产生办法，而问题在于此时"直通车"方案已无法实施，香港特别行政区筹备委员会只能突破 1990 年的决定，但全国人民代表大会又无具体的方案，所以需要再一次的授权以使其获得在"直通车"方案之外设计第一届立法会产生办法的权力。

2. 临时立法会设立过程。香港特别行政区筹备委员会在获得授权以后，面临这样的困境：一方面，香港特别行政区第一届立法会的组成必须符合相关的规定（即直接选举的议员为 20 人，功能团体选举的为 30 人，选举委员会选举的为 10 人）；而且功能团体的分类与选举委员会的组成都需要符合《香港基本法》的相关规定和中英之间达成的协议（否则表明中方自己也不遵守这些规定，即使有港英政府的违规在前）；但另一方面，在香港回归之前，香港在英国人的管治之下，筹备委员会不可能到香港去组织和主持选举。但如果不在 1997 年 7 月 1 日香港特别行政区成立之前组建完毕特别行政区的立法机构而等到香港回归后再去香港进行立法会的选举，则将在特别行政区出现一段时间的立法真空，这将可能造成香港特别行政区政治的不稳定。所以香港特别行政区筹备委员会决定在英国不合作、无法在香港进行普选的情况下，先成立一个临时立法会作为特别行政区过渡的立法机构。其存在的时间不超过 1998 年 6 月 30 日，在临时立法会任职期间内按《香港基本法》规定的条件和程序进行第一届立法会的选举。

1996 年 3 月 24 日，全国人民代表大会香港特别行政区筹备委员会召开第二次全体会议，制定了《关于设立香港特别行政区临时立法会的决定》。1996年 10 月 5 日，香港特别行政区筹备委员会第五次会议通过了《中华人民共和国香港特别行政区临时立法会的产生办法》。1997 年 5 月，筹备委员会在深圳召开会议，选举产生了香港特别行政区的临时立法会。

3. 临时立法会的合法性问题。如前所述，在香港回归前后的一段，临时立法会的合法性一直受到某些人士的质疑。在香港回归后最初所发生的一些关涉《香港基本法》的案件中，临时立法会受到了来自司法的挑战。在本案以及随后发生的香港无证儿童案中皆是如此。

但考察临时立法会产生的完整程序即可发现这样的指控是不成立的。临时立法会是在港英政府不顾中英之间达成的协议与《香港基本法》的相关规定，擅自实行政改方案，致使"直通车"方案无法实施，中方为避免特别行政区成立之初的立法真空而被迫在香港回归之前组建的在特别行政区成立初期行使立法权的临时机构。有人认为，1994 年全国人民代表大会常务委员会的授权并未明确授予香港特别行政区筹备委员会组建香港特别行政区临时立法会，所以筹备委员会无权决定成立临时立法会。这种理解显然有误。既然全国人民代表大会及其常务委员会授权筹备委员会"负责筹备成立特别行政区的有关事宜"，且没有禁止成立临时立法会这样类似的组织，就不能认为筹备委员会的这一决定超出了授权的范围。最为重要的一点是：全国人民代表大会肯定了筹备委员会的这一决定。1997 年 3 月 14 日八届全国人民代表大会在审议了特别行政区筹备委员会主任委员钱其琛所作的关于全国人民代表大会香港特别行政区筹备委员会工作报告，并通过了一个决议批准这个报告。

全国人民代表大会在其决议中认为，全国人民代表大会香港特别行政区筹备委员会成立一年来，为筹建香港特别行政区所做的工作是富有成效的。筹备委员会根据《香港基本法》和全国人民代表大会及其常务委员会的有关决定中关于"一国两制"、高度自治、"港人治港"的方针，通过了《关于推选委员会产生办法的原则设想的决议》《关于设立香港特别行政区临时立法会的决定》《关于对〈中华人民共和国国籍法〉在香港特别行政区实施做出解释的建议》《关于处理香港原有法律问题的建议》《关于香港特别行政区第一任行政长官、临时立法会在 1997 年 6 月 30 日前开展工作的决定》等一系列决定、决议和建议；组建了香港特别行政区第一届政府推选委员会，主持推选委员会选举产生了香港特别行政区第一任行政长官和临时立法会议员，对香港政权交接及平稳过渡有关的重大经济问题、法律问题，以及庆祝香港回归的有关活动安排等提出了建议和意见，为香港特别行政区的成立和香港的平稳过渡奠定了基础，并且有利于香港的长期稳定和繁荣发展。会议希望香港特别行政区筹备委员会再接再厉，继续支持香港特别行政区第一任行政长官的工作，为圆满完成全国人民代表大会所赋予的任务而努力。

全国人民代表大会的上述决议清楚地说明，成立临时立法会不仅是特别行政区筹备委员会职权范围内的事情，而且已经得到全国人民代表大会的确认、认可。

对临时立法会合法性的另一个质疑是其不是经过香港选民选举产生的，不符合立法机关产生的一般规则。这种说法是片面的。其一，世界各国和各地区的立法机关的议员并非都是选举产生的。如香港在 20 世纪 80 年代以前，立法局议员长期都是香港总督委任的。所以不能因其不是选举产生的就怀疑其合法性。其二，特别行政区临时立法会并不是由中国中央政府指定的，而是由选举委员会选举产生的。选举委员会本身是一个具有广泛代表性的机构。所以，临时立法会的产生方式尽管确实民主程度偏低，但毕竟有一定的民意基础。

综上所述，临时立法会的合法性是毋庸置疑的，这一点也得到了香港特别行政区法院的认同。在香港回归初期若干关涉临时立法会合法性问题的案件里，香港各级法院，包括香港终审法院，对此一直都是持肯定态度的。

（三）关于普通法在香港特别行政区的效力问题

本案的辩方律师认为，根据《香港基本法》的相关规定，香港回归以前的法律要采用为新的特别行政区法律，必须要由全国人民代表大会经过它的常务委员会或者香港特别行政区的立法机关采取"主动的"采纳行为，明确把这些原有法律采纳为香港特别行政区的法律。但全国人民代表大会常务委员会非但没有这样做，反而以和《香港基本法》相抵触为由，废除了《英国法律应用条例》。而且基于前述的临时立法合法性问题，所以普通法在香港并没有经过要式行为的转换，因此不能继续具有效力。

那么，普通法在香港特别行政区继续有效是否需要专门的要式转换行为？

《香港基本法》第 8 条规定："香港原有法律，即普通法、衡平法、条例、附属立法和习惯法，除同本法相抵触或经香港特别行政区的立法机关作出修改者外，予以保留。"从对该条文的正常理解而言，只要没有被相关国家机关宣布与《香港基本法》相抵触或经香港特别行政区立法机关修改的，都应继续有效，这一效力应是自动获得的，而无须专门的转换行为。这一观点能够得到广泛的认同。本案中，控方律师针对辩方的指控所做的抗辩也采此立场。控方大律师认为，根据《香港基本法》，普通法就是香港特别行政区法律的组成部分，不需要再通过特别的采纳行动，只需用排除的方法明确宣布那些不再适用的法律就可以了。因此，无论如何，全国人民代表大会常务委员会确实已经把香港原有的法律采纳为香港特别行政区的法律了。

《香港基本法》的以下相关条款也表明了这一点。其第 5 条规定，香港特别行政区不实行社会主义制度和政策，保持原有的资本主义制度和生活方式，50 年不变。第 18 条第 1 款规定，在香港特别行政区实行的法律为本法以及本法第 8 条规定的香港原有法律和香港特别行政区立法机关制定的法律。第 19 条第 1、2 款规定，香港特别行政区享有独立的司法权和终审权。香港特别行政区法院除继续保持香港原有法律制度和原则对法院审判权所作的限制外，对香港特别行政区所有的案件均有审判权。第 81 条第 2 款规定，原在香港实行的司法体制，除因设立香港特别行政区终审法院而产生变化外，予以保留。第 87 条第 1 款规定，香港特别行政区的刑事诉讼和民事诉讼中保留原在香港适用的原则和当事人享有的权利。第 160 条规定，香港特别行政区成立时，香港原有法律除由全国人民代表大会常务委员会宣布为同本法抵触者外，采用为香港特别行政区法律，如以后发现有的法律与本法抵触，可依照本法规定的程序修改或停止生效。在香港原有法律下有效的文件、证件、契约和权利义务，在不抵触本法的前提下继续有效，受香港特别行政区的承认和保护。

这些条款中使用的"予以"等字眼明白无误地说明香港"原有"法律无须任何特别的程序都即可直接在 1997 年 7 月 1 日成为特别行政区的法律，除非那些被全国人民代表大会常务委员会明确废止的"原有"法律。至于第 160 条中的"采用"是否意味着要有特别的"采用"程序，控方大律师认为，不能孤立地看这个条款，必须看《香港基本法》的整体，同时看其他有关条款，《香港基本法》在这个问题上上下文并没有矛盾。就这个条文前后本身来看，也已经包含了原有法律应该自然继续有效的意思，不需要任何特别的程序。

1997 年 2 月 23 日第八届全国人民代表大会常务委员会第 24 次会议在审议了香港特别行政区筹备委员会关于处理香港原有法律问题的建议后，通过了《关于根据〈中华人民共和国香港特别行政区基本法〉第 160 条处理香港原有法律的决定》，不仅进一步明确香港原有法律，包括普通法、衡平法、条例、附属立法和习惯法，除同《香港基本法》抵触者外，一律自动采用为香港特别行政区法律，而且详细列举了香港原有法律中的哪些法律其全部或者一部分抵触了《香港基本法》，全国人民代表大会常务委员会决定不采用为香港特别行政区法律。从实际情况看，香港原有的 640 多个条例及 1160 多个附属立法中，只有 14 个从总体上不被采用为香港特别行政区的法律，整体上采用部分不采用的只有 11 个。而在此范围之外的都应是保留的范围之内。全国人民代表大会常务委员会作出该决定本身就是"采用"香港原有法律的行为，是对香港原有法律进行的一次"违宪审查"。全国人民代表大会常务委员会基于与《香港基本法》抵触的原因废除了《英国法律应用条例》，并不影响普通法在香港特别行政区的效力。

所以，不能因为全国人民代表大会常务委员会废除了《英国法律应用条例》而否认普通法在香港的效力。正如著名《香港基本法》学者陈弘毅指出的："《英国法律条例》的不予采用的实际意义，只限于英国的立法不能再适用于香港这一事实，并不表示英伦普通法和衡平法将在香港失去效力。"[1]而且，在香港特别行政区成立伊始，香港特别行政区临时立法会就通过了一个决议，明确地肯定了普通法在特别行政区的效力。前已论述，香港特别行政区临时立法会的合法性并不存在疑问，所以，临时立法会的决议进一步明确了普通在香港特别行政区的效力。

（四）本案的意义

这个里程碑式的判决，不仅进一步肯定了普通法在香港的适用性和临时

---

〔1〕 陈弘毅："香港回归的法学反思"，载《法学家》1997 年第 5 期。

立法会的合法性，而且明确了中国政府作为主权国家，其国家行为是不可以被地方司法挑战的基本规则。对于特别行政区而言，这个判决从政治和法治上来看，其意义在于确立了新的香港特别行政区的法治，肯定了由中国最高国家权力机关确立的香港特别行政区的新的法律制度，而且通过司法间接地进一步肯定了为中国恢复对香港行使主权所采取的国家行为的正当性，同时它也向国际社会表明香港特别行政区成立后，仍然是一个法制健全、司法独立的文明社会，任何争议都可以通过司法程序得到和平圆满解决，包括像本案这样"敏感"的政治性很强的案件都可以由司法来解决。在中国内地，有关宪法诉讼问题还处在讨论阶段，但是并没有因为中国内地没有这样的对立法行为进行"抽象"司法审查的制度，新的香港特别行政区就不可以这样做。这也充分体现了"一国两制"政治构想的包容性。

另一方面，《香港基本法》为特别行政区所确立的政治架构中的司法独立原则经受了考验。在整个诉讼过程中，尽管面临对中国最高权力机关的国家行为的司法挑战，但是中央政府，无论全国人民代表大会、全国人民代表大会常务委员会或者国务院，内地任何一个机构或者个人都没有干预香港特别行政区法院对案件的审理，没有给任何诉讼当事人施加任何压力。新的特别行政区政府也没有给予法院施加任何压力，只是严格依法在法庭上据理力争，通过司法途径和平解决问题，这充分体现了中央对落实特别行政区高度自治、港人治港的诚意，说明香港特别行政区享有高度的司法独立，特别行政区的司法机关不仅独立于本地政府，而且也独立于中央。

经典案例

（二）香港特别行政区诉吴恭劭案

一、基本案情

1998 年 1 月 1 日，"香港市民支持爱国民主运动联合会"经相关部门的批准，组织了一次公开游行示威活动。这次示威活动包括一个公众集会和一个从维多利亚公园到位于下亚厘毕道的香港政府中区政府合署的游行。游行进行期间，有人看见游行队伍中吴恭劭等两人沿途挥舞着一面被涂污了的中华人民共和国国旗和一面涂污了的香港特别行政区区旗，并高声呼喊口号。游行终结时，他们把两面旗帜缚在香港中区政府合署的栏杆上，后被警察收走。警方发现这两面旗帜均被严重涂污，其中国旗的中央被剪出一个圆形的大洞，左上方最大一颗的五角星被黑色墨水涂成黑色，星型图案本身被刺穿，旗帜的背面也有类似的损毁情况。另外，旗帜上的其余 4 颗较小的星型图案，被人以黑色墨水写上"耻"字，而在旗帜背面，4 颗较小的星型图案之中位置最低的那一颗被画上一个黑色叉号。而香港特别行政区区旗则被撕去一截，失去了部分紫荆图案，该图案也被画上黑色叉号，其余 4 颗红星中有 3 颗被画上黑色叉号，旗帜被人用黑色墨水写上"耻"字，旗帜上面还有另外一个中文字，由于旗帜被撕毁已无法辨认，旗帜的背面也有类似的损毁情况。该两人中的一人在接受记者采访时说："撕毁及涂污国旗、区旗是表达对非民选执政者的不满和抗争行动。"

香港特别行政区政府因此控告吴恭劭等两人的行为分别触犯了香港立法会制定的《国旗条例》第 7 条及《区旗条例》第 7 条，以两项侮辱国旗及区旗罪向法院提出控诉。

但被告方辩称，《国旗条例》及《区旗条例》将侮辱国旗和区旗的行为列为刑事罪行，违反了《公民权利和政治权利公约》和《香港基本法》对表达自由的保障，与《香港基本法》第 39 条关于《公民权利和政治权利公约》适用于香港的有关规定继续有效的规定相抵触。

香港裁判法院 1998 年 5 月 18 日作出一审判决，判决两人侮辱国旗罪及区旗罪的两项罪名成立。两名被告不服，向高等法院原诉庭提出上诉。1998 年 12 月 8 日在双方共同提出申请之下，该案转由高等法院上诉法庭审理。上诉法庭于 1999 年 3 月经审理后裁定，上述两个条例的有关规定违反了《公民权利和政治权利公约》第 19 条对表达自由的保障，与《香港基本法》的规定相抵触，遂于 3 月 23 日判决被告人的上诉成功，撤销对两名被告的有罪判决。特别行政区政府不服，继续上诉到特别行政区终审法院。特别行政区终审法院于 1999 年 5 月 20 日裁定受理上诉申请。

二、法律问题

《国旗法》在香港特别行政区是否有法律效力？其实施机制如何？

三、宪法分析

香港特别行政区终审法院 1999 年 10 月开始对该案进行审理，并于同年 12 月 15 日作出判决。

终审法院认为该案涉及重要的法律问题，不仅涉及许多复杂的人权、宪法和法律问题，而且也触及中央与特别行政区的关系。《国旗条例》和《区旗条例》是符合《香港基本法》的，两条例对表达自由的限制是有充分的理据支持的，香港特别行政区对国旗及区旗的保护是基于"公共秩序"的理由，并且是必要的，与《香港基本法》第 39 条并不抵触。

（一）案件背景

1. 《国旗法》在香港特别行政区的实施问题。《国旗条例》和《区旗条例》是香港回归后，特别行政区政府为执行《香港基本法》的有关规定而制订的。根据《香港基本法》第 18 条的规定，全国性法律除列于《香港基本法》附件三者外，不在香港特别行政区实施。凡列于附件三的全国性法律，由香港特别行政区在当地公布或立法实施。1997 年 7 月 1 日，根据全国人民代表大会常务委员会关于《香港基本法》附件三所列全国性法律增加的决定，1990 年通过的《国旗法》适用于香港特别行政区，由香港特别行政区公布或立法实施。1997 年香港回归后，特别行政区立法会随即制定了《国旗条例》，同时也制定了《区旗条例》。《国旗条例》第 7 条规定，任何人公开及故意以焚烧、损毁、涂划、玷污、践踏等方式侮辱国旗，即属违法，一经定罪，可处第五级罚款及监禁三年。《区旗条例》也将在香港公开及故意以玷污方式侮辱区旗的行为列为刑事罪行。

2. 《公民权利和政治权利公约》在香港特别行政区的效力问题。《公民权利和政治权利公约》于 1966 年 12 月 16 日在联合国大会上通过，并于 1976 年 3 月 23 日正式生效。英国于 1976 年 7 月 20 日正式批准该条约。该条约第 19 条规定了公民的表达自由：①人人有保持意见不受干预之权利。②人人有发表自由之权利；此种权利包括以语言、文字或出版物、艺术或自己选择之其他方式，不分国界，寻求、接受及传播各种消息及思想之自由。③本条第②项所载权利之行使，附有特别责任及义务，故得予以某种限制，但此种限制以经法律规定，且为下列各项所必要者为限——（甲）尊重他人的权利或名誉；（乙）保障国家安全或公共秩序，或风化。

根据普通法的制度，国际条约并不能在缔约或参加国内自动生效，必须通过本国立法机关的立法行为予以转换。1978年11月10日，英国向联合国人权委员会提交的报告中也明确指出，《公民权利和政治权利公约》本身在香港并无约束力。所以，该条约要在香港生效，必须通过香港自己的立法予以实施。1991年，港英政府的立法局通过《香港人权条例》，作为《公民权利和政治权利公约》在香港的实施性法律。

（二）案件中的法律问题

正如特别行政区终审法院判决书中所指出的，这个案件不是一个单纯的香港特别行政区居民的表达自由问题，它不仅涉及许多复杂的人权、宪法和法律问题，而且也触及中央与特别行政区的关系。

根据《香港基本法》第18条和全国人民代表大会常务委员会1997年7月1日的决定，全国人民代表大会常务委员会1990年6月28日通过的《国旗法》属于在香港特别行政区实施的全国性法律。该法第19条规定，在公众场合故意以焚烧、毁损、涂划、玷污、践踏等方式侮辱中华人民共和国国旗的，依法追究刑事责任；情节较轻的，参照治安管理处罚条例的处罚规定，由公安机关处以15日以下拘留。通过《国旗法》的同一天，全国人民代表大会常务委员会通过了《关于惩治侮辱中华人民共和国国旗国徽罪的决定》，规定"在公众场合故意以焚烧、毁损、涂划、玷污、践踏等方式侮辱中华人民共和国国旗、国徽的，处三年以下有期徒刑、拘役、管制或者剥夺政治权利"。1997年修订后的《刑法》第299条正式规定了这项罪名。

按照《香港基本法》的规定，《刑法》不在香港特别行政区实施。所以《国旗法》中的对侮辱国旗的刑事处罚问题只能由香港特别行政区立法会自行立法，但问题是《国旗条例》对该种行为的刑事处罚是否侵犯香港居民的表达自由？

正如特别行政区终审法院在判决书中所言："本诉案的争议点是，究竟把侮辱国旗和区旗的行为列为刑事罪行的法定条文，是否与发表自由的保障相抵触。"言论自由和表达自由无疑是一项基本人权，在香港特别行政区有充分的法律保障。终审法院认为，国旗是国家的象征，代表国家的尊严、统一和领土完整。区旗是特别行政区作为"一国两制"方针下中华人民共和国不可分离部分的独有的象征。国旗及区旗对香港特别行政区的重要性可见于1997年7月1日子夜来临的历史性时刻，在香港举行的标志着中华人民共和国恢复对香港行使主权的交接仪式上，以升起国旗及区旗揭开仪式序幕的这一事实。终审法院认为，根据有关案情，案中两答辩人的行为明显地构成了以玷污方式侮辱国旗及区旗的罪名。

终审法院认为，发表自由是民主社会的基本自由，也是香港及其他文明社会的制度和生活方式的核心，因此法院对其宪法性的保障必须采纳宽松的解释，这种自由应该包括发表大多数人反感或讨厌的思想及批评政府机关和官员行为的自由。但是，通过立法禁止侮辱国旗及区旗并不是对这种发表自由的广泛限制，而是一个有限度的限制。因为不论有关人士发表了什么信息，有关立法只是禁止发表的一种形式，即侮辱国旗及区旗这样一种形式，但并没有禁止以其他形式去发表同样信息的自由。即使在国旗及区旗上涂划赞美的字句而不像通常情况为了传达抗议的信息而在国旗、区旗上乱写字句，也可能构成这两个条例第7条所指的罪行，即以涂划方式侮辱国旗及区旗的罪行。因为一条旨在维护具有象征意义的旗帜的尊严而制定的法例，必须全面保护旗帜免遭侮辱。

（三）国家利益在特别行政区法院中的考量

言论自由及其法律限制的问题在很多国家已经发生过不少这样的案例，大部分国家也都有这样的立法，而且各国、各地的基本立场应该说也是基本相同的。就像终审法院的判决书所表明的那样，法院确实要尽力保护作为民主基石的言论和发表自由，《香港基本法》和国际人权公约也都对此加以肯定，这是没有问题的，实际上香港社会也一直享有这样的自由权利。但是，同样地，根据法律包括国际人权公约的要求，法院同样必须关注公共秩序和社会整体利益，不能顾此失彼，损害社会。这样的判决理由是完全成立的。本案的特别之处在于，它不仅涉及表现自由和维护公共秩序之间的关系，而且同样重要的是它还涉及了中央与特别行政区的关系。本案中法院要维护的"公共秩序和社会整体利益"，不仅指香港特别行政区本地的公共秩序和社会整体利益，而且也包括整个国家的利益，法官不仅要在本地居民的法定表现自由和香港特别行政区本地的公共秩序和社会整体利益之间取得一个平衡，而且还要在本地居民的法定表现自由和整个国家的公共秩序和社会整体利益之间取得一个平衡，而后者在 1997 年香港回归以前香港的法官是不用考虑的。

正如大法官在判决书中所指出的，就香港所处的时间、地点及环境而言，香港在回归中国后已经处于新的宪制秩序之下。1997 年 7 月 1 日中华人民共和国对香港恢复行使主权并根据"一国两制"的方针设立香港特别行政区，香港是中华人民共和国不可分离的部分。在这种情况下，不仅保护区旗免受侮辱是香港特别行政区整体利益所在，而且根据香港本地法律保护国家的国旗免受侮辱，同样是香港特别行政区整体社会利益所在，也属于法院要保护的公共秩序这个概念的范围，是香港特别行政区大众福祉和整体利益之所在。为了维护这样的公共秩序和整体利益、保护大众福祉，对表现自由的行使方式作出合理的、必需的限制是允许的。香港特别行政区法院的这个判决具有深远的影响，它说明特别行政区法院在香港回归后，已经不再把香港本地的整体利益和公共秩序局限在香港本地，而是认识到根据本地法律同时维护整个国家的形象和利益同样是特别行政区的整体利益所在，是维护特别行政区公共秩序所必需的。认识到整个国家的利益和香港特别行政区本地的利益是一致的，要给予同样的保护，这对刚刚回归中国的香港特别行政区的法院来说是十分可贵的。

拓展案例

（一）全国人大常委会授权澳门管辖横琴岛澳大校区

2009 年 6 月 27 日，十一届全国人大常委会第九次会议 27 日表决通过决定，授权澳门特别行政区对设在横琴岛的澳门大学新校区实施管辖，横琴岛澳门大学新校区与横琴岛其他区域实行隔离式管理。这意味着，横琴岛一部分将成为实施"一国两制"的新区域。

全国人大常委会的决定包括以下内容：

1. 自横琴岛澳门大学新校区启用之日起，在本决定第 3 条规定的期限内，对新校区依照澳门特别行政区法律实施管辖。横琴岛澳门大学新校区与横琴岛的其他区域隔离管理，具体方式由国务院规定。

2. 横琴岛澳门大学新校区位于广东省珠海市横琴口岸南侧，横琴环岛东路和十字门水道两岸之间，用地面积为 1.0926 平方千米，具体界址由国务院确定。在本决定第 1 条的期限内，不得变更新校区土地的用途。

3. 澳门特别行政区政府以租赁方式取得横琴岛澳门大学新校区的土地使用权，租赁期限自新校区启用之日起，至 2049 年 12 月 19 日止。租赁期届满，经全国人大常务委员会决定，可以续期。

全国人大常委会决定的背景是：澳门大学校园面积有限，难以适应在校学生的数量，学校发展受到严重制约。由于澳门地域狭小，澳门本地已无适合的土地供澳门大学扩建。横琴岛是珠海市第一大岛，与澳门隔河相望，最近距离仅 200 米，面积 86 平方公里，是澳门的 3 倍。澳门特别行政区政府提出，希望在珠海市横琴岛为澳门大学提供新校址，并由澳门特别行政区依照澳门法律实施管辖。国务院常务会议同意这一请求，建议由全国人大常委会作出决定。

拓展案例

（二）全国人大常委会因"刚果金"案解释《香港基本法》

2011 年，美国一家公司向香港特区法院提出控告，向刚果民主共和国追讨 8 亿港元债务。刚果（金）的代表律师认为，香港应跟从内地，给予刚果（金）绝对豁免权，而刚果（金）应该在港免遭起诉。特区终审法院于是决定提请全国人大常委会释法。8 月 26 日，全国人大常委会表决通过了关于《香港基本法》第 13 条第 1 款和第 19 条的解释。根据释法结果，香港应跟从内地，给予刚果（金）绝对外交豁免权。

【法律问题】

1. 全国人大常委会将珠海部分地区纳入澳门特区管辖的法律依据是什么？
2. 特区政府在国家责任豁免方面可以采取与中央不一致的政策吗？

专题十三　居民身份管理中的中央与特区关系

知识概要

香港和澳门特别行政区公民为中华人民共和国公民，但在某些方面，特别行政区居民在某些权利或义务上存在着特别的规定，如有关选举权的规定，"香港特别行政区永久性居民享有选举权和被选举权"，"香港特别行政区居民中的中国公民依法参与国家事务的管理。根据全国人民代表大会确定的名额和代表产生办法，由香港特别行政区居民中的中国公民在香港选出香港特别行政区的全国人民代表大会代表，参加最高国家权力机关的工作"等。

经典案例

（一）吴某玲案

一、基本案情

这一案件涉及无证儿童居港权的问题。1997 年 7 月 9 日，香港特别行政区临时立法会制定了《1997 年入境（修订）（第 3 号）条例》。该条例只承认香港永久性居民中的中国公民在内地的婚生子女构成香港永久性居民，并具体规定了这批人进入香港居住的法律程序：首先，向中国内地公安部门提出申请，审核确认身份后，领取由特别行政区政府颁发的居留权证明书；其次，凭此证明书领取由内地公安部门签发的前往香港的通行证（亦称单程证，以区别于往返的双程证），该证的发放数量每天最多为 150 个，实行排队轮候制，按登记顺序发放。该条例还规定申请必须在香港以外进行，香港入境事务处不受理申请。另外，该条例还规定对其生效前 8 日内偷渡来香港的人有"溯及力"，即这些人应被作为偷渡者遣返回去，只有其取得居留权证明书和单程证后，始能来港。

在香港回归前夕，由于社会上流传香港回归后将实行严格的内地人士到港居留的管制制度，再加上没有耐心等待，有些家长便让自己的子女采取偷渡的方式来港。特别行政区政府成立后，对偷渡来港的无证儿童进行拘捕，并欲将其遣返回内地。1000 多名受到影响的儿童的父母认为特别行政区政府的行为违反了《香港基本法》的有关规定，纷纷向法院起诉香港政府的入境事务处，形成系列诉讼。香港高等法院原诉庭择其 4 案加以审理并形成判例以适用于其他个案。这就是在特别行政区成立初期有重大影响的吴某玲、吴某丹诉入境事务处处长案和陈某雅案以及其他有关案件。

在高等法院原诉庭的诉讼中，原告方的律师声称：其一，根据《中英联合声明》和《香港基本法》的规定，该批儿童自特别行政区成立后应自动拥有自由出入境的权利，特别行政区政府利用条例，要求来港者必须先向内地公安部门申请居留权证明书的做法变相剥夺了他们的权利，不符合《香港基本法》及特别行政区仍沿用的普通法精神；其二，政府入境条例要求申请人必须向内地有关部门申请单程证，违背了特别行政区实行高度自治的精神；其三，条例有关溯及力的规定既不合理，也不合法；其四，条例只允许婚生子女享有居留权是对非婚生子女的歧视。而反观内地法律，并不区分婚生子女与非婚生子女，两者享有同等的权利。

　　针对原告律师的主张，政府律师抗辩称：其一，特别行政区政府制订该条例，实行居留权证明书制度，并没有违反《香港基本法》，相反是协助《香港基本法》第24条中香港居民在内地所生子女享有居港权的人来港。如果有关人士拥有居港权，便须通过一种合理的程序去确认这种身份。《香港基本法》第24条并未规定任何有关人士可不经任何程序任意进出本港，在未确认其身份前，先将其进行遣返并无不当。其二，要申请居留权，自然得在来港前申请，若坚持自己已来港便要在香港申请，不但违反程序，而且对那些仍在内地轮候的人士不公。更为重要的是，根据我国《公民出境入境管理法》的规定，这些未经内地有关部门批准出境的人士，不论其是否拥有居港权，均已触犯内地法律，应负刑事责任。其三，所谓香港居民在内地所生子女应自然取得香港居留权，属于《香港基本法》第24条管辖范围，不受《香港基本法》第22条，即"中国其他地区的人进入香港特别行政区须办理批准手续"的管辖问题，就立法程序看，《香港基本法》第22条和24条同源自《中英联合声明》附件一第14款，所以是互有关联的。《香港基本法》将22条置于"中央和香港特别行政区的关系"一章，正是中央政府对来港定居的内地人的规定；而将第24条置于"居民的基本权利和义务"一章中，只是对永久性居民的界定。所以由内地公安部门发放单程证，并未侵犯香港的高度自治权。其四，诚如《香港基本法》专家许崇德教授所言，《香港基本法》第22条已订明了行使居留权的限制，入境条例只是落实该条的限制而已，所以否认该条例溯及力的论点不能成立。

　　香港高等法院经审理后，作出裁决如下：其一，虽然《香港基本法》第24条明确了哪类人享有居留权，但并未提及如何确定和核实这些人的身份以及他们如何行使这类权利，这是《香港基本法》特别保留空间，容许特别行政区政府进行立法。《香港基本法》作为特别行政区的基本大法，不可能规定详细，其具有原则性、指导性、简洁性和包容性。其二，特别行政区政府的入境条例设立居留权申请书制度，不仅没有违反《香港基本法》，而且是维护《香港基本法》的有关规定，使《香港基本法》得到合情合理的落实。那种所谓根据《香港基本法》第24条享有居留权便可不循合法程序偷渡来港的观点，其要害恰恰在于没有任何合法途径证明有关偷渡来港者的确有资格享有《香港基本法》第24条赋予的权利。若按这种观点行事，任何人都可声称自己拥有居留权而偷渡来港，这将架空《香港基本法》的原则性规定，损害《香港基本法》的权威，并极大地破坏和冲击特别行政区的法治和安定。其三，《香港基本法》第22条适用于根据第24条拥有居港权的内地人士。第22条表明在制定《香港基本法》时，已考虑到包括香港居民在内地所生子女到香港来定居，在人数方面香港所能承担的程度。因此，配额制是符合《香港基本法》的。为落实《香港基本法》第22条的规定，政府的入境条例也是有溯及力的。其四，香港居民在内地的非婚生子女与婚生子女享有同等的权利，也应遵循与婚生子女来港一样的程序。

面对高等法院的判决，原告方和被告方均表示不满，向香港终审法院上诉，从而形成轰动一时的"香港无证儿童案"。

香港特别行政区终审法院经审理后认为：《香港基本法》的某一项条款是否需要提请全国人民代表大会常务委员会解释，由特别行政区法院自己在审理案件时决定。如果符合以下两个条件，终审法院就将提请全国人民代表大会常务委员会解释：一是类别条件，即该条款是否属于特别行政区自治范围以外的条款；二是需要条件，即法院在审理有关案件时，需要解释自治范围以外的条款，而该解释会影响到案件的判决。法院在验证该条款是否符合类别条件时，应考虑实质上最需要解释的是哪些条款。终审法院裁定第24条是属于特别行政区自治范围内的条款，而且对本案而言是最主要的条款，因此，无须提请全国人民代表大会常务委员会解释。

根据以上认识，香港终审法院在没有提请全国人民代表大会常务委员会解释基本法的情况下，于1999年1月29日作出了终审判决，其要点是：其一，香港永久性居民在内地所生子女，无论是婚生的还是非婚生的，都有权在香港居住；其二，只要有了特别行政区政府的居港权证，不必得到内地政府的批准就可以在香港居住，已经来港的儿童，即使未经内地政府批准，也不能遣返；其三，香港终审法院享有宪法性管辖权。如果全国人民代表大会及其常务委员会的立法与《香港基本法》相抵触，香港法院有权审查并宣布全国人民代表大会及其常务委员会的立法行为无效。

作为此案的余波，针对香港终审法院的判决，由于担心由此引起的移民潮破坏香港的安定和社会秩序，原特区行政长官董建华于 1999 年 5 月建议国务院提请全国人民代表大会常务委员会解释《香港基本法》。全国人民代表大会常务委员会于 1999 年 6 月 24 日对《香港基本法》进行了解释。

二、法律问题

1. 香港特别行政区法院是否可以对全国人民代表大会和全国人民代表大会常务委员会的立法行审查并宣布其无效？

2. 特别行政区政府在败诉后采用建议的方式，寻求国务院提案解释《香港基本法》的部分条款，而在事实上终止了终审法院判决的判例法效力，这是否妨碍了香港的司法独立？

经典案例

（二）庄某源案

一、基本案情

这一案件涉及内地中国公民在香港所生子女的居港权问题。庄某源是一名在香港出生的中国公民。他的父母都是内地的中国公民，于 1997 年持双程证从内地到香港探亲，1997 年 9 月 29 日，其母在香港生下庄某源。由于其父母均不是香港永久性居民，不能在香港长期逗留，而必须回到内地，但他们留下了庄某源在香港，由其在香港的祖父照顾，并长期不归。香港政府认为其不能获得香港永久性居民的身份，因而决定将其遣返。但庄某源的家长不服，认为根据《香港基本法》第 24 条第 2 款第 1 项有关"在香港特别行政区成立以前或以后在香港出生的中国公民"属于香港特别行政区永久性居民的规定，庄某源具备构成永久性居民的条件，遂作为代理人向香港法院提起诉讼，要求承认其永久性居民的身份。

香港特别行政区政府承认其于特别行政区成立以后在香港出生的事实，但认为基于以下两点，庄某源不能获得永久性居民的身份：

第一，香港法例第 115 章《人民入境条例》附表 1 第 2（a）段规定，在香港出生的中国公民若要成为永久性居民，则在其出生时或其后任何时间，其父母的任何一方必须已在香港定居或已享有香港居留权。1999 年 7 月 16 日，香港特别行政区立法会对此规定作出修改，规定任何人如属以下任何一项，即为香港特别行政永久性居民：在香港出生的中国公民，而且其出生日期在 1987 年 7 月 1 日之前或其出生日期在 1987 年 7 月 1 日当日或之后，且在其出生之时或其后任何时间，其父或母已在香港定居或已享有香港居留权。特区政府指出，该修订的效力是：在 1987 年 7 月 1 日之前出生的人士，不受关于父母规定的期限，而在当日之后的人士则受此规限。由于庄某源在 1987 年 7 月 1 日之后出生，则其要获得永久性居民的身份，需其父或母已在香港定居或已享有香港居留权。

第二，按《香港基本法》第 24 条第 2 款第 1 项的正确解释，其含义必然是该条款并不赋予非法入境、逾期居留或在香港临时居留的人在香港所生的中国公民居留权。故此，香港法例第 115 章《人民入境条例》附表 1 第 2（a）段与《香港基本法》是相符合的。

香港高等法院原诉庭法官司徒敬经审理后认为，香港法例第 115 章《入境条例》附表 1 第 2（a）段有关父母的规定与《香港基本法》第 24 条第 2 款第 1 项相抵触。所以他裁决庄某源具备香港特别行政区永久性居民的资格，享有香港特别行政区居留权。

香港特别行政区政府不服，上诉至香港高等法院上诉庭。上诉庭法官梅贤玉、梁绍中和罗杰志驳回香港政府的上诉，维持原审法官的判决。特别行政区政府遂上诉至香港终审法院。

终审法院的审理主要围绕以下两个问题展开：

1. 关于《香港基本法》第 24 条第 2 款第 1 项是否是自治范围外的条款。在香港高等法院的诉讼中，案件的核心问题是香港法例第 115 章《人民入境条例》附表 1 第 2（a）段是否与《香港基本法》第 24 条第 2 款第 1 项相抵触。但案件上诉到香港终审法院以后，特别行政区政府又提出另一个重大的问题：根据《香港基本法》第 158 条的规定，《香港基本法》第 24 条第 2 款第 1 项属于特别行政区政府自治范围以外的条款，香港终审法院在审理此案前，应将此条款提请全国人民代表大会常务委员会解释。

庄某源的代理人认为，《香港基本法》第 24 条第 2 款第 1 项订明了享有居留权的永久性居民的其中一个类别。因此，这个条款属于香港特别行政区自治范围内的条款而非自治范围之外的条款。但代表政府的资深大律师在陈词时提出该条款属于自治范围以外的条款。原因在于：其一，决定某项条款是否属于自治范围之外的条款须考虑的因素是：实施《香港基本法》该项条款会对中央人民政府管理的事务或中央和特别行政区之间的关系产生实质（指实在而非重大）影响。其二，按此验证标准，第 24 条第 2 款第 1 项属特别行政区自治范围之外的条款。非法入境者、逾期居留者或在香港临时居留的人，若非因为非法入境、逾期居留或在香港临时居留，他们在香港所生的中国籍子女便会在内地出生，并受出境须经批准和父母至少其中一人须为香港永久性居民的规定限制。他们离开内地进入香港，对内地出入境管制及治安（这属于中央人民政府管理的事务），以及对从内地前往香港的出入境事务（这属于中央和特别行政区关系）产生实质影响。

特别行政区政府将其搜集的相关数据提供给法院以证明其主张。数据显示，从 1997 年 7 月 1 日至 2001 年 1 月 31 日的 43 个月内，共有 1991 名在香港出生的中国公民，这些人士的母亲如不是非法入境者，便是持双程证者或短暂逾期居留人士，而他们的父亲如不是在香港临时居留，便是本身并非香港居民。这类儿童每月约有 46 人，每年约有 555 人。如果不采纳政府对《香港基本法》第 24 条第 2 款第 1 项的理解，这些人士都将获得香港特别行政区永久性居民的身份，从而获得在香港的居留权。

但香港终审法院认为，依法院之见，即使按过去 43 个月的数字分析，也不能说如特别行政区政府被判败诉，会令香港承担任何重大风险。因为上述 1991 名这一数字也应与在这段时间在香港出生并有资格成为永久性居民的中国公民的人数互相对比。这批中国公民总数达 22 850 人，他们的母亲虽然是非法入境者或持双程证者或短暂逾期居留人士，但由于他们的父亲如不是已在港定居，便是具备香港永久性居民身份，故他们亦有资格成为永久性居民。

但香港特别行政区政府进一步从 1999 年 6 月 26 日全国人民代表大会常务

委员会对《关于香港基本法第 22 条第 4 款和 24 条第 2 款第（三）项的解释》的序言中寻求进一步的支持。该解释的序言称："鉴于议案中提出的问题涉及……终审法院 1999 年 1 月 29 日的判决对《中华人民共和国香港特别行政区基本法》有关条款的解释，该有关条款涉及中央管理的事务和中央与香港特别行政区的关系，终审法院在判决前没有依照《中华人民共和国香港特别行政区基本法》第一百五十八条第三款的规定请全国人民代表大会常务委员会作出解释，而终审法院的解释又不符合立法原意，经征询全国人民代表大会常务委员会香港特别行政区基本法委员会的意见，全国人民代表大会常务委员会决定，根据《中华人民共和国宪法》第七十六条第（四）项和《中华人民共和国香港特别行政区基本法》第一百五十八条第一款的规定，对《中华人民共和国香港特别行政区基本法》第二十二条第四款和第二十四条第 2 款第（三）项的规定，作如下解释。"特别行政区政府声称：根据该表述，可以得出《中华人民共和国香港特别行政区基本法》第 24 条属于特别行政区自治范围外条款的结论。

对于这一见解，香港终审法院并不认同。特别行政区终审法院列举了学者们对全国人民代表大会常务委员会解释的两种不同理解。香港地区的《香港基本法》学者陈弘毅认为，全国人民代表大会常务委员会在其于 1999 年 6 月发布的解释文本中，根本没有明言其认为第 22 条第 4 款和第 24 条第 2 款第 3 项这两条款是涉及中央政府及特别行政区关系的。负责起草解释文本的官员乔晓阳在向全国人民代表大会常务委员会作报告时强调：第 22 条第 4 款和第 24 条第 2 款第 3 项是密不可分的。陈弘毅理解，乔晓阳的这种说法就是表明常务委员会对两项条款都作出解释是有道理的。即使严格而言，只有前者涉及中央政府和特别行政区之间的关系。所以，常务委员会根本没有明确表示第 24 条第 2 款第 3 项是一项涉及中央政府和特别行政区政府关系的《香港基本法》条款，而解释的文本和乔晓阳的发言均没有作出此种暗示。

但内地的《香港基本法》学者吴建璠教授则持不同看法。他认为，全国人民代表大会常务委员会的解释表明第 22 条第 4 款和第 24 条第 2 款第 3 项均属于特别行政区自治范围以外的条款，理应提请全国人民代表大会常务委员会对两者都作解释。

针对涉案双方分别以两位不同学者对全国人民代表大会常务委员会的解

释作出的不同理解为自己主张的论据，香港终审法院认为不可以事实来决定实施某条款所产生的实质影响，借此验证该条款是否属于自治范围之外的条款。参照《香港基本法》第158条第3款的背景及目的来解释该条款所用字句时，采用这样的验证标准是没有道理的。而且，这样的实质影响验证标准意味着《香港基本法》的大部分条款，即使不是全部条款，均有可能属于范围之外的条款；而某项条款是否属于这类条款则取决于事实。从《香港基本法》第158条第3款看不出任何迹象显示这项条款的施行是取决于事实调查，即调查某项条款所带来的影响。第158条第3款集中论述有关条款时，要求法院考虑该条款是否具有涉及中央人民政府管理的事务或中央和特别行政区关系的特性。第24条第2款第1项订明在1997年7月1日之前或之后在香港出生的中国公民为永久性居民。这项条款的特性是，它是用来界定其中一类享有居留权的永久性居民。考虑到条款的特性，它并不涉及中央人民政府管理的事务或中央和特别行政区的关系。这是一项关于特别行政区政府自治范围内的条款而并非范围之外的条款。因此，终审法院无须向全国人民代表大会常务委员会提出解释。

2. 关于《香港基本法》第24条第2款第1项能否包括非法入境、逾期居留或在香港临时居留的人所生的中国公民获得永久性居民的含义。

对于第24条第2款第1项，特别行政区政府主张，借两种独立途径之其中一种，法院即应解释第24条第2款第1项的含义必然是不包括在香港的非法入境、逾期居留或在香港临时居留的人所生的中国公民。该两种途径为：其一，参照该条款的背景及目的对其作出解释；其二，对该条款作出解释，应考虑全国人民代表大会常务委员会的解释中有关第24条第2款其他各项的立法原意已体现在筹备委员会关于实施第24条第2款的意见。

关于第24条第2款第1项的立法背景，特别行政区政府认为，《香港基本法》第24条第2款是界定谁是香港特别行政区永久性居民，而第24条第3款则赋予他们居留权。根据该定义，某些人士会包括在内，那些不包括在内的会被排除在外。在这种意义上，第24条第2款的目的可说是要界定香港特别行政区永久性居民的范围，从而限制特别行政区的人口。所以第24条第2款第1项的立法背景包括两个方面：一是第24条第2款其他类别；二是中英两国政府于1984年签署的《联合声明》以及当中涉及出入境法律方面的背景。

但香港终审法院认为，如以第24条第2款其他各项作为第24条第2款第1项的立法背景来看，就会发现，根据第24条第2款其他各项取得永久性居民身份取决于有关人士的父母任何一方的身份，即必须是至少有一方是香港永久性居民。但第24条第2款第1项并未提及这一点，由此观之，父母的身份并不是该项所要求的。

在1983年之前，任何具有英国国籍的人士单凭在香港出生的事实便可取得在香港的出入境权利。但自1983年以后，这项制度被废除。特别行政区政府认为，这一变化可作为理解第24条第2款第1项的立法背景。但特别行政区终审法院认为并非如此。因为当时英国政府意识到有大量移民从英联邦国家进入英国的危机，为了要处理危机所带来的问题，便改变了以"jus soli"决定公民身份的政策。[1] 所以不能以此理解《香港基本法》第24条第2款第1项亦有这样的立法意图。

特别行政区政府提出，与庄某源情况相同的人士，若非其父母在其出生时在香港探访，他会在其父母一向居住的内地出生，而他亦须符合父母至少其中一人在其出生时为第24条第2款第1项或第24条第2款第2项所指的永久性居民的规定，才可根据第24条第2款第3项凭借血缘而取得永久性居民身份。即使符合该项规定，他仍须取得第22条第4款指的出境批准。

但特别行政区终审法院认为，情况确实如此。但不能因此说，既然不同类别各有不同的规定，第24条第2款第1项便被视为含糊的条款。

基于以上分析，终审法院的最终结论是：参照第24条第2款第1项的立法背景及目的来考虑这项条款所用的文字后，可见其含义清楚明确，就是在1997年7月1日前后在香港出生的中国公民享有永久性居民的身份。这项条款的含义没有含糊不清之处，亦即在合理情况下不能得出另一对立的解释。所以庄某源享有香港特别行政区永久性居民的身份。

该判决作出后，香港政府表示尊重法院判决。政府发言人认为在"庄某源案"的判决中，终审法院清楚表明接受全国人民代表大会常务委员会对《香港基本法》解释的约束。这个案件已经审结，特别行政区政府接受并会执

---

〔1〕 Jus soli 是指土地的权利，亦即以出生地决定儿童的公民身份的原则。

行有关判决。随后，根据终审法院的这个判决，庄某源立即取得了居港权和香港永久居民身份。

在中央方面，由于该判决涉及 1999 年 6 月 26 日全国人民代表大会常务委员会《关于〈中华人民共和国香港特别行政区基本法〉第 22 条第 4 款和第 24 条第 2 款第 3 项的解释》的适用，全国人民代表大会常务委员会法制工作委员会发言人就此发表看法说："我们注意到 1999 年 6 月 26 日全国人大常委会对《香港基本法》有关条款作出解释以来，香港特别行政区法院在涉及居港权的案件的判决中，多次强调全国人大常委会对《香港基本法》所作出的解释对香港特别行政区法院具有约束力，并以此作为对一些案件判决的依据。但是香港特别行政区终审法院 7 月 20 日对庄某源案的判决，与全国人大常委会的有关解释不尽一致，我们对此表示关注。"全国人民代表大会常务委员会法制工作委员会表示，该判决和 1999 年 6 月 26 日全国人民代表大会常务委员会就《香港基本法》第 22 条第 4 款和第 24 条第 2 款第 3 项所作的解释不尽一致，该解释指出，香港特别行政区《香港基本法》第 24 条第 2 款前 3 项规定：香港特别行政区永久性居民为：①在香港特别行政区成立以前或以后在香港出生的中国公民；②在香港特别行政区成立以前或以后在香港通常居住连续 7 年以上的中国公民；③第①②两项所列居民在香港以外所生的中国籍子女。其中第③项关于"第①②两项所列居民在香港以外所生的中国籍子女"的规定，是指无论本人是在香港特别行政区成立以前或以后出生，在其出生时，其父母双方或一方须是符合《香港基本法》第 24 条第 2 款第 1 项或第 2 项规定条件的人。可见，全国人民代表大会常务委员会强调的是子女出生时必须父母双方或者一方已经是香港永久居民，子女才能取得居港权。看来特别行政区终审法院对此有不同的理解。

香港长期以来就一直存在严重的内地妇女来港生子问题，在香港回归前情况极为严重，虽然香港回归后情况有所改善，但是香港政府仍然担心该判决可能会引发更多的内地孕妇偷渡来港分娩，加重香港本地医疗服务、福利、教育的压力。根据香港入境事务处的统计数字，1997 年 7 月 1 日至 2001 年 1 月 31 日，43 个月内在香港出生的内地公民就有多达 1991 人，有些是合法来港的内地中国公民在港所生子女，有些是非法来港的内地公民所生子女。香港特别行政区政府表示要和内地公安机关加强合作，防止大规模偷渡来港分娩的情况出现。

二、法律问题

全国人大常委会对《香港基本法》解释的效力如何？

三、宪法分析

（一）《香港基本法》的解释问题

隐藏在种种内地儿童居港权问题背后的问题，是《香港基本法》的解释权之争。在各具体案件中，对《香港基本法》相关条款的解释直接影响到案件的审理和判决。《香港基本法》第158条规定了《香港基本法》的解释制度。具体包括如下内容：①《香港基本法》的解释权属于全国人民代表大会常务委员会。②全国人民代表大会常务委员会授权香港特别行政区法院在审理案件时对《香港基本法》关于香港特别行政区自治范围内的条款自行解释。③香港特别行政区法院在审理案件时对本法的其他条款也可解释。但如需要对《香港基本法》关于中央人民政府管理的事务或中央和香港特别行政区关系的条款进行解释，而该条款的解释又影响到案件的判决，在对案件作出不可上诉的终局判决前，应由香港特别行政区终审法院提请全国人民代表大会常务委员会对有关条款作出解释。如全国人民代表大会常务委员会作出解释，香港特别行政区法院在引用该条款时，应以其为准。但此前作出的判决不受影响。

《香港基本法》第158条的规定表明，像中国所有法律一样，《香港基本法》的解释权属于全国人民代表大会常务委员会，这就与内地的法律解释制度统一起来，体现了"一国"的要求。同时也要保留香港普通法下的法律解释制度，由全国人民代表大会常务委员会授权香港特别行政区法院在审理案件时解释《香港基本法》的条款。但如果要解释的条款涉及有关中央人民政府管理的事务或中央和香港特别行政区的关系，那么香港特别行政区法院在对案件作出不可上诉的终局判决前，应由香港特别行政区终审法院提请全国人民代表大会常务委员会对有关条款作出解释。香港特别行政区法院在引用该条款时，应以全国人民代表大会常务委员会的解释为准。可见《香港基本法》对该法的解释作了不同的规定，实质是试图协调内地和香港两地不同的法律解释制度，是精心设计的特别的法律解释制度，它把内地由立法机关解释法律的制度和香港由法院解释法律的制度融合在一起，从而同时满足了"一国"和"两制"的要求。这是一个新的独特的宪法制度安排。

全国人民代表大会常务委员会对《香港基本法》的解释权来源于《宪法》。《宪法》第67条规定，全国人民代表大会常务委员会解释法律。《香港基本法》由全国人民代表大会制订，其解释权当然属于全国人民代表大会常务委员会。全国人民代表大会常务委员会的权力来源于全国人民代表大会的授权。全国人民代表大会是国家的最高权力机关，是人民主权的最高代表者，所以全国人民代表大会常务委员会对《香港基本法》的解释权是固有的，在全国人民代表大会认可的情况下是最高的。《立法法》第46条进一步肯定国务院、中央军事委员会、最高人民法院、最高人民检察院和全国人民代表大会各专门委员会以及省、自治区、直辖市的人民代表大会常务委员会都可以向全国人民代表大会常务委员会提出进行法律解释的要求。

另一方面，《香港基本法》是一部全国性的法律，不仅在香港实施，也在内地范围内实施。为了保证《香港基本法》在全国范围内得到统一的、正确的理解与实施，由全国人民代表大会常务委员会行使解释权，也是完全必要的。

香港法院对《香港基本法》的解释来源于中央的授权。在中国的法律理念里，法律的解释是作为一种独立的权力而存在的，它有别于法律适用，可以与法院的审判权相分离。作为审判机关的中国法院，除最高人民法院外，其他法院没有法律解释权。就是最高人民法院，其法律解释权也是来源于全国人民代表大会常务委员会的授权，并作为一种独立的权力而存在，行使时并不结合其在审的具体个案进行。在制度上，宪法和法律的解释权属于全国人民代表大会常务委员会，《立法法》具体规定了全国人民代表大会常务委员会对法律解释的情形。[1] 1981年《全国人民代表大会常务委员会关于加强法律解释工作的决议》进一步将法律解释权进行了具体划分，分别授予全国人民代表大会常务委员会、最高人民法院、最高人民检察院和国务院以不同的法律解释权。所以，在中国内地，地方法院和专门法院都是没有法律解释

---

〔1〕　参见《立法法》第42条的规定。

权的。

但香港在回归以前属英国管制，所适用的法律制度属普通法系，在普通法制度下，司法终审权和宪法、法律的最终解释权都属于法院。在这种制度下，法律制定出来后，立法机关就不再有发言权，法律的命运就操纵在法院的手里。并且法院对法律的解释并不能当作一种独立的权力来行使，它必须结合所审理的具体个案进行。由于实行严格的司法独立，司法机关在处理案件时如果需要解释法律，是不会征求立法机关和行政机关的意见的。如果立法机关对法院的解释有意见，可以修改乃至废除或重新制定有关法律，而不会解释法律。这就是普通法下的法律解释制度。尽管在英国统治之下，香港法院所享有的法律解释权十分有限，但是，其基本精神和其他普通法地区的制度是一样的。

《香港基本法》规定，香港回归后，原有的法律制度和法律传统基本保持不变。《香港基本法》在正式生效后必然为香港法院所适用，所以无法剥夺香港法院对《香港基本法》的解释权。基于这种认识，《香港基本法》授予香港法院在一定情况下可以解释《香港基本法》的权利。另一方面，授予香港法院解释《香港基本法》的权利也是出于现实的考虑。《香港基本法》在香港实施，各级法院都必须根据《香港基本法》审理案件，如果在其中遇有《香港基本法》含义不明的情形都需要由全国人民代表大会常务委员会解释，全国人民代表大会常务委员会既会不堪重负，也有违特别行政区高度自治的精神。

所以，《香港基本法》对本法解释权的分配是"一国两制"精神的体现，适当地考虑了香港和内地两地法律解释的传统，力求在两种冲突的法律制度间寻求恰当的契合点。但是，从上述一些案例看，这种制度安排并非完美无缺。以下问题是在实施《香港基本法》时必须考虑的：

第一，《香港基本法》第158条规定，香港法院在一定情况下不可以自行解释《香港基本法》，而要通过终审法院提请全国人民代表大会常务委员会进行解释。或是基于普通法根深蒂固的法院解释法律的信念，或是基于其他目的，香港法院在出现《香港基本法》规定的须提请全国人民代表大会常务委员会解释法律时不予提请而是自行解释，又该如何？由于香港特别行政区法院享有终审权以及考虑到法院的既判力，则这一问题显得尤为不容小视。

第二，如果在一个案件里，香港法院认为没有出现《香港基本法》所规定的不可自行解释《香港基本法》而必须提请全国人民代表大会常务委员会解释的情形，但中央认为已出现，这样的争议如何解决？这一问题实际又包括两种具体情况：第一种是《香港基本法》第158条所指"自治范围内的条款"和"关于中央人民政府管理的事务或中央和香港特别行政区关系的条款"具体为何？有人认为，《香港基本法》第二章"中央和香港特别行政区关系"所含之条款即是属于全国人民代表大会常务委员会解释范围，其他均属于自治范围内条款。这种说法既无法律根据，也不符合实际情况。如在"总则"一章中有关国旗和国徽的规定显然不是特别行政区自治范围内的事项。另外，《香港基本法》其他章节中亦有一些。但问题是，到底哪些属于自治范围的条款，哪些又是中央政府管理的事项或是中央和香港特别行政区关系的事项？这个问题不明确，可能会在司法实践中引发新的争议。第二种情况是特别行政区法院在审理案件时认为只需要适用自治范围内的条款就足够了，而有关中央管理事项条款或中央和香港特别行政区关系条款在该案中并不适用，但中央认为后者要在该案中予以适用，从而引发解释权的争议，这一问题如何处理？在案例1和案例3中，实际上就已经出现了这种情况。特别行政区终审法院认为居港权问题完全是特别行政区自治范围内的事项，其所适用的是《香港基本法》第24条，并未涉及第22条，所以没有必要提请全国人民代表大会常务委员会解释。也就是在判案的根据上，中央和香港法院出现分歧而引发解释权的争议，这种情况如何处理？香港终审法院认为其有权自行分辨何者为特别行政区自治范围内之事务并作出决定。对于这种认识，中央能否赞同？我们认为，在双方发生这方面的争议时，中央应享有最终的决定权。

第三，法律规定，全国人民代表大会常务委员会对《香港基本法》的解释无溯及力。这种规定是符合法治原则的，但实施起来可能会产生一定的问题。《香港基本法》只是规定，在出现应由全国人民代表大会常务委员会解释《香港基本法》的情形时，应由终审法院提请全国人民代表大会常务委员会予以解释，但并未规定在全国人民代表大会常务委员会作出解释前，本案的审理应如何处理。如果全国人民代表大会常务委员会的解释正在进行中，而香港法院已经按自己对《香港基本法》的理解对本案作出了判决，则《香港基本法》的规定岂不落空？如果有人不带善意地反复利用《香港基本法》的不溯及既往条款，不断地作出有违《香港基本法》、有损中央权威和香港法制传统的判决又该如何？

我们认为，上述这些问题有些可以依靠完善《香港基本法》来解决，而更重要的是要在中央和香港特别行政区的法院系统之间建立彼此信任和善意的解决问题的机制。双方都须认识到，两种法律体制的冲突要想达到协调会有一个长期的过程，其间还需经历阵痛期。在此过程中，就中央而言，应冷静对待特别行政区法院的判决，固然不能排除香港有人希望利用司法审查权形成对内地的制约，但也不能由此产生对香港司法权的不信任乃至猜忌，更不应认为对香港的终审权应当采取措施予以收回以防其对"一国"的损害。就香港而言，应对中央实行"两制"方针和尊重其司法独立有充分的信任，但同时亦应充分理解内地的政治体制及全国人民代表大会常务委员会对《香港基本法》解释权的固有性，不可非善意地利用司法裁决的终局性形成对中央权威的挑衅。

（二）香港法院有无权力宣布全国人民代表大会和全国人民代表大会常务委员会的立法行为无效

从一般意义上理解，香港特别行政区作为我国的一个特别行政区，虽然实行高度自治，但仍是一个地方单位。香港法院作为我国的地方法院，无权审查国家最高立法机关的立法行为。而且我国实行的是人民代表大会制度，全国人民代表大会是国家的最高权力机关，其他中央国家机关都由其产生，对其负责，而无权审查其决定，作为一个地方法院的香港法院也是如此。但是，正如后文所分析的，香港问题的特殊性又使得这个问题似乎并不如此简单。

在吴某玲案的判决中，香港终审法院认为："包括全国人大和全国人大常委会在内的国家权力机构所作的决定与行为，香港特别行政区法院都可以检视其是否符合《香港基本法》。"此所谓"宪法性管辖权"或"违宪审查权"。[1] 这一表述在内地引起了轩然大波。当时正在珠海参加澳门特别行政区筹备委员会政务、法律小组会议的内地宪法学专家肖蔚云、邵天任、吴建

---

〔1〕 在内地学术界，有些人认为所谓的"违宪审查权"是指香港法院认为其有权根据《宪法》审查全国人民代表大会和全国人民代表大会常务委员会的立法是否符合宪法，因而大加鞭挞香港法院的"违宪审查权"。这其实是一种误解。

番和许崇德四位教授认为，香港法院的这一表态违反了《香港基本法》的规定，是对全国人民代表大会及其常务委员会地位，对"一国两制"的严重挑战。他们认为，"根据宪法的规定，全国人民代表大会是国家最高权力机关，人民代表大会的立法行为和决定是任何机构都不能挑战和否定的。""审查香港法律是否符合《香港基本法》是全国人民代表大会的权力，不是终审法院的权力。"[1] 面对此种情况，香港特别行政区政府认为这是一个宪法性问题，遂于 1999 年 2 月 24 日去函香港特别行政区终审法院，要求其澄清判决书中有关全国人民代表大会的论述。2 月 26 日香港特别行政区终审法院作出了一个澄清，明确指出："特别行政区的司法管辖权来自于《香港基本法》。《香港基本法》第 158 条第 1 款说明《香港基本法》的解释权属于全国人大常委会。法院在审理案件时，所行使解释《香港基本法》的权力来自于人民代表大会常务委员会根据第 158（2）及第 158（3）的授权。"香港终审法院在 1 月 29 日的判词中，"并没有质疑人大常委会根据第 158 条所具有解释《香港基本法》的权力，及如果人民代表大会常务委员会对《香港基本法》作出解释时，特别行政区法院必须要以此为依归。"香港特别行政区终审法院在澄清中明确肯定，全国人民代表大会及人民代表大会常务委员会依据《香港基本法》的条文和《香港基本法》所规定的程序行使任何权力是不能质疑的。这个补充说明尽管消除了内地法律界的疑虑，化解了一个可能的政治法律冲突，但是在香港本地有关本判决的争论仍然无法平息。那么，何谓香港法院的"违宪审查权"？香港法院到底有无权力审查全国人民代表大会和全国人民代表大会常务委员会的立法行为呢？

我们先看何谓香港法院的"违宪审查权"。香港地区学者陈弘毅认为，香港法院的违宪审查权是"指特别行政区法院就特别行政区立法机关的立法的审查权，如裁定特别行政区立法是否因与《香港基本法》相抵触而无效"[2]。所以，这里的违宪审查与一般意义上的含义并不完全等同，亦即此"宪"是指《香港基本法》，而非《宪法》。

下一个问题，香港地区法院有无"违宪审查权"。香港在回归以前属英国

---

〔1〕"就香港特别行政区终审法院的有关判决内地法律界人士发表意见"，载《人民日报》1999年 2 月 8 日。

〔2〕陈弘毅："论香港特别行政区法院的违宪审查权"，载《中外法学》1998 年第 5 期。

管制，在法律理念和法律制度上都深受其影响。在普通法理念里，司法审查或称违宪审查（都是指法院对立法机关的立法行为进行合宪性审查）是其传统。在英国资产阶级革命以前，著名的法学家科克就曾说过，当议会的法律违背普遍正义和理性的时候，普通法将高于议会法案，法院可判这样的法律归于无效。而在美国，司法审查也是通过 1803 年的马伯里诉麦迪逊案确立起来的。但在英国，司法审查的传统并没有延继下来，原因在于其通过资产阶级革命，形成了"议会至上"（Supremacy of Parliament）的宪政体制，再加上其不成文宪法的制度，任何由英王会同议会制定的法律，法院必须忠实执行而不能质疑其合宪性（实际上也无法质疑）。1990 年制定的《香港基本法》保留了香港法院原有的审判权和管辖权，也保留了香港的普通法，又赋予香港特别行政区法院对《香港基本法》的解释权（虽然这种解释权是有限的），并规定特别行政区立法机关制定的任何法律都不得同《香港基本法》相抵触。据此，有学者认为，香港回归后特别行政区法院应享有违宪审查权。[1] 而香港回归以前法院是否有违宪审查的权力又成为很多学者论述香港回归后特别行政区法院是否有违宪审查权的一个重要依据。

香港回归以前，英国专门为香港制定了《英王制诰》和《王室训令》，作为在香港实施的宪法性法律。香港法院在 1991 年以前并没有审查香港立法机关的法律是否与这两个宪法性文件相抵触而无效的权力。但有学者主张，实践中没有相关的案例，"并不表示法院在法理上没有违宪审查权"。[2] 所以，不能据此认为香港回归后法院也不应有违宪审查权。况且，在 1991 年后，当时的香港立法局制定了《香港人权条例》，香港法院可以根据该条例审查香港立法机关的立法，如发现其有侵犯人权的情形可宣布其无效。根据该条例，形成了一系列的判例。但有学者指出，由于中国政府在香港回归前已指出，《香港人权条例》因抵触《香港基本法》而在香港回归后不予保留，所以由此产生的判例亦应不予保留。[3]

实际上，香港回归以前法院是否有违宪审查权事实上并不重要。因为这

---

〔1〕 陈欣新："香港与中央的'违宪审查'协调"，载《法学研究》2000 年第 4 期。

〔2〕 陈弘毅："论香港特别行政区法院的违宪审查权"，载《中外法学》1998 年第 5 期。

〔3〕 傅思明："《香港基本法》的实施对香港法制走向的两大影响"，载肖蔚云、饶戈平主编：《论香港基本法的三年实践》，法律出版社 2001 年版，第 20 页。

个问题本身就是一个见仁见智的问题。由于判断标准的不同，学者间的结论也就出现了分歧。所以，它虽然是一个事实判断的问题，但无法追寻一个单一的结论。不论香港在英国管制时代其法院是否有违宪审查权，普通法传统要求法院必须对法律进行解释并在相互冲突的法律规范体系中决定具体的适用规则。[1]《香港基本法》明确了在香港保留普通法，这就给香港法院违宪审查权提供了足够的法理依据。至于有学者所主张的《香港基本法》已为香港特别行政区立法机关制定的法律是否可能抵触《香港基本法》设置了3个保障或者说审查机制，因而无需保证法院的违宪审查权的论点是没有说服力的。[2]美国总统可以对国会制定的法律行使否决权，国会自己也可以自行修改自己制定的法律，但美国法院照样确立了司法审查权。所以，问题的实质并不是香港法院是否有必要行使违宪审查的权力，而是法院在司法过程中无法回避的一项司法活动。

但是，肯定特别行政区法院享有违宪审查权并不等于承认其可以对全国人民代表大会和全国人民代表大会常务委员会的立法行为进行审查以决定其是否符合《香港基本法》。在中国学者以往的论述中，并没有明确区分这两种违宪审查权，即对香港立法会制定的法律进行审查和对全国人民代表大会及其常务委员会的立法行为进行审查。在中国的宪政体制下，全国人民代表大会作为国家的最高权力机关，人民代表大会常务委员会作为人民代表大会的常设机关，其地位也是不容挑战的。如果允许特别行政区法院对其决定提出挑战，则将从根本上违背我国目前的宪政体制。所以，我们关于此问题的基本观点是：香港特别行政区法院可以审查香港立法机关制定的法律是否符合《香港基本法》，但不可审查全国人民代表大会及其常务委员会的立法是否与《香港基本法》相符。

另外一种观点是，由于《香港基本法》第11条明确了《香港基本法》是特别行政区具有最高效力的法律，这一规定对全国人民代表大会及其常务委员会亦有效力。所以特别行政区法院应有权对全国人民代表大会或全国人民

---

〔1〕　参见本书中的马伯里诉麦迪逊案。

〔2〕　傅思明："《香港基本法》的实施对香港法制走向的两大影响"，载肖蔚云、饶戈平主编：《论基本法的三年实践》，法律出版社2001年版，第20页。

代表大会常务委员会低于《香港基本法》效力的法律或决定进行审查。[1] 这种观点是没有说服力的。《香港基本法》虽然规定，香港特别行政区实行的制度和政策以《香港基本法》的规定为依据，但不能由此得出全国人民代表大会或全国人民代表大会常务委员会其他有关香港特别行政区立法的效力比《香港基本法》为低的结论。

（三）全国人民代表大会常务委员会对《香港基本法》规定的特别行政区自治范围内的条款可否解释

《香港基本法》第158条第2款规定，全国人民代表大会常务委员会授权香港特别行政区法院就该法所规定的香港特别行政区自治范围内的条款自行解释。而该条第1款又规定全国人民代表大会常务委员会行使《香港基本法》的解释权。正如前文所指出的，从立法含义看，全国人民代表大会常务委员会对《香港基本法》的解释权是固有的，而香港法院的解释权是中央授予的。问题是，这种授予是否意味着全国人民代表大会常务委员会就不能再行使这种权力了？从理论而言，对《香港基本法》自治范围内的条款已授权特别行政区法院行使解释权，如果中央也可继续行使解释权，会不会造成解释的混乱？另一方面，授权特别行政区法院自行解释，如果法院的解释违背"一国两制"宗旨和明显偏离《香港基本法》条文意旨，又当如何？

特别行政区终审法院在"刘某榕案"中明确指出，全国人民代表大会常务委员会根据《香港基本法》第158条第1款的规定对《香港基本法》作出解释的权力来源于《宪法》，而这项权力是"全面而不受限制的"。尤其是常务委员会的这项权力的适用范围扩及《香港基本法》的每一项条款，而非受限于158条第3款所指的"范围之外"的条款。在"庄某源案"中，特别行政区终审法院进一步指出："若常委会对《香港基本法》某项条款，不论是根据第158条第1款（涉及任何条款），或根据第158条第3款（涉及"范围之外的条款"），香港法院均须以其解释为准。因此，常委会解释《香港基本法》的权力在特别行政区是完全获得承认及尊重的。"

所以，不能认为全国人民代表大会常务委员会对《香港基本法》的解释仅限于自治范围以外的条款。一般而言，由于自治范围内的条款已由全国人

---

[1] 陈欣新："香港与中央的'违宪审查'协调"，载《法学研究》2000年第4期。

民代表大会常务委员会授权特别行政区法院解释，全国人民代表大会常务委员会应充分尊重特别行政区法院的解释权。只有在特别行政区法院的解释明显违背立法原意时，全国人民代表大会常务委员会才可依法定程度进行解释。

拓展案例

谈某然等诉入境事务处长案

谈某然、陈某华和谢某怡是在内地出生的中国公民，他们根据内地的有关领养法律被香港特别行政区的居民合法领养。在领养时，他们的领养父母双方或一方已成为香港特别行政区永久性居民。香港特别行政区政府入境事务处认为领养儿童不能根据《香港基本法》第24条的有关规定获得香港特别行政区永久性居民的身份，因此不能得到香港的居留权。该3名儿童的养父母不服，起诉至香港法院，但香港高等法院不支持他们的诉求。他们遂上诉至香港终审法院。香港终审法院于1997年7月20日作出终审判决，包括如下内容：其一，全国人民代表大会常务委员会1999年6月24日对《香港基本法》第24条第2款第3项的解释完全没有提及有关领养子女的地位问题。所以，全国人民代表大会常务委员会对《香港基本法》的解释在本案中并不适用。其二，《香港基本法》第24条第2款第3项的特征是，它是用来界定其中一类享有居留权的永久性居民，并不涉及中央人民政府管理的事务或中央和香港特别行政区的关系。这是一项特别行政区自治范围内的条款而非范围之外的条款。因此，本院无须就该案件向全国人民代表大会常务委员会提出解释。其三，由于全国人民代表大会常务委员会并没有作出具有约束力的解释，香港法院有权援引普通法以解释《香港基本法》。

【法律问题】

根据《香港基本法》第158条的规定，当特区法院审理案件时需要对《香港基本法》中涉及中央权力及中央与特区关系条款进行解释时，特区法院应提请全国人大常委会解释。如全国人大常委会作出解释，特区法院应以此为准。请结合谈某然案，讨论上述《香港基本法》条款实施中存在的问题。

专题十四 《香港国安法》中的中央与特别行政区关系

📚 知识概要

多年来，香港特别行政区有关维护国家安全的立法一波三折。《香港基本法》第 23 条规定了香港特别行政区应自行立法禁止七类危害国家安全的行为，但 2003 年"23 条立法"无果而终，导致国家安全在香港几乎处于立法真空之中，2014 年"占中韦件"和 2019 年的"反修例黑暴运动"均表明国家安全在香港受到了严重威胁。因此，中央为了填补《香港基本法》第 23 条所要求的特别行政区维护国家安全的宪制责任制定《香港国安法》。

2020 年 5 月 28 日，全国人民代表大会通过《关于建立健全香港特别行政区维护国家安全的法律制度和执行机制的决定》（以下简称《人大决定》），授权全国人民代表大会常务委员会就建立健全香港特别行政区维护国家安全的法律制度和执行机制制定相关法律。2020 年 6 月 30 日第十三届全国人大常委会第二十次会议通过了《香港国安法》。同日，《香港国安法》列入《香港基本法》附件三，并由行政长官公布实施。《香港国安法》实施两年多来，已出现与之相关的 100 多个案件，下面将择取早期出现的较有代表性的典型案件进行分析。

📚 经典案例

（一）黎某英案[1]

一、基本案情

黎某英是壹传媒与《苹果日报》的创建人之一。苹果日报印刷有限公司自 1995 年起向香港科技园公司前身香港工业邨公司租用，1999 年 5 月作为业主的香港科技园公司与作为承租人的苹果日报印刷有限公司签订一份租约（香港科技园公司是特区政府法定机构，作为业主管理香港各专门产业园区，

---

[1] HKSAR v. LAI, CHEE YING（黎智英）[2020] HKCFI 3161；HCCP 727/2020（29 December 2020）.

包括香港科学园、香港创新中心和三个工业邨。壹传媒与《苹果日报》总部建于将军澳工业村内。）在 2016 年 6 月 27 日至 2020 年 5 月 22 日期间，被告人黎某英与周某权、黄某强两人通过隐瞒和虚假陈述一家秘书公司［力高顾问有限公司（以下简称力高公司）］对目标物业的使用情况，在没有租赁契约所容许下使用该处所部分地方，并向香港科技园公司隐瞒有关用途，意图诱使香港科技园公司不作为，导致苹果印刷有限公司或力高公司获利，或导致科技园公司蒙受不利。

力高公司曾先后迁至湾仔与观塘两处办公室，香港警察商业罪案调查科 6 月份曾搜查湾仔力高办事处，6 月 30 日深夜《香港国安法》颁布实施，警察国安处成立，8 月 10 日国安处拘捕黎某英等 10 人并搜查将军澳壹传媒总部，10 月 15 日再搜查力高公司观塘办事处，至提出起诉诈骗罪。2020 年 12 月 15 日，黎某英根据《刑事诉讼程序条例》（第 210 章第 s9J 条）提出两项保释审查申请。2020 年 12 月 11 日，黎某英再次被起诉，罪名是"与外国或外部势力勾结危害国家安全"[1]。黎某英在 2020 年 7 月 1 日至 2020 年 12 月 1 日期间，通过《苹果日报》上发表的文章、接受各种海外媒体采访以及在 Twitter 上发表的言论，要求外国或中华人民共和国（中国）内地、香港及澳门以外的机构、组织或个人对中国或香港特别行政区实施制裁或封锁，或进行其他敌对活动。因此黎某英"诈骗案"被拒绝保释。2020 年 12 月 15 日的听讯被取消，以便被告人有时间提交文件，寻求对《香港国安法》案进行保释审查。总裁判官苏某德先生拒绝批准答辩人保释，并将之还押。2020 年 12 月 23 日，黎某英向高等法院原讼法庭苏总裁判官拒绝保释的决定，申请复核。

诈骗罪并非《香港国安法》罪行，但香港警方证实，控罪是由国安处负责落案控告。案件由香港总裁判官苏某德主持提堂，他是在《香港国安法》规定下由行政长官委任的指定法官之一。担任案件主控官的香港律政司高级检控官张某勤在庭上指出，律政司目前只落案起诉三人一项欺诈罪，但警方同时以违反《香港国安法》相关的罪行拘捕黎某英，且不排除循相关方向调查黎某英。三名被告人在 2017 年至 2020 年间有多次出境记录，并在外国长

---

〔1〕 Contrary to Article 29 (4) of the Law of the People's Republic of China on Safeguarding National Security in the Hong Kong Special Administrative Region in Schedule to the Promulgation of National Law 2020 (L. N. 136 of 2020) [NSL 29 (4)].

期居留，而黎某英在台湾地区也有经营生意。控方据此指出，三人有潜逃和重犯风险，反对让三人保释候审。辩方反驳控方没有任何证据指控被告人违反《香港国安法》。其中，代表黄某强的潘某资深大律师称，警方向黄某强录取口供时"三番四次"强调他们只就欺诈罪搜证，以引导黄某强一方联想案件不会在《香港国安法》指定法官席前审理。裁判官高等法院原讼法庭法官李某腾认为，答辩人用来证明逃跑风险的因素不应该单独考虑，而应该作为一个整体来考虑。另一方面，必须权衡风险与有利于申请人的因素，以及申请人准备接受的保释条件。最终法院接纳控方观点，拒绝黎某英保释申请，即时还押收押所，周某权与黄某强则各准以 20 万港元和 10 万港元保释候审。

经典案例

（二）唐某杰案[1]

2020 年 7 月 1 日下午，唐某杰在湾仔驾驶电单车，车上插着一面旗，旗上写着"光复香港、解放香港，时代革命，我们时代的革命"的标语，他无视警察让他停下摩托车的所有指示，反而冲越三道警方防线，最终撞上了一群警察并导致 3 名警员身体受到严重伤害。

唐某杰被香港高等法院裁定构成煽动他人分裂国家罪及恐怖活动罪，判处即时监禁 9 年，部分刑期分期执行。被告唐某杰不服律政司司长指示案件不设陪审团审理，向高等法院申请司法复核。高等法院指出在新模式之下，《香港国安法》案件只有律政司司长有权决定是否采用陪审团，认为申请方提出的理据无一成立，裁定司法复核败诉。

经典案例

（三）吕某瑜案[2]

吕某瑜是香港理工大学工程专业的本科生，他于 2020 年 6 月 30 日至 2020 年 9 月 24 日（含当日）期间，在香港伙同他人煽动他人组织、策划、实

---

〔1〕 HKSAR v. TONG YING KIT （唐某杰）〔2021〕HKCFI 2239；〔2021〕5 HKC 100；HCCC 280/2020（30 July 2021）.

〔2〕 HKSAR v. LUI SAI YU〔2022〕HKDC 384；DCCC 401/2021（29 April 2022）.

施或者参与以分裂国家、破坏国家统一为目的的行为（即将香港特别行政区从中华人民共和国分离出去或者以非法手段改变香港特别行政区的法律地位）。2020 年 9 月 24 日吕某瑜在家中被捕。在他的家中，警方发现了一支胡椒球枪、一些气枪、一根可延伸的警棍、刀具和大量的辅助工具，似 2019 年社会动荡和骚乱期间抗议者经常穿戴的护具。并且，吕某瑜和另一名徐姓男子作为 Telegram 应用程序或应用程序频道的管理人（该频道成立于 2019 年 12 月 14 日，名为"Orange Gear"），在 Telegram 频道中发动煽动分裂国家的帖子。

该频道中的帖子具有煽动暴力和劝说不服从法律的性质，例如，提供设备并与抗议者讨论对抗警方的策略。有一些煽动性的信息；例如，含有"光复香港，时代革命""香港独立，唯一出路"和"反对极权主义"的信息。在 2020 年 6 月 30 日颁布《香港国安法》后，该频道有一些信息反复提到鼓吹香港独立、革命之类的内容。2021 年 4 月吕某瑜被指控煽动分裂国家。

二、法律问题

（一）《香港国安法》的内容

《香港国安法》的立法宗旨是为了维护国家的统一和领土完整，保持香港的繁荣和稳定，坚定不移并全面准确贯彻"一国两制"、"港人治港"、高度自治的方针，并保障香港特别行政区居民的合法权益。该法共 6 章 66 条，分别为总则，香港特别行政区维护国家安全的职责和机构，罪行和处罚，案件管辖、法律适用和程序，中央人民政府驻香港特别行政区维护国家安全机构，附则，是一部兼具组织法、实体法和程序法内容的综合性法律。

（二）宪法和基本法共同构成特区宪制的基础

所谓宪制，就是有关国家构成的基本制度安排以及国家权力运作的基本规则，其首要功能在于建构、维系一种政治秩序。[1] 作为国家根本大法的《宪法》和根据《宪法》制定的《香港基本法》，共同构成了香港特别行政区政权架构、政治运作、社会治理体系的宪制基础。宪法作为国家根本法，具有根本规范属性，在法规范体系中处于基础性地位，统摄其他规范，其效力

---

〔1〕 谢红星："宪制秩序之维"，载《河南财经政法大学学报》2016 年第 2 期。

高于其他法律规范，被称为最高法。宪法之所以成为国家的根本性规范，并不仅仅是基于规范体系的最高性，而是基于社会主体的最高意志，也就是制宪权主体所作的政治决断。基于人民的制宪权而形成的根本规范，宪法对国家法律秩序的安定性发挥保障性的作用。《香港基本法》是全国人民代表大会根据《宪法》制定的基本法律，两者"自足构成"特别行政区宪制基础。香港特别行政区宪制秩序是以"一国两制"为根本原理，以《宪法》和《香港基本法》为宪制基础，以《香港基本法》附件三及本地立法为完善机制，以人民代表大会释法、决定以及本地普通法判例为有效补充，在香港回归以来的二十多年里逐步丰富发展，对维护香港繁荣稳定、保障香港高度自治作出了重大贡献。

三、宪法分析

（一）《香港国安法》是对特区宪制的补缺

黎某英案、唐某杰案、吕某瑜案是对《香港国安法》的应用实践，三案件的判决从总体上来看，反映出《香港国安法》是对特别行政区宪制体制的补缺，与特别行政区既有宪制的基本理念、制度与价值是契合的。

维护国家安全是一个国家宪制体制的重要组成部分。在现代国家，国家安全是国家生存与发展的基础。可以说，宪法上的国家目标、国家政策、国家基本制度与国家机构的规定是为国家生存服务的，没有国家领土的完整和国家的安全，国家发展目标是无法实现的。因此，国家安全是国家概念应有的内涵，是当今世界所有主权国家治理的必然逻辑。国家安全是国家主权的直接延伸，成为国家的核心利益。我国对香港恢复行使主权后，这一核心利益也从来未有变更过，反而是进一步得到加强。[1] 维护国家安全本是中央的事权，但为了体现对香港特别行政区的尊重，《香港基本法》授权特别行政区应自行立法禁止七类危害国家安全的行为，这也是中央基于"一国两制"原则而对特别行政区高度自治地位的尊重。完成国家安全立法也是香港特别行政区的宪制义务，但2003年"23条立法"无果而终，导致国家安全在香港几乎处于立法真空之中。近年来"港独"与"反中乱港"势力猖獗，特别是

---

〔1〕 韩大元："论《香港国安法》第2条'根本性条款'的规范内涵"，载《法学论坛》2021年第4期。

2012 年的"反国民教育风波"、2014 年的"占中事件"与 2019 年的"反修例黑暴运动"，这些极端危害宪制秩序的行为在香港无法获得严密的法律规制和惩戒，国家安全法律漏洞不断扩大，严重冲击"一国两制"原则底线，危害国家主权与安全。由此，《香港国安法》应运而生。该法经由《香港基本法》附件三的"管道"被纳入特别行政区的法律体系与宪制秩序之中。采取"人大决定+具体立法"的两步走模式，以全国人民代表大会的授权决定作为立法正当性的渊源和起点，赋予了《香港国安法》在《宪法》与《香港基本法》所构成的特区宪制秩序中独特而重要的制度地位，这是对特别行政区宪制体制的补缺，与特别行政区既有宪制的基本理念、制度与价值是契合的。《香港国安法》的适时出台，从国家层面补齐了香港特别行政区维护国家安全立法的短板，堵塞了法制漏洞，构筑了香港繁荣稳定的"防波堤"，使"一国两制"实践重回良性轨道。

（二）《香港国安法》与香港法律制度的衔接

黎某英案、唐某杰案、吕某瑜案是《香港国安法》颁布实施后法院作出判决的典型案例，涉及了国家安全犯罪中假释的问题、法官的指定程序以及陪审团问题等与香港原有法律制度的衔接问题。

《香港国安法》是由全国人民代表大会常务委员会制定的全国性法律，对分裂国家罪、颠覆国家政权罪、恐怖活动罪、勾结外国或者境外势力危害国家安全罪四类罪行的犯罪构成和刑罚作出了明确规定，其语言风格、规范实质体现了有别于香港既有法律传统的特色，当中亦兼顾了国家和特别行政区两个法律制度的差异，不少条文都是为了与香港现有法律衔接、兼容和互备。然而实践中，仍有许多执法、司法制度与现有的香港法律制度的协调问题，这就需要具体的司法实践案例予以明确。

《刑事诉讼程序条例》规定，只要被控人申请，就必须要对被控人准予保释，除非有法律规定的例外情形。而该例外情形法律亦规定的非常明确：被控人会不按照法庭的指定归押、在保释期间犯罪、干扰证人、破坏或妨碍司法公正。除上述所列之情形外，均应保释。确认了保释是原则，不保释是例外。但是在国安法案件中，被控人保释的权利受到限制。《香港国安法》第42 条规定，香港特别行政区执法、司法机关在适用香港特别行政区现行法律有关羁押、审理期限等方面的规定时，应当确保危害国家安全犯罪案件公正、及时办理，有效防范、制止和惩治危害国家安全犯罪。对犯罪嫌疑人、被告人，除非法官有充足理由相信其不会继续实施危害国家安全行为的，不得准予保释。将香港既有法律中的"保释为原则，不保释为例外"改变为"不保释为原则，保释为例外"。针对此，通过黎某英案与唐某杰案，香港终审法院实际上采用了一种吸纳与兼容的解释方案，将《香港国安法》创设的刑事程序视为原有程序的特殊例外，而不是平行或相互排斥的两套规则。在保护基本权利理念的指引下，法官在评估是否有充分理由相信嫌疑人不会再犯的时候，应该坚持疑点利益归被告的原则。因此，在权利保护理念的指引下，在绝大多数案件中，《香港国安法》和《刑事诉讼程序条例》的效果是一样的，二者规定的不一致是表面大于实质。这不仅有利于《香港国安法》在香港的实施，而且有利于完善香港特别行政区基本权利司法保障机制。

陪审团制度是普通法的传统，过去香港高等法院的刑事审讯均以此方式进行。但是在国安法案件中，规定律政司司长可基于保护国家秘密、案件具有涉外因素或者保障陪审员及其家人人身安全等理由，指示案件无须陪审团审理，由 3 名法官组成审判庭处理。该条规定是否悖离了《香港基本法》第 86 条"原在香港实行的陪审制度的原则予以保留"的规定？对此，香港法院在唐某杰案中作出回应。首先，被告无宪制权利选择陪审团审理。在香港的司法体系中，终审法院早已确认香港的刑事审讯中被告人没有选择有陪审团审理的权利。其次，律政司司长有权决定审讯模式。根据《香港国安法》第 62 条的规定，香港特别行政区本地法律与《香港国安法》不一致时，适用《香港国安法》的规定。另外，根据《香港国安法》第 46 条的规定，律政司司长可基于保护国家秘密、案件具有涉外因素或者保障陪审员及其家人的人身安全等理由，发出证书指示相关诉讼毋须在有陪审团的情况下进行审理。律政司长发出的上述证书，高等法院原讼法庭应当在没有陪审团的情况下进行审理，并由 3 名法官组成审判庭。由此可知，虽然陪审团制度是普通法的传统，过去高等法院的刑事审讯均以此方式进行，不过《香港国安法》第 46 条创立了一种新的刑事审讯模式，令高等法院审理国安法案件时可由陪审团或 3 名法官组成审判庭处理。即使陪审团审讯属被告权利，该权利亦因《香港国安法》的特殊法律地位，以及第 46 条和第 62 条的规定，在危害国家安全的刑事审讯中被废除。最后，《香港基本法》第 63 条规定，香港特别行政区律政司主管刑事检察工作，不受任何干涉。《香港国安法》第 46 条的决定应归类为《香港基本法》规定不受干涉的检控决定，只有在律政司司长恶意或不诚实行事等特殊情况才会构成违反《香港基本法》。并且，案件仅由法官审理，可以使案件的审理更集中在无罪判决的最重要证据和论据，而不是花费大量时间和精力说服陪审员，以消除他们的偏见。由 3 名法官取代陪审团，没有违反程序公义，并能确保被告得到公平审讯。

（三）三案对于实施《香港国安法》和《香港基本法》的意义

黎某英案、唐某杰案、吕某瑜案对于《香港基本法》和《香港国安法》的实施具有重要意义。

第一，理顺了《香港基本法》与《香港国安法》的关系。《香港基本法》是特别行政区的宪制性法律，其规定在香港实行的一切制度以《香港基本法》为准。三案件依据《香港基本法》与《香港国安法》作出判决，体现出《香港基本法》与《香港国安法》之间是平行和补充的关系，二者的位阶和效力并没有高低之分，相辅相成。《香港国安法》是对基本法的补充，其所涉及的基本法有关条款均是原则性规定，相关具体条文的补充则是例外，是对《香港基本法》中未能具体规定的维护国家安全方面的内容予以明确，与《香港基本法》的既有内容形成了相互补充的关系，从而构成了落实"一国两制"完整的法律制度框架。

第二，更有效地保障香港居民的基本权利。《香港国安法》的实施遵循了法治基本原则，坚持了《宪法》确定的尊重和保障人权的基本原则，在依法打击犯罪的同时，依法保护香港居民根据《香港基本法》和有关国际公约适用于香港的有关规定享有的权利和自由。该法只针对极少数犯罪分子，目的是制止、防范与惩处在香港发生的危害国家安全的犯罪，同时保护香港居民依法享有的权利和自由。对于黎某英案、唐某杰案、吕某瑜案等判决，将有效防范、制止和惩治发生在香港的分裂国家、颠覆国家政权、组织实施恐怖活动等严重危害国家安全的行为和活动，以及勾结外国或者境外势力危害国家安全的活动，更好地保障香港居民依法享有的权利和自由。

第三，从实践中逐步完善《香港国安法》与香港原有法律制度的衔接。法律的生命在于实施，普通法的生命更在于实践。《香港国安法》的颁布实施对香港现行宪制与法律制度带来了一定程度上的冲击和影响，需要在具体的案件中判断国家安全利益是否受到侵害，居民的基本权利是否受到限制，受到何种程度的限制，并且在具体的个案之中寻求国家安全与居民基本权利保障之间的合理平衡。黎某英案、唐某杰案、吕某瑜案等判决是香港法院运用普通法经验主义积累的经验，在审判实践中合理平衡国家安全和香港居民基本权利保障的关系，将《香港国安法》与香港特区现行宪制与法律制度实现完美衔接的努力实践。